リーラー「遊」VOL.10

2018.4

欧米的近代の終焉と宗教

巻頭言

浄土は人間回復の根源

―無明の闇を破する用き―

山崎龍明

仏教が現代社会の中でどのような意味を持つのかということが問われてから久しくなります。そこにはまぎれもなく近代社会の根底にある「科学」の問題があることは言を俟ちません。

周知の如く「科学」とは「哲学を全体的な学とした場合の個別的な分科の諸学」などと言われます。その科学を分類的に言えば自然科学と社会科学とに大別することができます。言うまでもなく自然事象を扱う自然科学には、物理・化学などの基礎科学、天文・地質などの無機界の科学、動物・植物などの生物科学があります。

他方、人間社会を扱う社会科学には経済学・歴史学・社会学など狭義の社会科学と哲学系の諸学がありますが、社会科学とほぼ同じ領域を対象とする文化科学（リッケルト）・精神科学（ディルタイ）などは自然科学との方法上の違いを強調する立場をとることなどが指摘されています（参照『新世紀ビジュアル大辞典』石毛直道他監修、学習研究社刊）。

一般的には「科学」とは一定の対象を体系的客観的に研究する学問であり、そこから普遍的な知識を導き出すものであるとも言えます。

導入が長くなりましたが、私の問題意識は「仏教と科学」の関係をいかに考えるべきかということです。私の学生時代には「マルクス主義か宗教か」「科学と仏教」といったような二元的な発想に基づく書籍が多く刊行されました。私も熱心に読んだ記憶があります。しかしなにか満足できなかったことを覚えています。

また「仏教は科学である」といわれたり、親鸞聖人の教えは科学的であるという声にも多く接してきました。前者については仏法の縁起論を指してのことであったり、後者に関しては良時吉日を言わず、占相祭祀、つまり祈祷による浄福を願わない親鸞聖人の教えを指したりするもののようです。しかし、これらの教説は果たして「科学」的といえるのでしょうか。なぜ「科学」といわなければならないのでしょうか。

結論的に言えば、科学は科学それ自身のうちにその特殊性をもち、仏法は仏法そのものの中に独自性を内包しているということです。つまり、科学は科学であり、仏法は仏法ですから、敢て仏法を「科学」化させなくてもいいのではないでしょうか。「仏法は科学である」と言われなければならない必然性はなにもないのです。

釈尊の初期の仏法はきわめて科学的であり現代人にもそのまま通用するが、アミダ仏信仰といったような超越的なものに「すがる」宗教は現代人に合致しない、と指摘する仏教学者もいます。その釈尊教説の根拠は言うまでもなく「縁起」「四諦八正道」といったものであることはいうまでもありません。『スッタニパータ』（「経集」）や『ダンマパダ』（「法句経」）の示すところは多くの人々のこころを永い間捉えてきました。

しかし、だからと言って、浄土仏教で説く阿弥陀仏や浄仏国土思想の世界が現代の人々のこころに届くことはないとしたら、それはひとつの誤謬を犯すことにならないでしょうか。

初期の仏教はこの世の法則を正しく見ようとする点で科学と共通するが、阿弥陀仏など超越的な存在にすがる仏教は科学とは相いれない。（中略）現代では神や仏がいると心底信じている人は少なく、どの仏教も心の中に仏がいるとする「こころ教」に向かっている。

（『中外日報』二〇一五年七月三一日）

これは仏教学者（佐々木閑氏）の講演の内容を記者が集約、報告したものです。その末尾には「教義が絶対的真理として受け入れられにくくなっている現代社会だが、〈こころ教〉として人の存在を丸ごと受け入れれば人を救えるし、出家者教団に規則である律を当てはめれば組織のゆがみを正す物差しにもなる」と「仏教の教えが現代に有効である」ことを示しています。

ここの「こころ教」というものが具体的にいかなるものかということについては、かならずしも明確ではありません。したがってここの記事に即してしかものが言えないのですが、右の所説に対して若干の疑義を抱くものとして聊か所見を記したいと思います。

浄土仏教の説くアミダ如来やさとりの土である「浄仏国土」思想については、一般的に理想の土、この土を厭い捨て、彼の土で浄福を得る教えと考えられてきました。いわゆる「厭離穢土・欣求浄土」思想です。当時の過酷な生活状況の中であえぐ人々。また貴族たちの来世至福願望。加えて末法思想の到来等々によってこの思想が流行しました。

しかし、このような浄土願生思想が親鸞聖人の出現によってひとつの展開を果たしました。それは遠くインドの世親菩薩（天親）の畢生の著『浄土論』とその著の注釈書、中国の曇鸞大師の著『往生論註』とのであいでした。そこに示された「為楽願生」説（楽しみの実現のために往生を求めることの愚と誤謬）の否定を踏襲し、世親、曇鸞の説く「浄土の荘厳相」の持つ深意に直参し、浄土往生（成仏）の真意を領解いたしました。

浄土の国土、仏、菩薩の三厳二十九種の荘厳はそれぞれ真実、つまりさとりの国（浄土）の「清浄性」（清浄功徳）、「仏」のはたらきの真実性（不虚作住持功徳）、菩薩のはたらきの積極性（不動而至）を示しています。さとりの国土の清浄性に対して人間の「虚偽」「輪転」「無窮」（穢土の、偽り、むなしさ、徒労）の相を示しています。浄土の真実に照らされた人間はその偽りにめざめ真実（浄土）を求める心（浄心・信心）を回向されます。「浄土」は超越（世俗を超える）でありながら、この穢土と穢身（私）を包摂しているのです。超越は即内在であり単に「超越的存在にすがる」といった教えではないのです。逆にあらゆるものに「すがらない」自己を獲得するのが念仏者の仏道でした。「独生独死独去独来、身自当之無有代者」（『無量寿経』）への深きめざめです。また「浄仏国土」の十七種の荘厳の描写のありようはそのまま自然災害におののく私たち人間に多くの信仰課題をつきつけてやみません。環境破壊の主人公はまぎれもなく煩悩にまみれて欲望を無限拡大し、環境を食べ尽くしてきた私たち人間です。欲望のしもべ（煩悩具足）となっている人間がもたらした根源的な災禍です。「浄仏国土」の思想はこのことを私たちに教えます。

本年度の第八十七回日本仏教学会（二〇一七年九月五日、六日。於東北大学）は「現代社会は〈グローバリゼーション〉の拡大がもたらす弊害や人間の能力をはるかに凌駕する〈人工知能〉の危険性など、さまざまな問題を抱えている。(中略)ほとんどの問題が〈より便利で豊かに暮らしたい〉という欲望追求の帰結であることを考えるならば〈欲望〉の本質を問いつづけ、その超克、あるいは昇華への道を示してきた仏教こそその役割を果たせるのではないか」という趣旨で開かれます(趣意書)。

発表を依頼された私はテーマを「親鸞浄土教における人間と環境の洞察—批判原理としての「浄土」の回復—」と題しました。世俗を超越した「浄仏国土」(真実)は、世俗内でうごめく私たち人間を常に照射する明鏡です。そこで人間は照育されていくのです。ここから無限に真の仏弟子が誕生するでしょう。「浄土」を喪失した人間の悲惨は、人間を至上至高なものとして押し上げたところから始まりました。爾来「無明の黒闇」を歩き続けているのです。「無明の闇を破するゆえ/智慧光仏となづけたり/一切諸仏三乗衆/ともに嘆誉したまへり」と親鸞聖人は和讃(『浄土和讃』)されました。

「日本問題」の歴史的再検討
——批判的な文明戦略論の観点から——

板垣雄三

十年程まえから私は東京を離れ、日本の本州島のまんなか辺にある長野県の諏訪湖畔で暮らしています。近傍に日本人書家、津金隺仙（一九〇〇～六〇）の晩年の「述志」と題する書を刻んだ碑が湖を見下ろすように建っているのですが、それは「一筆破天荒」という文字です。たまたまその碑の近くに住んで仕事をしているので、つねづね「破天荒」をめざしたいと願っています。今日の私の報告がどれだけ「破天荒」に近づけるものか、あるいは支離滅裂で終わるかもしれません。それでも敢えてトライしてみましょう。時間の関係上、広く浅くいろいろな論題に目を向けていただくことになります。

しかし、ここで私が全体を通じて関心を寄せる焦点は、なぜ日本人がアジアの中で周囲のみんなから困った存在と見られるようになってしまったかという「日本問題」です。そして、日本人はその「日本問題」の呪縛をどうしたら脱却できるだろうかという課題を、文明史的視野において、私の用語で言うところの「批判的な文明戦略」の視角から、考えてみたいのです。

文明

出発点として、「文明」とは何か、「近代」とは何か、を考えておきましょう。

まず文明です。文明に関しては、【図1】で私の問題観をつかんでいただきたいのです。私が主張したいのは、文明が、どの文明をとってもみなハイブリッドだという点です。

一般に文明は、おのおの特殊で相互に異なっており、それぞれが固有で独特の性質と構造とを持つということが強調されます。しかし実際には、文明の要素や部品や装置・モジュールは、丸ごと他の文明から借りている場合も含め、文明間で共有されたり重ね合わされたりしていることが多い。そんな組み合わせ方式による異種混成の複合体が万華鏡のように遷移する、その個々の局面が個々の文明の姿なのです。あらゆる文明は、相互に貸し借りしたり、分け合ったり、寄生したり、継受したりしているから、決してただ単に独自性や固有性の面だけを見るべきではなく、一般性・普遍性をシェアしあう側面にも注意を払うべきです。

特殊だ、独特だ、それぞれに異質だというのは、ハイブリッドの設計図でどこか微妙に違う箇所があるということ。文明ごとに、組み合

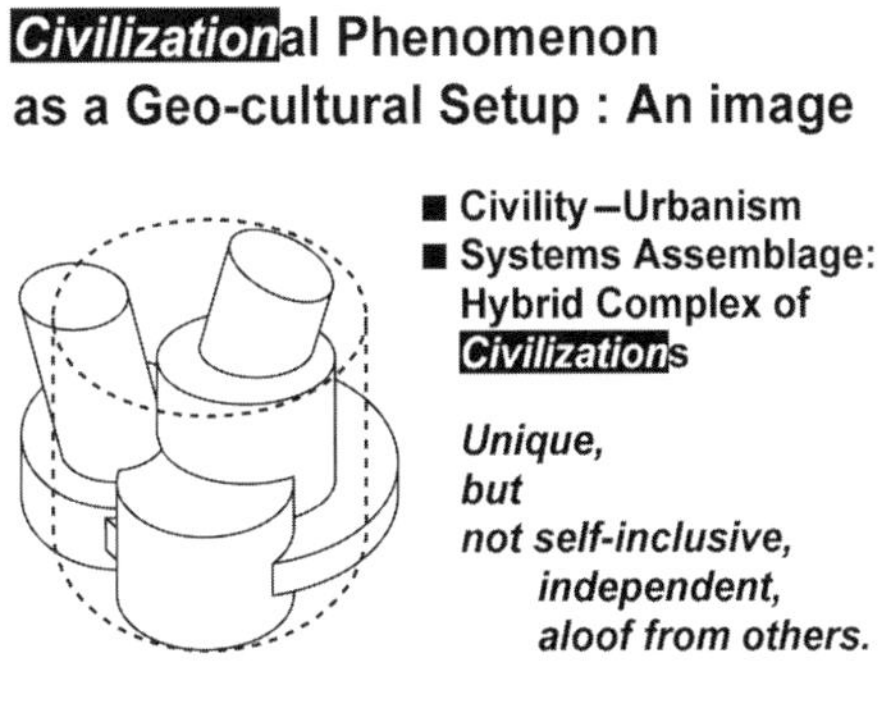

図１　文明のハイブリッド性

わせやその機能に少しずつ特徴ある仕掛け（device）が隠されているのです。ハイブリッドの設計図を相互に照らし合わすこと、それが文明間対話なのでしょう。パルタ・チャテルジーはJudeo-Christianity の文明という名付け方・とらえ方に歴史性を認めるべきだと言われ、サミュエル・ハンティントンの「文明の衝突」論を批判しました。(1) 文明に対する私の見方は、チャテルジーの文明理解ともすこぶる親和的なものではないかと感じます。

そこで、文明と文明を繋ぐ媒介者的な文明にも興味が湧きます。東・西ユーラシア文明を繋ぐスキタイ文明とか、古代メソポタミア文明と古代インド文明とを繋ぐディルムン文明のような媒介項です。バハレーンの国立博物館は、ディルムン文明の遺産をそのように意義づけながら展示しています。

ところが、諸文明を見渡すと、そうした伝播とか影響とかいった直接の相互関係はないのに、離れたところで共通するものが同時に生起する事態、つまり共時性（synchronicity）現象も、見えてきます。因果関係の解明とは次元を異にするこの「偶然の一致」（coincidence）への考察は、精神医学者ユングが開拓したものですが、物理学の最先端で量子力学の非局所性（non-locality）の理論も同じことを問題にしています。それは、もともとアジアの思想伝統と通じ合うところであり、共時性の視座から世界・宇宙を把握する思想的営みとその発信とにおいて、そのようなアジアに立脚するわれわれの責任の大きさを自覚すべきでしょう。世界の理解や説明を組み替える新しいコンテクストを編み出す仕事が、この面で、非常に重要な意味をもつことになってきたと思われます。

共時性とそこから発するダイナミックな思想交流とを考えるうえで、そして世界史を読み替えるうえで、心躍るあまたの論題が七世紀から一六世紀にかけてのアジアの東西に充満しています。東アジアにおける華厳哲学の思想的展開は、まったく同時代の西アジアにおけるタウヒード tawhīd の思想的・社会的展開と並行する現象でした。華厳哲学とイスラームの思想的立場とは、まさしくシンクロニシティの注目すべき事例です。元暁の生き方はイスラームを髣髴とさせます。

タウヒードとは、アラビア語で一つにすること、1と数えること、一に帰する多様性、すなわち多即一という意味です。イスラームのタウヒードは、仏教の華厳哲学の言葉でも説明できるというわけです。私はタウヒードを多元主義的普遍主義（pluralistic universalism）と説明してもいます。

七～八世紀に対照的に屹立していた東西の思想のうち、華厳思想はやがて思弁に溺れ、社会的影響力を失いました。しかし一一～一二世紀には中国宋代の理学が登場します。この新儒教の出現は、中国がイスラームのネットワークに参入したことと関係しています。イスラームのインパクトを無視しては、宋学＝性理学は理解できないのではないか、という問題を、私はかねて提起してきました。この考えの先駆として、日本では川村狂堂「儒教は回教より出づ」（一九一八年）[2]、田中逸平「回儒融通考」（一九二八年）[3]、中国では陳子怡「宋人理学由回教蛻化而出」（一九三三年）[4]などの説がすでにありました。日本の中国イスラーム研究者松本光太郎（一九六一～二〇一〇）は、桑原隲蔵（一八七〇～一九三一）・田坂興道（一九一二～五七）らの仕事を受け継ぎつつ、私の問題意識と呼応する理論の構築を歴史人類学の立場で企てたのですが、道半ばで亡くなったのは痛恨の極みです。

松本は、周敦頤と蒲宗孟との関係にまず注目しました。蒲宗孟に関する田坂興道の研究[5]を再検討しようとしたのです。田坂は、蒲宗孟が日を決めて羊を屠るのと同時に同数の豚も屠らせその肉を近隣の人に分け与えていた、という事跡から、豚の屠殺を根拠に蒲宗孟はムスリムでなかったと考えたのですが、松本は、豚肉を食す人たちが周りに圧倒的多数住んでいる状況下でその人たちを無視するのはムスリムの態度ではないと考え、蒲宗孟がムスリムだった可能性について、これを検証する作業をすすめたのです（蒲宗孟の経歴追跡および「常日盥潔・洗面濯足・小大澡浴之別」、「然燭三百」、蒲姓、蕃學などの検討をはじめ、「毎旦刲羊十豕十」にかかわる人類学的事例・知見からの推論など）[6]。

一〇五九年（嘉祐四年）、周敦頤は蒲宗孟と邂逅するのですが、初対面の二人がたちまち夢中になって話し込み、三日三晩語り合って感動し意気投合したという『周濂渓集』巻十にある年譜の記事は非常に興味深いもので、松本はここに宋代理学の成立とイスラームとの関係が暗示されている可能性を読み取ります。さらに、蒲宗孟の妹が周敦頤の継室（後妻）として嫁したとあることから、松本は、蒲宗孟がムスリムであれば、ムスリマの妹と結婚した周敦頤は、形式上また仮に短期であれ、イスラームに入信した可能性があるとも推理します。

周敦頤の太極図について、無極図の陳摶と周敦頤とを結ぶ仲介者として、道教リーダー陳摶の後継者陳景元と親しかった蒲宗孟を指さす姜廣輝の研究を援用する松本は、陳景元の学の源を希夷（知覚不能の本体）と捉える蒙文通の説にアッラーフの影を感知するのです。そして、杭州知事時代の蒲宗孟が華厳宗とも密接な関係を有したことにも着目します。松本は南宋時代に視野を拡げ、朱熹がムスリム住民に取り巻かれていた生活環境を明らかにしようともしていました。老荘の教えや華厳哲学など中国の歴史的な思想資源の土台を前提に、イスラーム的ネットワークの拡大にともなうタウヒードの思想的インパクトの励起により、性理学という儒教の再体系化が共振現象として展開することになった。松本光太郎が証明しようとしていたのは、これでした。まだ完全に証明しきれていません。残された課題は、後進に託されたのです。

いずれにせよ唐末以降、中国社会にイスラームのネットワーキングが及んだのと軌を一にして、都市の形態・

性格が大きく変わり、江南の開発が進み、庶民の文芸が興って、中国の社会・文化の歴史的劃期が顕在化してきたのは明らかです。(7)そうした時代の大転換を、われわれは新しいグローバリズムの出現という視角・文脈で理解しなおす必要があるでしょう。

同様に、一〇～一三世紀インドで、仏教徒がイスラームに改宗していった大きな変化の過程にも注目すべきです。なぜインド亜大陸で仏教が一見消滅することになったのか。また二〇世紀インドで仏教が再生するのはなぜか。日本では、保坂俊司がこの問題に取り組んでいて、仏教徒のムスリムへの移行・変貌が起きた歴史的条件を検証しようとしてきました。(8)

このように考えていくと、われわれが学んできたアジアの歴史とは一体何だったのか。われわれはヨーロッパ人が仕組んだ言説に無意識にそのまま乗せられていたところがあるのではないか、と気づくことになるでしょう。

つぎに、シンクロニシティの別の例として、一三世紀から一四世紀にかけて、日本の仏教僧侶日蓮（一二二二～八二）とシリアやエジプトで活動したイスラーム法学者イブン・タイミーヤ（一二六三～一三二八）という二人の活動の不思議な並列性が見えてきます。ともにモンゴル帝国と対面しつつ、思想状況への苛烈な批判者、権力に対する抵抗者として、東西でパラレルな存在でした。

一六世紀には、イエズス会が東アジアで活動を拡げますが、日本にやってきたカトリック教会宣教団は、布教活動の初期、キリスト教の神を日本人に何と説明したかというと、「大日《だいにち》」と呼びました。大日如来つまりヴァイローチャナ・毘盧舎那佛に託して、キリスト教の神を説明したわけです。むろんそれは長く続かず、吉田神道で国常立尊《くにとこたちのみこと》の別称である「天道《てんどう》」に置き換わり、やがてラテン語を音写した「提宇子」（Deus）に変わりました。中国では、利瑪竇 Matteo Ricci により「天主」・「上帝」がひろめられたが、ローマ教皇の教令で「上帝」は禁止され、「天主」に統一されました。

こうしたことは、キリスト教布教のための戦術なり方便だったとだけ片付けてよいでしょうか。「大日」を一つの手がかりに考えてみましょう。遍照のヴァイローチャナ＝毘盧舎那佛＝大日如来は、遥か古く古代エジプトで出現したアテン神に発する一神教の系譜に連なる存在と見られます。紀元前一四世紀、第一八王朝のアクエンアテン王（アメンホテプ四世）がアテン神の「光の宗教」をうち立てたとき以来、唯一神信仰は脈々と受け継がれてきました。「唯一神」が多様な人々に帰依されることにより、異なる宗教が成立したように見えるだけだという、普遍的・統合的な見方もあり得るのです。世界諸宗教のタウヒードを確信するイスラームの立場がそれです。アッラーフ（アラビア語で「神」）は、エローヒーム、ヤハウェ、アフラ・マズダ、ヴァイローチャナ、大日、天主、トゥハン、騰格里《テングリ》、天御中主神《あめのみなかぬしのかみ》、その他、何と呼ばれてもかまわない。ドイツ人研究者ホルヌンク（Erik Hornung）は、「アテンのほかに神はなく、アクエンアテンはアテンの使徒である」（英訳すれば No God but Aten; Akhenaten as Aten's Messenger）という信仰箇条を発見しました。[9] なんとイスラームは、「アッラーフのほかに神はなく、ムハンマドはアッラーフの使徒である」という信仰告白（shahāda）においてそれを忠実に継承したのです。一六世紀イエズス会は、布教のためには、無自覚に一神教信仰の立場を選ぶことも厭いませんでした。

文明観は、宗教を対立・抗争するもの、西洋は優位に立って東洋を導くもの、と決めつける欧米中心主義によって、ひどくねじ曲げられてきました。この事実を、アジアのわれわれはしっかり自覚すべきです。もっとも、周りから袋叩きされても、これを意地になって指摘し続けてきた私には、欧米人も含め広く世界中の人々が、これに気付きはじめている徴候を敏感に認めはじめました。欧米中心主義の批判が文明観の転換を惹き起こしている例を、以下に挙げてみます。

第一の例は、マーティン・バナールの仕事『黒いアテナ 第一巻 古代ギリシアの捏造 一七八五年〜一九八五年』[10]とその反響で、イスラーム敵視と反ユダヤ主義とを梃子に剽窃・故買の「西洋古典」文明を仕立て上げた近代ヨーロッパの欺瞞を暴露するものです。

本のタイトルのごとく、著者バナールは、古代ギリシアがエジプトやフェニキアの文化的出店にあたる場所であり、広い東方世界の一角であって、ヨーロッパの一部分などではなかったことを証明し、近代ヨーロッパが古代ギリシア・ローマ文明の本来の姿を歪め、それを横取りし盗む「アーリア・モデル」的理解を発案して、自分たちの文化的先祖に祭りあげる言説を組み立ててしまった、と厳しく批判します。この挑戦的な学術書が欧米でベストセラーになると、欧米におけるギリシア語・ラテン語の「古典学」専門家たちはバナールが最初は中国政治思想史の専門家として出発した人だったので、素人のくせに何を言うかと非難したり黙殺したりしました。しかし、彼の母方の祖父は古代エジプト語の辞書を作った著名なエジプトロジストのアラン・ガーディナー（Sir Alan Gardiner）だったのだから、その孫はタダの素人ではありません。古代ギリシア・ローマ文明をその舞台まるごと継承したのは、イスラーム文明でした。ヨーロッパという地域が成立したのは、イスラーム文明の影響下においてでした。ヨーロッパはイスラーム文明から古代ギリシア・ローマの「古典」を学んだのに、自分たちこそ本家だと言い張るのです。これが「アーリア・モデル」。挑戦を受けた欧米の「古典学専門家」たちは、盗品と知りつつ何食わぬ顔で売買する故買のからくりを衝かれたので、自己防衛に身構えたわけです。日本の大学で「西洋古典学」を教える制度的基盤にあるのは、大学と名がつくところであればギリシア・ラテンの「西洋古典」の研究・教育が必要だという、ひたすらヨーロッパを模倣する精神です。いまでは欧米の庶民も、剽窃であり故買である欧米の「古典」学の意味を反省しはじめたというのに、です。米国の大学で教える英国人バナールが新しい研究分野を開いた動機は、ヴェトナム戦争でした。

第二の例として、インドのラーナジット・パールが、植民地主義の手で確立されたインド学（インドロジー）において歪曲を押し通す権威にひれ伏すことが罷り通るのを批判して、世界諸文明と諸宗教の関係とを抜本的に読み替えようとしてきた問題提起があります。[11] ヨーロッパの東洋学が、中東とインドとを分断し［先に触れたディルムン文明の観点など黙殺］、仏教成立の問題をすり替えるだけでなく、世界諸文明の相互連関を切断してきたのに対して、非ジョーンズ流世界史を提唱して、釈尊（ガウタマ）はイラン人であり、仏教興隆の地はネパールやガンジス河流域ではなく、イラン・バルーチスタン・アフガニスタン［バクトリア］であることを論証しようとします。

批判の対象となるウィリアム・ジョーンズ（Sir William Jones 一七四六〜九四）は英国のインド支配が拡がる初期段階で、カルカッタ（コルカタ）の高等法院判事を勤めますが、同時にサンスクリット研究でも大きな功績を挙げ、英国の東洋学を組織化する指導者としてインド研究の現在を方向付けた人物でした。ラーナジット・パールは、ジョーンズが敷いた仏教成立史解釈の路線に疑問を持ちはじめ、歴史解釈における恣意的なロケーション設定の背景に植民地主義的利害が働いたこと、しかしそれが権威を帯びて生き続けていることを、暴露するのです。ヘレニズム世界への統合的視野のなかにインド亜大陸を置きなおすことにより、インド史の書き換えを促すだけでなく、ゾロアスター教・ユダヤ教・インド宗教諸潮流の間の親近性が明らかにされ、キリスト教成立に関する通念が破壊され、アレクサンドロス大王・キリスト－イエス・使徒トマスへの新視角が提出されます。これまで誰も疑わなかった歴史の転覆です。われわれはそうした奇抜な見方に対して、ただ反対者と一緒になって人を惑わす説だと片付けてしまってよいものでしょうか。欧米中心主義の毒は、こうした世界史書き換えの訴えが不思議でないほどに、深刻なはずです。

第三の例は、分割と遮断とに対する批判的まなざしで、やはり既成の文明観を大きく変えようとするものとして、六世紀の漢訳で知られる『大乗起信論』の「真如」を手がかりに、意識と存在の究極点を言詮不及としつつコトバの論理で見定めようとする思惟の世界のパノラマを構想した井筒俊彦（一九一四〜九三）の注目すべき目標と到達点とです[12]。

井筒は「二つの世界」論／二項対立的思考／主観と客観の分立／分析と還元主義／に拠る世界観の行き詰りなど物ともせず、東洋哲学全体を通底する「共時論的構造を把握する間文化的普遍論の構想」をうち立てようとしました。それは「汎文化性」の志向であり、アジアで世界を包《くる》む「思想の空間的構造化」の企てだと説明されます。「アジア回帰」とか「東西比較思想研究」などの日本イデオロギーに対して鋭い緊張関係を持する彼の立場は、二〇世紀日本のなかで孤高の思想家の一人だったと言っていいでしょう。

井筒は、プロティノスの「一者」（ト・ヘン）、イブン・アルアラビーの「存在」（ウジュード）、ヴェーダンタの「ブラフマン」（梵）、アシヴァゴーシャ（馬鳴）の「真如」、老子の「道」（タオ）が横並びに全部通観される、そんな形而上学的配置を考え、〈「無」ないし「空」のゼロポイントから顕現して展開する世界・宇宙〉をつかむ思想が、アジアの東西に亘って、別々・バラバラの展開でなく、全体に繋がり合いながら、「多即一」的・タウヒード的に展開したと観るのです。

以上で、文明についての私の考え方を理解していただけたでしょうか。私としては、ここで重視し強調した見方を練磨していきたいと思っています。

近代

次に検討したいのは、近代ないし近代性（modernity）についてです。かつて私が「世界史における近代化過程」の【図2】を描いたとき（半世紀近く前）、意図せず形をなしてきた絵から尻尾を振る鯨を連想しました。そこで、都市性・近代性のイスラーム鯨が口をパッと開けたらヨーロッパが見えた、という譬えを思いついたのです。鯨が尻尾を振ると、かなたの中国、韓半島、インド、東南アジアでも自ずと同調して共鳴しあう動きが生じ、新羅・高麗も含めそれら地域でそれぞれにモダニティが展開しはじめる。そこに琉球も加わります。これらの動きに感応するのが日本のモダニティです。以上のような構図で世界史の近代化過程を考えなおそうというのが、私の提案でした。鯨の開いた口をヨーロッパとしたのは、イスラーム世界とヨーロッパとの地続きの近接性（contiguity）を強調するためです。ヨーロッパは独立・自生の地域だったのではなく、ギリシアやローマが先祖だったわけでもない。ヨーロッパはイスラームあっての並行性において形成され、イスラームの圧倒的影響下でヨーロッパの近代化は実現したのです。他方、鯨の尻尾に込め

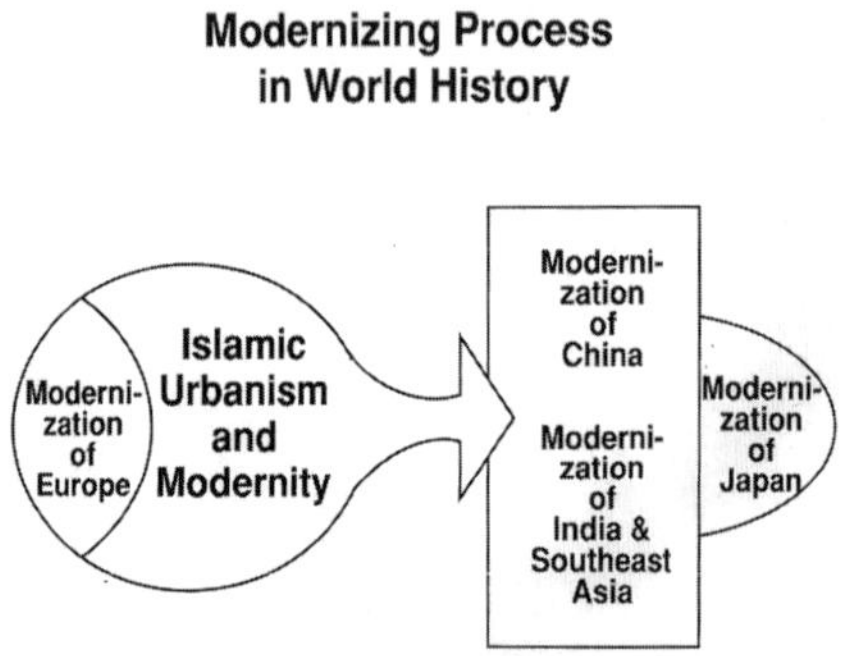

図2　イスラームクジラが口をあけ、尾を振ると、…

る含意とは、東方でモダニティの共振を多角的に発生させてやまぬイスラーム文明の活発なネットワーキング機能でした。

ヨーロッパ中心主義は、「鯨の口」にあたるヨーロッパにだけスポットライトを当て、そこから発する近代性が暗闇の非ヨーロッパに光被するという言説を世界中に押しつけました。ヨーロッパの世界支配のおかげで世界の近代化が推進されたという観念を強制し、近代化とはヨーロッパ化［西洋化］の帰結（corollary）だとさえ決めつけるのです。この【図2】は、「ヨーロッパ対非ヨーロッパ」の二分法を拠りどころに近代性を独占・横領する論法の不正を衝こうとするものです。この視角からすると、マルクス主義も、さらには社会科学一般が、モダニティの認識においてヨーロッパ中心主義に色濃く染められてきたことを考えなおさなければなりません。

不思議なことに、西ヨーロッパと日本とのあいだにはいくつか重要な共通点が認められます。歴史的に言って、両者以外の世界の圧倒的大部分とは異なる社会発展のパターンを示していたということです。たしかに、イスラーム世界との関係では、西ヨーロッパはそれと直結して思想・宗教・科学・生活習慣の面で直接の影響を受けていますが、日本の場合は対照的に著しく間接的です。しかし、たとえば封建制、嫡男相続イデオロギー、軍事化・軍国主義と結びつく大量生産型・モノカルチャー型産業主義、農本主義と関係する土地神話など、については両者の特異な共通性が注目されるのです。私的土地所有権や線引きによる領域設定（領土・領海・領空）と結びついた国家主権観念の強調とか、「無主地」概念を操作して「先占」・「実効支配」を振り回す帝国主義なども、ここから出てきます。こうして、西ヨーロッパと日本とでは、世界史上、近代性の病変とでもいうべき例外的で特異な社会発展が見られることになりました。さらに、これを世界史の先進的かつ典型［模範」的発展パターンととらえて、世界全体がそれと同じパターンを辿るべきだ、という前提に立つ学知をむりやり仕立て上げただけでなく、権力ずくで政策的にもこの思想を世界全体に強要してきたことが、いま反省されなければならないのです。

タウヒード（多即一）は、先ほどすでに触れましたが、ヨーロッパ対非ヨーロッパといった二項対立をもてあそぶ二分法の考え方と対立し、徹底的に多様性・多元性を前提にして世界・宇宙を見る見方です。目も眩むような多様性の宇宙（ユニヴァースどころか、マルティヴァース）、その宇宙がしかし「究極の一」に収斂することを悟る。福建省泉州の清浄寺というイスラームのマスジド（礼拝所）に掲げられた扁額「萬殊一本」などにより、中国でイスラームのタウヒードが理解されたとき、それは決してイスラームに限らず、華厳思想や宋代理学とも分かち合われるモダニティの土台たり得るものだったのでした。ただし、ことさら顕著だったのは、イスラームのタウヒードの社会的展開のもとで導き出されるのが、普遍主義・合理主義・個人主義。都市を生き商業を生き政治を生きる生き方が倫理化される。被造宇宙の内側に神はないとする条件付き無神論の合理的精神と神の徴である万物万象の観察とが、科学を生む。西暦七世紀に世界で初めて法的に確立するのが、女児殺し禁止、両性平等とジェンダー規範［厳密なセクハラ禁止規定をはじめ］、女性の財産相続権と法廷で証人として立つ権利。こうして、自由・平等・同胞愛の理念／生態環境への受託責任（アマーナ amâna）観念／公正・安全・尊厳という価値／ネットワーク・パートナーシップ（ムシャーラカ mushâraka）の社会編成原理／多宗教の市民の共和国／法の支配／社会契約に支えられる統治／公共性／公益（マスラハ maslaha）／知識社会／人類意識とグローバリズム／弱者と少数者の尊重／福祉社会と信託財団（ワクフ waqf）／が基礎づけられました。私は、これらを人類史における超近代（super-modernity）の原点と観るのです。〈近代〉に関して、私が「イスラームの近代性」とか「七世紀からの近代」ということを唱えても、欧米中心主義にすっかり中毒した日本社会の中では、賛成してくれる人はまだほとんどいません。

マディーナ憲章という社会契約文書の記録があります（八世紀にイブン・イスハーク Ibn Isḥâq が記述しイブン・ヒシャーム Ibn Hishâm が校訂編纂した最古の『預言者ムハンマドの伝記』に収録）[13]。ムハンマドが西暦六二二年マディーナ［もとヤスリブと呼ばれた町］において市民たち（マッカからの移住者、ヤスリブ住民でムスリムとなった者、ユダヤ教徒など）とのあいだで国民国家の形成と統治にかかわる契約を交わした文書のなまなましいテクストが、書き留められて今日に残っているのです。政治的権威すなわち統治の正当性（legitimacy）は人民の契約に基づくべきだという思想がアラブの市民（muwâtin）たちによって実践された証拠です。その思想はムスリムの法学者・思想家らによって精密に考究されていきました【図3】。ハワーリジュ派、ファーラービー、マーワルディー、イブン・ジャマーア、イブン・ハルドゥーンらの仕事がそれです。その思索はヨーロッパのスコラ学に流れ込み、やがて一七～一八世紀の西ヨーロッパで「君主放伐論者」（モナルコマキ）からホッブズ、ロック、ルソーへと連なる社会契約説として受け継がれるのです。ところが欧米中心主義は、思想の流れを通観するどころか、前段階を切り捨てて視野からはずし、ホッブズを出発点とする社会思想史の物語を切り取るのです。マディーナ憲章を

- **ムハンマド** Muhammad　マディーナ憲章 622
- **ハワーリジュ派** al-Khawârij　657~699
- **ファーラービー** al-Fârâbî　ca.870~950
- **マーワルディー** al-Mâwardî　974~1058
- **イブン・ジャマーア** Ibn Jamâ`a　1241~1333
- **イブン・ハルドゥーン** Ibn Khaldûn　1332~1406
- **君主放伐論者** Monarchomaques　16世紀
- **ボダン** Jean Bodin　1530~1596
- ホッブズ Thomas Hobbes　1588~1679
- **ボシュエ** Jacques Bénigne Bossuet　1627~1704
- **ロック** John Locke　1632~1704
- **ルソー** Jean-Jacques Rousseau　1712~78

図３　社会思想・国家論の通観的眺望
〈イマーマ（指導者性）〉論 ⇔ 〈社会契約〉論
〈バイア（権威の認証）〉 ⇔ 〈革命権〉

無視するから、ホッブズが考えた「自然状態」を脱け出す社会契約は、彼の頭脳の中で組み立てられた抽象的な約束事にされてしまいました。アジアを含めて世界中の大学で教えられている社会思想史は、未だにこんな歪曲から脱け出せないままでいるようです。

作為的な西欧発モダニティの歪められた観念が、欧米中心主義の世界秩序のもとで、権力的・暴力的に制度化されてきました。その思想に馴染み、その思想を反復する訓練をしなければ、学校を卒業できず就職試験でも落とされる。そんな関門をパスできる教育の仕組みが、呪文をかけるようにして、西欧発近代という思考を再生産してきたのです。日本社会が誇っていた教育の普及とは、まさしくそれでした。だが、すでにそのパラダイムは破綻しつつあります。二〇世紀以降の思想状況において、分析的・還元論的・二項対立的・排中律的な思考方法の上に成り立ってきた欧米中心主義的パラダイムは、抜本的な転換に曝されています。万物の理論（theory of everything）を追求する物理学はもちろん、現象学でも、ポスト構造主義でも、生命科学・情報科学・環境科学でも、避けがたくタウヒード的に［つまり多元主義的普遍主義の方向で］考えなければならないようになってきているのです。末期症状の欧米中心主義の危機管理的足掻きが、タウヒードの精神を摩耗させられ対決主義に足を取られたムスリム社会まで巻き込みながら、ギシギシと悲鳴にも似たはかない抵抗の摩擦音を響かせています。

七世紀からのスーパーモダニティが復活し新しい時代に甦ることができるか、今それが問われているのです。タウヒードを劣化させ、モダニティの腫瘍というべき欧米と日本の植民地主義・人種主義・軍国主義の跋扈を許してしまったイスラーム文明もまた、自己変革が求められています。アジアの諸文明も、それぞれ自前のモダニティの起死回生の道を自己批判的に探索することが迫られています。世界中が新しいモダニティ論に取り組まねばなりません。白楽晴は近代性への適応とその克服とを同時並行的におこなうプロジェクト（Double project simultaneously adapting to and overcoming modernity）を課題として示した。[14] この立場は、私の考えと矛盾しないどころか、痛底しあっていると思うのです。私が言おうとしているのは、適応すべきは活性化したスーパーモダニティであり、克服すべきはヨーロッパ発を装った偽のモダニティだ、ということだからです。

課題としてのスーパーモダンをはぐらかし、何とか欧米中心主義の偽モダニティを生き延びさせようとする策略を隠した／またはそれに騙されて乗せられた／「ポストモダン」という落し穴の危険性にも、注意を喚起しておきたいと思います。友愛、正しくはきょうだい愛・同胞愛は、本来、人類（アダムの子孫）意識を強調したタウヒードに発するもので、十字軍にこだわるヨーロッパから起こったものではありません。中世ヨーロッパ［この概念自体、ヨーロッパ中心主義の産物ですが］の大学はイスラームのマドラサ madrasa（高等教育の学院）を模倣したものですが、第一外国語はアラビア語でした。イスラーム文明における新しいパイオニア的な学問の成果を必死になって他人より一刻も早く読み、摂取しようとする涙ぐましい努力に明け暮れていたのです。[15] そこから、ヨーロッパ社会は自由・平等・同胞愛／個人主義・合理主義・普遍主義／宗教的寛容・国際法・都市文化（urbanism）／を学習していったので、今その歴史的経緯の記憶を抹消しタウヒード的スーパーモダンが復興する予感に抗うための自己欺瞞の願望こそ、符牒としての「ポストモダン」の実相なのでしょう。

二〇一一年に始まる世界の変化とその歴史的前提

先を急ぎます。昨二〇一一年以来、世界全体を覆う変化がいろいろ生じてきています。そこで起きているのは、社会思想とか国家体制をめぐる次元にとどまらず、もっと広い意味で人間と思想の革命が始まろうとしているのだと思います。それはまた、革命の革命でもあります。このような新しい現象を、私はムワーティン muwâtin 革命と呼び、注目しています。ムワーティンとは、アラビア語で「市民」を意味します［複数形は muwâtinûn］。私の予見では、それが新しい市民革命の歴史を開く出来事であって、いずれ一七世紀から二〇世紀までの諸革命を［社会主義を志向したものをも含めて］ブルジョア bourgeois 革命という前期の市民革命として概括的に認識させることへと導くような、画期的な事態ではないかと考えています。

新市民革命としてのムワーティン革命の特質としては、以下の諸点に注意を払いたいと思います。それらは、二〇一一年のグローバルな市民決起の中で現実・萌芽・予兆として観察されました[16]。いずれも、タウヒードの再生・再活性化と関係します。

（一）非暴力の不服従・抗議の直接行動をつうじて自己変革と世界変革とを同時追求する運動。これは二〇世紀初頭マハートマ・ガンディーが創唱したサティヤーグラハ（サンスクリット語で「真理の把握・執着」を意味し、いわば「愛と勇気」）の実践とも言えます。ガンディーがこの思想行動を編み出した背景に、南アフリカにおけるインド人ムスリムたちとの協働があったことは、看過できないと考えています[17]。そして二〇一一年のアラブ市民決起の先駆は、イスラエル軍事占領下パレスチナ人の市民決起インティファーダ intifâda（一九八七年および二〇〇〇年）でした。

（二）ネットワークとパートナーシップという組織原理。タウヒード（多即一）の社会的実現です。自由な組替えのもとで、自主的に参画・協同するあらゆる個人や集団がつねに中心性・周縁性を同時にあわせ持つ分権的で自律的な生成状態をつくり出す自己組織性を発揮するのが、ネットワークです。指令型・動員型の階層制的な党派形成は敬遠されます。

（三）社会的な公正と安全、平和と生命の尊重、人間的尊厳とそれを護るための社会的連帯という価値の重視。社会的弱者や少数者との連帯が強調されます。これらは、歴史的に政治的自由の追求や社会主義が目指していた目標とも通じ合う課題です。二一世紀初頭の世界で荒れ狂う新自由主義や「反テロ戦争」体制に対する批判の結集軸であり、植民地主義・人種主義・軍国主義を横行させる国家的・国際的・トランスナショナルな政治経済システム／大衆監視・欺瞞・操作の公式・非公式権力構造／それらを根底において支えている男性中心主義／を拒否する立場なのです。

（四）自然ないし宇宙の多様性、また生命を産み保ち育てるものへの畏敬の念。共生環境と環境共生とを志向する生き方。ここでは、万物万象の個別性・差異性・対等性とともに繋がりあい・連関性・有縁性への感覚を磨くこと、人間の知識・技術の限界について探求心とともに科学的謙虚さ・節度を持すること、すでに触れたアラビア語のアマーナ amâna が指示する「信託」観念（「自然は預かりもの」の意識）の基軸性が、強調されます。

（五）修復的正義の探求。反省と自己批判とに基づく話し合いを通じて真実を究明し、合意により正すべきは正し補償すべきは補償して、あらゆる関係者のあいだで更生と和解の機会を実現するリドレスを目ざすものです。これは犯罪をめぐる司法の場で追求されるだけでなく、南アフリカでアパルトヘイト体制の廃止後にも試みられました。悪は単に除去・打倒・抹殺の対象であるのでなく、悪の存在理由の認識を公共化しようとするものです。

以上のような特質をもつムワーティン革命は、たちまち反革命の国際干渉に曝されることになりますが、しかしグローバル規模で市民決起の共振共鳴現象として、豊かな可能性を湛えつつ展開しました。その拡大には、日本の福島第一原子力発電所の複合過酷事故が重大な影響を及ぼしました。

新市民革命に向かっての思考法の変換は、明らかに欧米中心主義克服の方向と合致しますが、思想的先駆者としてのマハートマ・ガンディーの存在は、ヨーロッパ〈近代〉への反省・批判を試みた歴史的群像への新しい視角をも呼び覚まします。若干の人々を例として挙げれば、ゲーテ、ショーペンハウアー、ニーチェ、ベルクソン、シュペングラー、レーニン、神智学・人智学の人たち（ブラヴァツカヤ、ベサント、シュタイナーら）、そしてフッサール、ハイデガー、ヤスパース、など。それをアジアでより実践的に行なった人たちとして、例えば、章炳麟、魯迅、顧頡剛、中采浩、咸錫憲、金芝河、マハートマ・ガンディー、R・タゴール、K・M・パニッカル、岡倉天心、宮崎滔天、大川周明、宮沢賢治、などが注目されます。ムワーティン革命の未来を考察しようとする上で、スーパーモダニティ復権に向けて私がとっている姿勢を暗示する例示として、ご検討いただければ幸いです。

別の角度で、欧米中心主義の世界秩序を批判する対案／民衆への愛と倫理的準則／の観点から、現在振り返るべき歴史的人物として、やや異色の日本人三名を挙げておきましょう。吉野作造（一八七八〜一九三三）は、あらゆる民族の自由・自決を求める権利が尊重されるべきことを模索しました。石橋湛山（一八八四〜一九七三）は、日本が朝鮮や台湾など植民地を放棄し大日本帝国を廃して小日本主義に徹すべし、と唱えました。柳宗悦（一八八九〜一九六一）は、民衆生活の中の美に光をあて、民族文化擁護の立場を貫いて、朝鮮と日本との関係の未来を幻視しました。それぞれに、過ちを犯しながらの手探りの思索でした。欧米中心主義の偽モダニティが崩壊に瀕する現在、ムワーティン革命に日本社会が寄与できるものがあるのか、それへのヒントを考える材料になるのではないでしょうか。

日本問題

ようやく本題の「日本問題」に到達したところで、話を終えるべき時間が近づいているようです。私の講演資料の八五%がまだ手つかずという困った状況。でも、「アジア・世界の中で日本がどのように困った存在と見られてきたか」の概況点検は、この会場では、割愛して進んでもいいでしょう。「なぜか？」と「問題状況をどう変えるか？」とを今、直面する現実（actualities）の真っただ中で問いなおすことが重要なので、それを考えるための前提を延々と語ったのです。

先ほど私がヨーロッパ〈近代〉批判を試みた歴史的群像の一人として大川周明（一八八六〜一九五七）を挙げたことについて、怪訝に感じた方があったかもしれません。というのは、彼が、南満州鉄道会社傘下の東亜経済調査局（満鉄調査部）の大立者で、猶存社・行地社など国家主義団体を結成し、軍部のクーデタ計画の黒幕疑惑で下獄したこともあり、大アジア主義のイデオローグとされ、敗戦により極東国際軍事法廷でA級戦争犯罪人［その中で唯一の民間人］として訴追されたが、裁判の途中で精神障害を理由に免訴・釈放され、精神病院でクルアーンの翻訳『古蘭』を完成・刊行するという人物だからです。大川は、大学の卒業論文のテーマがナーガールジュナ Nâgârjuna（龍樹）だったようにインド哲学の研究者として出発したが、イスラーム研究に関心を拡げ、インドの民族運動の支援者となり、二〇世紀を導く思想家はガンディーとレーニンであると喝破しました。彼は、欧米の帝国主義支配からの解放を目ざすアジア主義の理論化を志向し、日本の歴史はアイヌ抑圧の歴史だと言って物議を醸すとか、中国侵略の拡大や太平洋戦争の開戦に批判的だった、等々、その思想と行動には合理主義の多面的な襞が認められます。大川の最大の貢献は、アジアを包括的に問題とするとき取り組まなければならぬ中心テーマはイスラームだということを、いち早く見抜いたところにあります。

大川が抱え込んでいたディレンマやトリレンマに、日本問題を解く鍵が暗示されているとも言えるでしょう。私が言いたいのは、日本人が「脱亜入欧」と言い「アジア主義」と言うとき、この二つの立場は真っ向から矛盾対立するように見えながら、どちらも結局はアジア侵略に繋がるところに、日本問題の秘密があることです。欧米主導のモダニティを乗り越えるために日本がアジアを舞台に欧米を相手に闘う戦争には理があり、欧米的〈近代〉を克服する戦争に邁進することが日本の崇高な世界史的使命となったと説く「近代の超克」論が、太平洋戦争期の日本の知識人の心を捉えました。戦場に引き出され非命に斃れた日本人の若者たちも、日本がアジアの盟主となって「大東亜共栄圏」を建設し世界の新秩序をきり拓く事業の礎となるのだとして自分の死を納得しようとして、「近代の超克」論に寄りすがったのでした。

日本問題を解くには、日本国家のあり方それ自体にかかわる歴史認識が欠かせません。西暦七世紀に成立した日本国家は、その形成・確立のはじめから植民地主義・人種主義・軍国主義に彩られていました。エミシ（蝦夷・毛人）征服戦争［征夷］と領域の拡大・収奪、俘囚の管理と同化、征夷による武士団の成立・発展と征夷大将軍の権力（一九世紀半ばまで持続）、それらを歴史的に支えた天皇の権威、泣く子を脅す常套句「むくりこくり（蒙古・高句麗）鬼が来る」。朝鮮侵略と征韓論の持続、琉球と蝦夷地の併合は、一九四五年まで数十年間のアジア侵略戦争の全面展開へと連続します。「和」には、音韻の連想で繋がる「輪」の内的結束の攻撃性が、「福は内｜鬼は外」の二分法に支えられつつ秘められてきました。「武士道」の信義潔癖とは、エゾ（蝦夷）のリーダーを和睦の酒宴に招いて騙し討つ汚辱と表裏だったし、「日清戦争」・「日露戦争」が「東洋の平和」を達成した戦争とされるのです。このように論理が捻じれる慣性は、どこから生じて来たか、どうすれば変えられるか、これこそが「日本問題」です。

そこでまず、日本社会の伝統的世界認識としての「三国」意識を考えてみましょう【図4】。一六世紀に南蛮（スペイン人・ポルトガル人）・紅毛（オランダ人・英国人）の「西洋」が登場するまで、日本人にとって世界は本朝（日本）と唐（カラ、唐土または震旦、すなわち中国）と天竺（インド）という三国によって構成されると観念されていました。「三国一の花嫁」は「世界一」ということ。そこで問題は「カラ」です。韓をもカラと呼びつつ、カラは中国（唐そして漢）を指す。朝鮮を中国に吸収させてしまいます。「三国」意

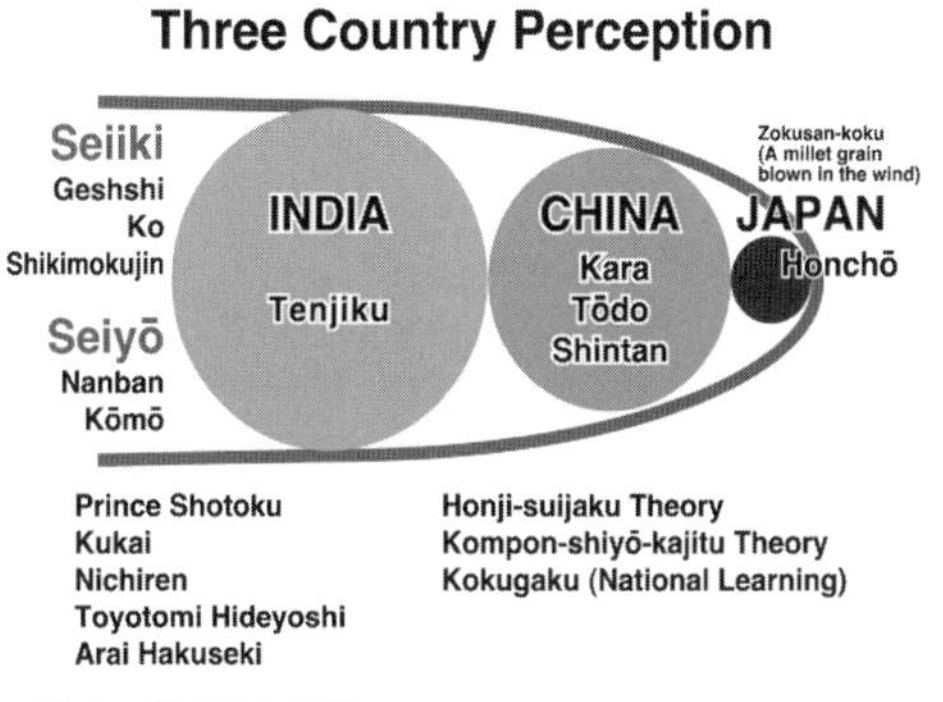

図４　「三国」意識
天竺の延長／かなた：西域（月氏・胡・色目人）、西洋（南蛮・紅毛）

識は、日本における仏教理解とも関係していました［一四世紀初めの凝然『三国佛法傳通縁起』］。日本は粟散国とも呼ばれ、吹けば飛ぶような小国という自己認識でした。中国とインドという巨大国を意識しながら、それらとの関係で日本は逆立ちをして自らの地位設定をします。一〇世紀前後の平安期の本地垂迹説は、菩薩や仏陀が日本の神々となって現れたので、インドは日本にとって本国だという考え方でしたが、一五世紀の室町期になると、吉田神道［唯一神道］の根本枝葉花実説が出現し、世界の本源は日本、枝や葉が中国、花や実がインドだというのです。こんな日本中心主義の考え方が、一八世紀前後の江戸期の国学では、漢意［からごころ、中国の思想や思考法］を排して日本固有の精神・文化［大和心・みくにぶり］に立ちかえるべきだと主張されることになりました。

こうした三国意識にとらわれないのが、空海（七七四〜八三五）の思想世界です。空海［遍照金剛、弘法大師］は九世紀初頭唐の長安で師の恵果からアジア最高の思想家・宗教者と認められました。師の勧めに従い、彼は真言密教の奥義を日本に持ち帰ります。彼が体現したのは、ゾロアスター教・ネストリウス派キリスト教・ユダヤ教・イスラームを含む広汎な東・西アジアの霊性に裏付けられた知恵。日本の精神史上、空海の影響は絶大です。彼には被征服民＝蝦夷の出身という背景があったと見られます。それから四百年ほど後の一三世紀初め頃、南宋に渡った日本人僧の慶政上人が福建の泉州でイランから来た商人ら一行と出会い、親しかった明恵上人のため記念に揮毫してもらった紙を、念仏の墨書だと思って大事に京都高山寺の明恵の許に持ち帰りました。[18] これは今日まで保存されています。ペルシア語の古典詩『王書』Shâh-nâma の一節など惜別の詩の断簡ですが、慶政はそれを仏への讃仰の響きとして聴いたのでしょう。中国における空海や慶政の体験が宙に浮いているのも、日本問題の一側面です。

文明的な恩恵に対する態度において、日本のオリエンタリズムは西ヨーロッパのそれと近似しています。日本文明の部品の多くは中国や朝鮮から受け取ったものです。粟散国と卑下する反面、中国に肩肘張って対抗してみせる姿勢が現れます。それは、中東に文明的引け目を感じる西ヨーロッパが、好き・嫌い／愛・憎／憧れと恐怖／畏敬と侮蔑／が交錯する葛藤の中で、中東をいかに征服し支配するかの技術を磨き、知識を権力に換える反イスラームのオリエンタリズム的姿勢をとるのと肩を並べる心的態度と言えるのです。日本社会が一九世紀半ば以降、被圧迫者同士の連帯感情を投げ捨て、すばやく欧米帝国主義との同調同化を選び、脱亜入欧という精神状態に移行したのは、このためです。

これまた半世紀近く前に、私が作成した文明戦略マップと称するものがあります【図5】。ユーラシア／インド洋／地中海アフリカ／の三つのサークル［世界と言ってもよい］が、三つ巴に重なり合っています。三重の重合部分が中東で、手前の三つ巴のうしろ側に太平洋や大西洋にあたる隙間を隔てて見える楕円がアメリカ大陸（The Americas）です。

中東は三つ巴の人・物・情報が集散する都市型地域です。他方、アメリカ大陸には手前の三つ巴から人間が波状的に移住しました。古くは、ユーラシアからベーリング海峡［当時は陸続き］を越えてモンゴロイドの集団が渡り、インディオやインディアンのアメリカ先住民を形成、ついでヨーロッパからの移民たち／アフリカから奴隷として連

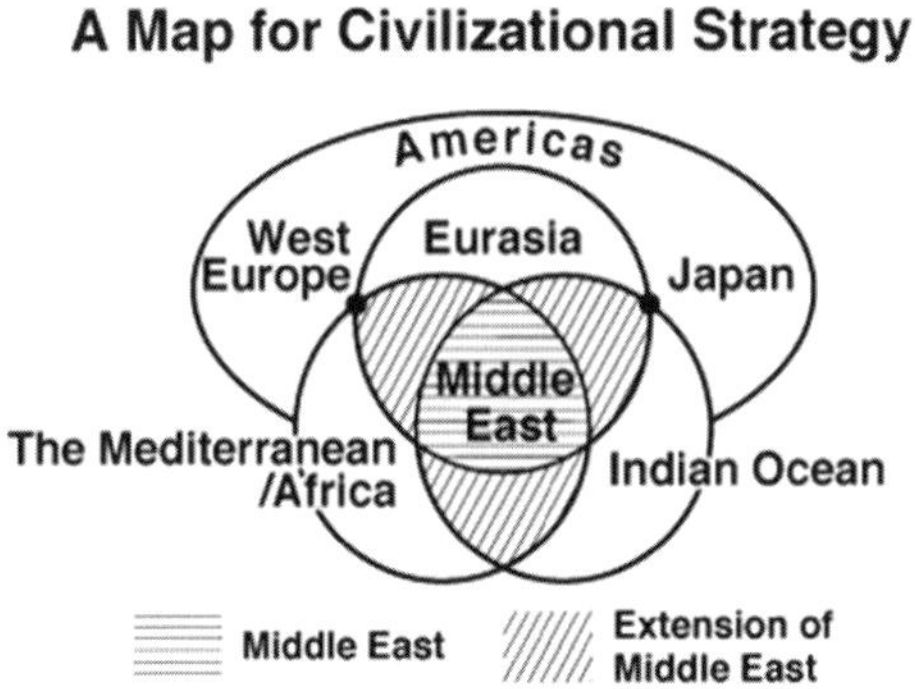

図5　文明戦略マップ

行された黒人たち／中東やアジアからの移民たち／が移りました。また、これらとは別に、古来太平洋越えの人と物の長期にわたる移動があったことも、今日太平洋考古学が明らかにしつつあります。こうして、アメリカ大陸は歴史的に、手前の三つ巴の世界を受け止めてきた裏世界なのです。

そこで手前の三つ巴サークルを全部抱え込む中東と裏側のアメリカ大陸とは、親近性（affinity）を分かち合っています。どちらもグローバリズムの温床です。中東のグローバリズムは生得的・運命的ですが、アメリカ大陸のそれは後天的・獲得的です。

つぎに注意してほしいのは、ユーラシアおよびインド洋両サークルの外側の交点にある日本と、ユーラシアおよび地中海アフリカの両サークルの外側の交点にある西欧とは、文明戦略的に対照的な位置を占めていることです。西欧と日本とは、ともに世界の縁辺にあり、かつアメリカ大陸をも直接に望むことによって、いわば全世界を見渡せる位置に立つとも言えます。こうして、西欧と日本とのあいだの親近性（affinity）にも、注目すべきです。

このことと関係する攻撃性が十字軍として現象しました。それは、「キリスト教世界」対「イスラーム世界」という「二つの世界」論の二項対立の仮定の上に組み立てられました。諸宗教が共生するイスラーム世界には東方諸教会のキリスト教徒がおり、むしろキリスト教が興ってきた場所がイスラーム世界なのに、ヨーロッパは「キリスト教世界」を僭称し、その内側でユダヤ教徒をユダヤ人［東方イスラーム世界の手先・スパイ］として迫害する。反ユダヤ主義と反イスラームの結合として、イスラーム世界に挑戦する武装巡礼のエルサレムを目ざす侵略が組織されるのです。十字軍国家の植民者つまり十字軍士たちがアラブ社会の中に吸収され融解するようになると、つぎは方向を変え、イスラーム世界からアンダルシアを「奪回」する「再征服」（レコンキスタ）と称してイベリア半島への侵略が進められます。さらにつぎは、イベリア半島を基地に、イスラーム世界に対する大包囲戦略としての「大航海」時代に移行していきます。こうして東アジアは西ヨーロッパと出会うわけですが、十字軍的「大航海」はその終着点のフィリピンでもモロ（イスラーム教徒）と対峙しなければなりません。世界を二分法で割り切る植民地主義の十字軍の思想が、ヨーロッパ人の伝統的思考法を根深く規定してきたのです。

ヨーロッパの伝統的な思考法を規定するもう一つの根は、東方問題です。一八世紀から一九世紀前半にかけて、ヨーロッパ諸国は、ムスリム共同体（ウンマ umma）を中心に諸宗教のコミュニティ（ミッレト millet）群が共存システムを整えていたオスマン帝国に競い合って干渉し、おのおの手なずけた宗派に武器や資金を与え学校や病院を建ててやるなどして、宗教的・民族的紛争を惹起させようとしました。このような紛争の扇動と管理とが東方問題です。多角的に「分割して統治せよ」の政策構想、そして外側からの「体制変革」（Regime Change）の思想、の先駆形態でした。

二〇世紀に、十字軍の植民地主義と東方問題の紛争扇動管理政策とを結合するのが、パレスチナ問題です。それが深刻な行き詰まりに陥ったところで、イスラーム嫌悪を前面に出して自己破産的カオス創出策を強引に推進するのが、二一世紀の「反テロ戦争」時代という現実です。十字軍や東方問題の手法を学習し適応してきた日本国家は、「反テロ戦争」においても、欧米中心主義の思想と行動の分担者として振る舞おうとしていることは、否定しがたいところです。

以上のような歴史の重圧のもとで、それに対して、中東の人びとは、状況に応じて一人一人が自分自身の多様なアイデンティティを主体的に選び分けつつ暮らす生き方を断固として守り抜いている、きわだった特徴に注目しなければなりません。自分の内側で自分をネットワーク化する。都市的で、高度に政治的な生き方です。それは知識人のあり方の問題ではなく、庶民一人一人の日常の実存的営為です。私はこれをアイデンティティ複合と名付けてきました。

このアイデンティティ複合と並び、中東の人々の生き方において、一人一人が生きている場をたえず選び分け組み替える政治性――これを私はn地域と呼んでいますが――にも、注意を払うことが肝要です【図6】。個人にとって最小の地域は自分が足を踏みしめて立つ地点であり、最大の地域はさしあたり地球です「宇宙空間に拡がりつつあるとしても」。国民国家の枠組は選択肢の一つに過ぎません。時々刻々生きる場を自由自在に伸縮し、飛び地を繋ぎ合わすような生き方。「反テロ戦争」はそんな主体性を打ち壊そうとしているとも言えます。それにひるまぬ堅忍不抜は、パレスチナ人の抵抗に表象されています。「日本人」イデオロギーに対置されるのは、アイデンティティ複合とn地域という生き方であるに違いない、と私は確信します。

そこで、結びに入ります。日本問題をどうやって乗り越えるのか。生き方としてのアイデンティティ複合とn地域を、たえず新たに獲得しなおし活性化するプログラムとして考案したのが【図7および8】です。

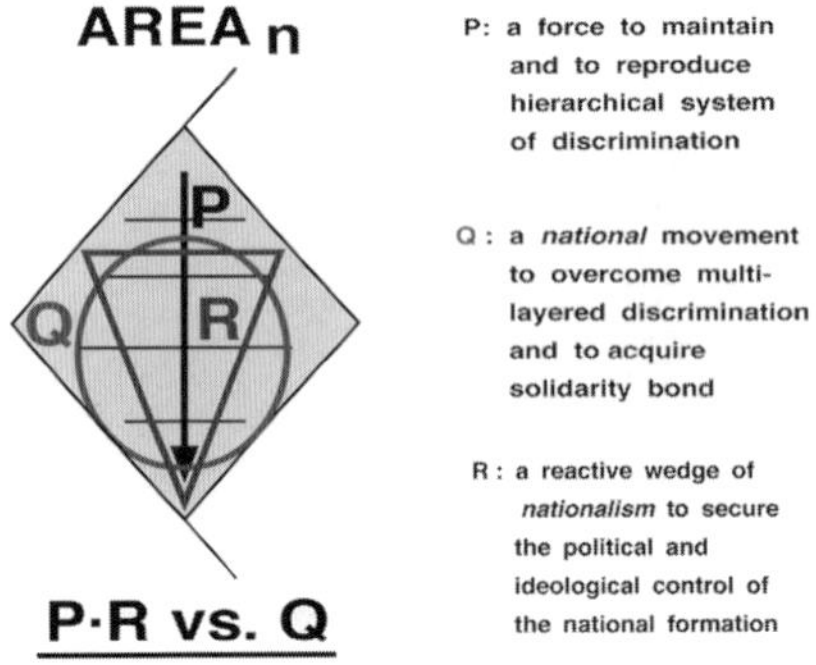

図6　n地域
分断分割の差別体制を乗り越えて〈民族〉を獲得する民族運動Qと、これに楔（くさび）を打ち込み「民族」の枠をはめて支配管理する帝国主義・民族主義体制PRとが、拮抗（きっこう）する〈地域〉を、個人（左端のホームベース）の内面から世界大まで（1・2・3塁線を動かして内野を自由に拡縮するごとく）可変的に伸び縮みさせ選び分ける、無限のポテンシャル〈地域〉を主体的にもつこと。

ムワーティン革命と対応させて、目印はアラビア語の表現になっています。アサビーヤ ʕasabîya は集団の団結心、結束の感情。家族の絆、ナショナリズム、愛社精神、愛校心、など。フィトラ fitra は、本来は人間の本然の性質、天性［宗教に目覚める心、したがって華厳思想の性起《しょうき》に通じる］を指しますが、ここでは個の自覚、個々人の尊厳と理解してよい。そして、バヌー・アーダム BanûÂdam はアダムの子孫すなわち人類の意識です。これらのアラビア語と英語とを組み合わせて考え方を図示しました。集団・個人・人類という三つのポイントで、どれかに固定したり執着したりしてはならない。それぞれに等位で、ランク付けはできない。例えば仲間意識に凝り固まった自分を反省し、個人の立場を見つめ直すのだが、やがて人類意識に目覚める、しかし身の周りの人々との具体的な結合の意味に気が付くという式で、たえずアイデンティティ複合の回転運動が生じるのです。運動を引き起こすのは自己批判です【図7】。だが、ただ堂々巡りの回転をしているだけでは意味がなく、上向的なスパイラル運動が求められるでしょう。向上するためには他の人々との対話が必要です【図8】。こうして、自己批判と対話とが、自己変革と世界変革との結合を保障するでしょう。この視座は、どこかでアシス・ナンディによる ヒンドゥ・ナショナリスト サーヴァルカルの政治主体としての格闘に対す

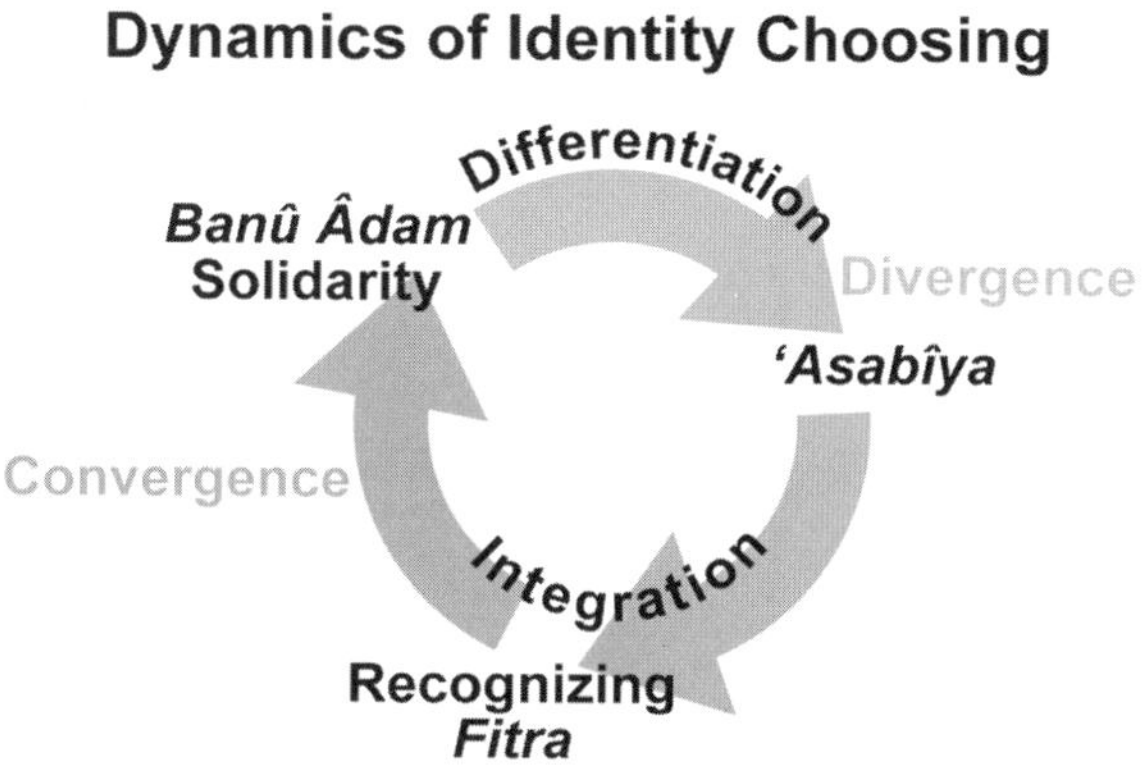

図７　多様なアイデンティティ（自分は何者か）の主体的選び分け
回転や飛び越えを起こさせる動力は、自己批判
都市を生きる＝商いを生きる＝政治を生きるムワーティン

る視角[19]とも関連し合うのではないかと感じています。日本社会の中で、なんとしても【図7および8】のようなダイナミックスを作動させることが必要です。核爆弾の被爆国だと言っていた日本国民が、深刻な原発事故で地球上の放射線被曝を激化させる核の加害者になったのは、そのような転換への踏み切りのチャンスでなければなりません。

人類に破滅をもたらすような危機を昂進させる新しい戦争の火種をつぎつぎと仕掛けて回る動きが野放しになっている状況下で、私たちはこの経験を冷静に知識へと転化していくことが必要です。さらに、この経験は鋭く倫理化されなければならないのです。日本社会で知の営みや情報メディアにかかわる人々が、今なお価値中立性の呪縛に陥った思考から訣別できないでいることを目撃して、私はそれを見ている私自身に歯軋りしています。この状態を変えなければなりません。そして、私たちの経験していることは功徳化されるべきです。例えば二〇一二年現在の石原都知事の政治的役割を批判する者にとって、彼の政治生命を抹殺し退場させることだけを目ざせばよいのか。石原都知事のおかげで、もっとも大事なこととは何かを、逆に気付かされた面もないわけではありません。どうやって石原を反省させるのか、その反省が社会的にどう共同化され共有され活かされるのか。私たちは悲観的楽観主義（pessoptimism）に徹して、自分と世界を変えていく方法を探求し

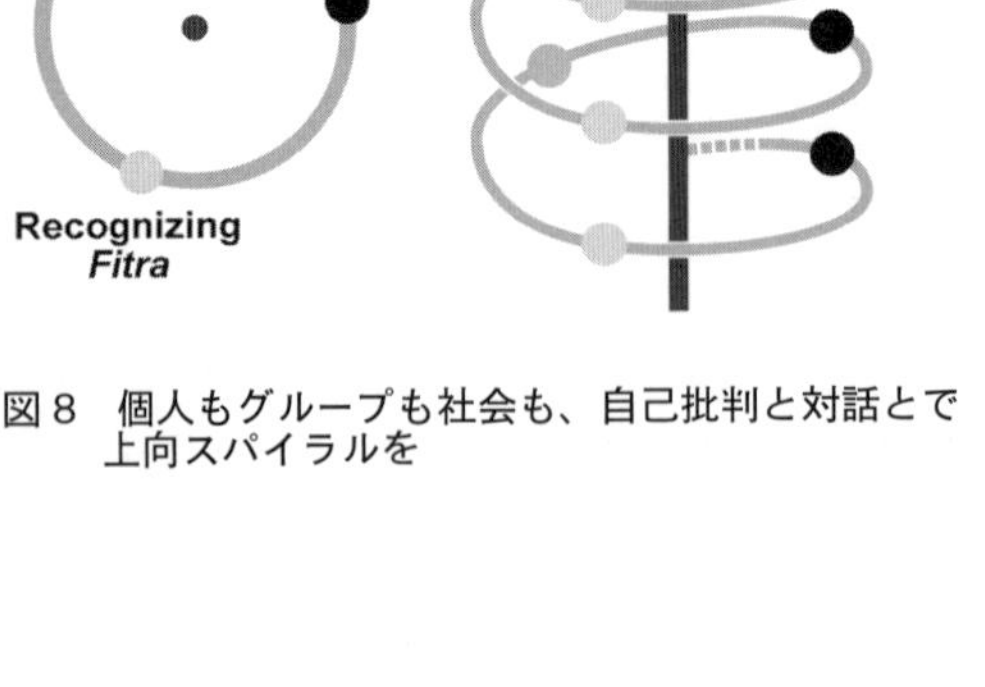

図８　個人もグループも社会も、自己批判と対話とで上向スパイラルを

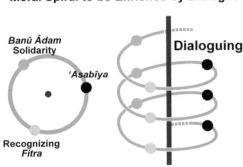

なければならない。私はムワーティン革命の起動に呼応して、そのように考えるのです。

※　この論述は、二〇一二年一〇月一二日〜一九日、上海当代美術博物館において当月より始まった上海ビエンナーレの行事の一環として開催された「２０１２亜洲思想界上海論壇」Asian Circle of Thought 2012 Shanghai Summit において、招待者講演の一つとして板垣が一七日に行なった講演記録の日本語版である［一五日の全体フォーラムを挟み、他の招待者講演は一二日白楽晴（ソウル）／一三日 Jomo Kwame Sundaram（クアラルンプル/NY）／一四日 Partha Chatterjee（コルカタ/NY）／一六日新崎盛暉（那覇）／一八日 AshisNandy（デリー）、一九日は最終討論］。文中、他の講演者の発言やペイパーに言及しているのは、この集会の目的である「対話」の反映である。本講演の記録としては、すでに、①板垣雄三（孫軍悦 訳）「対「日本問題」的歴史反思——従批判性文明戦略観的角度出発」、『人間思想 RENJIAN THOUGHT REVIEW』5（二〇一三冬季号）、台北 人間出版社、一〇九〜一二八頁、および ②ITAGAKI Yuzo (transl. by Mark Winchester), A historical re-consideration of the "Japan problem" from the perspective of critical civilizational strategy, *Inter-Asia Cultural Studies*, Vol. 15, No. 1, Taylor & Francis Group / Routledge, March 2014, pp. 63-90. の二種が発表されているが、日本語ヴァージョンはここに掲載していただくこととなったものが初出となる。このたび、原型を損なうことなく（すなわち、時間的経過にともなう論点の補訂や新たな付加は行なうことなく）、Ⓐ利用・読解の便宜のため説明の一部や書誌情報を［注］として分置する、またⒷ講演時にパワーポイントで示した図資料の再現を限定する、という二つの作業に基づく文章表現の技術的調整にとどめたことを、お断りしておく。この二〇一二年アジア思想界上海フォーラムは、日本批判が渦巻く異常な政治的社会的雰囲気の余波漂うなかで行なわれた。二〇一二年夏〜秋は、中国民衆の怒りの対象は日本だったからだ。四月訪米中の石原慎太郎東京都知事が打ち上げた東京都が尖閣諸島を地権者から購入する計画に日本国内で寄附に応じる支援運動が高まるなか、韓国のイ・ミョンパク大統領が竹島／ドクトに八月一〇日上陸訪問した後の一五日、中国（香港・マカオ）の活動家が尖閣諸島魚釣島／釣魚島に上陸、日本官憲が十四名を逮捕し一七日強制送還したのに対して、日本批判のデモや不買運動が中国全土に拡大した。九月一〇日民主党（当時）の野田佳彦政権は、石原都知事の動き（購入のための募金は十五億円近くに達し、現地の上陸調査を模索）への対処として、魚釣島・北小島・南小島三島の国有化を閣議決定、翌日日本政府が二十億五千万円で購入し所有権移転登記手続きを完了したとした。これを機に、中国では一九日にかけて反日のデモと騒乱が爆発する。

日本国政府と東京都が競い合い、駐中国の丹羽宇一郎大使の憂慮が「領土問題は存在しない」という政府の公式の立場と齟齬をきたす、という事態が表面化した。「日本問題」をめぐる上海での一〇月一七日午後の講演は、そんな状況下で実施された。一六日夜には、上海外灘美術館講堂で、人気作家で回族の張承志〔梅村坦監訳『中国と日本――批判の刃を己に』、亜紀書房、の原著者〕と板垣とのひろく市民に公開する対談トークショーも、盛会かつ平穏裡に行なわれたのだった。したがって、この講演の内容は当日の形のままにすることに意味がある、と考える。その後、華厳思想とタウヒードとをシンクロニシティとして論じることについては考え方を変え、むしろ根底のところでの一体性を強調するようになったことなどは、ここには反映されていない。読者には、上記のような歴史の中の記録として読んでいただくことをお願いする。（板垣雄三 記）

注

（1）Partha Chatterjee, The Colonial City in the Post-colonial Era, *Inter-Asia Cultural Studies*, Vol. 15, No. 1, March 2014, pp. 25-47.

（2）川村狂堂「儒教は回教より出づ」、『東亜時論』二（二）、一九一八年。

（3）田中逸平「回儒融通考」、『田中逸平その2』所収、拓殖大学、二〇〇二年、原著一九二八年。

（4）陳子怡「宋人理学由回教蛻化而出」、『師大月刊 Normal University Monthly』第6期〔文学院専号〕、一九三三年、pp. 118-218.

（5）田坂興道『中国における回教の伝来と弘通』上・下、東洋文庫、一九六四年。

（6）MATSUMOTO Kotaro, The Impact of Islamic Civilization on the Development of Neo-Confucianism during the Song Dynasty.（A manuscript unpublished yet.）松本光太郎が周敦頤と蒲宗孟との出会いを歴史的事件と感得した『周濂渓集』巻十にある周敦頤『年譜』の記述とは、「左丞蒲公宗孟、閬中人、太常丞師道之子也。従蜀江道於合、初見先生、相与款語、連三日夜、退而嘆曰、世有斯人歟、及議其妹帰之、是為先生継室」。

（7）宮崎市定『中国史』第一巻、岩波全書、一九七七年、一二頁。

（8）保坂俊司『インド仏教はなぜ亡んだのか――イスラーム史料からの考察〔改訂版〕』、北樹出版、二〇〇四年。

（9）Hornung, Erik,（transl. by David Lorton）, *Akhenaten and the Religion of Light*, Cornell University Press, 1999.

（10）Martin Bernal, Black Athena: *The Afro-asiatic Roots of Classical Civilization, Vol.1, The Fabrication of Ancient Greece 1785-1985,* 1987. 邦訳 マーティン・バナール（片岡幸彦監訳）『ブラック・アテナ――古代ギリシア文明のアフロ・アジア的ルーツ Ⅰ 古代ギリシアの捏造 一七八五～一九八五』、新評論、二〇〇七年。

（11）Ranajit Pal, *Colonial Indology and the Blunder of William Jones.* より包括的には do, *A New Non-Jonesian History of the World.* いずれも http://www.ranajitpal.com/

（12）井筒俊彦『東洋哲学覚書 意識の形而上学――『大乗起信論』の哲学』、中央公論社、一九九三年。同書名で、中公文庫（中央公論新社）でも読むことができる。

（13）Ibn Ishâq, *Sîrat Sayyid-nâ Muhammad Rasûl Allâh, 11-50: kitâb.* 邦訳イブン・イスハーク著、イブン・ヒシャーム編・注、（後藤明ほか訳）『預言者ムハンマド伝』、第二巻、岩波書店、二〇一一年、三〇～三五頁。

（14）PAIK Nak-chung, The "third party" in inter-Korean relations and its potential contribution to modern Asian thought, *Inter-Asia Cultural Studies,* Vol. 15, No. 1, March 2014, pp. 8-16.

（15）Alain de Libera, *Penser au moyen âge,* Editions du Seuil, 1991. 邦訳アラン・ド・リベラ、（阿部一智・水野潤訳）、『中世知識人の肖像』、新評論、一九九四年。

（16）板垣雄三「人類が見た夜明けの虹――地域からの世界史」、『歴史評論』七四一号、歴史科学者協議会／校倉書房、二〇一二年一月。

（17）http://www.sahistory.org.za/article/beginnings-protest-1860-1923-3

（18）杉田英明『日本人の中東発見――逆遠近法のなかの比較文化史』、東京大学出版会、一九九五年。

（19）Ashis NANDY, A disowned father of the nation in India: Vinayak Damodar Savarkar and the demonic and the seductive in Indian *nationalism, Inter-Asia Cultural Studies,* Vol. 15, No. 1, March 2014, pp. 91-112.

イスラームにおける贈与とワクフ

櫻井秀子

はじめに

近代文明は果たして終焉に向かっているのであろうか。その終焉を想起させる限界状況が、さまざまな領域において認められる一方、ＡＩ（人工知能）の開発に代表されるように、近代文明は新たな領域を開拓し拡大・深化を続けている。人類が分岐点にいることは確かである。近代文明に見切りをつけるのか、あるいはその発展モデルに固執し人類自身が生命世界から抹消されるのか、その二つに一つであろう。だが前者を選択しても、その先はまた二つの道に分かれている。

その一つは、近代を批判しつつもその解決の方向はあくまで近代文明の延長にあるというものである。その特徴としては、人間が地上を睥睨し、神のごとき立場から近代文明の諸問題を解決に導かんとし、その任につく者たちは一部の選ばれし人間であるという点において、近代と変わりはない。その批判の行きつく先は、西欧キリスト教世界のハイアルキーを解消するために別種のハイアルキーを築くに至った近代文明と同じ地点であり、堂々巡りするばかりである。

いま一つは、まさに近代文明とその基層との根源的決別により、人間を存在世界に埋め戻す方向である。近代文明は、離床に次ぐ離床を重ねてきた。K・ポランニーは離床（disembedded）という用語により、社会から遊離、離床する市場経済を説明し、近代文明の問題点の本質を突いた。近代文明の拡大と深化の過程において、市場からさらに金融が離床し、金融の論理で動く金融帝国のシステムに支配されている世界が構築されたといっても過言ではない。このような離床は、国民国家システムと二人三脚で拡大を遂げたが、それらはすべて、存在から認識を離床させる新たな世界観と価値観を備え、それに沿った行動様式を、今度は個々の人間に埋め込んだ。その結果、人間の生き方そのものを転化させたのである。

西欧において勃興・発展した近代文明は、さまざまな社会制度、組織を構築した。近代法、国民国家、近代市場、株式会社、利子生み資本、工場生産制、近代教育、核家族等、その枚挙に暇なく、近代的な制度と組織は生活のあらゆる領域に張り巡らされ、近代社会システムを支えている。その要は政教分離であり、宗教に代わる何かを発明せんと実証科学を梃とする新たな世界観のもと、立証可能な科学命題のみが真理となる新たな世界が構築された。当然のことながら、そこにおける人間も科学的真理によって把握可能な数値化された客体となる。それは神を実証科学に代理させたに等しいが、それが可能であったのはキリスト教の三位一体の神のもつ代理構造（黒田、2004）と無縁ではない。

しかし近代文明の問題は、キリスト教世界の革新にとどまらなかったことである。神を求めるがごとき情熱をもって科学的真理が追究される一方、そこから導かれる知識と技術の実践は、神との対話を欠くために、人間の時間と空間をひたすら拡大する道を進むこととなる。ついに蓮の葉が湖面全体を覆うがごとく、世界全体が近代文明によって、程度の差こそあれ、くまなく再編されたのである。近代化の過程において、非西欧圏はこのシステムを取り入れるために、それぞれの文化と歴史に埋め込まれた存在世界からの離床を余儀なくされたのである。

したがって近代文明に終止符を打つには、まずこのような文明の一元性と決別することが必要である。そのためにはそれぞれの文化と歴史に照らして存在世界に自身を埋め戻す、あるいは存在から離床した認識を再び存在に埋め込むことに挑まなくてはならない。そのような挑戦は、世界各地で現在進行中であり、具体的には、人々をつなぐコミュニティーや中間団体の再構築、歴史、政治、経済、社会のあらゆる分野における知の考古学的作業、近代のプリズムを通さない知識の探究に垣間見ることができる。

二一世紀に入って間もなく起こった九・一一同時多発テロ以降、文明の衝突論が現実味を帯びるようになった。イスラームに近代文明の産物でもあるオリエンタリズムの知的技法により、イスラーム圏は野蛮で遅れた地域としてすでに提示されていたことから、ムスリムとイスラームの教えに対する偏見は、九・一一以降ますます深化した。アル＝カーイダとＩＳが出現するに至っては、ムスリムは近代社会における不適合者、破壊者、危険な隣人に位置づけられた。しかし他方、近代社会に適合しない人々や異議を唱える人々、あるいはそのような社会を、近代文明が戦争や自由貿易によって容赦なく破壊し再編していく暴力的側面は映し出されることはない。

近代文明はイスラーム社会の何を解体し再編しようと躍起になっているのか。それはイスラームの教えを実践する場、その場を通じて人々がいつも存在を感応することのできる、イスラーム世界に共通のインフラである。それらはモスクや付設の学校、図書館、それらを取り囲むバザール、その中にあるキャラバン・サライ、茶屋、浴場などであり、そこに関わる人々はすべて、神の存在とそれを分有する自己を自覚している。そしてそのような自覚をもつ者は、自らを存在世界からの切り離しにかかる近代システムの移植に強く抗う。であるからこそ、近代文明は、植民地政策や開発政策、近代化政策、新自由主義政策、そして紛争を駆使して、イスラーム社会のインフラの解体に攻勢をかけ続けているのである。

近代における存在基盤の破壊と消滅の危機

近代文明の特性はさまざまな分野において指摘することができるが、その一つは個々の人間の居場所の破壊である。それは公共の空間に限らず、家庭にもおよび、居場所を失う人々は増える一方である。それと入れ替わりに近代のシステムが据えられ、人間自身の近代化が始まるのである。本来の「場」は、多種多様な人々が共に生き、集い、語らい、交流・交感する、有機的な諸関係の具体的なあらわれであった。たとえばそれは市場だが、これは「いちば」と「しじょう」と読むのでは、その指示する対象が異なっている。「いちば」という言葉は、そこに並ぶ商品ばかりでなく、それを囲む人々の語らう姿や声、行き交う人々や家畜、空気の流れや射し込む光、香りまでを包摂している。そこを構成するものは人間に限られず、すべての性質は差異的である。またそこに集う人々の目的も一つではない。しかしそれが「しじょう」となると、一挙に取引される商品へと焦点は絞られ、取引する人の姿はぼやけてくる。

明治期の文明開化の時期に新たに移入された社会制度、組織、概念には、市場と同様、国家、社会、個人などの訳語が与えられたが、それら音読み日本語は、「抽象性」「客観性」「外在性」（大澤、2011）をその語の中に含んでいる。さらにグローバル化の時代に突入した一九九〇年代以降は、英語のカタカナ語読み日本語が氾濫し、市場は「マーケット」とも呼ばれるようになったが、そこにはもはや商品すらなく、数値化された価値が取引されているだけである。国家も社会も同様であり、そこにいるのは生身の人間ではなく、高度に抽象化された国民や市民である。そこはまったくの無重力状態にあり、人間を存在につなぎとめる「場」は不在である。

生命科学者の清水博は、近代社会における「場」の喪失の原因として、近代科学が科学技術の方法によって測定可能な客体としての外在的世界のみを世界としてとらえる一方、主体的な自己の活《はたら》きと分離できない内在的世界は無視され、近代科学が人間の主体性を管理するために利用されてきたことをあげる。さらにその結果、近代科学では自己中心的にとらえられた「生きているという現象」のみが研究され、生きものの存在の「生きていくという主体的なあり方」に関係する活きについては対象外とされた点を指摘する（清水、2016）。

そして「場」には二つのタイプがあり、その一つは、人々が一つの目的にしたがって集まり、場を形成するイベント型のもので、それはイベントの終わりとともに「場」は消滅する。それは非同一性を有しない粒子が集まるのに等しく、そのように単に群れ集まる状態においては、生命の誕生に至るような相互作用が起こることはない。だが「場」があらわれるためには「主客非分離を考慮した主体（自己）の活き」によって、「局在的な生命の活きと偏在的な生命の活きの相補的な関係性」（清水、2006、p.31）が築かれねばならず、「自他非分離の状態においても自己と他者の存在が明らかに区別される」という「二重生命」があってはじめて「場」は成立するという（清水、2016）。このような状況は、個々の細胞が入れ替わり立ち替わり生死を担うことにより全体の身体を生きることにみられるが、ガン細胞のように、「細胞の居場所である身体の〈いのち〉の活きに感応する能力を失った細胞」（清水、2016、p.139）は、自らの存在空間のみを限りなく広げ、その果てに身体そのものを滅ぼしてしまう。

さらに「場」について考える際に、巷に氾濫している「地球を救う」という観点にも注意を要する。人間は地球に対して、さらに地球は宇宙全体に対して、単なる一つの細胞であることを思えば、人間が地球の命運を握っているがごとき表現は、きわめて近代的な観点にもとづくものであろう。ガン細胞が滅ぼすのが自身の身体であるのと同様、人間のガン細胞化が止まらなければ、滅びるのは人類であって地球ではない。コーテン（2000）は、近代社会におけるガン細胞についてコーポレーションをあげている。それは法人格を与えられ、人間と同じ、あるいはそれ以上の権利を与えられながら、決して人間と感応することはない。人間すべてがコーポレーションの支配下にあるわけではなく、それを手段として使う人間もいる。ガン細胞化した人間は、コーポレーションといったスーパーガン細胞に自らをゆだね、急速に存在空間を拡大している。そのような状況は、一パーセントと九九パーセントの対比で語られる貧富の格差や、それに続く生命の安全、環境、平和、健康、教育、希望等の格差にあらわれているといえる。救わなければならないのは、客体化した地球ではなく、地球に居場所を与えられ生かされているにもかかわらずガン細胞化し、最後には存在の場を失って自らを滅ぼさんとしている人間自身なのである。

前出の清水は、宗教的真理について、〈いのち〉の法則をそれぞれの文化と言葉によって映し出すものとし、一重生命による近代文明を脱却して二重生命の世界を再構築するためには宗教が重要であると指摘する（清水、2016、p.148）。宗教は、生と死の関わり、二重生命によって自己が生きつつ死にゆくこと、ゆえにどのように存在世界に自己を位置づけ生きていくべきかを、人間に主体的に選択させる教えである。そこには存在を分かち合う共在（黒田、2004）、共存在（清水、2016）のあり方が示されている。近代世界は生と死のつながりを分断し、「不死のワンダーランド」（西谷、2002）と化しているが、現実は「あなた方は一息ごとに一歩ずつ死に向かっている」（アリー・イブン・ターリブ）のである。これはイスラームの四代目カリフ（シーア派では初代イマーム）のアリーの言葉であるが、この言葉は、信徒であるかないかを問わず、いかに生きていくかをあらためて考えさせるものではないだろうか。

ただし宗教という用語にも注意を要する。これも明治期にreligionの訳語に当てられた語であり、宗教という語には、近代文明がreligionに対して与えた位置づけとその前提が刷り込まれているからである。たとえばそれらは、政教の分離、生死の分離、行為と道徳の分離、宗教と科学の相互の排斥関係、宗教間の不寛容な対立関係などである。他方、後述するイスラームは、その教えを「道」、「真理に至る道」を意味するディーン（dīn：アラビア語）という。したがってイスラームにおける科学的な知的探究は、その道にある限りにおいて勧められている。しかし、そのような探究が客観的な現象の理解に留まるのでは不十分である。イスラームにおいては、「善事を行うことが現世、来世において神に近くある状態（qurba）」（Hallaq, 2013, p.119）であることから、真理に向かうには、神の呼びかけに応じて、善行を通じた他者への働きかけが不可欠である。

テロリズムは決して称賛されるものではない。しかし他方、中東地域からヨーロッパに拡大しているテロリズムの根源をたどれば、存在の基盤を破壊された虚無的な状況に行きつく。湾岸戦争、アフガニスタン戦争、イラク戦争とその後に続くＩＳの掃討作戦、その陰で忘れ去られていくパレスチナの占領と攻撃、さらに軍事攻撃と足並みをそろえるグローバル新自由主義の拡大は、そのような近代文明の集大成の一局面に他ならず、とりわけ中東イスラーム地域においては、存在の基盤の破壊を繰り返しているのである。

シャリーアの実践と互酬関係の構築

近代文明の本質でもある経済成長は、成長率の増加をも要請する過酷なものだが、そのような反自然的な成長のためには、本来、経済取引の対象でないものまで売買しなければ成立しない。緑の革命は農民を労働者に転換して、自ら育てた作物は食糧でなく商品となり、食糧は賃金で購入せねばならないサイクルをつくり上げた。そのような市場化は、経済成長とともに他に及び、生きるために不可欠な食糧や水から医療、知識、安全に至るまで、完全に商品化された。新自由主義のもとでは、「金銭の切れ目は命の切れ目」といわんばかりに、経済力の強弱で人間の生死が選別され、軍・産・学の複合体の社会システムがそれをますます強化している。

しかし他方、イスラーム社会では、そのような命の選別は許されない。なぜならば存在は神から贈与されたものだからである。イスラームにおいて存在の基盤は、タウヒードの教えとその実践によって支えられている（黒田、2004）。唯一神、アッラーは、存在（wujūd）の根源であり、その創造を通じてすべての被造物は、存在するもの（maujūd）となる。その様態にある人間の存在は「人間が存在する」ではなく、「存在が人間する」という表現によって説明される（同、2004）。このように人間を含む被造物すべては、述語的にしか表現されえず、存在を分有する意味において主客非分離、ないしは自他非分離の関係にある。したがってイスラーム共同体では、一なる神の存在は、どれ一つとして同一ではない多なる存在者たちとなってあらわれるが、それが二重生命と表現される「場」となるためには、自他非分離の論理が内在する生存の規範と具体的なルールを、個々人が受入れ実践することが不可欠である。イスラームにおいては、このような規範とルールの全体に相当するのがシャリーアである。

一般に「イスラーム法（Islamic law）」と訳されるシャリーアは、近代西欧における実定法の概念と重なる部分のみを法とみなす。だがそれは、シャリーアの半面にすぎないと指摘されている（黒田、2004；Hallaq, 2013）。従来のイスラーム法の研究では、刑法、商法、民法のように人間間の社会的、私的な関係を定めた法（ムアマラート）の領域のみがイスラーム法とみなされた。つまり、先に述べた近代科学とイスラーム科学の相違と同じく、法学研究においては、客観的にとらえられる外在的な現象しか分析の対象とされないのである。

実定法としてのムアマラートの特徴を示すには、それと不可分の関係にある自然法から導かれる点を指摘してもなお不十分であり、それは、イバダード（行）との関連において把握されねばならない。イバダードは具体的には、信仰告白、礼拝、断食、喜捨、巡礼の五行である。イバダードでは、能動的意志をもってムアマラートを実践する主体の形成に重点がおかれている。ハッラークは、「イバダードの基盤のないムアマラートは、道徳的な強制力を欠くばかりでなく、適用不可能、無効であり、時として執行不可能なものとなる」（Hallaq, 2013, p.118）と指摘している。

諸行為の細則に関わるムアマラートが示す「善事を勧め、悪事を禁ず」の原則は、「贈与の勧めと独占の禁止」の教えを多く含んでいる。そこにおいては、経済的能力に長けた富裕者が貧困者に金銭的、物質的な喜捨を行うことはもちろんのこと、政治的能力に長ける者は、それを他者の支配と抑圧に用いるのではなく、人々を指導したり安全を確保したりするために用い、知的能力に長ける者は、惜しみなく知的贈与を行うことが求められている。ただし結果として格差が解消されればよいというものでもない。ムアマラートにある諸規則は、際限のない格差の拡大をあらかじめ回避するための方策に満ちている。たとえば、利子の禁止、仲介の禁止、退蔵の禁止などである。これらは経済を共在の網目に埋め込むものでもあり、そこから経済を引き剥がそうとする近代経済と真向から対立するものである（櫻井、2008）。

このように他者との共在の実現のためにシャリーアを実践する者に求められるのは、「自己を抑制し贈与する主体」の形成である。ハッラーク（2013）はこれを「道徳的な主体」と呼び、フーコー（1990）の「自己のテクノロジー」を援用しながら、その主体形成とイバダードとの関係を説明している。だがここでは、イスラームにおける存在と場を考えるにあたり、自他不可分の関係主体を形成するイバダードに焦点をあてることとする。ここでいう関係主体とは、クルアーンにあるナースである。ナースはpeople、民衆と訳されるが、それは単なる人間の集合体ではない。アッラーは自らの被造物であるナースに呼びかけ、個々の人間はナースとしてそれに応じる。そこには、〈一から多／多から一〉の呼応関係がある。これは、「クルアーンにおけるアッラーという語は、創造に関する箇所を除いては、ナースとおきかえられる」（シャリーアティー、1997）という関係にある。

道徳的な主体と関係主体の形成には、共在への能動的意志（ニーヤ）が不可欠であり、それをもとに臨むのがイバダードでもある。まず、信仰告白は「アッラー以外に神はなし。ムハンマドは神の遣わした預言者である」と証言することであるが、これはシャリーアの法源である神の啓示とムハンマドの言行を完全に受け入れ実践することの表明である。その表明は公に向かってなされねばならず、神に向かっての表明であると同時に、神の存在を共有する他者に向けてなされる共在の意志表明でもある。

礼拝は、慈悲深き神と向かい合う場である。一日五回の礼拝は個人で行ってもよいが、導師の導く合同礼拝がより推奨される。金曜日の昼の礼拝は集団礼拝である。そのように集団で行う礼拝においては、一人ひとりは神に跪拝し神と向かい合っているが、腕と腕が触れ合わんばかりの両隣りに、やはり同じく神と向かい合う別の信者たちがおり、信者たちがそのように整列して跪拝する様子は、まさに身体の細胞組織のようである。礼拝はすべてキブラ（メッカのカアバ神殿の方向）に向かってなされることから、それによりすべてのムスリムはモスクという空間と礼拝の時刻を超えて、カアバ神殿を中心とする同心円に配置されることとなる。礼拝においては、存在の根源に向き合うと同時に、神の存在を分有する他者との関係性を自覚する場を経験する。そしてこの礼拝が行われるモスクは、信者による神への寄進、ワクフである。後述するように、ワクフは喜捨の中でも、贈与と場を強く結びつけるものである。

断食はラマダーン月の一カ月間、日の出から日の入りまで、子ども、老人、病人、妊婦を除く者が行い、信者は断食を通じて自己鍛錬し、思いやりの心を深め、創造主、ならびに創造世界に感謝をささげる。この間、心身の欲求を制御し実際に飢えと渇きを経験することにより、自らを創造した神とその創造世界から得る糧によって生かされている自己を心身のいずれにおいても実感する。そして自己の意識は飢えを常とする貧しい人々に対する思いやり、配慮、そして断食明けの喜捨行為へと移っていく。ハッラークの表現によれば、断食はまさに直接的な身体への課税であり、信者は生存のために摂取する養分の一部を進んで収めることに等しい（Hallaq, 2013, p.124）。断食は、金銭では代替されえない、自己の身体を用いた神への供出を通じて、抑制と贈与を実践する主体となる機会といえるであろう。

断食による欠乏の経験は、もう一つの行であるザカート（喜捨）へと自己を向かわせる。ザカートは一定の収入以上を得た者に義務付けられる喜捨である。ザカートを収めることは、公に対して収入に関する説明責任を果たし、富を再分配することだが、他方では、肉体的な快楽や満足を得る手段である富の一部を贈与することにより、抑制の効く身体をつくり上げることにもつながる（Hallaq, 2013, p.124）。外在的な管理、懲罰による制御、抑制を用いれば、他者と群れ合い「共生」することはできるが、関係主体となって「共在」するには、身体的欲求の制御と抑制の方法が内在的に確立されている主体が不可欠であり、この点において、断食とザカートは身体に直接的に強くはたらきかける行である。

メッカへの巡礼は、心身共に充実し経済的に問題のない信者が行う行であり、その条件を満たさない者は免除される。それは宇宙全体を体現するかのような壮大なスケールでなされる。巡礼はタウヒードを体現するものであり、カーバ神殿の周りを巡るタワーフにおいて、存在を中心とする信者の〈われわれ〉のあり方を自ら表現する（Shariati, 1983）。神を介して場を共有することは、まさに存在の共有に他ならず、巡礼は地球規模、宇宙規模の共在のあり方を信者の主体に埋め込むのである。

そしてイバダードを通じて形成されたナースの関係体の間でなされる贈与は一方的なものではなく、多方向である。神が唯一無二のものとして創造したそれぞれの人間は、限りなく差異的であることから、贈与の種類も多様である。様々な領域において絶えず贈与者、受贈者は入れ替わり、真の互酬関係が成立する。そこではすべての者が与える人であると同時に、与えられる人となるのである。

贈与の流れの根源には、神による存在の贈与によって個々が存在するという〈一から多〉への贈与がある。その始原的贈与関係を基礎として、個々の存在者から一なる神への贈与がなされ、それが次に神から多なる個別の存在者へと贈与される。このようにアッラーの存在を始原とする〈一から多／多から一〉の贈与関係を形成するためには、個別の生命が終わりを迎えてもなお、その贈与関係が継続していることが重要である。つまりナースを母体とする互酬関係は、人間的な一過性の時間の内にある横の贈与関係だけではなく、神の時間である縦の贈与関係も含まなければならない。

このような関係を実体化しているのが、ワクフ施設における人々の関係である。ワクフは信者の寄進によって建てられる公共の施設であるが、冒頭でふれた、近代文明が目の敵にするイスラーム社会の共通のインフラである。一般にワクフは、二つに分類され、その一つは、福祉・公共の施設であり、それにはモスク、マドラサ（学校）、図書館、病院、水場、橋梁などがある。もう一つは収入のある施設であり、それにはバザール店舗や住宅の賃貸料、倉庫、隊商宿、浴場の使用料、農地の借地料などがあり、その収益はワクフ施設の維持費や学生の奨学金、貧者への必需品供給のための原資などにあてられる。

ワクフ施設は、その使用目的を明確にしたうえで神に対して寄贈されるので、神の所有となったワクフ施設を他の目的に転用したり、売却したりすることはできない。ワクフはイバダードとムアマラートの実践の場そのものである。モスクは礼拝の場であり、上述したように、神と向き合い道徳的な自己を形成すると同時に、自分と同じく跪拝する他の信者と神の前に整然と並び、ナースの関係主体となる場である。また礼拝以外の時は、信者たちが宗教指導者を取り囲んで座り教えを受けたり、また中庭で宗教指導者と顔を突き合わせるようにして相談する信者の姿も珍しいことではない。マドラサでは存在と不可分のナースの関係主体の形成のための知識と科学を、神に近づく道として能動的に習得する。それは近代的な学校が道徳から切り離された近代的な規律と行動様式を人々に埋め込み、結果として主体的な自己を弱体化させ、外から管理されることに従順となるための知識と科学を習得させるのとは正反対である。ワクフの病院では貧しい者に対しては無料で診察・治療がなされ、水場は誰にでも解放されている。

このように数例をあげるだけでも、現在のグローバル化された新自由主義にとって、イスラームの社会インフラを支える不動のワクフが障害であるか明らかであろう。ワクフ施設において贈与される生活支援のための金銭や物品、水、教育、医療、その他さまざまなサービスは、近代社会においては経済成長の糧として商品化されたものばかりである。近代文明は経済の成長を止めないがために、仮想空間に新たな価値を創出し、それを取引するマーケットを設けて生き残りに必死となる一方、存在の基盤である贈与的関係の商品化を強く拒むイスラーム社会に対しては、戦争手段をもって構造改革を実行しているといっても過言ではない。

ワクフ施設は破壊されようとも、能動的な意志をもってムアマラートを実践するムスリムがいる限り、また新たなワクフが誕生する。それはワクフが人間的な一過性の時間の内にある横の贈与関係だけではなく、神の時間である縦の贈与関係も含んでいるからである。ワクフ施設におけるイバダードやムアマラートの能動的な実践は、自己抑制し贈与する主体とナースの関係主体を育むが、そこではワクフが神の時間のもとにあることがきわめて重要である。

ワクフの永遠性

ワクフの概念確定の際の法的定義を検討すると、「永遠性」が中心のテーマであったことが明らかとなる。以下においては、ヘンニガンのワクフの法制度の研究（Hennigan, 2004）を参照しながら、この点について説明していく。ヘンニガンによると、イスラームが勃興した後、一～二世紀を経たアッバース朝の領内においては、さまざまな形態の寄進が混在し、多岐にわたる信託の慣習と呼称に対して、統一の尺度をいかに設けるかという問題が浮上した。そのような状況において二人の法学者、ヒラール（Hilāl al-Ray 八五九年もしくは八六三年没）とアル＝ハッサーフ（Abū Bakr al-Khassāf　八七四年没）はそれぞれ、ワクフ論文を著し、ワクフという信託の行為の中に既存の信託の慣習を位置付け、ワクフはシャリーアの体系の中に収められた。

ワクフの法的規定の必要性の背景については、次のように説明されている。ヒジュラ暦三世紀ごろは、後にワクフと認定される寄進も、サダカ（喜捨）や、それに形容詞を付与するなどして複数の意味が付与されており、寄進に関する法学の論議においてあいまいさが生じていたことと、イスラームの版図が拡大する中で、イスラーム化以前の慣習に、イスラームの寄進と酷似するものがあり、ヒジュラ暦二〜三世紀（西暦八〜九世紀）の法学者の一大関心が、イスラームにおける遺贈と相続の法とこの寄進が矛盾しないかという点にもっぱら向けられていたことである。

ワクフと類似した信託形態が、イスラーム化される以前のローマ／ビザンチン帝国やサーサーン朝ペルシア帝国の法制度、ユダヤの慣習にみられることから、オリエンタリズム的な観点からは、ワクフはその単なる借りものの制度にすぎないと指摘もあったが、現在では、そのような説は根拠に乏しいとみなされている。むしろヘンニガンは「法的構造に対してもっともクルアーンが強力かつ根本的に不変な影響を与えている相続法の領域において、借用が生じることは考えにくい」（p.67）と述べ、さらに「イスラームにおいてワクフが固有の法制度として確立したのは、法学者による定義づけと制度の確立のみに起因するのではなく、その寄進の行為が幾世代にも継続され、長期にわたる生成の過程を経た結果」（p.67）であると指摘している。

ヒラールのワクフ論文の中でサダカとワクフの相違に関する問答が続くことから、当時、ワクフの定義を通じてサダカの定義も明確化されることが要請されていたことが明らかであるという。サダカは後に自由意志による喜捨と定義されるが、イスラーム初期の法学書では、ザカート（五行の一つである喜捨）と同義に使われることともあり、単数形のサダカは自由意志による喜捨で、複数形のサダカートは国家によって強制的に徴収されるものを指すというように、単複を使い分ける事例もあるという。

他方、ヒジュラ暦二〜三世紀（西暦八〜九世紀）のムスリムがワクフを指示する際に、サダカという語を用いた例も指摘されている。アル＝ハッサーフのワクフ論文には、ワクフに関する伝承が参照され、預言者や、ウマル（預言者の教友で後に第二代目カリフ）、アリー（預言者の従弟、第四代目カリフ）のワクフ行為を言及する際に、用語としてはサダカが使用され、預言者のサダカ、ウマルのサダカ、アリーのサダカと述べられているという。さらにサダカという用語は、ヒバと呼ばれる、イスラーム以前からアラブの間で行われ部分的にワクフと類似している贈与にも用いられていたことも指摘されている。したがって、ワクフの法的定義を明らかにすることは、サダカの法的定義も明らかにされることにつながったのである。

ヘンニガンは、ヒラールのワクフ論考におけるワクフとサダカの相違を検討した後、ワクフの定義としてワクフ＝サダカ＋マウクーファ（mawqūfa）という等式を導いている（p.77）。ワクフ設立に際し、「この土地はワクフである」と宣言すれば十分かといえばそうではないという。なぜならばワクフという語が二つの意味を含むからである。その一つは、慈善目的の敬虔なる永遠の寄進であるが、いま一つは、ワクフという語がもつ「阻止する、控える」という動詞的な行為から導かれるもので、その意味にとらえれば、ワクフの土地に慈善的な意味合いはなく、単に財産の移譲の通常取引から除外されたことを述べているにすぎない。したがって、そのような不透明さを回避するためにワクフは、慈善の意味をもつサダカに、従来の形態の寄進が個々に付与していた「譲渡不可で通常取引から隔離され、神聖なる不可侵のもの」という意味を統合したマウクーファを接合して初めて成り立つこととなったという。

このようにワクフの定義が明確となると、サダカの定義も一層明確となる。上述したウマルのサダカ、アリーのサダカの事例にみられるように、ワクフの定義が明確になされる前は、サダカが永遠なる寄進の意味も含んでいた。だがワクフの定義の以降は、「この土地はサダカである」という意味も変化する。ヘンニガンは、ヒラールが以下に示すアブー・ハニーファの問答を引用しながら、ワクフとサダカの区別について説明している(p.71)。

アブー・ハニーファ(神よ、彼に御慈悲あれ)は、おっしゃった。「もしある者が『この私の土地はサダカである』と言い、場所を特定し、その境界を引き、この言葉に何も付け加えないとするならば、この財産を施しとして貧しい者たち、極貧者たちに与えるか、もしくはそれを売却し、その対価を与えることが適切である。これはワクフではない、というのが、われわれの見解である」。

ここにおいて明らかなのは、喜捨する時に同じく慈善の目的を備えていても、永遠性の有無によってワクフであるか否かが決定されることである。この見解から読み取れるのは、サダカは人間レベルの一過性の時間にある贈与関係を指し、他方、ワクフは、神の時間である縦軸を貫く贈与関係をも含むということであろう。もちろんサダカを行ったムスリムは、来世において神よりの報酬に与るという点においては、神の時間の中で喜捨を行っているわけだが、ワクフは信者の互酬関係を永続させる場そのものを提供し、互酬関係の永遠なる支柱となって、ナースの関係体を支えていることが特徴的である。

さらにヒラールはワクフを有効とするために、「寄進される残余財産は消滅の可能性のない、特別な類の寄進でなければならない」(p.81)と論じているという。その結果、寄進された施設の受益者は広範囲にわたることとなる。たとえば、受益者がある家族とその子孫に限定される場合、それはワクフとしては有効ではない。

なぜならば家系が途絶えることは十分ありえることだからである。またワクフの受益者や使用目的を、旅人、孤児、聖戦、奴隷の解放などに限定して設けるワクフは、その範疇が消滅する可能性がないほどに広く設定しなければならない。それにもとづけば孤児のためのワクフは有効であるが、ある特定の部族の孤児を受益者と限定するワクフは無効となる。そして個別的な範疇が広く設定されていることは、きわめて高い公共性を備えていることでもある。

永遠とは、「神が大地とその上にあるすべてのものを相続し、それらが神のもとに帰還するまで」〔クルアーン 19:40〕を指すが、その間、ワクフに集う人々は互いに贈与し続けるのであり、それは人間の一過性の時間を超えて公共性が維持されることを可能にする。ヘンニガンは、ワクフの等式について、時間の未来の地点まで含むものであり、慈善に資するという目的と譲渡不可能性が一対となって、ワクフの設立開始時からすべての被造物が神のもとに帰還し神が相続する日まで続くことをあらわすものと説明している。

ワクフのダイナミズム

以上においては、ワクフについて、イスラームにおける道徳的な主体の形成に深く関わり、さらにそれがナースの関係主体へと展開する場となる点と、ワクフという場の永遠性に焦点をあて検討した。これらはワクフの不動・不変の側面であるが、他方、その不動性ゆえにワクフは、イスラーム社会の流動性を生み出す拠点であることも指摘しなければならない。ワクフはモスクを中心として、それを取り囲むように学校～図書館～バザール施設が発展し、イスラーム共同体の核となる。ここで留意すべき点は、イスラーム共同体のメンバーは、ムスリムのみから構成されるのではなく、ユダヤ教徒、キリスト教徒の異教徒も含まれる点である。ワクフ施設は「為政者と臣下、キリスト教徒、ムスリム、ユダヤ教徒等が設立することができ、その収益は指定された受益者にわたるが、究極的には共同体全体の収益となることが意図されている」(Ghazaleh, 2011)。

さらにワクフの複合施設は、都市と郊外、農村部をつなぐ物流の拠点であり、それにともなう人々の流れ、知識・情報の流れの交流拠点でもある。そのイメージはさまざまな支流が集まって渦をつくり、またそこから四方八方の別の支流へと流れ出ていくような場である。その渦の中心にワクフがあるのはいうまでもない。ウンマ・イスラミーヤといわれるイスラーム共同体の総体は、このような無数の拠点によって構成されており、想像の共同体ではないのである。

上述したザカートの配分先は、旅人や孤児、貧者、ザカートの徴収人であるが、モスクの受益者も旅人や孤児、貧者に設定される場合が多々ある。異邦人である旅人を喜捨によって遇するということは、まさにこのワクフがターミナルとなってウンマ内のさまざまな往来、交流を促進することを意味しており、これこそワクフのもつダイナミズムである。ただしワクフの法的定義がなされた当初とは異なる状況が出現するにつれて、ワクフの構成にも変化があらわれる。

一〇世紀以降、アッバース朝の弱体化が顕著となり群雄割拠の時代に突入すると、セルジューク朝、アイユーブ朝をはじめとする各王朝は、それぞれの領地におけるワクフ施設の管理に介入したり、為政者自らが新たに獲得した領地をワクフとしてそこの住人の便宜に供したり、国家の歳入の基盤するなどの動きを見せるようになる。これを中央集権化と呼ぶ研究もあるが(Çizakça, 2000)、それは近代国家における中央集権化とは本質的に異なる点に注意する必要がある。さらにワクフの歴史研究においては、ワクフの受益者を家族とする家族ワクフの登場や、税金や政府による強制接収から逃れるためのワクフの設立、ワクフ収入の分配計算方式によって確保される余剰利益など、本来のワクフ設立に求められる能動的意志からの逸脱ともとれる点が指摘されているが、ワクフ設立に付随する思惑や便宜がいかなるものであろうとも、ワクフ施設が慈善・福祉の機能を果たしていたという事実を欠くことはない（Ghazaleh, 2011）。

しかし近代化の過程においては、ワクフの存続は本格的な危機にさらされていく。国民国家体制による囲い込みは、上述したようなワクフの流れを堰き止めるばかりか、国家による解体と再編が実行され、ワクフ施設と制度は中央集権的管理下におかれることとなる。トルコ共和国では、オスマン・トルコ帝国下におけるワクフ資産が売却され消滅する例が続出する一方、教育関連施設は教育省管轄に組み込まれていく（Çizakça, 2000）。イランにおいては、サファヴィー朝（一五〇一―一七三六）の没落以降、ワクフ制度の弱体化が進み、パフラヴィー朝において制定されたワクフ法（一九三四年）においては、管理者不在のワクフはすべて、教育・ワクフ省のワクフ部の管轄におかれることとなる。イランにおいてもトルコやエジプトと同様に、ワクフ資産が個人流用される不正が横行するが、イラン・イスラーム革命（一九七九年）後のイスラーム共和国体制下においては、一九八四年には、管理者の不明のワクフ資産はすべて、巡礼・寄進・慈善事業機構の管轄におかれることが定められた（Çizakça, 2000）。さらにワクフの管財人ワクフ部は、ワクフ施設の管理維持、ならびに発展のために会社を設立することが認められた。イラン最大級のイマーム・レザー聖廟のワクフの所有する企業は八〇にも及び、建設、自動車、金融、食品、農業、絨毯織物、林業、鉱業等の産業への投資を行っている（Nouraei, 2013）。

トルコにおいては、一九六七年に施行された法律によって、ワクフは株式会社を成立することが認められたが、法人格の付与については、ワクフ自体はもちろんのこと、ワクフが出資する企業に対しても認められていない。それら企業はあくまでもワクフの一部であるという解釈である。他方、イランでは、一九八四年にそれぞれのワクフに法人格が与えることが認められた。法人格を認めない解釈は、イスラーム法の伝統により近いが、法人格の付与を認めないことが近代型企業のコーポレーションの出現を阻止するものとして、近代化推進派からは批判の対象となっている。しかし他方では、マレーシアの例にみられるように、株式からなるワクフもあらわれている（Çizakça, 2013）。

法人格の問題も含め、ビジネス化の傾向を強めるワクフが近代コーポレーションに取り込まれないかという懸念は大いにある。しかし、ワクフがこれまで存続した背景には、永遠性と慈善事業という基本を押さえつつ、現状に鑑みて法解釈がなされたことがあり、革新こそがワクフのダイナミズムであるという側面もある。慈善事業に対する能動的意志をもってワクフの設立と関与できなければワクフ自体が衰退するのは、伝統的ワクフでも革新的ワクフでも変わりはない。そしてここで忘れてはならないのは、ワクフはそれ自体が慈善事業で閉じているわけではなく、人々に道徳的な主体の形成を促すとともに、贈与の行き交う場を提供していることである。互酬の連鎖はワクフの空間に留まるばかりでなく、サダカ・タイプの草の根の慈善事業へも広く拡大をみせている。

おわりに

本論では、イスラームのワクフに焦点を当て、不動のワクフの永遠性によって人々の行為が存在から離床せずに、かつ慈善行為の拠点としてダイナミズムを発揮し、それはムスリムの道徳的主体の形成に不可欠である点を考察した。近代的な視野狭窄において、異文化理解が自文化理解に通ずるという観点すら弱まっていることに鑑みれば、その考察の意味を最後に示すことも必要であろう。イスラームの異文化社会が、人々を存在から遊離させない強固な場を維持し、それゆえに破壊の対象となっていることを理解すれば、翻って日本が平和を維持している理由をこの観点から説明することができる。つまり日本人は、近代システムに従順な身体と思考にすっかり馴らされ、そのシステムに疲れ始めていようとも、「自分自身を変革し幸福な状態に達するために、自分自身の身体・魂・思考・行為・存在方法に働きかける種々の実践」（フーコー、1990）をする術を知らない、あるいは忘却の彼方に置き去りにしているということである。

イブン・ハルドゥーンは、繁栄の絶頂にあり、後は崩壊あるのみという文明社会の状況について「いまやまったく抜きがたいほど奢侈的な風潮に染まってしまったがために、信仰心が持てず、また奢侈的な生活をするにはあまりにも多くの物資を必要とするにもかかわらず、所得がこれに伴わないがために、まともな世俗的な行為ができない」（イブン・ハルドゥーン、1987、p.752）と述べ、さらに体力、性格、宗教心の堕落のなすがままの人間は、ついには人間性の堕落へ向かうと指摘している（同、p.756）。

現代においてこの指摘は、近代文明の頂点においてその成果を最大限に享受する先進国の住人に一層響くのである。近代的理性によって主体を形成する現代人は、近代的生活スタイル、行動様式、テクノロジーに、イブン・ハルドゥーンの指摘のとおり、「まったく抜きがたいほど」依存している。それなくしては、生きていけないほどである。人間は、その近代システムによって生かされていることから、成長が止まれば崩壊してしまうそのシステムのために、隣人や家族との関係に市場が介入することを許し、憩いや団欒、思考、内省も商品化に供し、システムの維持と拡大に協力している。そして自分の生存の場の確保のために、社会的関係も家族関係も売り払い、自分は自ら人的資源という消費財となって産業化社会に貢献しているのである。

他方、このような消費社会から脱却を目指す人々がいないわけではない。彼らは環境改善活動やボランティア活動、スローライフ、瞑想等々に足を踏み出していくが、その領域すらすさまじい勢いで商品化の波に飲み込まれていく。環境ビジネスしかり、やりがい・生きがい搾取しかりである。発展途上国のみならず先進国にもはびこる貧困を前に、批判の矛先は大企業へと向けられ、そこで企業は社会的責任を負うべき主体として糾弾される。法人格を有する企業が享受する権利を思えば、責任が発生するのは当然であるが、ここでは企業に責任を代理させることにより、本来その責任を負うべき者が隠されてしまうこと、さらには人間が責任を負うということを、一般的に行わなくなる、あるいはできなくなることの方が問題である。

時流の速いグローバル世界では、企業の社会的責任（Corporate Social Responsibility）はもう古く、共通価値の創造（Creating Social Value）の時代だといわれている。前者においては責任と行為が分離しているが、後者ではそれを不可分のものとし、社会と価値を共有し事業そのものを社会問題解決型の事業に転換していくというものである。解決力が企業競争力の源ともなる。企業がもたらした問題を企業が解決していくという関係においては、企業が社会問題の解決の主体であり、社会の人々と価値の共有といったところで、その人々はあくまでも観客であり、主体的な関わりは企業によって代理されてしまうこととなる。さらにこのような対症療法的な解決は、ゴミ処理能力があるから、いくらゴミを排出しても問題なしという論理をも生みかねず、むしろ社会問題の悪化を助長・容認する補完的役割を果たすことにもなりかねないのではないだろうか。

さらに科学技術の発達は、ますます人間から行為の意味を奪い取る。「インターネットはさまざまな便利を与えたが、調べながら考えることを検索に変え、コミュニケーションを連絡に変えてしまった」（内山節、2014）。この説明は、現状を言い得て妙である。それは自らの能力と可能性を近代システムに預けそれに代理させた結果、人間が取り込まれた意味なき世界のありさまである。したがって個々人は、国家、市場、企業、学校、インターネット等の近代システムのインフラに預けて代理させてしまったものを、主体的に回復していかなければならない。

近代システムの張り巡らされている日本はいま、他者理解の努力の欠如と不寛容の精神によって、摩擦と衝突に満ちた社会と化しており、破壊と暴力の欲望を国家にゆだね自ら戦争を引き込む事態すら身近に感じるほどである。しかし他方では、子ども食堂や、寺子屋風ボランティア塾が人々の善意によって立ち上げられている。子どもの貧困対策は国家が福祉政策で解決すべしという声もあるが、この両者の姿勢の間には、「われわれの貧困問題」ととらえるか、「彼らの貧困問題」ととらえるかという相違が横たわっている。いま求められているのは、前者の姿勢と実践だが、それを頭で理解するのではなく、身体の深奥から理解した証しとして、贈与の領域との関わりを自らに取り戻すことが必要なのである。そのためにも善意の根源、贈与の衝動がどこにあるのかを明らかにすることは、善意が安易なナショナリズムや商品化に絡めとられないためにも、今後明らかにすべき重要な課題である。

参考文献

Çizakça, Murat（2000）*A History of Philanthropic Foundations: The Islamic World from the Seventh Century to the Present.* Bogazici Unversity Press.

Çizakça, M.（2013）*Islamic Capitalism and Finance: Origins, Evolution and the Future.* Cheltenham, UK: Edward

Elgar.
フーコー、F.（1990）『自己のテクノロジー』（田村俶、雲和子訳）、岩波書店
Ghazeleh, Pascale（2011）*Held in Trust: Waqf in the Islamic World.* American University of Cairo Press.
Hallaq, W.B.（2013）*The Impossible State: Islam, Politics, and Modernity's Moral Predicament.* Columbia University Press.
Hennigan, Peter C.（2004）*The Birth of a Legal Institution: The Formation of the Waqf in Third-Century A. H. Hanfi Legal Discourse.* Brill.
イブン・ハルドゥーン（1987）『歴史序説』第二巻（森本公誠訳・解説）、岩波書店
コーテン、D.（2000）『ポスト大企業の世界―貨幣中心の市場経済から人間中心の社会へ』シュプリンガー・フェアラーク東京株式会社
黒田壽郎（2004）『イスラームの構造―タウヒード・シャリーア・ウンマ』書肆心水
西谷修（2002）『不死のワンダーランド』青土社
Nouraei, M., M. A. Chelongar and A. Hasanabadi（2013）"Function of Charity Foundations in the Middle East; Case Study: Astan Quds Razavi, Mashad Iran" *Interdisciplinary Journal of Contemporary Reseach in Business.* Vol. 4, No. 9. January 2013. pp.1352-1371.
大澤真幸（2011）『社会は絶えず夢を見ている』朝日出版社
櫻井秀子（2008）『イスラーム金融：贈与と交換の共存のシステムを解く』新評論
シャリーアティー、A.（1997）『イスラーム再構築の思想』（櫻井秀子訳）大村書店
Shariati, A.（1983）*Haji.*（アリー・シャリーアティ全集第六巻）Ilham
清水博（2006）『場の思想』東京大学出版会
清水博（2016）『〈いのち〉の自己組織―共に生きていく原理に向かって』東京大学出版会
内山節（2014）『新・幸福論「近現代の次に来るもの」』新潮社

平和はどのように成り立つのか
――減暴力と平和構築――

李《イ》賛《チャン》洙《ス》
李《リ》相《サン》勁《キョン》訳

一　はじめに

筆者は拙著『平和と平和たち』（Peace and Peaces, 2016 韓国語）で、平和を抽象的大文字単数「平和」（Peace）ではなく、具体的小文字複数「平和たち」（peaces）で理解しなければならないと述べたことがある。(1) 平和という言葉は多いが平和でない現実を克服するには、平和に対する理解、意図、目的さえも多様にならざるをえない現実を認めて、多様な立場の調和を試みる過程が必要であるということが、拙著の趣旨であった。平和という言葉は同じように見えても、実際には多様に想像され、追求される現実を肯定し、お互いに何が平和なのか、平和はどのように成し遂げるべきなのかを対話を通して合意し、もっと大きな「傘」を作っていく方法しかないということであった。このような立場を「平和多元主義」（pluralism of peace）という言葉で具体化することにした。(2)

合わせて、拙著では平和より暴力にさらされている人類の現実を直視するならば、「暴力がない状態」という既存の規定よりは、「平和は暴力を減らす過程」という規定がさらに現実的であるという提案をした。あらゆる文章の主語が述語によって指示され限定されるように、平和は「主語」でなく「述語」により指示される目的論的世界という提案も一緒におこなった。平和は暴力を減らすことを志向していく限りない追求の対象であり、持続的に具体化していく過程という論旨である。小さい書物であるが、このような形で自分が考える平和論を述べた。

今回の論文ではこのような既存の立場を踏まえ、平和はどのように成し遂げられていくのかを別の角度からもう少し具体的に表わしてみようと試みた。特に平和は「非暴力」(non-violence)で実践されなければならないという既存の立場と姿勢に留まらないで、「減暴力」(minus-violencing)という、もう少し現実的な概念を提示してみようと思う。それは、暴力が存在しなかったことのない人類にとって「非暴力」は過度に理想的な姿勢であり、論理的にも成立不可能な言語ではないかという疑いがあるからであった。「減暴力」という新造語を通じて、小さな暴力で大きな暴力を減らす可能性を想像し、いわゆる持続可能な平和を可能にするには、どのような立場を堅持しなければならないのかについて理論的基礎を用意してみようと思う。再び本来の問いに戻って始めてみよう。

二　平和の方法が違う

多くの人々が平和を望むが、世の中が平和でない理由は何だろうか。それは平和への望みはあるものの、そのための実践をしないからである。もう少し客観的に言えば、平和に対する概念的理解と実践的意志が違うためでもある。カント（I. Kant）の洞察のように、ある対象を概念的に認識する思弁的な「純粋理性」と道徳的意志により行動を規定する「実践理性」とは異なっている。平和を考え想像する観念的理由の能力と、その考えが実際に道徳的価値に符合するように実践しようとする意志の間には相当の距離がある。また、そのような意志が実際の実践に移されるまでの間隔も広い。このような間隔と距離が、平和に対する言葉は多くても実際の平和まで続かないようにしているのである。

一歩進んで、望むがままに実践するとしても、その実践が別の実践とぶつかることがある。他の実践とぶつかる理由は、簡単にいえば、平和実践の方法が違うからである。また方法が違う理由は、事実上目的が違うからでもある。方法は目的を実現する手段ではあるが、目的そのものが自己中心的に設定されていれば、実践も自己中心的におこなうことになる。自己中心的な姿勢は他者を疎外したり、実践を平和から遠ざける。たとえば平和を心理的な安定状態という程度で想像する人がいれば、その人はさまざまな方法で心を不安にする事態を回避するだろう。平和の社会性をある程度認めるとしても、社会的流れが自分に有利に進んでいくことを願うだろう。国家もいわゆる国益を基準として他国と自己中心的な関係を結ぼうとする。

問題は、多くの個人と国家がそのように行動するということである。そのため、個人間でもぶつかり、国家間には緊張と葛藤が生じる。わたしの平和があなたの平和とぶつかり、「あなた」の平和は「わたしたち」にはぎこちなく感じ、自国の平和が他国に対する制限や圧迫として表われる。個人や集団、さらに国家の平和構築の行為が別の個人、集団、国家の構築行為と対立するのは概してこのような理由のためである。

宗教の場合もこれと違わない。平和を追求して、主張する宗教家の間に葛藤がある理由は、平和を自己中心的に解釈して適用し、実践しようとするからである。たとえば「キリストはわたしたちの平和」（エフェソの信徒への手紙 2:14）と述べている『聖書』を見よう。これは本来キリストに出会って、平和を実現していく人々の共同体的経験を表現した言葉であるが、現実にはキリストのことを言ったり、信仰を持たない人々には平和がないかあるいは少ないという形で理解したりする。キリストの名を呼んで、それに対して似た期待を持った人々の中にだけ平和が臨在することを想像する。仏教は「一切衆生悉有仏性」（『大般涅槃経』）という革命的な教えを宣言しているが、その教えを実際に悟ろうとするなら、仏教で伝統的にやってきた方式に従った方がいいと思っている。非仏教徒にも仏性があるが、なぜか仏教徒ほどではないと無意識に思っているように感じる。

『クルアーン』には、「わたしたち（ムスリム）の神とあなたがた（ユダヤ―キリスト者）の神は同じである。わたしたちはかれ（その方）に服従、帰依するのである」（29：46）と書かれている。ところでムスリムが実際に考える「その方」は、自分たちが理解するイスラムの神である。文章の指向するところは「同じ」神という言葉ではあるが、現実には、ユダヤ人やキリスト者の神を「同じ」ように感じることができないことになっている。このような現実は、ムスリムが「わたしたち」の神と「あなた」の神を区分して話すとき、そしてキリスト者がキリストは「わたしたち」の平和とし、「わたしたち」でない他者が前提となっているときに、すでに組み込まれていると言える。仏性という言葉を使わないところには、なぜ仏性がないか、内容的にみてあまり豊かでないと思っているのも、同じことである。そこには、ほとんど無意識に差別性が含まれている。

三　目的と手段が分離する

差別は自己中心的な姿勢の必然的発露である。平和を自己中心的に実現する過程に、すでに他者疎外が含まれている。平和の名において他者を疎外する、事実上自分の内的欲望を満たそうとするのである。平和に対する自己中心的理解が、平和のための手段も自己中心化する。他者に対しては事実上暴力的であるが、それにもかかわらず、平和の名において包装している人々は、暴力の実状をあまり感じることができない。これを自己中心的平和主義（ego-centric pacifism）[3]と言うことができる。ここでは暴力が――もちろん程度の差はあるが――避けられない手段のように日常化している場合が多い。クラウゼヴィッツ（Carl von Clausewitz）が言う「絶対戦争」（absolute war）と同じ場合を除くならば、一般的な戦争ですら暴力は避けられない手段とみなされる。

暴力そのものが目的である場合はあまりない。ある目的を具体化するための道具としてあらわすことが多くある。ナチズムのような恐るべき全体主義社会でも、暴力は全面的に国家主義と血統中心のゲルマン民族主義のための手段であって、それ自体が目的だったことはない。バリバール（Etienne Balibar）が提示したように、抑圧からの解放を指向する革命的政治行為も解放の追求という目的を浮上させて、自分の暴力性に対しては寛大な場合が多くある。[4]資本家の抑圧に対する労働者の抵抗的暴力を正当であるとみたマルクス主義が、その典型的な事例である。

民主主義もあまり変わらない。民主主義を指向するという政治権力が社会の安寧と秩序のためとして一方的に国民的一致を求める時が多くあるが、ガルトゥングの表現を借りれば、このような要請も自由‐民主主義的よりは保守‐封建的要求であらわれたりする。[5]表面では社会的安定と秩序を名目にしているが、内には権力と体制の正当性を拡張しようとする意図を隠していたりする。そのような場合、いわゆる民主政府さえも位階による過去の一般的命令体系をそれとなく期待する。そのような体系を強固にしようとする欲望もうごめいている。このような隠れた欲望の中で手段が次第に暴力化していく。ジジェク（Slavoj Zizek）が「体系的暴力」（systematic violence）という言葉を使ったことがあるが、これは体制が強固に根づいて、とても安定的に見える社会システムがかえって暴力的であることもあるという事実を含んでいる[6]。

そうなる理由は何か。それは平和の概念と実践方法が違うだけでなく、実践までも自己中心的にしているためである。自己中心性の中には他者がなかったり、他者が疎外されたりしている。他者を排除したり疎外させた平和は事実上暴力で作動する。手段が暴力的であるところであらわれるのは暴力だけである。

平和を指向するならば、実践のための手段も平和的でなければならない。古代ローマの戦略家ウェゲティウス（Flavius Vegetius Renatus）がいう「平和を願うのであれば戦争を準備しなさい」という格言に反対して、近代平和学では「平和を願うのであれば平和を準備しなさい」という言葉を金言としている。ガルトゥング（Johan Galtung）の主な著書である『平和的手段による平和』（Peace by Peaceful Means）という言葉のように、手段と目的は一致しなければならない。二〇世紀韓国最高の実践的思想家である咸錫憲《ハムソクホン》（一九〇一～一九八九）も手段と目的の関係を次のように定義したことがある。「目的は最後の端にだけあるのではなく全過程の瞬間瞬間に入っている。手段がすなわち目的である。道がすなわち終点である。道を通り過ぎるということがすなわち目的である[7]」。手段も平和的であることは容易なことではないが、手段が目的に相応しなければならないのは明らかである。多くの人々が平和を願うが、世の中が平和でない理由は、平和という目的とそれのための手段が相応しなかったり分離しているためである。

四　概念が違って目的が衝突する

それならまた問いかけなければならない。目的と手段はなぜ分離するのか。これは手段が不純であることだけを意味しない。手段の問題である以前に、目的に二つの顔があるためである。平和という単一な名前の中に隠された意図と目的が互いにくい違うためである。実際に個人、集団、国家が平和を願う意図と目的は一致しない場合が多い。たとえば強者は現体制および秩序の安定を通じて平和を成し遂げようとし、弱者は強者によって作られた不平等の解消で平和を感じる。そのため強者は構造的あるいは体系的暴力を避けられなかったり、必然的であると正当化しようとし、弱者は不平等の解消のために別の暴力に傾くことになる。暴力の価値の問題を一旦論外に置くならば、明確な事実は他の期待と内容を自己中心的に満たす過程で葛藤が増幅されるということである。

これよりさらに根本的な問題は、平和に対する理解そのものの相異性である。平和という「記号表現」(Signifiant) と「記号内容」(Signifié) 間の差もあるのは勿論で、平和に対する人々の概念自体がそれぞれ違う。これは同じ言語に対する理解が人々の間に必ず同一でないという意味である。たとえば北朝鮮に対する韓国の理解は、いわゆる「進歩」と「保守」のいずれの陣営にあるかによってはじめから別に設定される。南側の保守は概して北朝鮮に対して排他的あるいは征服的姿勢を、進歩は概して包容的あるいは対話的姿勢を取る。北朝鮮の正式名称は「朝鮮民主主義人民共和国」であり、韓国の正体は「民主共和国」(憲法第一条) に置いているが、北朝鮮と韓国が理解する「民主」や「共和国」の概念はそれぞれ違う。意図と目的、手続きと過程などほとんどすべてのものが違う。

さらにこれは言語自体に含まれている問題でもある。言語はその言語が指示する世界に十分に伝わらない。周知のように禅仏教では言語を「月を示す指［指月］」と比喩する。言語と言語が指示する世界が区分されるということである。言語的対象の純粋な再現は不可能なまま、言語はいつもその残りを作ってしまう。だが、言語は自身が指示する世界を強要する指向があるという点で、本性上暴力的である。デリダ（Jacques Derrida）はこれを言語の「原初的暴力（originary violence）」と命名したことがある。(8) 言語的表現とか、ある言語的規定を絶対視することこそ、暴力の事例という意味である。

平和概念も同じである。韓半島（朝鮮半島）の南側や北側も平和について話すが、各々現体制中心に、自分の政権に有利に提示して考えるという点では似ている。この状況において、特定の状況と脈絡の中で考えた平和に対する概念的定義は、それがどのようなものでも最終的には実現できない。特定平和規定を終点として実践方法を単一化しようとする瞬間、そのような試みが平和のための他の実践とぶつかって、かえって暴力の動因になる。それなら果たして平和を成し遂げるということは可能だろうか。平和を定義するということは可能だろうか。こういう複雑な事実を意識して、既存の平和規定を再検討してみる。

五　暴力がなかったことはない

平和に対する最も一般的な定義は「平和は暴力がない状態」という文章である。ところで、ある強力な力が組織や体制を調節および統制していて外見上暴力がないように見せることもある。だが、かといって暴力がないということではない。国際政治や政策的調整によって互いに侵さずにいるといって、平和が完全に成り立ったのではない。現実的に平和は政策や条約の調節対象でもあるが、さらに根本的には人間の生活の全体領域と関連した問題である。

個人や国家の安定と生命が保障されて抑圧が全くなく自由に行動して、活動の結果を公平に享受することができるとき、平和であると言える。それで、平和というのは生命が保証されて、自由と尊厳性が確保されている状態という一般的な定義も可能である。ガルトゥングが言う「積極的平和」(Positive Peace)が概してここに該当する。(9)「国連開発計画」(UNDP)が発行する「人間開発報告書」(一九九四)の表現では、「国家安保」(national security)を越えて「人間安保」(human security)が保障された状態ということができる。

だが、現実には、国際政治において平和が「国家安保」以上を越えたことはほとんどない。国家安保を確保する過程に個人は国家という枠組みに捕らえられて、すでに形成されている構造化された暴力の中に置かれる。全体や多数でない少数に大きな恩恵が与えられる不公平な慣行や政策も持続される。独裁者の暴力的圧政によってその影響下にある人々が抑圧されて苦しめられたりもする。

経済的両極化による相対的貧困感も大きくなる。韓国の場合、産業化の主役である壮年層が相変わらず経済的主流を形成していて、青年層が経済的主体としての位置を確立するのが難しい構造になっている。性差別はいわゆる文化的暴力の代表的な事例である。かなり変わってきたが、それでも今日の韓国社会にはまだ女性がいろいろな面で主導的になれない文化がある。男子高校生はそのまま「高校生」だが、女子高校生は「女高生」と呼ばれる。男性俳優はそのまま「俳優」だが、女性俳優は「女優」である。女性の社会的進出が男性の社会的進出に比べて低調で、女性労働者の平均賃金も男性労働者平均賃金の五四~六三%水準に留まる。個人の中に内面化した文化的暴力が構造的暴力を正当化したり、進んで震源地の役割をしているのである。

ガルトゥングはこのような形の構造的で文化的な暴力すらない状態こそ積極的平和であると言ったが、問題は人類がこのような積極的平和を経験したことがないという事実である。性的マイノリティへの嫌悪や性差別のようなことを含めて、一切の文化的暴力まで消えた状態、いわゆる「人間安保」は実現されたことがない。「人間安保」という用語さえ、人間がある力によって保護される状態にある受動性から逃れがたいのみならず、それさえも現実では相変わらず理想的な志向に過ぎない。平和に対する人間の感覚は、戦争が終結した後に感じることができる一時的で相対的な安定感という水準に留まっている。特に韓半島のような所では、戦争が一時中止されて国土が分断された状態をよく管理するだけで平和であると言う。分断状態をよく維持することだけでも、有効な平和の実践という考え方が多くみられる。

もちろん「分断暴力」をよく管理する行為も、韓半島のような戦争中断状況では非常に現実的な課題である。[10] だが、「分断」という言葉自体が臨時的で暫定的という状況を意味し、武力的にも平和的にも克服されなければならない、ある一時的障壁としてみなされる。分断過程で体験する葛藤と緊張もすべて把握できないほど大きい。

この状況のなかで、独裁政治や経済的従属による構造的な暴力もなく、構造的暴力を見せないように正当化する文化的暴力もない状態をさす既存平和規定は、非現実的に感じられるほどに理想的である。このような平和を成し遂げるためにさまざまな努力を傾けなければならないのは明らかであるが、人類は持続的に暴力にさらされてきたという事実がより実感できる現実である。

六　平和の維持と平和の造成

もちろん巨視的に見れば直接的で物理的な暴力は明確に縮小されてきた。平和を、より大きな力が守るときの安定状態だと想像してみると、より大きな力を備えるために武力を拡大したり、より大きな力に頼って自分の安全と危機を守ろうとしてきたのである。このようにより大きな力に頼って現状を維持しようとする行為を平和学では「平和の維持」(peace keeping) というが、人類は確かに狭い意味の平和の維持のための求心力を発揮してきた。表面的に見れば、万人に対する万人の闘争状態を克服していくのは明らかである。特定の国家、特に強大国の保護や監視によって、群小国家がお互いを侵略しない現状を維持していることがその事例である。『聖書』に出てくる次のような比喩的表現は、二千年前にも平和をより大きな力によって保護されている状態として理解していたことをよく示している。「強い人が武装して自分の屋敷を守っているときには、その持ち物は安全である (エンエイレネ)」(ルカによる福音書 11：21)。

このような状況を意識して、ある力によって保護されるところから来る安定感をさらに確保するために相互間の安全を保障する条約を結んで、さらに大きな衝突を予防するための行為が行われる。このような行為を「平和の造成」(peace making) という。それは、より大きな力とそれより小さな力の間の政治的な力学関係により、これらの力が牽制と均衡を保つように協定を結んで物理的な衝突が広がらないようにする行為である。「平和の造成」が「平和の維持」より平和的ということができるならば、それは武力的な力を条約や協定という文字的あるいは言語的精神に変えるというところにある。各種条約や交渉は現実の向こう側で共通の領域を想像できる人間精神の言語的具体化である。この言語的表現に相手方も同じような重心を置くことができる行為は、進化論的にみれば明確に平和への一歩前進である。新鋭歴史学者ユヴァル・ハラリ（Yuval Harari）が全人類史を巨視的に俯瞰したベストセラー『サピエンス』（Sapiens：A Brief History of Humankind, 2015）で、人類は平等の道を歩いてきたというささやかな結論を下すことができたのにも、「虚構」を共有することができる人間の能力を肯定的に評価したことによる。[11]

巨視的に見れば国家間の合意ないし条約の締結数も多くなった。カントが国家間の力による戦争と暴力を克服するには一種の世界政府が必要だと提示して以来、ヨーロッパの思想家はこれに対する想像を持続してきた[12]し、それを背景として「国連」が成立したのが代表的な平和の造成行為である。人類は明確に平和の造成のための歩みを確実に踏み出したということができる。心理学者スティーブン・ピンカー（Steven Pinker）が『私たちの本性に住む―善き天使』（The Better Angels of Our Nature：Why Violence Has Declined, 2011）（幾島幸子、塩原通緒訳『暴力の人類史［上］［下］』青土社、二〇一五年）という膨大な著書で、人類は暴力を減らし平和に少しだけ進んだと分析したことは、平和の維持と平和の造成に似合う平和、多少狭い意味の平和の概念を念頭に置いた判断であるといえる。[13]

七　暴力の内面化と平和の構築

人類が平和に向かって進んだとすれば、暴力はそれだけ減ったということである。ところで本当に暴力は減ったのかもう少し注意深く問わなければならない。直接的で物理的な暴力は明確に縮小されてきた。幸いな変化だといえるが、一方では暴力の様相が変化して人間の内面に浸透してきたという事実もみなければならない。暴力の量は減ったが、暴力の様相が変化し、質は強化されてきた。それはどういう意味であろうか。

暴力が暴力である理由は、その力があたえる被害と苦痛のためである。暴力（violence）のラテン語の語源の意味は「力（vis）」の「違反（violo）」であり、意訳すれば「行き過ぎた力」である。漢字語の暴力の意味は「荒っぽい力」である。このとき、行き過ぎて荒っぽい度合いを判断する主体は、暴力が向かう対象者あるいは被害者である。力の対象者がその力を不当だと判断するとき、その力は暴力になる。反対に対象者が、その力を正当だと判断すればその力は大きな暴力ではないことになる。[14]

ところでたとえば自由競争による成果の蓄積を称賛する新自由主義社会では、競争で勝つように要求する外的強制力を当然視する。個人と集団内外におしよせる荒っぽい資本の力は今日巨大な暴力の源泉だが、個人や集団がその暴力に耐えるだけでなく積極的に追求することさえもある。この力を暴力として判断する主体が消えて、暴力がこれ以上暴力としてみられなくなる。暴力を個人の中に内面化させて自発的に耐える流れが形成されている。暴力が以前とは違った方式で内面化したために、暴力を解決するのがかえってさらに難しくなった時代ということができる。「構造的暴力」の克服と「積極的平和」の実現は人類の変わらない課題であり、前述した「平和の維持」と「平和の造成」以上の次元、すなわち「平和の構築」（peace building）が要請されるのはこのような脈絡のためである。

「平和の構築」は個人の内面、文化的次元まで暴力を減らしたり、なくしたりするための行為である。リサ・ショク（Lisa Schirch）の規定を引用すれば、平和の構築は「すべての形態の暴力を予防して減少させ、変化させて人々を暴力から回復することができるように助ける」活動である。[15] 積極的平和をたてるために国際秩序はもちろん人間と自然間の関係まで念頭に置いた幅広い規定である。

平和の造成行為でもみたように、平和のためには法と法に基づいた秩序も必要である。だが、さらに根本的なことは平和のための法を作って、進んでそれがまともに守られるように下から要請する多様な声である。これが平和の構築の根幹である。平和の構築はひとつの完結状態でなく積極的平和を成し遂げる過程である。構築（building）という漢字語に入っているように、平和を成し遂げる過程は建築行為に喩えられたりする。金炳魯（キム・ビョンロ）によれば平和は「アーキテクチャー」のようである。

平和はあたかも巨大で雄壮な建築物と同じである。単純な建造技術を駆使して作った建物や建設ではなく、人々の生活をつつむための技術・構造と機能を手段にして成り立つ空間芸術としての建築、すなわち「アーキテクチャー」（architecture）に喩えることができる。アーキテクチャーは建築という言葉ですべて伝達することはできない高い水準の意味を持っている。すなわち、空間を成し遂げる作家の造形意志が入れられた建築の結果ということができる。建築物を建てるためには精巧な設計図が必要で、複雑な工程が要求されて便利さと造形美を同時に考慮しなければならない。このような意味でアーキテクチャーは快適で安全な生活の経営のための技術的な展開だけではなく、空間自体が芸術的な感興を持っている創造的行為という意味を持つ[16]。

ギリシア語で「建築」を意味する「アーキテクチャー」は秩序、配列、比例、分配、均衡などの意味を持つ[17]。語源的に起源、原理、円形を意味する「アルケー（arche）」と技術を意味する「テクネー（techne）」の結合だということからわかるように、アーキテクチャーは「理想的円形を追求していく技術」を意味する。完全性を指向していく人生のすべての行為だと幅広くいうこともできる。平和はやはり理想的な状態を夢見て、均衡感があるようにたてていく人類の総体的生活方式および過程と連結される。

八　暴力をどのように減らすのか、非暴力の曖昧さ

平和は暴力のない状態を指向して、暴力を減らしていく過程である。平和をたてるということは暴力を減らすということである。暴力を減らしていく中で平和がたてられて、したがって暴力を減らしていく過程が平和の過程である。平和は暴力に反比例する。これと関連して、ガルトゥングの以下のような平和図式には意味がある。

平和（Peace）＝公平（Equity）×調和（Harmony）／傷（Trauma）×葛藤（Conflict）[18]

平和は公平と調和の積に比例して、傷と葛藤の積に反比例するということである。積極的に解釈すれば公平と調和の力量を育てる方式で、消極的に解釈すれば傷と葛藤を減らす方式で平和を育てなければならないということである。比較的明快な図式である。

この場合もう少し重視しなければならないことは分子よりは分母の部分である。人類が平和に対する経験よりは暴力の経験のほうが大きいのみならず、実際に暴力から離れて考えてみたことがないという点で、平和を、暴力を減らすことで理解する方が現実的である。傷がなくて葛藤がないということは存在しないだろう。医師にも病気があって、相談者にも悩みがある。神父も他の神父に告解をする。

同じように人類はいつも暴力の中でその向こう側を指向してきた。傷の治癒と葛藤解消の道に出るということは、現在までの傷と葛藤の経験で、さらに大きな傷と葛藤を予防するだけでなく、今の傷と葛藤をさらに減

らそうということである。大きな枠組みで見れば、暴力で暴力を減らすことである。小さな傷で大きな傷を包んで、小さな葛藤で大きな葛藤を予防および治癒することである。

もちろん暴力で暴力を減らすことができるかという批判的な声が多い。ガンジー、トルストイ、咸錫憲などは暴力的抵抗を拒否して非暴力を強調した。暴力をなくす最上の道は非暴力（non-violence）であると教えられてきた。たとえばガンジー（Mahatma Gandhi）は次のように語ったことがある。「非暴力はわたしたちの人間の法則だ……この世のすべての搾取される人々を救済するには片方には真理、また、片方には非暴力だと書かれた旗を空高く掲げなければならない[19]」。このようなガンジーの非暴力抵抗は広く賞賛を受けている。

ところで再び問う必要がある。非暴力とは何であり、非暴力は果たして可能なのか。人類が暴力から離れたことがなくて、さらに暴力が内面化していきつつあるところに「暴力ではないこと」を実践するということは何であり、それは果たして論理的に可能な話であるのか。

非暴力という話は本来動物をささげる祭事伝統に反対して、生命の犠牲なしに悟りを追求したインドの宗教伝統から出た言葉である。非暴力の本来の意味は「不殺生（ahiṃsā）」である。ところでガンジーがソロー（Henry David Thoreau）の『市民の不服従』（Civil disobedience, 1849）などに影響を受けて、不当な権力に対する不服従運動を展開して「アヒムサ」という「非暴力」という意味が拡張された。宗教的指向の「不殺生」理念が政治・社会的言語である「非暴力」で知らされることになったことは、暴力を武力的戦いや戦争のように消極的に理解した世間の傾向を反映しているといえる。

しかし過去に比べて物理的暴力は弱くなっているが、一方では暴力がさらに深く内面化して広く構造化される過程を実感させられる。今日では「暴力ではないこと」という言葉がかえって非現実的になっている。ベンヤミン、デリダ、ドゥルーズなどが法の暴力性、力の関係で成り立つ言語の暴力性などを分析したように、動物など他の生命体を食べて生きるしかない人間の生存活動自体が暴力的であるように、「非暴力」という言葉は暴力の意味を制限的に解釈するところだけで、すなわち物理的暴力として理解するところのみ有意義である。武力に武力で対応しないことによって、武力の非人間性を暴露する戦略は一方で意味が少なくないが、社会と国家的構成自体が暴力的という認識が拡張されていきつつある今日では、制限的効果しかもたらされない。それぞれの欲望を肯定して競争での勝利を称賛するほど、事実上暴力が日常化していく「脱暴力的暴力」[20]の現実の中では、非暴力の立ち位置は曖昧で不確かである。

そのうえ非暴力という言葉が果たして論理的に可能かという疑問も持つようになる。言語自体が暴力なので、暴力に外部がありえないというデリダの暴力論に含まれているように、[21]人間が他者との関係をすべて非暴力的に結ぶ方法はない。多少広範囲な解釈だが、人間の言語と行動は本性的に暴力的であるためである。人間はいつも暴力の中にあったし、暴力を離れる行動をしてみたことがない。

九　減暴力（minus-violencing）

「非暴力」が不可能であり、制限的だけで有意味ならば、平和のために暴力から完全に離れるということは不可能である。暴力で暴力を減らす方法だけが可能である。小さな暴力で大きな暴力を減らすことである。ガンジーやトルストイのような人が実際に「市民の不服従」運動を実践したのに影響を受けて、非暴力という言葉が広く知られ、伝承されたが、その実質的な内容は小さな暴力で大きな暴力を減らす過程といえる。暴力の構造的で文化的な次元まで克服するには、暴力から逃避しないで暴力の中に入るしかない。暴力の中に入る過程と抵抗する過程で、意図的にさらに小さな力を使って暴力の克服に主体的に参加するだけである。そうした点で「平和は小さな暴力で大きな暴力を減らす過程」と再規定することができる。そしてこのような暴力縮小過程を「減暴力（minus-violencing）」と命名することができる。「暴力的である（violencing）」から「遠ざかる（minus）過程」である。

「非暴力」が名詞であり単語ならば、「減暴力」は動詞であり文章である。非暴力が暴力的ではない「状態」を意味するならば、減暴力は暴力を減少させていく「過程」である。それと共に以前よりさらに減少した次の段階を夢見るという点で「目的」でもある。暴力をさらに減らして完全な脱暴力的な世の中を実現していくしかないという点で、減暴力は過程であり目的でもある。複雑な力の否定的な力学関係のためにどこかで誰かが、もっと大きな暴力によって痛みを体験するしかない現実を自覚して暴力を減らし、さらに減らしていくしかない。

デリダが「すべての哲学は、暴力の経綸（economy of violence）の中でさらに小さな暴力を選択できるだけ」[22]と語ったのは、大きな力を縮小させて力の間の調和を探す過程を平和と解釈するこの論文の立場と通じる。小さな力が、多様なところでいろいろな方式で、大きな力に抵抗して平和は構築されていく。小さな暴力の連帯が大きな暴力を減らしてそれだけ平和を可視化させる動力である。

合わせて暴力がいろいろな力の間の不均衡から始まるならば、平和は小さな力の意味と価値を開いて、力は大きさの問題でなく内容の問題という事実を持続的に明らかにする過程である。力の真の本質は抑圧でなく、自由を保障して相生を成し遂げることをあらわす抵抗が既存の暴力を減らすのである。人間は意図的にさらに小さな暴力を選択して、その小さな暴力で大きな暴力を減少させなければならない。他者に向かった暴力のベクトル（大きさと方向）を弱くする、そういう暴力の減少が減暴力である。

一〇　反暴力と共業

バリバールは一次元的な対抗暴力と消極的非暴力を越えて、構造化された暴力の中で暴力に対抗する「反暴力（anti-violence）の政治」を提案したことがある。反暴力は、構造化された暴力の中でも、他者に排他的でない政治的主体勢力としての「市民らしさ（civilité）」を形成していく過程である。反暴力の政治は、小さな暴力で大きな暴力に抵抗して大きな暴力を減らす減暴力の過程と似た構造をしている。

この場合、小さな暴力は単純に暴力の「大きさ」だけを意味しない。もちろん大きさは小さいが、暴力的現実を主体的で反省的に覚醒した人が、自発的に既存の大きい暴力から一歩あるいは数歩退く行為という点で暴力の「質」が違う。既存の暴力が他者を否定する自分の欲望の拡張で強化されるならば、減暴力は自分の内的欲望を節制して他者を認めて生かす行為でもある。アーレント（Hannah Arendt）が、共和主義的な人生のためには一種の「演技（action）」をしなければならない[23]と語ったように、自分の欲望を括弧で囲んで差異を受け入れ、公的領域を作っていかなければならない。このような行為に、誰かの苦痛に寄り添う共感（compassion）が後押しをされるならば、それこそ人間らしさということの根幹だとアーレントは考えた。

このような姿勢および世界観は仏教の「共業」概念で絶頂に達する。世の万事は相互関係的で、相対的という縁起的世界観は暴力を減らさなければならない明確な理由となる。すべての生命から仏性を見る大乗的生命観でみればなおさらである。すべてのものは関係性の中にあるので、暴力による誰かの痛みには、大きくても小さくても自分の責任もかかわっているほかはない。暴力はそれがどんなものでも個人的である以前に社会的で、結局すべての問題である。暴力による誰かの痛みには、社会的責任が伴わなければならない。

「衆生が痛いからわたしが痛い」という維摩居士の一声は、減暴力の仏教的原理をよく示している。『維摩経』(「仏道品」)では次のように語っている。「武器があらわれたなら、私は皆を争いのないエリアに移住させる。もし、戦争が起こったならば、私は即座に敵と同等の軍事力を発揮して降参させる」。暴力があるところには慈悲の気持ちで暴力を減らし、戦争が起これば力の不均衡を正して和平に導くということである。暴力を減らして平和を成し遂げる菩薩道は、共業の原理に伴う共感力を根幹とする。このような共感力が暴力を減らすための実践的動力である。アーレントの共感もこのような姿勢の現代政治哲学的解釈といっても過言ではない。

一一　共感、減暴力、平和多元主義

共感は他者の視点で自分を改めて直視することである。外部の視点で内部を見ることである。内部にだけとどまれば内部が見えない。そうした点で他者の視点で自分を見た後、再び他者に向かって進む行為が共感である。そして再びその他者の視点を持って、自分に戻る循環の過程を通じて他者と自我、内部と外部がすべて変わる。いわゆる「身代りの山羊システム」にたった人類文明の暴力的構造を明らかにしたジーラル(Rene Girard)も外からの観点を融合するとき、暴力的「身代りの山羊システム」が克服されると語った。

体制の内から見れば、差異しかない。反対に外から見れば同質性しかない。内からは同質性が見られなくて、外からは差異が見られない。それでもこのふたつの観点は対等ではない。内からの観点はいつも外からの観点に統合されることができるが、外からの観点は内からの観点に統合されることはできない。この体制に対する説明は内からと外からというふたつの観点の和解の上に基づかなければならない。(24)

ジーラルが言う二つの観点の和解は共感の構成原理を示している。内からの観点は他者排除的にあらわれるが、外からの観点は他者受容的にあらわれる可能性が大きい。共感は他者とともにしながら、その排除的価値を克服しようとする行動であらわれる。

暴力を減じさせ、それだけの平和を実現するには、与えられる受動的平和ではなく、たてていく能動的平和でなければならない。平和の構築（peace building）に進むことである。主体的省察がない減暴力はない。減暴力は他者を排除する自己中心的な体制に主体的に抵抗する過程であり、限りない目標である。これが、ガルトゥングが言う平和図式の分子（公平×調和）を育てて、分母（トラウマ×葛藤）を減らすことである。そのように積極的平和に進むことになることである。

多様な形態の間の共感を確保していき、多様性が葛藤でない調和につながるようにしなければならない。平和はある瞬間、特定の立場によって完成される静寂状態ではない。いわゆる自己中心的ないろいろな「平和たち」の動的調和の過程でもある。そうした点で「平和の調和としての平和」をたてていくべきである。そのように暴力を縮小させようとする立場と姿勢が「平和多元主義」（pluralism of peace）である。

平和多元主義的見解と姿勢でいろいろな平和の間の共感的合意過程を通じて、「平和」という単数型理想に近づいていく。その単数型理想は自己完結的ではない。進行形である。相互理解を通した葛藤の止揚で、それを通した多様性の調和であり、あなたとわたしの間の差が相生的調和で昇華する過程である。平和に対する理解と認識、実践方法などが違って、互いにぶつかっても、共感の地点に向かって再び対話し、合意して受け入れていかなければならない道しかない。「対話と論争は相反した性向にもかかわらず、公共領域の活性化に寄与」するためである。[25] わたしたちの主題から言えば、それが減暴力的平和の構築の根幹である。

注

（1）李賛洙『平和と平和たち：平和多元主義と平和人文学』モシヌンサラムドゥル、二〇一六年、五二～五六ページ。
（이찬수『평화와 평화들：평화다원주의와 평화인문학』모시는사람들, 2016, 52-56 쪽.）
（2）上掲書、五七～六二ページ。
（3）上掲書、六四ページ。
（4）エティエンヌ・バリバール、ジン・テウォン訳『暴力と市民らしさ』ナンジャン、二〇一二年、一一～一二ページ。
（에티엔 발리바르, 진태원 옮김『폭력과 시민다움』난장, 2012, 11-12 쪽.）
（5）ヨハン・ガルトゥング、カン・ジョンイル他訳『平和的手段による平和』トゥルニョク、二〇〇〇年、二三ページ。
（요한 갈퉁 강종일 외 옮김『평화적 수단에 의한 평화』들녘, 2000, 23 쪽.）
（6）スラヴォイ・ジジェク、イ・ヒョンウ他訳『暴力とは何か』ナンジャンイ、二〇一一年、二四ページ。
（슬라보예 지젝, 이현우 외 옮김『폭력이란 무엇인가』난장이, 2011, 24 쪽.）
韓国語ではsystematic violenceを「構造的暴力」と翻訳したが、ガルトゥングのstructural violenceと区分するために、ここでは「体系的暴力」と表記した。
（7）『咸錫憲著作集第二巻』ハンギル社、二〇〇九年、二八ページ。（『함석헌저작집 제 2 권』한길사, 2009, 28 쪽.）
（8）ジャック・デリダ、カン・ソンド訳『グラマトロジー』ミンウム社、二〇一〇年、二九八ページ。
（자크 데리다, 강성도 옮김『그라마톨로지』민음사, 2010, 298 쪽.）

（9）ヨハン・ガルトゥング、上掲書、一九～二〇、八八ページ参照。（요한 갈퉁, 앞의 책, 19-20, 88 쪽 참조.）

（10）キム・ビョンノ・ソ・ホヒョク『分断暴力』アカネッ、二〇一六年参照。特に第一章と六章。
（김병로 서보혁 편『분단폭력』아카넷, 2016 참조. 특히 제1장과 6장.）

（11）ユヴァル・ノア・ハラリ、チョ・ヒョンオク訳『サピエンス』金英社、二〇一五年、五八〇ページ。
（유발 하라리, 조현욱 옮김『사피엔스』김영사, 2015, 580 쪽.）

（12）イムマヌエル・カント、オ・ジンソク訳『永遠平和のために』図書出版b、二〇一一年。
（임마누엘 칸트, 오진석 옮김『영원한 평화를 위하여』도서출판 b, 2011.）

（13）スティーブン・ピンカー、キム・ミョンナム訳『私たちの本性に住む―善き天使』サイエンスブックス、二〇一四年、序文（一三～二五ページ）参照。
（스티븐 핑커, 김명남 옮김『우리 본성의 선한 천사』사이언스북스, 2014, 서문 (13-25 쪽) 참조.）

（14）李賛洙「脱暴力的暴力：新自由主義時代暴力の類型」、『宗教文化研究』第二三号（二〇一四・一二）三一五～三一八ページ要約引用。
（李賛洙〝脱暴力的暴力：新自由主義時代 暴力의 類型〟『宗教文化研究』제 23 호 (2014. 12), pp. 315-318 요약인용.）

（15）Lisa Schirch, *The Little Book of Strategic Peacebuilding*：*A Vision and framework for peace with justice*, PA：GoodBooks, 2004, p.9.

（16）キム・ビョンノ『再び統一を夢見る』モシヌンサラムドゥル、二〇一七年、一一八ページ。
（김병로『다시 통일을 꿈꾸다』모시는사람들, 2017, 18 쪽.）

（17）ヴラディスラフ・タタールキェヴィチ、ソン・ヒョジュ訳『タタールキェヴィチ美学史1』美術文化、二〇〇五年、Ⅲ～一〇ページ参照。
（블라디슬로프 타타르키비츠, 손효주 옮김『타타르키비츠 미학사 1』미술문화, 2005, III-10 참조.）

（18）Johan Galtung, *A Theory of Peace: Building Direct Structural Cultural Peace*, Transcend University Press, 2012. Knut J. Ims and Ove D. Jakobsen, "Peace in an Organic Worldview", Luk Bouckaert & Manat Chatterji eds. *Business, Ethics and Peace*, vol.24, 2015, p.30から再引用。

（19）マハトマ・ガンジー、イ・ミョンクォン訳『ガンジー瞑想録』ヨルリンソウォン、二〇〇三年、一一三〜一一四ページ。
（마하트마 K 간디, 이명권 옮김『간디명상록』열린서원, 2003, 113-114 쪽.）
（20）競争を通じて資本を蓄積するほど勝利者として、称賛する新自由主義時代には、成果蓄積を要求する強い圧力をかえって積極的に内面化することによって、その力を暴力として感じることができない。筆者はこのような暴力を脱暴力的暴力（deviolent violence）と命名したことがある。イ・チャンス、上掲書。
（21）イ・ムニョン「二一世紀暴力のパラダイムと暴力、非暴力の境界：バリバール、デリダ、アガンベンの暴力論を中心に」韓国平和研究学会、『平和学研究』VOL.16, NO.1, 二〇一五年、一三〜一八ページ。
（이문영, “21 세기 폭력의 패러다임과 폭력 .비폭력의 경계: 발리바르, 데리다, 아감벤의 폭력론을 중심으로”, 한국평화연구학회,『평화학연구』VOL.16, NO.1, 2015, 13-18 쪽.）
（22）ジャック・デリダ、ナム・スイン訳『エクリチュールと差異』トンムンソン、二〇〇一年、四八五ページ。
（자크 데리다, 남수인 옮김『글쓰기와 차이』동문선, 2001, 485 쪽.）
韓国語では economy of violence を「暴力の経済学」と訳したが、ここでは「暴力の経綸」と表記した。
（23）アーレントは人間の三種類「活動的人生」として労働（labor）、作業（work）、行為（action）を提示し、この中の「行為」を重視したことがあるが、この「行為」は共同の意に似合うように各々内的欲望を節制する「演技」でもある。ハンナ・アーレント、イ・ジンウ訳『人間の条件』ハンギル社、二〇一七年、七三〜八五ページ。
（한나 아렌트, 이진우 옮김『인간의 조건』한길사, 2017, 73-85 쪽.）
（24）ルネ・ジーラル、キム・ジンシク他訳『暴力と聖なるもの』ミンウン社、二〇〇〇年、二三八ページ。
（르네 지라르 김진식 외 옮김,『폭력과 성스러움』, 민음사, 2000, 238 쪽.）
（25）ホン・ウォンピョ『ハンナ・アーレントの政治哲学』インガンサラン、二〇一三年、四〇ページ。
（홍원표『한나 아렌트의 정치철학』인간사랑, 2013, 40 쪽.）

This work was supported by the National Research Foundation of Korea Grant funded by the Korean government. (NRF-2010-361-A00017)

ヨーロッパ中心の近代化に対する批判的省察と強弱進化文明社会への転換
――少太山の思想を中心に――

朴《パク》 光《クアン》 洙《ス》
柳生真
趙晟桓 訳

Ⅰ 序論

人類の歴史は、戦争と平和の双曲線を描きながら、多様な人類文明の形成と発展、衰退と滅亡の過程を経て、今日の二一世紀の産業革命の世界化時代を迎えている。現代の人類社会が世界化（Globalization）する過程で直面した多様な問題は、個人的で局地的な問題を離れて、汎世界的な問題へと拡散している。また、人類共同体が社会的疎通（social network）を追求する相生の文明社会を目指すことで、世界普遍倫理と公共性の必要性が台頭している。

ローマ文明をはじめとして、中世以後、最近世に至るまで、西欧の強大国は「新世界の発見」と「非文明の文明化」という名分によって、アジア、アフリカ、北・南米などの弱小国に対する侵略と殺傷、植民地化を通した経済的収奪、キリスト教伝播を通した土着民の固有宗教または精神文化の破壊を事とした。アメリカに入ってきたヨーロッパ人たちの「開拓精神」は数千万人のインディアン原住民たちの命を奪っていき、彼らの固有の言語と文化を破壊する結果をもたらした。一八世紀イギリスの産業革命を成し遂げた経済的基盤もまた、概ね植民地開拓を通した資源の独占的確保、奴隷制度の合法化、ならびに奴隷市場による資本拡充によるものである。こうした現象は、過去の人類の歴史上において、侵略戦争による植民地建設と奴隷市場を根幹にして成し遂げられた、華麗なローマ文明の建設のありさまと異なるところがない。

第一次世界大戦と第二次世界大戦の悲劇的な惨状は、やはり産業革命を通した経済支配、富強の国家を作るための軍事的増強と劣悪な国家侵略と植民地化、民族優越主義による他民族の排斥と支配などが乱舞した、弱肉強食の狂った時代の産物であった。現在、社会主義は崩壊し、ヨーロッパ―アメリカ中心の政治の覇権的従属主義と貪欲的資本主義経済体制が全世界に蔓延している。

ヨーロッパ―アメリカ中心の世界観と世界秩序は、強力な政治的・経済的・軍事的力を背景としている。アジア・アフリカ・南アメリカなど世界のあちこちにヨーロッパ―アメリカの政治・経済・教育システムが全般的に波及している。しかし、最近起こっているブレグジット（Blexit）、すなわちイギリスのヨーロッパ連合（EU）離脱問題と、アメリカのトランプ（Trump）大統領のアメリカ中心の覇権的で閉鎖的な利益追求の動きは、人類全体に対する観点よりは、自身の国家と民族中心の利益を追求するためのものである。イギリス人とアメリカ人自らが、世界の中心から抜け出そうとする政策をとるものであるため、ヨーロッパ―アメリカ中心の世界政治・経済体制の弱化と終焉を示す前兆である。

世界化の過程で地域性の問題が度外視され、世界秩序を新たに再編する過程でヨーロッパ中心の侵略的植民主義が軍事的衝突と共に行われたとすれば、現代社会は強者／強大国と弱者／弱小国との軍事的・経済的・文化的優位と劣勢の関係から、同質的でありながらも異なる形態の新しい世界秩序が形成されている。これに対する歴史的反省と新しい精神運動が展開されなくては、人類社会の強弱支配の構図は根本的には変化しにくいだろう。

現在進行中の第四次産業革命時代もまた、過去の侵略的支配の文明構造は変えずに、むしろ、いっそう競争的に支配と従属関係を深化することになると予想される。政治・経済・軍事・文化・学術・知識産業など多様な分野で支配と従属の関係が明瞭になりつつある。貧富の格差もより深刻化しているからである。現代社会の構造的問題は、人間と自然と宗教の間で、強・弱の構造の中での相克と対立構造の枠組を抜け出せずにいることに起因する。ヨーロッパ―アメリカ中心の覇権的従属主義による文明の衝突と、強弱の対立的構図を克服するための、新しい公共の文明社会への転換が必要な理由がここにある。

Ⅱ　ヨーロッパ中心の「近代化」と「文明化」に対する批判的省察

西欧の場合、一五～一六世紀にかけてルネサンス、宗教改革などが起こって社会全般にわたる大きな変化が始まり、一八～一九世紀にかけて起こった産業革命は「近代化」の重要な足場を作った。「近代化」過程で価値観の変化と社会の中心軸の変動が起こった。政治的には、王権を中心にした専制主義から、立憲制度と代議制度による権力の分立が漸進的に成立し、意思決定の構造も、国民の基本権を重視する市民中心社会への転換が成し遂げられた。これによって自由と人権が保障されたのは言うまでもない。

経済的には、資本主義経済体制が確立されて競争的な自由市場が広がった。莫大な資本の蓄積は文化的ルネサンス期を迎える重要な資源となった。また、新しい産業分野に対する資産の集中的な投資が可能になったことで、産業技術だけでなく軍事力を急成長させる契機を作った。

ヨーロッパの経済的成長と産業革命を通した軍事力の拡充による「近代化」の成功は、世界の強大国へと成長する契機を作った。これとともに「西欧＝文明＝近代化」の図式が成立し、「アジア、アフリカなど未知の世界＝野蛮＝非近代」と設定して、世界を文明化するための侵略と植民地建設の合理的正当性を付与した。ウォーラーステイン（Immanuel Wallerstern）は、西欧に啓蒙主義が膨脹した時期に、フランスのミラボー（Mirabeau）やイギリスのファーガソン（Adam Ferguson）らによって「文明（Civilization）」の意味がいち早く伝えられたと述べる。【1】「文明」は「新しい市民階層が形成されたことによって、都市民的な洗練された生活方式」【2】として定着し、広まった。ヨーロッパの「近代化」は、アメリカ大陸のみならず世界のあちこちに西欧的「文明」世界を開拓するということを正当化の名分として掲げながら、植民地建設と奴隷市場を拡げた。これを通して蓄積された経済的な富は産業革命の基盤となり、軍備を強化させることができた。

もちろん、このような西欧中心の古代・中世・近代という歴史区分をアジアの歴史に適用するのは困難だが、ヨーロッパの近代化を通した軍事力・経済力・政治力の強化は、韓国・中国・日本に大きな影響を及ぼした。アジアの国家のうちで、西欧式近代化を最も早い時期に受容し、発展させた国は日本であった。程度の違いはあるが、中国と韓国の場合も例外ではない。西欧的近代化と「文明観」はアジア、特に日本に最も大きな影響を及ぼし、近代化を追求する周辺国家に急激に拡散された。アジアのみならず、世界のあちこちにヨーロッパ中心の世界観と文明観が波及し、教育のシステムだけでなく、芸術文化など多様な分野でヨーロッパとアメリカに追随することが近代化の尺度と考えられた。

日本の徳川時代を制度的に支えていた幕藩体制が解体される過程で、アメリカは一八五四年八月、日本に強制的に「日米和親条約」を結ばせ、一八五八年七月には「日米修好通商条約」という経済的不平等条約を締結させた。このような過程で日本は、武士を中心とする新進諸勢力が、明治天皇を擁立しつつ外来の文物を速やかに輸入して政府を樹立し、西欧の強力な帝国主義体制を受容した。日本の近代を論ずる場合、たいていその基準になる時点は明治維新（一八六八年）である。

日本の執権層と知識人たちは、明治維新以後に施行した日本の近代化を「日本＝西洋＝文明」対「中国・韓国＝野蛮」と設定するなどしてヨーロッパの強大国を模倣し、天皇を中心に大東亜を建設する帝国主義の道を歩んだ。近代日本を代表する哲学者西田幾多郎（一八七〇～一九四五）は「京都学派」の基礎を築いた。京都学派の「世界史の哲学」あるいは「世界史的立場」[3]は、東アジアにおいて権益を確保しつつ「世界秩序」の再編を求めた帝国主義日本の政策に対する哲学的基盤を提供した。福沢諭吉の「脱亜論」と同じ文脈で、徳富蘇峰（一八六三～一九五七）は一八九四年に勃発した日清戦争を「文明と野蛮の戦争」と規定し、「清は文明の敵、人道の敵であるのでこれを討伐するのは義戦である[4]」と主張した。日本帝国主義は日本を文明社会、朝鮮と清国を「野蛮」の文明と規定して日本の軍事力による侵略の正当性を示し、なおかつ植民地統治の合理化を図ろうとしたのである。当時の日本の「東亜協同体論[5]」は、日本が中国・アジアで敢行した帝国主義戦争の名分を作り出す理論的産物であった。日本の脱亜論を通した大東亜建設と大東亜共栄圏は、「西欧式近代化」の侵略主義をそっくりそのまま受容したものといえる。

西欧が、世界各国の政治・経済・教育・文化・芸術分野など多様な領域において、現体制の形成に最大の影響を及ぼしてきたことは周知の事実である。しかし、西欧式近代化と軍事力強化による弱肉強食の世界戦争をどう評価するべきか？　二〇世紀に起こった悲劇的な第一次世界大戦と第二次世界大戦の場合も、いずれも自国の生存と利益を極大化させようとした西欧中心の近代化から始まったものである。二一世紀の現在、世界のあちこちで起こっている大部分の葛藤と内戦は、その地域自体の問題でもあるが、だいたい第二次世界大戦後にアメリカとヨーロッパ、そしてロシアが中心になって、自国の利益のために世界地図を誤って再編したことによるものが大半である。

このような基調は、現代アメリカのサミュエル・ハンチントン（Samuel P. Huntington）の主張にもそのまま反映されている。彼は『文明の衝突』（一九九六）で、脱冷戦時代以後多極・多文明世界に入り、イスラームの急激な人口増加とアジアの高速経済成長による文明の葛藤は、世界政治から、いかなる対立よりも中心的比重を占めると予見している。ハンチントンは衰退する西欧文明を守護するためにアメリカとヨーロッパが重点を置くべき事項を、次のように提案している。

政治的・経済的・軍事的結束をより強化して、政策共助をはかり、他文明の諸国家がヨーロッパとアメリカの反目を利用しないように防ぐ。

……ラテンアメリカの「西欧化」を後援し、ラテンアメリカと西欧の緊密な結束を最大限はかる。イスラーム諸国家と中華諸国が在来式・非在来式の戦力強化に向かうことを牽制する。

……他文明に対する西欧の技術的、軍事的優位を維持する。[6]

一方でイスラーム国家、中華国家、日本に対しては牽制を強化し、もう一方でラテンアメリカに対しては

「西欧化」を推進すべきだという主張である。このような彼の主張は、アメリカの強硬な政策遂行を前提にしたものであり、現在でもアメリカの政策基調にそのまま適用されている。

このような局限された地域主義と閉鎖的民族主義では、民族集団の主体性と所属する国家の安全を確保することはできても、世界市民の普遍的価値を提供することはできない。人類の歴史は、自民族または自国の利益を拡大するために、他民族または他国に対する侵略と収奪が当然の手段となってきたことを示している。人間中心の世界観は、あらゆる自然と生命を人間のための道具とみなしてきたが、自然破壊と生命軽視の風潮はかえって人類を危機に陥れる結果を招いている。

近・現代世界情勢の急激な時代の変化の中で、韓国では新しい民族宗教運動が展開された。特に後天開闢思想と五万年の大運による理想的世界観を展開した水雲崔済愚《スウンチェジェウ》（一八二四～一八六四）の東学《トンハク》（天道教）をはじめ、甑山姜一淳《チュンサンカンイルスン》（一八七一～一九〇九）の甑山教《チュンサンギョ》、少太山朴重彬《ソテサンパクチュンビン》（一八九一～一九四三）の円仏教《ウォンブルギョ》などが発生して、民間に大きな影響を及ぼした。韓国民衆の中から起こった宗教指導者たちの宗教改革、または社会革新運動は、土着的な伝統を批判しつつ主体的に近代化を成し遂げようとした。これを「土着的近代化」または「自生的近代化」と呼ぶことにする。このなかで、筆者は一九一六年の少太山朴重彬の宗教観と「強者弱者進化上要法」は人類の歴史の弱肉強食による侵略主義と植民主義に対する反省と、強者と弱者の調和的発展と相生の文明社会を可能にする思想である。

Ⅲ　少太山の強弱進化文明社会

少太山は『最初法語』中の「強者弱者進化上要法」において、個人および社会・国家の間の強弱の関係を対立的または進化的関係として設定している。強者または強大国が、弱者または弱小国を侵略して植民地化し、経済的侵奪と抑圧をほしいままにする行為を批判して、強者と弱者の対立的関係ではなく、自利利他の調和的な共存の関係を設定して解決方案を提示した。

少太山は「……弱者を見下すばかりで、徐々に乙村の人々が甲村にやって来て、さまざまな手段を用いて食い物にもし、銭穀財産も奪い、土地田畑も我がものにして猶あき足らずに、無識者だの未開者だの野蛮人だのといって虐待し……[7]」という例え話をした。弱者である甲村と強者である乙村のたとえは、当時の日本も含めた強大国の弱小国侵奪と植民地政策の不当性、そして植民地状態の韓国をはじめとする弱小国がいかにして強者となるかについて説いたものである。これは当時の時代的状況をリアルに描写したものであり、個人または団体に限定されたものというよりは、帝国主義列強の弱小国への不当な侵略と植民地収奪に対する力強い批判である。

また、少太山は弱者である甲村には「むやみに対抗するのでなしに、鞭打たれもし、愚かで無能なふりもして強者を安心させて、勤倹と貯蓄、教育機関の設置、団結、共益心などによって勤勉に力を養いなさい[8]」と語った。彼は日帝の侵略と圧迫の状況を把握することの重要性と、弱者が強者になる道を説きながら、強者と弱者が、敵対的関係ではなく、自利利他の相補的関係をもつことによって人類の平和文明を実現しようとした。強者と弱者がともに発展し、平和な世界に進みうる道を提示している。[9]

少太山は韓国と日本の関係を、敵対的関係ではなく、強者と弱者の調和的関係として設定している。彼は中国の秦の始皇帝、ドイツのカイゼル（Kaiser Wilhelm）などを強者が弱者になった代表的な人物とみた。これは強大国に対する直接的な言及ではないが、ヨーロッパの国々と日本が、強者として弱者の食糧と財産を奪い、虐げるという歴史的な過誤を犯していることを批判して、正しい道に進むべきことを示したものである。

少太山は「強者弱者進化上要法」で、「強者は弱者に強を施す時に、自利利他法を用いて弱者を強者へと進化させることが永遠に強者になる道であり、弱者は強者を善導者として、いかなる千辛万苦があろうとも、弱者の地位から強者の地位に至るまで進歩していくことが、無二の強者になる道」であると説いた。彼は現実的与件によって強者と弱者の差別ができるとみて、このような差別の現状の中で、強者は強者の道理を尽くしながら弱者が強者になるよう手助けする時に永遠の強者となり、弱者は弱者の道理を尽くしながら強者に学び、千辛万苦の困難を乗り越えて努力する時、弱者変じて強者になると述べた。[10] 強者は弱者を実の子女のように、弱者は強者を父母のように思って互いの心を和合させる時、初めて世の中の平和が訪れると考えた。

少太山は日帝治下の韓国の植民地状況について、日本という強者が弱者である韓国をむやみに収奪しているという「収奪論」的観点を示しており、当時の日本のみならず、ヨーロッパ国家のアジア・アフリカ・アメリカなどでの不当な植民地的支配構造をも批判的に見ていた。それゆえ、強者が不当な強を用いて弱者になった例、弱者が力もなしに強者にやみくもに挑みかかって失敗した例、弱者が力を養って強者になった例、強者が永遠の強者になる道などを明らかにした。[11] これは西欧国家と日本がいかにして強大国へと成長することができたのかについての学びの過程と、なぜ韓民族が弱者として植民地生活をせざるを得ないのかに対する深い省察を同時に求めたものである。

少太山は西欧の資本主義と産業技術の科学的な発展を「物質開闢」とみて、「精神開闢」の主体的覚醒を通した調和の文明世界への転換が起こるべきことを強調した。精神文明の発展のない資本主義と、産業革命を通した物質文明の危うさに対して多様に言及した。円仏教が志向する楽園世界である「真の文明世界」とは、物質文明と精神文明が調和した世界である。少太山は「開教の動機」で「波乱苦海の一切生霊を広大無量の楽園へと導かんとすることがその動機[12]」であると表明している。

少太山は精神文明ばかりになって物質文明のない世の中は、精神は完全だが肉体が病におかされた不具者の如くであると述べ、精神文明と物質文明が均等に発展した世の中であってこそ、欠陥のない平和安楽な世界になるだろうと予見した。

少太山は、刃物を持った幼児が意図せずに自分または相手に被害を及ぼす場合があるように、精神文明が促進されていない物質主体の社会において起こりうる弊害を仮定したのである。現在のように、衣食住などの肉体生活は便利になったが、物質主体の科学文明にのみ偏って、道学文明と精神文明を等閑視する時代は、いつでも弊害が起こりうる危険な状況であるとみた。精神文明ばかりになって物質文明のない世の中は、精神は完全だが肉体が病におかされた不具者のようなものであり、物質文明ばかりになって精神文明のない世の中は、肉体は完全だが精神を病んだ不具者のようなものであると述べて、精神文明と物質文明が等しく発展した世の中こそ、欠陥のない平和で安楽な世界となるだろうと予見した。

少太山は、当時の強大国が弱小国を侵略して植民地化することを批判すると同時に、韓民族のみならず、いかなる弱者または弱小国も、被支配に陥らないためには精神・肉体・物質の部分において自立し得る能力を具えることが重要であるととらえた。彼は強者と弱者との関係において、弱者は経済的自立、教育の必要性、団結力と公共心を通して全体的な力を養う時に強者になる可能性があることを力説して、これを実践することに力点を置いた。これは西欧国家と日本がいかにして強大国に成長し得たのかについて学びの過程と、なぜ韓民族が弱者として植民地生活をせざるを得ないのかに対する深い省察を同時に要求する。霊肉双全・道学と科学の兼全・精神文明と物質文明の調和のとれた発展という大命題の下に、韓民族の経済的自立、人材養成、団結力などを養うべきことを強調して、内的な実力を具えるべく教育し、実践した重要な例といえるだろう。

教育的な面では、少太山は教育機関を設立して人材養成に全精力を注ぎこんだ。人材養成は、未来の韓国社会を導いてゆく指導者を養成するという点で非常に重要である。一九〇七年に大韓帝国は国民の義務教育を計画しており、当時の政府も義務教育を法制化段階まで発展させていた。[13] しかしそれが日帝の統監府によって遮断され、それ以後、民衆の教育水準を向上させる道は、日帝の植民地統治によって阻まれてしまった。日帝の植民地教育は植民地である韓国に対する経済的収奪の必要限度内で実施され、また民族的同化、すなわち韓国人の植民化のために必要な規模と内容をもって推進・強行された。

少太山は人権の平等を実現するために「他子女教育」の必要性を強調し、教育の機関を拡張して、自他の限界を乗り越え、あらゆる後進をあまねく教育することで、世間の文明を促進させ、一切同胞がみな等しく楽園の生活を送ることを「他子女教育の綱領」とした。彼はこうした教育理念を実現するために、次のような「過去教育の欠陥条目」を改革しようとした。

1、政府や社会に教育に対する積極的な誠意と奨励がなく

2、教育の制度が女子と下賤の人には教育を受ける気も起きないようになっており
3、個人においても教育を受けた人にその恩恵を広くあらわす人が少なく
4、言論と通信機関が不便であったことにより、教育に対する意見交換が少なく
5、教育の精神が自他の限界を超えられなかったことにより、有産者に子孫がいなかった時には、いない子孫を求めて果たせなければ教育ができず、無産者に子孫教育への誠意があっても、物質的な能力がなくて教育することができなかったのである。(14)

少太山はこのような教育の欠陥をなくすために「他子女教育の条目」を設定した。第一に、子女がいようといまいと、他人の子女でも自分の子女と同じように教育すること。第二に、国家や社会で教育機関を広く設置して、積極的に教育を実施すること。第三に、教団や社会・国家・世界で他子女教育の条目を実行する人に対しては、各々の功績に従って表彰し、しかるべき待遇もすることを主唱した。(15)これは、政府や社会次元での教育の重要性に対する全般的な関心と教育の平等を主張して、男女の区分や身分の差別なく、自分の子女だけを教育する風土を改革しようとしたものである。

Ⅳ　結論

人類の歴史において、強者と弱者の関係は常に、支配と従属の関係を離れることができなかった。近現代韓国の民族宗教は、開闢思想を中心にして、それの打破と新しい相生の文明社会への転換を果たそうとした。特

に少太山は、強者と弱者は対立的関係ではなく、互いに頼りにする存在たらざるを得ない関係であるから、相互に調和と発展を遂げなければならないことを示した。主体的自我の覚醒を通して「真我」を発現し、人格を完成する道を模索することを基本として、社会的に不合理な思想と不平等な差別制度など、不当なあらゆる要素を一時に革新して新しい社会を実現しようとした。強者または強大国による、弱者または弱小国に対する植民地化・収奪に対する批判に留まらず、正当な闘争を通して強者と同等の位置で平等性を確保し、相生の人類普遍的倫理を実現しようとした。

　開闢思想において提示する理想的世界は、個人的な問題を超えて、社会の構造的差別の問題を、平等な人権を土台にして解決する課題を提示する。社会階級の差別、地域差別、男女差別、貧富の差別、種族の差別などの社会構造的問題を改革して、平等な社会、互いに尊重される時代になる時、抑圧された怨恨を除去することができるとみた。このような社会的平等性が実現された時、初めて解冤《ヘウオン》〔うらみを解くこと—訳注〕が可能になるのである。個別的自我の尊厳性、社会身分差別制度の打破と平等社会の実現、自由と人権意識の発展は、精神文化的韓流の世界化を可能にする。韓国を含めたアジアの精神的遺産は、世界化の過程で起こる文明の衝突と人間疎外現象を克服することのできる普遍的思想と深層的な実践倫理の公共性を可能にしている。

　少太山は円仏教を創始して、韓国の伝統文化と思想を土台にしながら新たに民衆の精神を改革して、新しい世界を開拓しようとした。しかし、当時の朝鮮総督府は仏教、キリスト教および日本の神道を公認宗教として認めた中で、日本の神道を中心にして信仰を強要したし、民族宗教運動を「類似宗教」ないし「似而非宗教」と規定して、これに対する厳しい監視と弾圧を敢行した[16]。このような状況で、円仏教の土着的近代化はすこぶる制限的たらざるを得なかった。

にもかかわらず、少太山の思想と実践は、過去の暗く不平等な先天時代を清算し、新しい文明時代を迎えるためのものである。先天時代が強者と統治者中心であったとすれば、後天時代は、弱者と抑圧された者たちも、強者と同じように対等に遇される時代である。彼は韓国社会の大きな病弊であった男女の性差別、嫡子と庶子の差別、両班と賤民の階級差別を、とり除いて然るべき障害物とみていた。こうした不合理な差別制度など、社会の構造的諸問題を指摘しただけでなく、このような諸問題を解決するために教育機関を設置して、性別・身分・職業などの差別なく弟子たちを教えた点などは、少太山の強い実践力を示している。

少太山が追求した理想的な未来社会は、物質文明と精神文明が調和した社会である。強者と弱者の関係を、当時の侵略的帝国主義が蔓延した時代的状況を経て、人類社会が抱いている病的現象を治癒し、調和の精神文明を実現しようとした世界普遍的価値をもつ貴重な教えを提示している。少太山は強者と弱者に対して社会進化的思想を適用し、人類の歴史が調和的に進化することのできる文明社会を模索し、実現しようとした。人類社会が競争的構図を通して発展することができるという事実を前提にしながらも、西欧中心の適者生存の原理によっては人類が発展できないことを明らかにしている。このようなアジアの精神的遺産は、世界化の過程において起こる文明の衝突と人間疎外の現象を克服し得る普遍的思想と、深層的な実践倫理の公共性を提示している。

注

（1）Immanuel Wallerstein, *Geopolitics and Geoculture: Essays on the Changing World System* (Cambridge Univ. Press, 1994), p. 216. 全ホンソク『文明談論を語る』プルン歴史、二〇一二年、五六頁。

（2）全ホンソク『文明談論を語る』プルン歴史、二〇一二年、四七頁。

（3）子安宣邦『東亜、大東亜、東アジア—近代日本のオリエンタリズム』李スンヨン訳、歴史批評社、二〇〇五年、三四—三五頁。

（4）「國民日報」一八九四年九月九日。バククァンソク「徳富蘇峰の東アジア認識」一四七頁から再引用。全ソンコン外『近代東アジア談論の逆説と屈折』ソミョン出版、二〇一一年。

（5）子安宣邦は、尾崎秀實（一九〇一〜一九四四、社会主義者・ジャーナリスト）の「原状況で『新秩序』を実現するための手段として登場した『東亜協同体』は、まさに日中戦争の進行過程が生んだ歴史的産物である」という内容を土台として、日本の「東亜協同体」に対する自身の批判的見解を表明している。子安宣邦『東亜、大東亜、東アジア─近代日本のオリエンタリズム』李スンヨン訳、歴史批評社、二〇〇五年、八一─八九頁。

（6）Samuel P. Huntington,『文明の衝突（The Clash of Civilizations and Remaking of World Order)』(1996) Lee Hue-Jae 譯, Seoul: Gimm-Young Pub, 1997, p. 428.

（7）「強者が弱者になる法文」『仏法研究会月末通信』第一号（一九二八）・円仏教正化社『円仏教故教総刊』第一巻、益山：円光社、一九六八年、一二頁、円仏教正化社『円仏教教典』益山：円仏教出版社、一九九九年（初版一九七七年）、八五─八六頁。

（8）『円仏教教典』八五─八六頁。

（9）『円仏教教典』一九七頁。

（10）『円仏教教典』八五─八六頁。

（11）朴光洙『韓国新宗教の思想と宗教文化』集文党、二〇一二年、二一三─二一四頁。

（12）『円仏教教典』二一頁。

（13）辛ヨンハ「朴殷植の教育救国思想について」『韓国学報』第一集、七三頁。

（14）『円仏教教典』「他子女教育」四二─四四頁。

（15）『円仏教教典』「最初法語」八四─八六頁。

（16）朝鮮総督府は一九一五年八月、朝鮮総督府令第八十二号（一九一五年八月十六日公布）の「神社寺院規則」と第八十三号（一九一五年八月十六日公布）の「布教規則」を公布して宗教統制案を作った。儒教・仏教・キリスト教、そして日本の神道は公認宗教として認められ、総督府学務局に宗務課を設置して、これら公認された宗教団体を直接統制できるようにした。

参考文献

カンキルウォン「日帝下の経済自立運動の研究」第四回円仏教思想研究院学術会議発表、益山：円仏教思想研究院、一九八二年。

金洪喆『円仏教思想論考』円光大学校出版局、一九八〇年。

朴光洙『韓国新宗教の思想と宗教文化』集文党、二〇一二年。

朴重彬『朝鮮仏教革新論』益：山仏法研究会、一九三五年。

バンクァンソク「徳富蘇峰の東アジア認識」全ソンゴン外『近代東アジア談論の逆説と屈折』ソミョン出版、二〇一一年。

仏法研究会「仏法研究会月末通信」第一号、一九二八年。

辛スンハ『中国近代史』デミョン出版社、一九九〇年。

円仏教正化社『円仏教故教総刊』第一巻、益山：円光社、一九六八年。

──『円仏教全書』益山：円仏教出版社、一九九九年（初版 一九七七年）

李ゾンヒョン「近代朝鮮歴史」社会科学院研究所、一九八四年、ソウル：一松亭、一九八八年。

全ホンソク『文明談論を語る』プルン歴史、二〇一二年。

テユンキ『アヘン戦争と帝国主義の侵略』進明文化社、一九八六年。

子安宣邦『東亜、大東亜、東アジア—近代日本のオリエンタリズム』李スンヨン訳、歴史批評社、二〇〇五年。

小島晉治・丸山松幸共著『中国近現代史』朴ウォンホ訳、知識産業社、一九九三年。

申國柱「近代朝鮮外交史研究」東京：有信堂、一九六六年。

Immanuel Wallerstein, *Geopolitics and Geoculture: Essays on the Changing World System*, Cambridge Univ. Press, 1994.

東学農民革命のリーダー
全琫準の平和思想

朴《パク》　孟《メン》　洙《ス》

柳生真

趙晟桓

訳

一　東学農民軍最高指導者への道

一八九四年三月二一日（旧暦）に起こった東学農民革命の最高指導者全琫準《チョンボンジュン》は、一八五五年に現在の全羅北《チョルラブク》道高敞郡高敞邑堂村《トコチャングンコチャンウプダンチョン》で代々暮らしていた天安全氏《チョナンチョン》の家に生まれた。幼名は鐵爐《チョルロ》、字は明淑《ミョンスク》であり、東学農民革命当時は「緑豆《ノクトウ》将軍」という愛称で呼ばれた。全羅北道金堤郡金山面院坪里《チョルラブクトキムジエグンクムサンミョンウオンピョンリ》一帯に伝承されている話によると、幼い頃の全琫準は院坪《ウオンピョン》付近の書堂に通い、[1]二〇代前後に泰仁県東谷《テインヒョントンゴク》に移り住んだという。全琫準の最後の陳述を含む「全琫準供草[2]」に居住地が全羅道泰仁県山外面東谷と記載されている事実から見て、全琫準が泰仁東谷に居住したのは事実といえる。東谷《トンゴク》は院坪《ウオンピョン》から至近距離にあり、農民軍の指導者金開南《キムゲナム》が生まれた村でもある。また供草によると、全琫準は一八八〇年代後半、つまり彼が三〇代の頃には泰仁山外面東谷《テインサンウエミョントンゴク》を離れて、古阜郡《コブグン》梨坪面鳥巣里《イピョンミョンチョソリ》に移住したという。

そうすると、一九世紀後半に高敞《コチヤン》の堂村《ダンチヨン》集落で生まれて、青少年時代を金堤《キムジエ》の院坪《ウオンピヨン》、泰仁《テイン》の東谷《トンゴク》で過ごし、東学農民革命の数年前に古阜《コブ》の鳥巣里《チヨソリ》に落ち着いた全琫準が、居を移して暮らす間に体験し、目撃した同時代の現実は果たしてどんなものだったか？　それは、外の「西勢東漸」と内の「三政紊乱」に代表される貪官汚吏の苛斂誅求のために、民衆が辛酸をつぶさになめる生活そのものだったと推測される。これは東学の創始者である水雲崔済愚《スウンチエジエウ》がかつて〝わが国には悪い病が充満して、民たちは年がら年中一日も安らかな日がない(3)〟と指摘したのと少しも異ならない現実だった。「民たちは年がら年中一日も安らかな日がない」と表現される危機の時代に生まれ、各地を転々としながら全琫準が目にした現実は、当時の民衆の生命・生業・生活が全面的に脅かされる危機的状況、いわば反平和的な状況そのものだったといえる。

周知のように、このような時代状況を打破して、民衆の生命と生業、生活が保障される世界を開こうという下からの熱望を集大成して登場した新しい思想こそ、まさに一八六〇年に水雲崔済愚が創始した東学である。東学は、草創期の一八六〇年代には主として慶尚道《キヨンサンド》を中心に広まり、続く一八七〇年代には江原道嶺西《カンウオンドヨンソ》地方の山岳地帯を中心に布教され、一八八〇年代後半には全羅道《チヨルラド》一帯（全州《チヨンジユ》・参礼《サムリエ》・益山《イクサン》・高山《コサン》・扶安《プアン》・泰仁《テイン》・古阜《コブ》・井邑《チヨンウプ》・茂長《ムジヤン》）にも広まっていた。全琫準は一八八〇年代後半、東学が全羅道に急激に伝播されていた頃、泰仁の東谷から古阜の鳥巣里に引っ越してきて東学に入道したものと思われる。

そうすると全琫準はなぜ、当時朝鮮王朝の支配層が異端邪術として排斥し、弾圧している東学に身を投じることになったのだろうか？　その理由の一端がうかがい知れる内容が「全琫準供草」に遺されている。関連の内容を引用してみよう(4)。

問：いわゆる東学とは如何なる主義であり、如何なる道学か？
（所謂東學何主義何道學乎）
答：心を守り忠孝を本として、輔国安民しようとするものである。
（守心以忠孝爲本欲輔國安民也）
問：あなたもまた東学をひどく好む者か？
（汝亦酷好東學者耶）
答：東学は守心敬天の道であるが故に、ひどく好んでいる。
（東學是守心敬天之道故酷好也[4]）

上記の内容によると、全琫準は東学の教えを輔国安民と守心敬天の道学としてとらえている。これについて筆者なりに解釈すれば、「守心敬天」（個人の霊性）と「輔国安民」（社会革命）を同時に追求する東学という道学こそ、全琫準にとっては西勢東漸に苦悩する朝鮮という国と、貪官汚吏の苛斂誅求と、頻発する自然災害や伝染病などに苦しんでいた朝鮮の民衆を救う新しい道学であったので、彼は必然的に東学を「酷好」（ひどく好み）、そして東学に入信することになったとみられる。

ところで、早くて一八八八〜一八八九年頃、遅くとも一八九〇〜一八九一年頃には東学に入信していた全琫準が東学教団の有力な指導者として浮上するのは、一八九二年七月頃から準備され、展開されはじめていた東学の教祖伸寃運動の段階からである。具体的には、一八九二年旧暦一一月の初頭から展開された全羅道参礼集会の段階から全琫準は顕著な活躍を見せ始めた[5]。教祖伸寃運動は、東学教団が中心となって「教祖の伸寃（東学公認の要求）、地方官の苛斂誅求の禁止、斥倭洋」といった三点の要求を掲げて展開されたが、全琫準はその中でも特に西洋列強と日本の経済的侵奪に反対する斥倭洋運動、すなわち外勢の侵奪に対抗して国権を守護する反外勢運動を積極的に主導したことで知られている。(6)

参礼《サムリエ》集会の段階から指導力を発揮した全琫準は、一八九三年二月のソウル光化門《クァンファムン》における伏閣上訴、同年三月一〇日から行われた忠清道報恩《ボウン》集会などに呼応するために、彼が幼い頃書堂に通っていた院坪《ウォンピョン》を中心に道人（東学信者）たちを結集した。しかし、この教祖伸冤運動は、朝鮮王朝支配層の強硬な弾圧策と列強の干渉によって挫折してしまった。教祖伸冤運動の挫折の後、全琫準は古阜の鳥巣里に蟄居しながら、古阜郡守趙秉甲《チョビョンガプ》の悪政に反対する陳情書を何度も提出したが、(7)何度も追放され、陳情書を提出した代表者たちと一緒に弾圧を受けた。ここに全琫準は「沙鉢通文《サバルトンムン》謀議」(8)をしてまで、古阜郡守趙秉甲の暴政に象徴される地方官の悪政を改革しようとしたが、これも失敗に終わった。

しかし、一八九四年旧暦一月一〇日、益山《イクサン》郡守への転任辞令が出ていた趙秉甲が再び古阜郡守に居座ることになったまさにその日、全琫準は古阜の農民たちとともに武力による悪政改革の道に第一歩を踏み出した。古阜農民蜂起を主導したのである。しかし、古阜農民蜂起も、二カ月余りにわたる長期間の抗争にもかかわらず無残な失敗に終わった。そこで全琫準は、自分と運命を共にするべく残った五〇～六〇人の東学教徒と共に古阜から茂長《ムジャン》へと避難した。茂長には数千人の聯臂《ヨンビ》（東学信者）を率いていた大接主《デチョプチュ》の孫華仲《ソンファジュン》を説得して、一八九四年旧暦三月二一日にはついに力強く東学農民革命の狼煙を上げた。

ところで、学歴と社会的経歴では取るに足りない全琫準は、果たしてどのようにして、どんな心境で東学農民革命の火蓋を切ったのだろうか？ そして革命失敗後にどのような心境で死を迎え、後世に何を残そうとしたのだろうか？

この論文では、東学農民革命期の全琫準の活動を含む代表的な一次史料を中心に、全琫準が何を目指し、彼の志が平和思想の面からどのような意味を持っているかを解明してみることにする。具体的には、まずは第一次東学農民革命当時（一八九四年旧暦三月）全琫準が作成し、全国各地に布告したものとして知られる「茂長布告文」に注目して、その内容の分析を通して全琫準が言わんとした平和の意味を明らかにしたい。

次には、集まった東学農民軍を全面的に改編し、全琫準が東学農民軍の最高指導者に推戴された「白山大会《ペクサンテフェ》」（一八九四年旧暦三月二五日頃）前後に宣布されたものと推測される農民軍の「四大名義および十二箇条紀律」の内容を確認して、その中にみられる平和の意味をさぐることにする。

三番目には、第一次東学農民革命の期間中に、全琫準が指揮する東学農民軍側が中央政府に提出した各種の弊政改革要求を集約した「弊政改革案二十七箇条」から読み解かれる平和の精神とはどういうものだったかを明らかにしてみたい。

そして、最終的には逮捕されて、裁判の過程で行われた尋問の内容を含む「全琫準供草」にみられる、平和と関連する内容を再照明していきたい。

二 「茂長布告文」と輔国安民

「茂長布告文」とは、一八九四年三月に全羅道茂長県で全琫準率いる東学農民軍が朝鮮王朝全体の弊政改革のために全面蜂起を断行する直前、全国各地に布告して、在野の儒教知識人をはじめ、志ある地方の守令《スリョン》と下級官吏、そして一般民衆の幅広い呼応を促した名文中の名文である。

日本の京都の河合文庫で発見された第一次東学農民革命関連の一次史料である「随録」によると、全琫準の率いる東学農民軍は、一八九四年三月二一日に茂長県冬音峙面堂山村《ムジャンヒョントンウムチミョンタンサン》（現在の高敞郡孔音面亀岩里《コンウムミョンクアムリ》クシネ村）で全面蜂起を断行して北上を開始しているので、この布告は、少なくとも蜂起直前の三月二〇日頃、またはそれ以前に布告されていたものと推測される。

「茂長布告文」は全琫準が直接書いたものとして広く知られているが、一説には、当時農民軍指導部内の全琫準の参謀役をしていた人物が書いたという主張もある。しかし、作成者が誰であれ、布告の中に全琫準をはじめとする農民軍指導部が直面している時局認識、武装蜂起を断行せざるを得ない必然的な理由、民衆の生活を破綻に追いやっている朝鮮王朝の支配体制の矛盾を改革しようとする強力な改革意志、そしてそうした趣旨に共感する郷村社会の支持層の幅広い連帯と協調を促す内容が、感動的な文体で記述されている。

従来、学界では「茂長布告文」が、農民軍が古阜で全面蜂起を断行した後、井邑《チョンウプ》と扶安《プアン》、興徳《フンドク》を経て茂長県《ムジャン》を占領していた一八九四年四月一二日頃に布告されたものと誤認されてきた。例えば、後の東学研究者に一定の影響を及ぼした金義煥《キムウイファン》の『全琫準伝記』[9]、在日歴史家姜在彦《カンジェオン》の『韓国近代史研究』[10]などに記された内容がそれである。このような誤認は、益山地域東学農民軍の指導者として活動していた呉知泳《オジヨン》の『東学史』にも見出される。彼は自分の体験にもとづいて書いた『東学史』で、「茂長布告文」が布告された時点を甲午年三月ではなく一月に布告されたと誤って述べている[11]。

「茂長布告文」の布告時期を三月でなく一月や四月と誤認した理由は、まず一次史料の厳密な検討もなく、農民軍が全面蜂起した場所を茂長ではなく古阜と誤解したためである。第二に、一八九四年一月一〇日の古阜民乱すなわち古阜農民蜂起が、三月二一日の茂長起包《ムジャンキポ》すなわち第一次東学農民革命とは別個の事案であることを理解せず、一月の古阜民乱を、三月の茂長起包と同じものと誤解したことによるものである。

「茂長布告文」が載っている一次史料には呉知泳の『東学史』をはじめ、梅泉黄玹《メチヨンファンヒヨン》の『梧下紀聞』、慶尚道醴泉《イエチヨン》の儒生朴周大《パクジユデ》の『羅巖隨録』、官側記録の『東匪討録』、一八九三年の報恩聚会《ポウンツイフエ》の段階から一八九四年の茂長起包に至るまで、忠清道の報恩官衙で農民軍の動静を偵察して収録した政府系記録の『聚語』、日本の京都大で発見された、全羅道茂朱《ムジユ》官衙で収集して残した官側記録の『随録』、東学農民革命当時、ソウル明洞聖堂に駐在して農民軍関連文書を幅広く収集していたミューテル主教の『ミューテル文書』(12)、第一次東学農民革命当時全羅道茁浦《チユルポ》に居住していた日本人巴溪生が記した『全羅道古阜民擾日記』などがある。これらの史料のうち、呉知泳の『東学史』には国漢文（ハングル漢字混用文—訳注）で、『全羅道古阜民擾日記』には日本語で記載されており、残りの史料にはすべて漢文で記されている。官側の記録である『聚語』では四〇五字、『随録』では四〇〇字の漢字で書かれているが、内容はほぼ同じである。『梧下紀聞』と『東匪討録』、『聚語』などに記された「茂長布告文」を相互に対照して全文を紹介すると、次の通りである。

〈茂長布告文〉

この世で人が最も尊いものとされる理由は、人倫があるからである。君主と臣下、父と子の間の倫理は、人倫のうち最も大きなものである。君主が仁愛で臣下が正直であり、父は慈愛深く子が孝を尽くした後にこそ、初めて一つの家庭、一つの国が成り立ち、限りない福を享受することができる。今、われわれの王様は仁と孝、慈しみと愛にみち、神明の如き聡さと聖人の如き叡智をお持ちである。賢良で正直な臣下が翼賛して補佐して聡明を助けたならば、堯や舜の時代のような教化や、漢の文帝・景帝時代のような治世に到る日も、指折り数えて待ち望むことができることだろう。

だが、今時の臣下なる者は国恩に報じることも思わず、徒に俸禄と地位を貪るばかりで、王様の聡明を覆い隠して媚びへつらうのを事とし、忠告し諫言する士を妖言するといい、正直な人を匪賊という。内には国を助ける人材がなく、外には民を虐める官員が多い。人民の心は日毎に荒れすさんでいっている。民は家に入っても楽しんで生業に取り組むことができず、家を出ても身の安全を保護する策がないが、虐政は日毎に激しくなり、恨みの声が相次いで、君主と臣下の間の義理や父と子の間の倫理、上下の文言はついに崩壊しきって跡形もないありさまである。

管子は「四維（すなわち礼義廉恥）が振るわない国は、最後には亡びるしかない」と言った。今日の情勢のひどさはその昔よりも甚だしいものがある。今この国は、上は公卿大夫から下は方伯守令に至るまで誰も国の危機など思わず、ただ徒に私腹を肥やし、家門に箔をつけるはかりごとに没頭するばかりで、人材選抜の関門を金儲けの路のように見なし、科挙試験をうける場所を、あたかも交易市場のようにしてしまった。国内の多くの財貨は国庫に納められないが、むしろ私蔵されて倉庫に充ち満ちており、国には債務が累積していても誰も返済することを図らず、おごり高ぶり、奢侈と淫楽・逸楽にふけってはばかることがない。八路（朝鮮全土―訳注）は食材の魚や肉のように切り刻まれ、万民が塗炭の苦しみに陥っているのに、地方官の貪欲にして暴虐なことは依然として元のままであって、どうして民が困窮しないことがあるだろうか。

民は国の根本である。根本を削れば国もそこなわれる道理である。それなのに**傾きつつある国を輔け、民**

を安んじる（輔国安民）策も考えず、ただ地方に邸宅でも建てて自己の一身を全うすることのみを計り、徒に俸禄と地位を盗むのが、どうして正しい道理といえるだろうか。われわれ（東学農民軍）はたとえ鄙びた田舎に遺された民とはいえ、王様の治めるこの地のものを食べているからには国家の危機を座視することができず、八路が心をあわせ、億兆の民と議論して、今こそ傾きつつある国を輔け、民を安んじる義の旗を掲げ、生死をともにする誓いを立てた。今日の光景には大いに驚くだろうが、恐れたり動揺したりしないよう切に願う。各々安んじて民の生業に励み、共に昇平の日月を祝い、皆が王様の聖徳を被ることができれば、これにまさる幸いはない。

〈茂長　布告文〉

人之於世最貴者　以其有人倫也　君臣父子　人倫之大者　君仁臣直　父慈子孝然後　乃成家國　能逮無疆之福

今我聖上　仁孝慈愛　神明聖睿　賢良正直之臣　翼賛佐明　則堯舜之化　文景 之治　可指日而希矣

今之爲臣　不思報國　徒窃祿位　掩蔽聰明　阿意苟容　忠諫之士　謂之妖言　正直之人　謂之匪徒　内無輔國之才　外多虐民之官　人民之心　日益渝變　入無樂生之業　出無保軀之策　虐政日肆　惡　聲相續　君臣之義　父子之倫　上下之分　遂壞而無遺矣

管子曰　四維不張　國乃滅亡　方今之勢　有甚於古者矣　自公卿以下　至方伯守令　不念國家之　危殆　徒窃肥己潤家之計　銓選之門　視作生貨之路　應試之場　擧作交易之市　許多貨賂　不納王庫　反充私藏　國有積累之債　不念圖報　驕侈淫佚　無所畏忌　八路魚肉　萬民塗炭　守宰之貪虐　良有以也　奈之何民不窮且困也

民爲國本　本削則國殘　不念輔國安民之策外設鄕第　惟謀獨全之方　徒窃祿位　豈其理哉　吾　徒雖草野遺民　食君土服君衣　不可坐視國家之危　而八路同心　億兆詢議　今擧義旗　以輔國安民爲死生之誓　今日之光景

雖屬驚駭 切勿恐動 各安民業 共祝昇平日月 咸休聖化 千萬幸甚。

（ゴシック体は筆者）

上記の布告で最も注目すべきはまさにこの「輔国安民」の四文字である。『朝鮮王朝実録』をみると、輔国安民という用語が最も多く用いられた時代は世宗朝である。いわゆる儒教的民本主義が最も理想的に実現された時代として知られている世宗大王の時代に、輔国安民という用語の用例が最も多く確認されているという事実は、いろいろと示唆するところがある。ところが、世宗の時代に広く用いられていた輔国安民の語は、時代が下って朝鮮後期に至ると徐々にその用例が減少するが、東学の創設者水雲崔済愚の『布徳文』（一八六一年）に至って電撃的に復活した。水雲は、一八六一年六月頃に著した「布徳文」の末尾でいう「民たちは年がら年中一日も安らかな日がない」時代に、「輔国安民之計」として東学を創始すると宣言した。[13] このように、世宗朝に広く使用され、再び東学の創始者水雲によって復活した輔国安民は、東学農民革命最高指導者全琫準の「茂長布告文」で何度も強調されている。

それでは、全琫準が輔国安民をあらためて強調した理由はどこにあるのだろうか？　結論から言えば、全琫準において平和は輔国安民の四文字を抜きにして語ることができないといえる。輔国安民とは「傾きつつある国を支え、塗炭の苦しみに陥った人々を安んじる」という意味で、国が自らの役割を果たすことができず、民衆の生命・生業・生活全般が危うくなった時に、国が国らしくきちんと役割を果たせるように民が自ら立ち上がって国の誤りを正し、民の生命・生業・生活を安全に保障せしめるという意味である。したがって、「茂長布告文」の輔国安民は、筆者なりに解釈するならば、民衆の生命と生業、生活全般の安全が保障される、いわゆる「社会的平和」の実現を目指しているといえる。

三　「四大名義」と「十二箇条紀律」に示された不殺生

東学農民革命研究における重要な問題の一つとして、東学農民革命当時の農民軍の行動規範として知られている「四大名義」および「十二箇条紀律」の内容と、それが農民革命の展開過程においてどのような役割を果たしたかを看過してきたことが挙げられる。

従来、研究者のほとんどがこれに無関心であった。筆者は、過去三〇年あまりにわたる東学農民革命関連史料の調査と現地調査の内容に基づいて、一八九四年の東学農民革命当時の朝鮮の人口はおよそ一〇五二万人[14]であり、そのうち少なくて四分の一、多くて三分の一の人口が革命運動に参加したと推定している。今日のような情報通信、交通などのインフラがなかった時代に、どうして多くの民衆が革命の隊列に参加したのだろうか？

その理由はさまざまだが、その代表的なものの一つが、まさに農民軍の行動規範である「四大名義」と「十二箇条紀律」に示された農民軍の規律厳正な道徳性が、民衆の幅広い支持を集めたという点にあった。

たとえば一八九四年当時、全羅道求礼《クリエ》に居住して東学農民革命を直接目撃した梅泉黄玹《メチョンファンヒョン》（一八五五―一九一〇）は、終始農民軍に批判的な立場から『梧下紀聞』[15]という歴史書を著述した。それにもかかわらず梅泉は、『梧下紀聞』で、第一次東学農民革命当時、農民軍が民衆に全く害を与えていない一方で、ソウルから派遣された洪啓薫《ホンギエフン》の京軍は多大な害を及ぼしたと述べており、また第一次東学農民革命当時、東京で出版されていた『東京朝日新聞』『時事新報』などの日本の新聞は、朝鮮駐在の日本人特派員が送ってきた記事を連載して、朝鮮の内地で各種の商業活動に従事している日本の商人の中で、農民軍から被害を受けた者がただの一人もいないほど農民軍の規律は厳正であったと報道している。それだけではなく、東学農民革命当時日本衆議院議員だった田中正造（一八四一―一九一三）は一八九六年に記した「朝鮮雑記[16]」という文で東学農民軍の規律を「文明的」とまで絶賛している。

したがって本章では、梅泉と日本の新聞と田中正造が注目していた農民軍側の四大名義と十二箇条紀律を詳細に検討するとともに、その中に含まれている平和志向の要素についてみていきたい。一八九四年旧暦三月二一日全羅道の茂長で全面蜂起した東学農民軍は三月二五日を前後して今日の全北扶安《プアン》の白山城《ペクサンソン》に布陣し、陣営を拡大改編して「四大名義」という行動規範と「十二箇条紀律」を発表した。その内容は以下の通りである[17]。

東道大将（東学農民軍大将）が各部隊長に命令を下して約束して曰く、

（一）毎度敵を相手どる時には、（われら東学農民軍は）刃を血塗らさずして勝つことを一番の功とし、（二）やむを得ず戦うにせよ、なるだけ人命を損なわないことを貴ばねばならぬ。（三）また毎度行進して通過する時には、他人の物を損なってはならず、（四）親に孝行し、兄弟間が仲良く、国に忠義を尽くし、人々の間で信望が厚い人が居住する村の十里以内に駐留してはならない。

（東道大将　下令於各部隊長　約束曰　毎於對敵之時　兵不血刃而勝者爲首功　雖不得已戰　切勿傷命爲貴　毎於行陣所過之時　切勿害人之物　孝悌忠信人所居村十里内　勿爲屯住）

〈十二箇条紀律〉

降伏する者は愛を以て対する　困窮した者は救済する
貪官は放逐する　従う者は敬服する
飢えた者には食べさせる　奸悪で狡猾な者は悪事を止めさせる
逃げ去る者は追わない　貧しい者には賑恤する
不忠者は除去する　逆らう者は説諭する
病者には薬を与える　不孝者は罰を与える
以上の条項はわれらの根本であり、もしこの条項に違反する者があれば投獄する

周知の通り、東学農民革命の展開過程で農民軍側が最も輝かしい勝利をおさめた時期は一八九四年三月二一日に始まった第一次東学農民革命において、東学農民軍が全州城《チョンジュソン》を無血占領した四月二七日までである。この期間内に東学農民軍は、全羅道茂長《ムジャン》で全面蜂起を断行して古阜《コブ》・井邑《チョンウプ》・扶安《ブアン》・興徳《フンドク》・高敞《コチャン》・霊光《ヨングアン》・咸平《ハムピョン》・務安《ムアン》・長城《チャンソン》など、全羅道西南海沿岸の複数の集落を破竹の勢いで占領していった。また、黄土峠《ファントジェ》の戦闘（四月七日）と黄龍村《ファンリヨン》の戦闘（四月二三日）ではそれぞれ、地方軍である全羅監営軍と中央軍である京軍をも相次いで撃破し、四月二七日には最終的に全羅道の首府の全州城さえ無血占領するに至る。

第一次東学農民革命の過程で農民軍側が輝かしい勝利をおさめた背景はいくつも挙げられるが、最も重要な背景の一つは、すでに説明したように東学農民軍指導部が掲げた輔国安民という革命の旗幟が一般民衆の幅広い支持を受けたことにある。輔国安民とは、先述したように国を支えて民の生命、生業、生活を安全に確保す

ることであった。もし輔国安民を掲げて蜂起した農民軍が民に迷惑をかける行為をしたならば、それはただちに「民の軍隊」を自任して起こった農民軍に致命的な害を及ぼしたであろう。

そして三月二五日頃、全羅北道扶安《プアン》の白山城《ペクサンソン》に集結して農民軍の陣営を改編する「白山大会」と前後して、全琫準ら農民軍指導部は、輔国安民の具体的な実践綱領に対応する「四大名義」と「十二箇条紀律」を制定、宣言した。白山で宣言した「四大名義」と「十二箇条紀律」は、まさに布告文において強調された輔国安民の精神を行動規範として具体化したものだった。そして、その行動規範の核心は、不必要な殺生を禁じることに集中していた。

農民軍指導部は、「四大名義」と「十二箇条紀律」にみられる厳正な規律の実践を通して、一般民衆の生命と生活、生業を保護する「民の軍隊」として遜色のない役割を遂行することができた。「刃を血塗らさずして勝つことを一番の功とし、やむを得ず戦うにせよ、なるだけ人命を損なわないことを貴」ぶ不殺生の精神を最高の徳目として行動する農民軍に対して、第一次東学農民革命当時、各村の守令をはじめ、志ある知識人や金持ちは先を争って農民軍側に食糧や寝床を提供した。また各郡県の下級官吏たちは自ら進んで城門を開け放って農民軍を迎えた。そのおかげで農民軍は四〇日以上継続した第一次東学農民革命を勝利で飾ることができたのである。このような農民軍の規律厳正さについて梅泉は、東学農民軍側の刑罰が、人命を奪うことを最も憚るというくらいに人道的なものだったと感心している。

要するに、東学農民軍は「四大名義」と「十二箇条紀律」の実践を通して民衆に危害を及ぼす行為を慎み、民衆の生命・生業・生活に害を及ぼす貪官汚吏を除去するものの、どこまでも不殺生を追求することを最高の価値とした。ここに、全琫準をはじめとする東学農民軍指導部の、人を殺すことなく輔国安民を実現しようとする「不殺生の平和」実現への志向があった。

四　「弊政改革案二十七箇条」と政道一新

東学農民革命の前史として知られる一八九二〜一八九三年の教祖伸寃運動の過程で、東学指導部は「斥倭洋、地方官の苛斂誅求禁止、東学教祖の伸寃」という三点のスローガンを掲げて忠清道公州《コンジュ》（一八九三年一〇月）、全羅道参礼《サムリエ》（一八九二年一一月）、ソウル光化門《クァンファムン》（一八九三年二月）、忠清道報恩《ボウン》と全羅道金溝院坪《クムグウォンピョン》（一八九三年三月）などに、少なくて数千人、多くて数万人が集まる合法的な集会を開いた[18]。

ところで、教祖伸寃運動の花形は、一八九三年三月一〇日から四月初めまで忠清報恩で開催された報恩集会であった。報恩集会当時の指導部は、集会の目的を「斥倭洋倡義」と宣言して、東学教祖の水雲がかつて提示した輔国安民の具体的な方法を、倭（日本）と洋（西洋）の侵奪から国権と民生を保護することに求めた。報恩集会において全面的に掲げられた「斥倭洋」のスローガンが当時の民衆から幅広い支持を受けたことはもちろんだが、民衆の政治意識を培養し、民族意識を鼓吹するためにも寄与した。ところが最近の研究によると、集会の指導部は、「斥倭洋」だけではなく、地方官の苛斂誅求の具体的な改革まで求めたことが明らかになり、報恩集会が単に反外勢の側面だけではなく、反封建の側面も含んでいた事実が明らかになった。

一方、一八九三年一一月に全琫準ら古阜の東学指導者たちは「古阜城を撃破して郡守趙秉甲を梟首し、軍器廠と火薬庫を占領した後、全州営を陥落して京師（ソウル）に直行する」という計画を立ててその実行を謀議した、いわゆる「沙鉢通文《サバルトンムン》謀議」を行った。この謀議は一言でいえば趙秉甲の悪政のため起きたもので、その悪政に対する二回の合法的な請願がことごとく弾圧されたことによるものであった。「沙鉢通文謀議」は、古阜郡守趙秉甲の突然の転任により実行が一時停止されたが、一八九四年一月一〇日頃、趙秉甲が再び古阜に仍《イン》任《イム》(引き続き任務を遂行するという意味)されたことをきっかけに古阜民乱、すなわち古阜農民蜂起へと発展したことは周知の事実である。このように、教祖伸寃運動と沙鉢通文謀議、古阜農民蜂起などはすべて地方官の苛斂誅求のために自分たちの生活と生業、生活がおびやかされた民衆が自発的に立ち上がって弊政の改革を要求した。このような農民軍側の動きは、いわゆる弊政改革を通した輔国安民の実現、すなわち自分たちの生命、生業、生活の安全を実現するための下からの動きだったと評価することができる。しかし、このような継続的な動きにもかかわらず、弊政は改革されなかった。

二年余りにわたる合法的運動に続いて、沙鉢通文謀議と古阜農民蜂起という非合法運動を通じた弊政改革の要求がすべて失敗に帰した結果、最終的に一八九四年三月には、第一次東学農民革命という前代未聞の武装蜂起の形態の革命運動が起こるに至った。

周知のように、第一次東学農民革命は、一八九四年三月二一日から全州和約が締結されて東学農民軍が全州城から自主的に撤退する旧暦五月八日頃まで展開されたが、この時期に東学農民軍指導部は各種の布告文と檄文・嘆願などの形で、朝鮮王朝の弊政を根本的に改革せよという自分たちの要求を、地方守令と朝鮮王朝支配層に機会あるごとに提出したが、そうした要求が最終的に、全州和約当時の招討使洪啓薫《ホンゲフン》に全琫準が提出した「弊政改革案二十七箇条」に集約された。

「弊政改革案二十七箇条」を通して農民軍指導部が最も力点を置いて改革しようとしていた内容は、腐敗した執権者の交替に他ならなかった。つまり、あらゆる不正腐敗を事として、安民という儒家的統治の理想を捨てた閔《ミン》氏政権を打倒して、民心の強力な支持を受けていた大院君《テウオングン》を推戴することを望んだ。そればかりでなく、農民軍指導部は、閔氏政権に媚びへつらって、安民とは正反対の虐民行為を事とする中央朝廷の腐敗した官吏をはじめとして、苛斂誅求を事とする地方の貪官汚吏の粛清を通した「政道の一新」すなわち政治革命を試みた(19)。

東学農民革命当時の農民軍指導部が目指していた政治革命の最終目標は、第二次東学農民革命が日本軍の介入と違法な弾圧により挫折した直後に逮捕された全琫準の最終陳述において明瞭に確認されている。農民軍の最高指導者全琫準は一八九四年一二月初めに全羅道淳昌《スンチャン》で逮捕された直後、羅州《ナジュ》を経由してソウルに押送された。そして一八九五年三月末までに前後五回にわたる尋問を受けた。尋問の過程で全琫準が残した陳述の内容は、前述した『全琫準供草』として残っているが、政治革命については、当時の日本領事の取調内容を詳細に報道した『東京朝日新聞』一八九五年三月～五月分の記事の中から確認できる(20)。

『東京朝日新聞』一八九五年三月五日五面の「東学党大巨魁とその口供」によると、全琫準は「わたしの終局の目的は、第一に閔族（閔氏政権）を打倒し、奸臣どもを斥けて弊政を改革することにある」と述べたのち、続いて民心をよく知る幾人かの名望家を選出して君主を補佐することで、安民の政治を実現しようとしたと陳述している。この陳述によると、全琫準は最後まで王朝自体は否定しなかったことが確認される。ただし君主が民心をよく把握して収斂し、安民の政治を行うことのできる「政道の一新(21)」、要するに立憲君主制に近い構想を持っていたことが確認される。

ここで注目されるのは、たとえ農民軍の最高指導者全琫準が構想していた政治革命が、朝鮮王朝を否定しない立憲君主制に近いものであったにせよ、第一次東学農民革命当時すでに「執権者の交代」を目標とする政治改革を試みており、さらに第二次東学農民革命の段階では、安民の理想を実現するための具体的な方法として、民心を代弁する名望家を選出して君主を補佐させようとしていたという点で、全琫準が追求したもう一つの平和は「制度の一新」を通した政治革命、つまり「政治的平和」の実現として現れていたといえよう。

五 「全琫準供草」と万国公法

全琫準は、一八九二年一一月、全羅道参礼においておよそ二カ月にわたって展開された教祖伸冤運動[22]の段階から、東学教団内に影響力を及ぼす有力指導者の一人として浮上している。ところで、全琫準が教祖伸冤運動の指導者として浮上した参礼集会の特徴の一つは、いわゆる斥倭洋という反外勢的要求が集会の主な要求として登場し、その運動の主導者の一人が他ならぬ全琫準だったという事実である。教祖伸冤運動の過程で表出された斥倭洋に対するこれまでの理解は「日本と西洋の勢力を排斥する排外主義」か、あるいは閉鎖的な民族主義的要求と見る傾向が支配的であった。しかし、本稿で筆者は、教祖伸冤運動の段階、特に一八九二年一一月の参礼集会の段階から一八九四年東学農民革命の期間にかけて一貫して東学農民軍が主張していた斥倭洋というスローガンが、単純な排外主義的要求や閉鎖的な民族主義的要求ではなく、当時の万国公法、すなわち近代国際法を遵守する中で唱えられた「合法的」な要求であったことを、全琫準の最後の文章を用いて解明してみたい。

全琫準が主導した東学農民革命は、第一次（一八九四年三月、茂長起包）と第二次（同年九月、参礼起包）に大別され、一次革命は主に朝鮮王朝の支配体制の矛盾を、武力によって除こうとした反封建的性格の蜂起であり、二次革命は日本軍の違法な景福宮《キョンボククン》占領（旧暦六月二一日）によってもたらされた朝鮮の「国難」を打破するために、日本軍の駆逐を名分として蜂起した抗日蜂起として理解するのが一般的である。しかし実際には、第一次・第二次革命の両方とも、反封建と反外勢という二つの側面を含んでいる。とにかく、いわゆる「抗日蜂起」として広く知られている二次革命と関連した全琫準の明確な陳述が残っている。それを次に引用する。(23)

問：再び起包（第二次蜂起―引用者注）したのは何のためなのか？

（更起包何故）

答：その後聞いたところでは、貴国（日本―引用者）が開化（内政改革―引用者）をすると言いながら、初めから民間に一言半句の通知もなく、また激書（宣戦布告―引用者）もなくして軍隊を率いて都城（ソウル―引用者）に攻め込み、夜半（六月二一日未明―引用者）に王宮（景福宮―引用者）を撃破して主上（高宗王をさす―引用者）を驚動させたという話を聞いたので、わたしのような田舎の士や一般の民たちは忠君愛国の心から憤慨にたえず、義兵を糾合して日本軍と戦ったが、一次的にはこのような事実を聴聞しようとしたのである。

（其後聞則貴国称以開化　自初無一言半辞伝布民間且無激書率兵入都城　夜半撃破　王宮　驚動主上云故草野士民等忠君愛国之心不勝慷慨糾合義旅与日人接戦　欲　一次請問此事実）

上記の内容によると、全琫準は、日本が朝鮮王朝と朝鮮の民に一言のことわりもなく勝手に他人の国の内政改革をするといい、それを拒否した朝鮮王朝政府に対して、檄書すなわち宣戦布告もなく不法に軍隊を動員して王宮を占領し、君主を捕虜とした事実に「忠君愛国」の心から憤慨にたえず、「義兵」を糾合して日本軍と戦ったが、なぜ不法を行ったのかを「聴聞」したかったと明言している。この内容は、当時の国際法に照らして抵触する部分が全くない。全琫準が当時の国際法、すなわち万国公法を知っていたか、または読んだという証拠は知られていない。しかし上記の文は、そのどこを読んでみても、当時の国際法に反する条項が全くない。不法を行った日本と関連する全琫準の陳述は他にもある。(24)

問：再度の起包（第二次東学農民革命—引用者）は日本軍が王宮を侵犯したために再び蜂起したと言ったが、再び蜂起した後どのように行動しようとしたのか？

（再次起包因日兵犯闕之故再挙云再挙之後於日兵欲行何挙措耶）

答：王宮を侵犯した理由を問い質そうとしたのだ。

（欲詰問犯闕縁由）

問：それならば、日本軍はもちろんのこと、京城に駐在している他の外国人も全部駆逐するつもりだったのか？

（然則日兵与各国人留住京城者欲尽駆逐耶）

答：そうではない。他の外国人はただ通商するのみだが、日本人だけは軍隊を率いて京城に駐留しているが故に、わたしたちの国土を侵略しようとしているのではないかと疑い、訝るのである。

（不然各国人但通商而已日人則率兵留陣京城故疑訝侵掠我国境土也）

上の陳述から、全琫準が第二次革命を起こした後に何をしようとしたのかという質問に対し、不法に王宮を侵犯した日本軍の行為を問い質そうとしたと答えている。しかし、日本人以外のソウルに居住する外国人に対しては、特別な行動を起こすつもりはなかったと答えている。全琫準は、特に日本だけが唯一軍隊をソウルに駐留させている理由は、朝鮮の国土を「侵略」する意図があるからだと信じて、日本軍を「駆逐」するために、第二次蜂起を断行したことと明確に述べているのである。

すでに広く知られているように、東学農民革命当時、日本の明治政府は、外務省も陸軍省も、伊藤博文（一八四一～一九〇九）総理大臣を筆頭とする与党であれ、自由党を筆頭とする野党であれ、福沢諭吉（一八三五～一九〇一）に代表される知識人であれ、一般民衆であれ、異口同音に日本軍の朝鮮出兵と朝鮮王宮占領、すなわち日本軍の朝鮮への侵略行為を支持していた。たとえば、全琫準が裁判の過程でその不法性を指摘している一八九四年六月二一日（新暦七月二三日）未明の日本軍による朝鮮王宮侵犯の事実に対し、それが当時の国際法に違反した行為であったと不当性を指摘した明治の日本人は一人もいなかった。[25] まさにそのような状況の中で、全琫準は、万国公法に代表される近代国際法はもちろん、朝鮮の国内法にも違反してまで侵略行為を日常的に行う帝国主義日本に対して、死刑を受ける瞬間まで、どの点からみても当時の国際法に反するところのない陳述を通して、東学農民革命の正当性を堂々と主張した。

要するに全琫準は、第二次東学農民革命を起こした自らの行為を万国公法、すなわち近代国際法に少しも反しない行為であったことを強力に主張したのである。まさにこの点から見て、全琫準は国際法に基づいた朝鮮の平和を守護するために行動し、死ぬまでその信念で一貫していたと結論付けることができよう。

六　結論

全琫準は東学を「酷好」すなわち命をかけるほどに大好きだった。東学は修身敬天と輔国安民、すなわち個人の精神涵養と社会革命の理念を具備した「道学」だったから、全琫準は東学を「酷好」した。修身敬天と輔国安民を平和に関連づけて解釈するならば、個人の内面的平和の実現と社会的平和の実装を同時に追求するものだったといえる。霊性と革命の統一こそまさに東学という道学が追求する理想であった。それゆえに全琫準は東学を、命をかけるほどに好んだと解釈することができる。

全琫準の平和思想は、東学の思想と東学の接包組織に基づいた東学農民革命の展開過程において劇的に表出された。その第一は、一八九四年旧暦三月二〇日頃に布告した「茂長布告文」を通して輔国安民の理念に明らかにされた。布告で強調されている輔国安民の理念は、かつて東学教祖水雲《スウン》が『布徳文』で提示した「輔国安民之計」であり、東学の志向を忠実に継承したものでもあった。輔国安民とは、「誤りゆく国を正して民を安んずる」、すなわち西勢東漸と三政紊乱という二重の危機の中で、生命と生業、生活を脅かされていた民衆を救済することを意味した。「輔国安民」を通した民草の命と生業、生活保障こそ平和実現において最も重要な要素ではなくて何だろうか。

次に、全琫準の平和思想が最も感動的にあらわれているのは、まさに一八九四年旧暦三月二五日頃「白山大会」に前後して発表した「四大名義」と「十二箇条紀律」である。これは東学農民軍の行動規範といえるが、この行動規範において最も強調されている内容がまさに「（われら東学農民軍は）刃を血塗らさずして勝つことを一番の功とし、やむを得ず戦うにせよ、なるだけ人命を損なわないことを貴」ぶ「不殺生」にあった。まさにこうした不殺生の精神のおかげで、東学農民軍は第一次東学農民革命当時、幅広い支持を受けて輝く勝利をおさめることができ、そのような東学農民軍の規律実践は隣国の日本にまで伝わって、「文明的」とまで絶賛されるに至った。

第三に、全琫準の平和思想は教祖伸寃運動の段階（一八九二～一八九三）から古阜農民蜂起の段階（一八九四年一月）を経て、第一次東学農民革命の段階（一八九四年三月～五月）に至るまで一貫して主張していた弊政改革要求を通して確認される。全琫準を筆頭とする農民軍側の弊政改革要求は、一八九四年旧暦五月七日頃に招討使洪啓薫に提出した、いわゆる「弊政改革案二十七箇条」を通して、「政道の一新」すなわち腐敗した閔氏政権の交代を通した民生の保障という形で集約されている。これはまさしく政治革命による国全体の平和実現を目指していたということができる。

最後に、全琫準は最終陳述を通して、自分が一八九四年旧暦九月に第二次東学農民革命（参礼起包）を主導した理由として、当時の国際法である万国公法に背き、甚だしくは朝鮮の国内法にも反しながら侵略行為を事とする日本軍を「駆逐」するために蜂起したと述べた。全琫準は自分の行為が国際法的に合法（言い換えれば平和的）であったことを堂々と主張した。これは全琫準が、万国公法的国際秩序を破壊する日本の侵略に抵抗して、万国公法的国際秩序の回復、すなわち万国公法的国際秩序が遵守されることによって訪れる国際平和を回復することを目指していたことを示すものである。

日本語要旨：

本論文は、東学農民革命の最高指導者全琫準（一八五五―一八九五）が農民革命の過程で主張し、行動した内容に示された平和思想を考察することが目的である。大きく四つの領域に分けて考察した。

まず、一八九四年三月二〇日に布告された「茂長布告文」の輔国安民の四文字の中に、全琫準が実現せんとした平和思想が入っている。輔国安民はまさに、腐敗した朝鮮王朝の支配体制下で苦しむ人々の生命・生業・生活の安全をはかる平和思想の発露そのものであった。

第二に、全琫準は東学農民軍の行動規範として「四大名義」と「十二箇条紀律」を制定、宣布したが、それはあくまでも人の命を害すまいとする不殺生を目標としていた。まさにこの点に、生命を重んじた全琫準の平和思想がよくあらわれている。

第三に、全琫準は、東学農民革命以前の教祖伸冤運動の段階から一貫して弊政改革を通じた「政道の一新」つまり政治革命を主張した。「政道の一新」は、まさに政治的平和実現のための全琫準の一貫した主張であった。

最後に、全琫準は万国公法を守らない日本の行為に対して、万国公法を遵守することを要求するために第二次東学農民革命を起こしたと主張した。これは全琫準が万国公法に基づく国際平和の実現を追求した人物であったことを証明するものである。

キーワード：
全琫準、輔国安民、不殺生、政治革命、万国公法

注

（1）全琫準が幼年期に書堂に通っていた金堤郡錦山面院坪里一帯は、一八九三年の教祖伸冤運動の段階で起こった院坪集会と一八九四年の東学農民革命の展開過程において、軍糧調達などの責任を担った金徳明大接主の出身地であると同時に、第二次東学農民革命当時日本軍と戦った「亀尾卵戦闘」があった所でもある。院坪に行けば今も全琫準が通った寺小屋の跡地を確認することができる。

（2）ソウル大奎章閣に原本が所蔵されており、国史編纂委員会と韓国学中央研究院蔵書閣には奎章閣本を底本にしたマイクロフィルムが保管されている。

（3）崔済愚著、朴孟洙訳『동경대전（東経大全）』（ソウル：지식을만드는지식 二〇〇九）、四三頁。

（4）国史編纂委員会『東学乱記録 下』（ソウル：탐구당 一九七一）、五三四頁。

（5）崔炳鉉『南原郡東学史』（筆写本、一九二四）、三一八頁。

（6）崔炳鉉、前掲書、三一八頁。

（7）『全琫準供草』によれば一八九三年一一月には古阜郡守、同年一二月には全羅監営の全羅監司に陳情書を提出したが、投獄された後に追い出されたという（国史編纂委員会、前掲書、五二六頁）。

（8）沙鉢通文とは、檄文や民衆の直訴状などで首謀者を隠すために参加者たちが圜を中心に放射状に署名し、書名全体が沙鉢（サバル：椀）を上か下から見たような形になるようにした文書のこと。ここでいう謀議とは、一八九三年一一月、全琫準など古阜一帯の東学指導者二〇人余りが秘密裡に集まり、古阜郡守趙秉甲の悪政を懲らしめるために沙鉢通文に署名して一揆を謀議したことをいう。

（9）金義煥『全琫準伝記』（ソウル：정음사 一九八一）、九七一一〇〇頁。

（10）姜在彦『韓国近代史研究』（ソウル：한울 一九八二）、一六八一一六九頁。

（11）呉知泳『東学史』（ソウル：영창서관 一九四〇）、一〇八一一〇九頁。

（12）ミューテル文書は現在ソウル明洞天主教会館内韓国教会史研究所に所蔵されている。

（13）崔済愚著、朴孟洙訳、前掲書、四七頁。

（14）東学農民革命当時、朝鮮の人口についての正確な統計は残っていない。ただ、一八九四年当時日本で刊行されていた『国民新聞』朝鮮特派員菊池謙譲の「東学党」関連記事中に一〇五二万という記録が出ている。

(15)『梧下紀聞』は二〇一六年に金鐘翊先生によって『오동나무아래에서역사를기록하다（桐の木の下で歴史を記録する）』という題名で再度翻訳されて歴史批評社から出版された。

(16)「朝鮮雑記」は二〇〇四年に日本の東京岩波書店で出版された『田中正造文集』第1巻一三六ページから一四〇ページまでに記されている。

(17)原文は日本外務省傘下の外交資料官所蔵の『朝鮮国東学党動静ニ関シ帝国公使館報告一件』に記載されている。この論文末尾に原本を影印して載せる。

(18)一八九二年一〇月に公州で始まり、翌年四月に報恩集会で締めくくった教祖伸寃運動が合法的であったのは、その集会がまさに『経国大典』「刑典」に規定されている「伸訴」制度にもとづくものだったからである。

(19)朴孟洙「一八九四年東学農民革命はなぜ革命なのか（一八九四년 東學農民革命은왜 革命인가）」、『生命の目で見る東学（生命의눈으로보는 東學）』（ソウル：모시는사람들、二〇一四）、二三三—二三六頁。

(20)『東京朝日新聞』一八九五年三月五日付「東学党大巨魁とその口供」、三月六日付「東学党大巨魁審問俗文」及び同じ日付の「東学守令と合意政治」、五月七日付「東学党巨魁の裁判」、五月八日付「東学党巨魁宣告余聞」など参照。

(21)『東京朝日新聞』一八九五年三月五日付、「東学守令と合意政治」参照。

(22)これを参礼集会と呼ぶ。参礼集会は一八九二年旧暦一一月初めに始まり、およそ一カ月後に公式的には解散したが、一部の解散しなかった東学リーダー及び信者たちによって翌年一月まで散発的な集会がずっと続いていたという事実が最近の研究で明らかにされた。

(23)国史編纂委員会、前掲書、五二九頁。

(24)国史編纂委員会、前掲書、五三八頁。

(25)一八九四年東学農民革命当時、日本は旧暦六月二一日に日本軍が景福宮を不法占領した行為が国際法違反であるという事実をすでに認識しており、そのため事件当初より隠蔽に汲々としていた。景福宮不法占領事実の真実は、一〇〇年を経た一九九四年に中塚明教授の史料発掘を通して明らかにされた（中塚明『歴史の偽造をただす』東京：高文研、一九九七）。

開闢と近代
――東学の「サリム思想」を中心に――

趙《チヨ》 晟《ソン》 桓《ファン》

一 はじめに

本稿でいう「開闢」とは一九世紀末から二〇世紀初めにかけて韓半島で誕生した民衆宗教が共通に掲げたスローガンで、その意味は「新しい世界を開く」ということである。つまり、旧秩序から新秩序への転換、従来の文明から新しい文明への移動を宣言した概念が「開闢」なのである。

元来「開闢」という語は中国思想で「天地が初めて開かれる」という宇宙論的な意味で用いられたが、二〇世紀前後の韓国思想ではそれを文明論的な文脈へと転換させ、思想用語として使い始めた。つまり、「天地が自ずから開かれる」という自動詞ではなく、「人間が新しい文明を切り開く」という他動詞として使ったのである。

このような意味の「開闢」を初めて唱えた人物は、一九世紀後半に「東学」を創始した水雲崔済愚であった。彼は「再び開闢」という語で先天時代の古い秩序が終わり、後天時代の新しい秩序が始まったことを宣言し、その新秩序の内容を韓国の伝統的な「ハヌル（＝天）」概念を中心にする「天道」という思想体系として表した。そして崔済愚を継いで東学を率いた海月崔時亨は〈東学＝天道〉が目指す「生命中心文明」を「道徳文明」という語で表した。

一方、東学に次いで登場した民衆宗教、例えば東学を継承した天道教、三一哲学に基づいた大倧教、解冤相生を目指す甑山教、一円主義を掲げた円仏教なども「開闢思想」を共有していた。天道教では「社会開闢」を始めとする「三大開闢」を、甑山教では「後天開闢」を、円仏教では「精神開闢」をそれぞれ唱え、大倧教もまた開闢と似ている「開天」と「重光」を説いた。

このような開闢思想が誕生した主な要因としては、当時韓国民衆が置かれた切迫した状況が挙げられる。一九世紀末の韓半島の情勢は一言で「内憂外患」、つまり「三政の紊乱」として表れる国内政治の混乱と「西勢東漸」として象徴される外勢の圧力で四面楚歌の状況に直面していた。特に、長い間世界の中心として認識されていた中国の没落は当時の朝鮮人にとっては世界観の崩壊に他ならず、それに官吏の不正まで加わって、民衆は生存そのものが脅かされる状況であった。

このような絶体絶命の危機状況で当時韓国の知識人が選んだ選択肢は大体二つのうちの一つであった。一つは従来の儒教文明に固執しながら侵略的な西欧文明を退けようとする斥邪思想であり、もう一つは封建的な儒教文明を捨てて西欧の先進文明を受容しようとする開化思想である。歴史学界では前者を（衛正）斥邪派、後者を開化派と呼んでいる。もっとも両者の混合形ないしは折衷形に当たる「東道西器」を唱えたグループもあったが、大きな枠組みでは「開化派」として分類されている。それで歴史家たちが朝鮮末における韓国の近代性を論じる際にはほとんど「開化派」が中心になっている。

それに対して、東でもなく西でもない、言い換えれば中国でもなく西欧でもない「第三の道」を選んだグループがあったが、彼らが開闢を唱えた「開闢派」である。開闢派は伝統思想に基づきながら西欧とは異なる新しい文明を模索したが、そういった意味では北島義信がいう「土着的近代化」運動の典型的な例といえよう。[1]彼らが唱えた「再び開闢」の「再び」や「後天開闢」の「後天」という語には従来とは異なる新しい秩序、つまり「近代性」という意味合いが込められている。

代表的には一九一六年に誕生した「仏法研究会」(以後の「円仏教」)は東西文明を包括するというスローガンの下で、精神文明と物質文明との併進、道学と科学の並行、農地開拓と組合運動による経済的自立、男女同数で構成される最高議決機構の設立、あらゆる宗教的真理の会通などを唱えたが、これは伝統的な儒仏道の三教や西欧近代の啓蒙主義とは異なる形態の近代化を求めた宗教運動といえる。

また、円仏教に先立って天道教の場合も東学が掲げた「開闢」(伝統思想の現代化)の枠組みを維持しながら開化(西洋文明の受容)を進める方向へ路線を変更したが、そういった意味では円仏教が目指す方向と基本的には一致するといえる。これらの開闢派の運動は西欧近代の挑戦に直面して、伝統思想をベースにして独自の近代性を模索していったという点では開化派とは異なる近代のあり方を目指したと評価できる。[2]小論では開闢派の嚆矢に当たる東学が求めた独自の近代の姿を「生命」をキーワードにして考察したい。

二　生命中心人間観の登場

東学は伝統的な儒教的人間観とは全く異なる新しい人間観を提示することから出発する。儒学的人間観は

「人間は誰もが自然から〈道徳的本性〉を与えられた」という前提から出発する。それに対して東学的人間観は「人間は誰もが自然から〈宇宙的生命〉を与えられた」という前提から出発する。これを東学では「侍天主」という命題で表すが、「侍天主」とは「天主」(天を人格化した表現)を「侍する」(=仕え養う)という意味である。

ここで「天主」とは、ハングル語では「ハヌルニム」と読むが、宇宙的生命力としての「元気」あるいは「根元たる一気」を人格化した語で、人間は誰もが宇宙的生命力によって誕生し、そういった意味では皆が平等であるということである。このような人間観を東学では「天人」あるいは「天民」といった。

天人が提示した平等的世界観は当然のことながら道徳秩序に基づいた儒学的世界観と衝突したが、その理由は儒学で唱える「道徳秩序」には「身分秩序」も含まれていたからである。特に朝鮮社会における班常の区別、つまり儒教的知識を持っている支配階級とそうではない被支配階級との区別は厳しく、このような区別の上で支配層の不道徳と暴力が加わったのが一九世紀朝鮮社会の状況であった。一方、「天人」は一人一人が存在論的に繋がっていると見る点では西欧の実体的な「個人」とも異なる人間観である。宇宙は一つの全一的生命体であり、その全一的生命体の生命力を与えられ誕生したのが個別的生命体である。[3] そのような意味で東学では天地(=宇宙)を「父母」と見なす(「天地父母」)。よって、人間を始めとする動物には二つの父母があるわけである。一つは天地という自然父母であり、もう一つは生物的な人間父母である。自然父母に仕えることが「侍天主」であり、人間父母に仕えるのが孝行である。「孝行」は儒教倫理であるが、東学は「孝行」に先立って「侍天主」を説いている点が儒教との違いである。

東学の倫理が他者を「天」として仕え敬う「事」や「敬」を基軸にしている所以はこのような人間観がベー

スになっているからである（事人如天、敬人・敬物）。つまり、自分の中にある生命を養う（侍）のと同じように、他人を、ひいては動物や無生物をも生命を有している尊い存在として見なすべきであるということである。このような思想から東学の第二代目の海月崔時亨《ヘウオルチエシヒヨン》は、機を織っている婦人が天であり、山でさえずる鳥の鳴き声も天の声であると言った[4]。さらに、子供を殴るのは天を殴るのと同じであるから子供を虐待してはならず[5]、大地を踏む際にも土が痛まないように慎むべきだと説いた[6]。このような考え方はみな万物から生命の気運を感じ、それらを一つの生命体として認識して初めて可能な発想である。

崔時亨はこのような「侍天主」の自己修養と「敬人」の対人倫理を包括して「活」（サルリダ）という概念で表した（道徳謂之活人機）[7]。この場合の「活」（サルリダ）はただ「命を活かす」という狭い意味ではなく、各々が有している生命力そのものを活かすという、より広い意味である。現代韓国語で「気を活かす」（誇らしげに振舞うようにさせる）という場合の「活かす」がそれに似ている用例である。

また、国家経営や家庭経営の場合も「ナラ（国）サリム（活）」や「チバン（家）サリム（活）」のように、「サリム」（サルリダの名詞形）の概念を用いて表すが、この場合の「サリム」は「経営」のことをいう。経営を「サリム」という所以は、経営の最も根本的な任務は一人一人の生命と生業と生活を保護し、活性化させることだと見ているからである。現代韓国で起きた「ハンサリム運動」（ハン＝大）の「サリム」はそのような意味で用いられている。生産者と消費者の直取引を通して生産者（農夫）の生業を活かし、消費者（市民）の生命を守り、それによって彼らの生活を安定させることがハンサリムの設立趣旨であるからである。

こうしてみると、東学思想は韓国語に込められている「サリム」思想を「ハヌル」（天）という土着概念に込めて、東アジア的な「学」の枠組みにまとめた、近代的「サリム思想」であるといえる。

三　サリム共同体の志向

東学の「サリム」概念と類似する概念として「好生」が挙げられる[8]。だが、東アジアの古典に出てくる「好生」は主に君主が民に徳を施すという施恵の意味で用いられ、そういった点では儒教的な「仁」の実践を表す概念であるといえる。それに対して東学の「サリム」は水平的な相生の徳目であるといえる。つまり、上下、貴賤、有無などを問わず、お互いに活かし合う「互生思想」なのである。そういった点では東学のサリム思想は伝統的な好生思想を水平的な次元へと拡大したといえる。

このような関係は『荘子』に出てくる「庖丁解牛」に似ている。庖丁は屠殺業を仕事とする賤民であるにも関わらず、君主に養生の道を教える人物として登場するが（『荘子』「養生主」）、このような設定は儒教では考えられない。というのは儒教における民とは、特に身分の低い賤民は、あくまでも君主の統治と儒者の啓蒙を受けなければならない「教化の対象」として見做されるからである。それに対して荘子は「徳」とは身分や知識を問わず誰もが身に付けられものであり、たとえ身分が低く知識が足りなくてもその人の「徳」は優れている場合もあると考えた。というのは荘子にとって「徳」とは「養生」、つまり「サリム」の技を身に付けることであるからである。

同じように東学でも、まるで庖丁が文恵君に「道」を教えたのと同じように、屠殺業を仕事とする賤民が東学組織と農民軍のリーダーになった場合がある。このことについて東学内部でも反発が起きたが、そのとき崔時亨は次のように説得した。

金洛三が問うた——全羅道は東学の徳を布きやすい情勢です。ところで南啓天は本来この地域の者ではないにも関わらず、入道した後からは便義長という重職を任せ、東学道人たちを統率させたため、道人の中ではがっかりした人が多いです。願わくは南啓天の便義長任命を取り下げてください。

崔時亨が答えた——所謂「班常」の区別は人間が定めたルールであり、道の職務は天がそうさせたものである。人間がどうして天が定めた職務を取り下げることができようか。ただ天のみ班常を区別せずに（唯天無別班常）、その気運を与え、その福を賜える。わが道は新運に従って新人をして班常を新たに新定させた。これからわが道のなかでは一切班常を区別してはいけない。

わが国には二つの大きな弊習があるが、一つは嫡庶の区別であり、もう一つは班常の区別である。嫡庶の区別は家を滅ぼす本であり、班常の区別は国を滅ぼす本である。これはわが国の痼疾である。わが道はリーダーの下にさらに優れているリーダーがあり、君たちは慎みなさい。お互いに敬うこと（相互以敬）を中心にし、序列を付けてはいけない。人々はみな天主が生んだので、天民が敬い合って後に太平といえる。(9)

ここで崔時亨のいう「新運」と「新人」と「新制」の「新」こそ東学が目指した近代性、つまり「開闢」を表している。そして「無別」と「互敬」はその「新しさ」の中核に万人平等思想と相互尊重思想が据えられていることを物語る。さらに、その根拠を「天主」から求めている点は東学が求めた近代性が伝統性に根を下ろしていることを示唆する。そしてその「天」が内容的には「生命」として捉えられているという点で、「天は班常を区別せず」という語は思想的には「生命は身分を区別せず」と言い換えることができる。

崔時亨はこのような思想を基にして、人間は身分を問わず誰もが天から与えられた「徳」を行うことができ、よって賤民である南啓天に大仕事を任せるのは何の問題にもならないといっている。むしろ、それは天から与えられた徳を行うことであると捉えている（賦其氣寵其福）。今でいうと、誰もが身分を問わず生まれつきの才能（徳）を発揮できる（布）機会が得られるべきであるということである。

「嫡庶無別」や「班常無別」が一人一人の「徳」を活かすことに焦点が絞られているとすれば、「有無相資[10]」や「相愛相資」は経済的に苦しい人々を救う「経済的サリム」の側面をいう。

> もし貧しい友があれば自分ができる範囲で助けてやる[11]。
>
> 同じ声が反応し合い、同じ気が求め合うのは古今の普遍的な道理で、わが道に至ってはその道理がさらに著しい。困っている人が助け合い、貧しい人が哀れみ合うのは先賢の郷約にある徳目であるが、わが道に至ってはその道理がさらに重要である。そもそも道を同じくする我々は約束を守り続け、愛し合い助け合い（相愛相資）、万が一規律を破ることがないように注意すべきである[12]。
>
> 先に大義に参与して財産を費やした人は可愛そうなのに、自分は家でただそれを見守りながら飽食し安楽に暮らすとすれば、果たして気持ちが楽になれるでしょうか！　持っている者と持ってない者とが助け合い（有無相資）、（貧しい者が）放浪しないように皆が心を一つにして異論がないようにして下さい[13]。

周知の通り「同気相応」は「似ている気同士はお互いに感応し合う」という意味で、古代中国の『淮南子』

などで自然現象を説明する際に用いられる概念である。ここではその論理が東学共同体の倫理的根拠として用いられている。つまり、道を同じくする「同道之人」同士は互いに助け合うべきであるということである。さらに、そのような共同体倫理が朝鮮時代の郷村社会の自治規約である「郷約」に基づいているとするが、両者の違いは郷約が儒教の「礼」という差等的な秩序の上に成り立っている相互扶助の倫理であるとすれば、東学の方は「天（ハヌル）」という平等的秩序の上に成り立っている相互扶助の倫理であるという点である。そういった点で東学の有無相資も「郷約」という儒教的「伝統」を「天人」という新しい人間観をベースにして「近代化」した事例に当たるといえる。

その他にも、東学農民軍が日本軍と戦う際に「殺生しないこと」を第一の規律にしたのも東学が求めた「サリム共同体」のあり方を端的に示している。

四　東西文明との衝突

崔時亨は東学が求めたこのような「サリム共同体」を「活人」を目指す「道徳文明」と言い表したが、この新文明観は当時の二つの代表的な文明と衝突した。一つは従来の中国の儒教文明であり、もう一つは新しい西欧の近代文明である。伝統的な儒教文明を擁護する人々は朝鮮の政府と儒者たちであり、新しい西欧文明を掲げる人々は日本の軍部と知識人たちであった。彼らはみな自分たちが「文明」であり、東学は「野蛮」であると決め付けながら、東学農民軍に対する弾圧と殺戮を行った。東学が「斥洋倭」の立場を取らなければならなかった理由はここにある。彼らが目指す世界が東学が目指した生命中心文明に反するものであったからである。

崔時亨は当時の西洋が求める文明のあり方を東学のそれと対比させて次のように言っている。

西洋の武器は世の中で適える者がいない。武器は人を殺す道具であるが（殺人器）、道徳は人を活かす機である（活人機）[14]。

天地の道に詳しく陰陽の原理に達し、人々がそれぞれの生業を得るようにすれば、これこそが道徳文明の世界に他ならない[15]！

ここで西洋は反生命的な武器を作って殺生を犯す恐怖の対象として認識されている。それに対して崔時亨は東学が求める世界は天地と陰陽の原理に基づいた「道徳文明」であるといっているが、ここから彼が考える文明の基準が生命を破壊する「戦争」ではなく、生命の秩序に従う「道徳」にあることが分かる。この場合の「道徳」とは儒教の礼的秩序を正当化する序列化された道徳のことではなく[16]、宇宙的生命に基づいた平等的な道徳のことであり、このような等しい道徳を基にして一人一人が身分と出身に関わらず、各々に合う「生業」を得る（各得其業）世界こそが真の文明であるというのである。

東学のこのような文明意識は、一方では以後の開闢派の文明論の先駆をなし、他方ではそれとは異なる文明意識、例えば福沢諭吉を初めとする開化派の文明論や崔益鉉のような斥邪派の文明論と衝突した。東学農民革命のとき、儒者たちが「民堡軍」を組織して東学農民軍を鎮圧したり、日本軍が東学農民軍を相手にジェノサイド作戦を行ったのはみなそのような文脈から説明できる[17]。それに対して全琫準（東学農民軍のリーダー）と同時代の田中正造は東学を「文明的」と評価したが[18]、それは彼が目指した文明のあり方が東学のそれと似ていたからであろう。

二〇世紀に入ると、東学は「天道教」に改称されるが（一九〇五年）、天道教の基本的な立場は道徳と開化を同時に求めるということである。この場合の道徳が東学的な道徳であるという点では土着的近代化運動の延長であると見なすことができるが、東学との違いは西洋を排斥や打倒の対象としてのみ考えるのではなく、彼らの文物を積極的に受け入れようとする態度へと転回したという点である。孫秉熙《ソンビョンヒ》が「天道教」に改称したり、李敦化が『新人哲学』を書いたりしたこと自体が東学を西欧的な宗教や哲学の枠組みに入れようとしたことを物語っている。

だが、その分、東学が本来有していた「生き方の機軸を変える生活運動」（表暎三）としての動力は弱まってしまった。つまり、開化が強まった分、開闢は弱まったのである。[19] 今日韓国社会で天道教にあまり影響力がない所以はまさにここにあるだろう。

それに対して、天道教に次いで誕生した円仏教はその部分を「精神開闢」と「心の修養」という側面から補おうとした。物質開闢を認めながら精神開闢をもってその副作用を克服しようとしたのである。特に、心の修養（心学）は座禅や瞑想のような伝統的な修行法に、日記（修行ノート）や講演（主題発表）あるいは会話（自由発表）のような人文学的なやり方を加味した、まさに市民社会に相応しい修養法であるといえる。恐らくこういった点こそが、円仏教が韓国社会に安着できた決定的な理由であろう。

五　張壹淳のハンサリム思想

一方、東学の生命思想を宗教ではない経済活動の形で現代韓国社会に定着させた運動が「ハンサリム」である。[20] ハンサリムは一九八〇年代に無為党張壹淳が江源道で始めた生命運動で、都農直取引運動と地域サリム(活性化)運動を中心とする非営利生活協働組合である。二〇一五年八月現在、ハンサリムの消費者組合員は五〇万世帯であり、生産者会員は二千世帯余りであり、主な生活協働組合の売り上げは年間一兆ウォン(千億円)に達している。[21]

ハンサリムを創始した張壹淳(一九二八~一九九四)は崔時亨(一八二七~一八九八)よりちょうど一世紀後の人物であり、崔時亨の生命思想を市民社会に根付かせようとした、[22] 現代韓国の生命運動の始祖であるといえる。詩人金芝河は彼を精神的な師として敬い、[23]『緑色評論』の発行人である金鍾哲は、「今日(一九九二年)我々が東学と崔時亨の真の姿に接することが出来るのは張壹淳のおかげである」と評価した。[24] このような理由で張壹淳は「生命思想の大師匠[25]」と呼ばれている。

ハンサリムの創立動機は西欧近代の産業文明が有している反生命性に対する危機意識であり、[26] 円仏教的な言い方をすれば、物質開闢に伴う生命開闢の必要性であるといえる。そういった点では、一九世紀末に東学が西欧文明から感じた危機意識と類似しているといえる。以下では張壹淳の生命思想を簡単に考察することで小論を終わりたい。

まず、張壹淳は、現代社会はお金を稼ぐために人を殺す武器を生産する反生命的社会で、そういった意味では全く文明的ではないと批判した[27]。このような生命中心文明観は早くも崔時亨が西欧近代を批判しながら提示した観点で、張壹淳がハンサリムを創立する動機でもある。そういった意味ではハンサリムは東学の生命思想を現代社会に実現させるための制度的装置であるといえる。つまり、東学の制度化による現代化（modernization）なのである。

張壹淳の思想は東学の生命思想から出発する。その中でも特に海月崔時亨の思想を自分の生き方としながら生活の中で実践し、「もう一人の海月[28]」と呼ばれるほどであった。そういった点では張壹淳は崔時亨の死後、崔時亨の生命思想を最も充実に体得し実践した思想家であるといえる。張壹淳が特に好きだった崔時亨の思想は「ご飯思想」（萬事知、食一碗）、「以天食天」、そして「向我設位」であった。例えば次のようである。

一椀

海月先生が既におっしゃいました。
一椀の原理が分かれば世の中の原理が分かると。
一椀が作られるためには　そこに全宇宙が参与しなければならないと。
宇宙万物の中でたった一つが抜けても　一椀は作れないんです。
一椀が即ち宇宙であるということです。
天と地と人とがお互いに力を合わせないと生まれないから。
一粒、一塵の中にも　大宇宙の生命が宿っているということです。

この詩で引いている「一椀の原理が分かれば世の中の原理が分かる」という崔時亨の語は『海月神師法説』の「天地父母」に出てくる言葉である（「萬事知、食一碗」）。張壹淳はこの一言から崔時亨の思想の核心を全部引き出している。あらゆる存在は天地人の公共の産物であり、そういった点では飯一粒、塵一粒の中にも宇宙全体が入っており、そのため一見つまらないように見える微物であっても大切にすべきである（敬物）ということである。

張壹淳はここから一歩進んで東西の代表的な古典である『老子』と『聖書』を崔時亨の「ご飯思想」をもって捉える。

（イエスが「マタイ福音」二六章二六―二八節でおっしゃった）パンとワインが当時その地域に住んでいた人々の日常の食糧でした。イエスが世の中のご飯として来られたことを物語ります。神としてのご飯、生命としてのパンを宣布されます。わが国の東学の海月崔時亨先生は「一椀の原理が分かれば万事の原理が分かる」（萬事知、食一碗）といい、「ハヌルがハヌルを食べる」（以天食天）ともおっしゃいました。老子の『道徳経』第二〇章には「我獨異於人、貴食母」（ただ私のみ人と違って食母を尊ぶ）という言葉もあります。ここで「食」は「養う」という意味で（韓国語では「ショク」ではなく「サ」と読みます）、「母」はあらゆる物が生まれて死んで戻る根源としての「道」を指します。自分だけは世の中の人々が好む虚礼虚飾と富貴を求めず、道心を養うことを尊ぶという意味であります。イエスが我々のために与えた体としてのご飯、血としてのワインは我々の中にある神を侍する（＝仕え養う）ために与えたということであります。(29)

ここで張壹淳がイエスと老子とを統一的に捉える、つまり「会通」させるキーワードは東学の「生命思想」である。具体的にはイエスが説いたパン、老子が説いた食母（=道）を海月の「ご飯思想」で解釈している。これは張壹淳が東学の生命思想をもって東西の古典を捉え直していることを示す。[30] さらにキリスト教でいう「聖霊」あるいは「霊」を「生命」として捉え、[31] 甑山教を創始した姜一淳（一八七一～一九〇九）が説いた「原始返本」を「失った霊の回復」のことだと説明している。[32] これらの解釈は張壹淳が現代文明を捉えるキーワードが「生命」であり、この「生命」から近代文明の限界を克服できる代案を見出そうとしていることを示唆する。

張壹淳は東学の生命思想から一歩進んでウブントゥ的な存在論と他者倫理を説く。

私は気が付かなかった、あなたが私であったことを。
月が私であり太陽が私であるから、きっとあなたは私である。[33]

相手が「私」であることを知るべきである。
それで初めて悪循環が断たれる。
相手を殺して前に進もうとすれば悪循環をもたらすだけである。[34]

宇宙が一つの全一的な生命体である以上、他者の中にも自分が入っているしかなく、このような事実、つまり「相手が自分である」ということを自覚して初めて憎悪と暴力の悪循環が断たれるというのである。これは宇宙論的な「生命思想」から倫理的な「サリム思想」を引き出したものであり、東学との違いがあるとすれば、自分と相手が異ならないという「自他不二」の存在論と、それに基づいた他者倫理を強調しているという点である。

そういった点ではアフリカのウブントゥ思想とも相通ずるところがある。北島義信によると、アフリカのウブントゥ思想は「他者の中に自分がある」という存在論と、それに基づいた他者倫理で、南アフリカが黒人と白人との和解を引き出し、人種差別政策を撤廃したのはウブントゥ思想があったからであるという[35]。同じように張壹淳も東学の生命思想を受け継ぎ、相手と自分を存在論的に分けない他者倫理に基づいた市民運動を実践することを唱えている。

こうしてみると、東学が求めた生命と平和、つまりサリム思想が張壹淳へと発展的な形態で再現されており、張壹淳が目指した文明のあり方が――アフリカの場合からも確認できるように――現代文明が目指すべき一つの方向を提示しているといえる。

注

(1) 北島義信「土着的近代とは何か」『開闢新聞』五八号、二〇一六年九月。
(2) 「開闢派」と「土着的近代」については、趙晟桓「土着的近代と開闢思想」『開闢新聞』六八号、二〇一七年一〇月参照。
(3) ここでいう「全一的生命体」と「個別的生命体」は金泰昌が東学思想を説明する用語では「宇宙生命」と「個別生命」に当たる。
(4) 萬物莫非侍天主。(『海月神師法説』「対人接物」)
(5) 輕勿打兒。打兒卽打天矣。(『海月神師法説』「対人接物」)
(6) 『海月神師法説』「誠敬信」

（7）西洋之武器、世人無比対敵者。武器謂之殺人器、道徳謂之活人機。（『海月神師法説』「吾道之運」）

（8）「好生」という表現は遡れば『書経』に既に出てくるし、韓国の場合は新羅時代の崔致遠や朝鮮王朝実録などに出てくる。「好生之徳、洽于民心」（「死刑判決を受けた罪人を赦してあげる君主の」好生の徳に民が満足する。『書経』「虞書・大禹謨」）；「地靈・好生爲本」（当方の地霊は既に好生を根本としている。崔致遠「智証大師碑文」『訳注崔致遠全集（一）』二五七～八頁。崔英成の論文を参照）；「朕體天地好生之心、特加寛宥。」（私が天地の好生の心を体得して特別に赦してあげた。世宗実録六年一月一七日、一番目記事）

（9）金洛三曰：「全羅道有多發布徳之情、南啓天本是非土班、入道後以南啓天便義長之重職、統率道衆。道衆落心者多矣。願撤回南啓天便義長之帖紙爲望耳。」

神師曰：「所謂班常之別、人之所定也。道之職任、天主之所使也。人豈可以能天定之任撤回乎！唯天無別班常而賦其氣寵其福也。吾道・於新運而使新人更定新制班常也。自此以後、吾道之内一切勿別班常。我國之内、有両大弊風。一則嫡庶之別、次則班常之別。嫡庶之別亡家之本、班常之別亡國之本。此是吾國内痼疾也。吾道頭目之下、必有百勝之大頭目。諸君愼之、相互以敬爲主、勿爲層節。此世之人、皆是天主生之、以使天民敬之以後、可謂太平也。」（『海月神師法説』「布徳」）

（10）東学の「有無相資」については朴孟洙「東学系新宗教の社会運動史」、朴光洙外『韓国新宗教の社会運動史的照明』集文党、二〇一七年、八七～八頁参照。

（11）或有貧窮之友、隨宜救急事。（「己丑新定節目」、朴孟洙編『東学資料集成Ⅰ』、先進出版企画、二〇一〇年、一三五頁）

（12）同聲相應、同氣相求、有古今通義、而至於吾道、其理尤著。患難相求、貧窮相恤、亦有先賢之郷約、而至於吾道、其誼尤重。凡我同道之人、遵一約束、相愛相資、無或違規事。（「通文」、同上、一四九頁）

（13）先赴大義、傾蕩家産者、係是矜憐。在家觀望、飽食温處。豈可安心！有無相資、不使流離、遠近合心、無致異論。（一八九二年一一月一九日、「敬通」。同上、一五七頁）

（14）西洋之武器、世人無比対敵者。武器謂之殺人器、道徳謂之活人機。（『海月神師法説』「吾道之運」）

（15）明天地之道、達陰陽之理、使億兆蒼生、各得其業、則豈非道徳文明之世界乎！（『海月神師法説』「聖人之徳化」）

（16）小倉紀蔵は朱子学を理念とした朝鮮社会は朱子学的「理」によって万人を「序列化」する構造を帯びていると分析した。小倉紀蔵『韓国は一個の哲学である』講談社、二〇一一年。

（17）井上勝生「日本軍最初のゼノサイド作戦」、『東学農民戦争と日本―もう一つの清日戦争』モシヌンサラムトル、二〇一四年。
（18）由井正臣・小松裕編『田中正造文集（一）』「朝鮮雑記」岩波書店、二〇〇四年、一三七頁。
（19）趙晟桓「生命の観点から見た東学思想史」「Ⅳ 市民社会における天道」『歴史研究』二八、二〇一五年、八一〜三頁。
（20）〈ハンサリム〉は価値観にとっては韓民族の長い伝統と脈を受け継いでいる東学の生命思想からその社会的・倫理的・生態的基礎を見出している。「ハンサリム宣言」、三・全一的生命の創造的進化；モシムとサリム研究所著、大西秀尚訳『殺生の文明からサリムの文明へ―ハンサリム宣言、ハンサリム宣言再読』神戸学生青年センター出版部、二〇一四年。
（21）李サンキル「朴才一とハンサリム」『韓国農漁民新聞』二〇一五年八月二一日。
（22）無為党にとっては「生活の中での思想」なんです。それが生命ではないでしょうか。……それがハンサリムとして現れ、信協と生協として現れたんです。「生活」に他なりません。（金芝河）金芝河・崔ゾントク対談「道徳と政治―金芝河詩人から聞く無為党張壹淳の思想」無為党を偲ぶ会編集『あなたを見て私は恥ずかしかった』緑色評論社、二〇一四年、一九三頁。
（23）金鍾哲「ハンサリム運動と共生の論理」『粟一粒の中の宇宙』（改正増補版）、緑色評論社、二〇一七年、二四四頁（元々は『緑色評論』七号、一九九二年、一一〜一二月に所収）。
（24）同上。
（25）金芝河・崔ゾントク対談「道徳と政治―金芝河詩人から聞く無為党張壹淳の思想」無為党を偲ぶ会編集『あなたを見て私は恥ずかしかった』緑色評論社、二〇一四年、一八四頁。
（26）今日の産業文明は環境、つまり生態系から断絶され孤立した機械に酷似している世界である。「ハンサリム宣言」五、ハンサリム。
（27）アメリカもそうで、ソ連もそうで、イギリス、ドイツ、フランスといった所謂先進国という諸国、ひいては我々までも人を殺す武器を生産しています。それがいま最も儲かるんです。みんな武器商売なんです。それなのに自分は文化人であり文明人であると自慢しているんだから完全にナンセンスですね。…それは反生命的で反自然的で反人間的なんです。『粟一粒の中の宇宙』（改正増補版）、緑色評論社、二〇一七年、六九頁。
（28）李ムンゼ「東学思想は生命思想」『時事ジャーナル』一九九四年一〇月二〇日。

(29) 張壹淳「生態学的観点から見たイエス誕生」『粟一粒の中の宇宙』(改正増補版)、緑色評論社、二〇一七年、二二一~三頁。
(30) 趙晟桓「生命の観点から見た東学思想史」「Ⅳ 市民社会における天道」『歴史研究』二八、二〇一五年、八六頁。
(31) 張壹淳「世の中全体が一つの関係」無為党を偲ぶ会編集『あなたを見て私は恥ずかしかった』緑色評論社、二〇一四年、九八頁。
(32) 張壹淳「和合の論理、協働する生き方」『粟一粒の中の宇宙』(改正増補版)、緑色評論社、二〇一七年、四〇頁。
(33) 金イクロク編集『(無為党張壹淳箴言集) 私は気が付かなかった、あなたが私であったことを』田舎生活、二〇一二年、初頁。
(34) 同上、二一三頁。
(35) アフリカのウブントゥ思想と非暴力運動については、北島義信「土着的近代とは何か」『開闢新聞』五八号、二〇一六年九月参照。

ヨーロッパ中心主義から相互依存の道へ

馮《フェン》品《ピン》佳《チャ》
加納光訳

ヨーロッパ中心主義を議論する上で最も重要な問題は他でもなく、今日のグローバル化によって（従来の概念が）覆されるようなさまざまな変化が起こっている時に、数百年もの歴史を有するこの概念を批判することは時代遅れであるという懸念がありはしないかということである。実際には、ヨーロッパ中心主義はルネサンス時代に始まり、（その後）徐々に世界の経済、政治、ひいては文化や宗教の方向性にまで影響を及ぼすようになり、仮に、たとえ今日もなお世界の多くの地域が依然としてその統括的支配を受けているとしても、もはやそれは外面的な生活様式に止まらず、ヨーロッパ中心主義に付随して発生した植民地主義、人種主義（レイシズム）、ならびに不平等なさまざまなイデオロギーが内面的精神（世）界にまで浸透し、ひいては自分がその中にはまり込んでいることすらまったく分からないほど血肉化され（た状態になっ）ている。

例えばアジア地域では、明治維新から日本が西欧化を進め、東アジアの強国となり始めるが、その後の清朝末期の戊戌の変法にせよ、あるいはその他の（アジア）諸国における改革にせよ、基本的にはいずれもヨーロッパの科学技術文明を模範にしたことから、ヨーロッパ中心主義の思惟や価値観を徐々に血肉化することになり、

（その後の）近代化に加わる過程において、ヨーロッパ文化の優越性をひたすら認める一方で、自身の伝統文化については逆に蔑ろにするという極めて偏った発展様式を作り出すことになったのである。（このような歴史的経緯もあり、）たとえグローバリゼーションが世界を均質化すると公言しても、世界各地の発展（状況）は依然として不平等のままであり、その上、現存するヨーロッパ中心主義によって今もなおさまざまな紛争が引き起こされているのである。

この小論文において、わたしは、まず初めにヨーロッパ中心主義とは何かについて簡単な定義と説明を行い、続いてチベット仏教カギュ派の最高指導者第十七世如来大宝法王カルマパ（His Holiness the 17th Gyalwa Karmapa）の唱導する相互依存（interdependence）の道が、ヨーロッパ中心主義を是正する方法であり、宗教の力を以て偏向した世俗観念を矯正することにより、自我意識の高揚と差別偏見主義者による差別意識によって四分五裂の運命をたどりつつある（今日の）世界を変えていくことを強く訴えたい（と考えている）。（以下、本題に入る。）

（さて、）ヨーロッパ中心主義の定義について、アルン・クマール・ポカレル（Arun Kumar Pokhrel）は次のように述べている。「ヨーロッパ中心主義は、ヨーロッパあるいは西洋の視点から非西洋社会の歴史文化を扱った、ある特殊な文化現象を指すものである。しかしながら、ヨーロッパ（主に西ヨーロッパ）あるいは西洋は、その文化的価値が非西洋社会に優っていると自認することで、（ヨーロッパ中心主義が）普遍性を有するという意味（signifier）を付加した形になっている。」ところが、（実は）彼らが自認する（このヨーロッパ中心主義の）普遍性に、最も根本的な矛盾が（潜んでいるので）ある。（即ち）それは、彼らの見解は明らかに特定の地域性に基づいた観点をその出発点としているにもかかわらず、それが全世界にあまねく通用するように思い込んでいることに加え、たとえ各々の社会において社会、文化、歴史の各方面に如何なる違いがあろうとも、諸問題の解決には、ひたすら『西洋的価値観』――個人主義、人権、平等、民主、自由市場、世俗主義と社会正義を含む――から発展した模倣モデルとして（彼らが）吹聴する西洋モデルを使用することしかできないということである。（これらの点を考えると、）ヨーロッパ中心主義は、実際には、差し迫った社会問題を解決することができるような社会理論では決してなく、現実を体系的に歪曲するものであり、西洋の社会理論とイデオロギーのほとんどは（これに）汚染され、その影響も極めて広範囲に及んでいる。（今や）一般的な物事に対する常識的な見解から主要なマスメディア、ひいては各分野における優れた西洋の学者に至るそれらのすべてが、この影響を受けているものと思われる（321）。

このアルン・クマール・ポカレルの定義は、実は、ヨーロッパ中心主義研究の第一人者とされるサミール・アミン（Samir Amin）の影響を強く受けている。アミンはエジプト出身の政治経済学者で、一貫して西洋の独善的な世界史観に反対し、アラブのイスラム世界の歴史的役割（という観点）から、西洋がギリシア・ローマの古典世界からキリスト教原理主義、（及び）ヨーロッパ資本主義へと系統的に発展したとする歴史観に反駁してきた。アミンは自身の専門著書『ヨーロッパ中心主義』の第二版の前書きにおいて、近代化（modernity）の歴史を回顧しながら、近代化はルネサンス時代に始まり、その基本理念は人類が自ら歴史を創造したことであると述べている。（アミンの）この観点は、人類の歴史が神あるいは自然を超越した力により創造されたとするそれ以前の考え方とは全く異なるもので、これ以降、理性と開放が共に近代化のキーワードとなり、民主政治の道が開かれることになったのである。さらには、いわゆる民主政治に包蔵される世俗主義が政教分離を求めたことで、世界政治のあり方をも（大きく）変えることになっていくのである。

近代化は、実は資本主義の産物であり、(それは)世界各地で資本主義が蔓延し拡張していくことにより持続的な発展を続けていくものであるが、(そもそも)資本主義の基本教義は、資本主義を世界中に蔓延させ、拡張させることによって不平等あるいは不均衡な(経済)発展という問題を引き起こし、(その結果として、経済発展に取り残された)周辺国を(いわば必然的に)アメリカ、ヨーロッパ、(東アジアの)日本のような先進社会に、永遠に追いつくことができなくさせてしまうものである。周辺国における近代化が不十分な発展の様相を呈しているのも、(結局のところは)このような不平等な歪曲化現象によるものであり、資本主義文化はこうした不平等な状態を潜在化させることによって形成され、発展するものなのである。

同時に近代化は、人類が自ら創造した歴史の基本原則に適応させるために、(ある意味)必然的に新たな宗教解釈を作り出すが、(この点についても、)ユーロセントリック文化主義(ヨーロッパ中心文化主義)(Eurocentric culturalism)が、キリスト教のプロテスタントによる宗教改革が社会的変異をもたらし、それが近代化促進の主要な原動力になったと考えるのに対して、アミンはこの論点は実は因果関係が逆転しており、むしろ新たな宗教解釈(reinterpretation)は社会変異の結果によるものであるとすべきであるとの考え方を示している。今日のグローバル資本主義は人類文明を危機(的状況)に陥れ、近代化は危機(的状況)に直面している。しかし、(それは)アミンに言わせれば、実際の近代化は未完成(の段階)にあり、新たな普遍的価値観を見出すことによって、初めて今日の危機を乗り越えることができるのである。また、アミンは世界中がアメリカナイズされる影響の下で、現代の資本主義イデオロギーが究極の形態として「自由主義ウイルス」(liberal virus)となり、原則的に私企業の自由(liberty)と財産(property)の二つだけを残す社会組織へと導いていくことになるとの考えも示している(7-8)。

さらに、ヨーロッパ中心主義文化がどのように構築されたのかを論じた章節の中で、アミンはヨーロッパ中心主義が如何にして虚構の「他者（東洋）」(the Other [the Orient]) を想定しながら、独特の「永遠の西洋」(an eternal West) 作り出したのかに触れ、それを基にヨーロッパ中心の視点から構築された西洋の歴史が派生したことを指摘している。このことから（も分かるように）、ヨーロッパ中心主義文化の構築プロセスは、それに対応する「東洋主義的」(Orientalist) 文化構築と同様の（以下の）四大要素を擁するものになっている。一つ目は、古代ギリシャを東洋の発展という脈絡から引き離し、強引にヨーロッパ文化の源流としたこと。二つ目は、人種主義をヨーロッパの文化的統一の基礎としたこと。三つ目は、東洋から略奪したキリスト教を、ヨーロッパの文化的統一を擁護する中心的支柱に変化させたこと。そして最後は、ほかでもなく宗教的な観点から、人種主義の考えから発展したいわゆる近東並びに東洋、ひいては東洋主義といった概念（を用いていること）である。これらの四大要素は、時代によって異なる組み合わせがなされ、例えば、かつてヨーロッパの中産階級がキリスト教を信用せず、とりわけギリシャ神話の重要性を誇張したように (165-66)、時には必要に応じて、そのうちの幾つかの要素が排斥されることもあるのである。

それだけでなく、これらの四大要素について詳細に分析する中で、アミンは文化史学者の研究を用いて、ギリシャの言語文化は実はエジプトとカルタゴ文化の影響を強く受けており、中世（キリスト教の軛）からの決別に強い意志を働かせたルネサンス時代の芸術家と思想家が、率先してそのギリシャ文化をヨーロッパ文化の源としたことも指摘している。（その後）十九世紀に、（詩人の）バイロン (Byron) ならびに（作家の）ユーゴー (Hugo) らが再び同様の見解を示すと、それがそのまま今日にまで踏襲されることになるのである (167-69)。その上、十九世紀の生物および社会ダーウィニズム、言語学、および宗教はいずれもみなヨーロッパ中心主義者が主唱する人種主義の道具となったことで、地域を拠点とする地域人種主義を発生させる事態にまで及んでいるのである（169-71）。（そうした状況の中、）第二次世界大戦後になると、キリスト教がヨーロッパの国家主義と人種主義の危機を救う（極めて）有用なツールとなるのである。実際には、ヨーロッパのキリスト教は、現地の白人が東洋に起源を持つキリスト教を（彼らの）道理にかなうものとしてヨーロッパが認める宗教的支柱にすることで、彼らが流用する教本になったのである。（それに伴い）キリスト教の聖霊の家族は、一夜にしてすべて金髪の白人へと変わることになったのである。（そして、）ヨーロッパの教本となったキリスト教は非常に柔軟性に富むもとになり、ヨーロッパの資本主義時代への迅速な移行を可能にしたのであった（172-74）。

資本主義時代のヨーロッパは自分を中心に据え、二項対立的論法を用いて他の地域を周辺地帯として区別したことにより、さまざまな東洋主義的な論述が生み出されることになった（175）。（この点に関連して、）アミンは次のように指摘をしている。主流とされるイデオロギーの中で、ヨーロッパ中心主義の様相はすでに西洋社会学の模範（paradigm）とされるまでになり、人々はそれを潜在化させることで、自分がその中にはまり込んでいることにまったく気がつかない状態が当たり前となり、こうした思想の血肉化がヨーロッパ中心主義のパラダイムから抜け出そうとする挑戦を極めて困難にさせている。（その挑戦はさらに、）自分の階級的地位に安住する人々（comfortable classes）にも直接的な影響を及ぼすため、彼らに抵抗する術はヨーロッパ中心主義と関係を断つ（delinking）こと以外になく、西洋もこのようなヨーロッパ中心主義と関係を断とうとする動きに対しては、（しっかりと）応えていかなければならないのである（186-87）。

第三世界の政治学者として、アミンの近代化、ヨーロッパ中心主義、自由主義などに対する批判は、いずれもみな一定の説得力がある。例えば、彼はヨーロッパ中心主義が、東洋に起源を持つ古代ギリシャ文化とキリスト教を、如何にして西洋文明の拠りどころとして流用したのかを分析し、自由、平等、財産が理性を啓蒙するための三つの表現方法であり、これらは三位一体となりそれぞれが自ずと補完し合う関係を築いているとの指摘をしている。また、「市場」は「民主」であるという論点が今日に至っても依然として中産階級のイデオロギーの礎石となっている（15）という点に注目して、資本主義の発展および展開に関する徹底的な分析も行っている。

しかし、わたしは、仏教を儒学およびヘレニズム（Hellenism）の類の世俗形而上学（Quasi-secular metaphysics）と同類のものと見なす身勝手な見解（145）や、身近にある仏教がインドや中国の二カ所ではすでに衰退し、チベットや東南アジアではすでに準宗教（quasi-religion）となり、さまざまな世俗形而上主義が苦境に直面しているとする彼の見解には賛同することができない（146-47）。（結局のところ、）アミンは理性的な方法によって宗教を解釈し、文化、経済、政治などの側面から、彼のいう宗教的（根拠に基づく）形而上学を考察したのである。ところが、実際には、チベットにおける仏教は、依然としてチベット人の生活には欠かすことができないものとなっており、（チベット人は）生誕から往生に至るまでのほとんどの間、仏法の影響を受けているのである。

幼い頃から儒家の学説を受け入れている中国人からすれば、儒学はもちろん宗教ではない。仏教は儒学とは異なる正真正銘の宗教信仰であり、出世法と世界法を同等に重んじ、自身が善良な仏心に立ち返ることの重要性と世俗の慈悲および世俗を超越した智恵を強調しながら、日常生活における実修を通して根本的な智恵の獲得を望むもので、決して単なる世俗的形式主義学説ではない。

さらに言えば、仏法の教義は、アミンが指摘するグローバル資本主義により人類文明にもたらされた危機

（的な状況を）を打開することが可能であり、正にその解決方法を提供するのが、第十七世如来大宝法王カルマパが唱導する相互依存の道であるとわたしは考えている。

チベット仏教カギュ派法王の身分にあるカルマパは、常々一般庶民が理解できる平易でありながらも効果的に救世を達成できる言葉によって仏法を広めていくことに心がけている。彼は、『崇高な心：内から外へ世界を変える』（*The Heart Is Noble: Changing the Worldfrom the Inside Out*）の中で、「相互依存」と「空」という二つの概念を基に、仏教では生命が無限の可能性を有することを指摘している（38-39）。すべての人と事物は他者および他の事物に依存することによって初めて存在が可能になり、われわれの生命の相互依存性は、このプロセスを絶えず繰り返すことによって、ますます多くの人々と繋がっていくことができるのである（40）。カルマパはさらに次のように強調している。「『最期まで』、いかなる人も事物もわれわれと無関係なものは（何一つ）存在しない、仏陀はこのような深い連鎖状態を叙述するために『相互依存』という言葉を作り出したのである。相互依存は（この世の）実相であり、それはまた人類の生命とあらゆる事物や状態の本質でもある。われわれはみな互いに関わり合いながら、互いの因縁条件にも影響を及ぼし合っているのである」（41）。万物の存在状態はみな緊密な繋がりを持ち、互いに依存し合っている。そのため、人類は自分の行動に対し責任を負わなければならない。なぜなら、われわれの選択と行動はそれが引き起こす結果に直接的な影響を及ぼすものだからである（41）。

その上で、カルマパは、相互依存の定義を次のように説明している。「『相互依存』とは、われわれの周囲の世界との継続的な相互作用であり、（言い換えれば）双方向による相互交流である。われわれは（周囲の世界から、多くの物を）受け取りながら、同時に（周囲の世界に対しても多くの物を）与えているのである。あたかも地球上のわれわれ（人類）の存在が多くの因子の重層的な促進作用によるものであるのと同じように、われわれの存在もまた他者―他の人、社会集団、および地球に（対し、数多の因子の一つとして）影響を与えているのである」（42）。

さらに、カルマパは（このような）相互依存の道に基づいて、環境保全についても一貫した唱導をしている。（その理由は、）人類は地球と良好な相互関係を築くことによって、初めて永続的な生存が可能になると考えているからである。カルマパは（これに関して）次のような指摘をしている。「われわれは、地球上の消費文化がすでにわれわれの地球に大きな破壊を引き起こしていることを目にするが、このような（消費）文化は人の心を徐々に蝕む元になる―貪欲さから生じるものである」（150）。資本主義が作り出したこの「貪欲さ」に抵抗するためには、われわれは慈悲と智恵の力を発揮させ（生物の）生態を重んじ、自然を敬うことが大切である。「われわれが自分と環境との関係を慈悲と智恵とから成る土台の上に築き上げた時、初めてこの両者を真の永続的な関係へと変化させることができるのであり、われわれ人類にはこのような関係を構築する能力が備わっているのである」（171）。（とは言え、）生態環境の保護を力行することは相互依存の道の一環に過ぎず、最も重要なことは自他の間に存在する相互連結の関係を認知し、自他の対立を招く差別意識を取り除くことである。この観念はちょうどヨーロッパ中心主義が二項対立を基礎として、それを（自らの）立脚点とするのとは相反するものであり、これによって、唯我独尊と他者に対する差別的イデオロギーの抜本的な解決が可能となるのである。カルマパは、何よりも内（面）から外（界）へ、慈悲と愛の願力によって世界を変えなければならず、そのことによって、われわれが血肉化させているヨーロッパ中心主義に対する過度な偏向を適切に矯正することができるのであると指摘している。

二〇一七年に出版された『相互連結：グローバル化社会の中の命の抱擁』（*Interconnected: Embracing Life in Our Global Society*）において、カルマパは相互依存の道とその重要性についてより詳しく解説するとともに、ヨーロッパ中心主義に対する妄信を打ち破る可能性について言及している。平等と多様性（equality and diversity）を論述した（この）文章の中で、彼は多様性の価値に言及し、宗教の多様性に対する考え方を提起している。その中で、彼はグローバル化と消費主義は人々に同等の物質的豊かさを渇望させ、幻想に過ぎない外面的な物質的平等を追求させるが、それは偽りの平等に過ぎず、本当の平等の実態は実は（われわれの）心の内面から生ずるものであると忠告している（79）。さらに、相互依存の道はわれわれに自然環境の中の生物多様性（biodiversity）の重要性を教示すると同時に、人類世界の多様性の重要性も理解させてくれるものであり、相互依存の道に従うことは違いによりもたらされる利点を認識させてくれるだけでなく、ひいては違いによりもたらされる美しさをも発見することに繋がるのである。人は生来みな（等しく）善良で、快楽を追求するものである。しかしながら、外部環境の相違から異なる趣味、習慣、ならびに性向を身につけるようになる。人はおのおの個々別々の存在であり、経験や自他との相互関係にも違いがある。（正に）それと同様に、人類社会も歴史的経緯の違いによって（各々の地域で）発生した文化には違いが存在し、植物の相違が森林の生態系を強固にするように、人類の相違もまた人類社会を強大かつ健全にさせるものなのであると指摘している（84）。

さらにカルマパは、人類のさまざまな違いの中で、特にわれわれが受け入れ難いのは宗教のようで、そのため宗教の相違性という重要な価値（観）はなおさら受け入れ難いようであると述べている。しかし、外面的な歴史文化の情景（の相違）が、宗教の組織、教義、信仰様式などに違いをもたらすことを考えれば、宗教の多様性は（極めて）必然的な現象である。人は一人ひとり個性や欲求が違う。（その点を考慮すれば、）大衆にとって（宗教の多様性による）最大のメリットは異なる信仰が選択できるということである。このように（宗教の多様性は、）人類社会にとっても有益なものである。仏教の観点から言えば、ある特定の宗教だけを一番良い宗教だと強調してみたり、他の宗教の論点はまったく成り立たないなどと中傷したりすることは何の利益にもならない。なぜなら、それは人の個性や欲求に対する配慮に欠ける行為だからである。カルマパは、自分が信仰する宗教を「一番良い」と声高に叫んだところで何の利益にもならない、「（何よりも）重要なことは、その宗教が自分にとって相応しいものであるかどうか、さらにはその宗教が自分の利益を得る助けになるかどうかである」（*Interconnected85*）と指摘している。このことから分かるように、彼はすべての人が単一の宗教あるいは信仰を求める必要はないと考えているのである。

彼は、さらに相同（sameness）と相違（difference）の例えとして、チベット人をモデルにした樹根と樹葉を引用し、次のように述べている。衆生の根源は同一であり、個人ならびに社会の多元的発展は樹枝のようなものである（78）。そしてまた、宗教の多様性を議論する中で、次のようにも強調している。すべての宗教の根源はいずれもわれわれが自身の心と智恵に基づいて苦悩から逃れ快楽を得る方法を見出し、如何に有意義な人生を送っていくのかを教え導くものである（84）。その上で、それを引き合いに出し（先のチベット人の）樹木の比喩は宗教の多元的相違性にかなり適応できるものであり、どの宗教も共通の根源を有する一方でそれぞれの宗教が特有の形式と表現法方によって、（あたかも）大樹の枝幹のようにめいめいに発展を遂げ、各々の風采や才華を備えているのである。だからこそ、われわれは異なる宗教の多様性や相違性を尊重しなければならないのであると述べている。

事実、カルマパは『崇高な心』の中で、イスラム原理主義派により破壊されたアフガニスタンのバーミヤン大仏を例に挙げ、互いの宗教を隔離させる高い壁を打破することが非常に重要であると述べている。そして、「心の信仰が人と人の間に高い壁を築くことに用いられるならば、それは精神修養の目的を全く誤解していることになる。（そもそも）精神修養の意味は、より自分自身に近づくことでなくてはならず、自分自身によりいっそう近づいた時、他者に対してもよりいっそう近づくのである。宗教および心の内面に関する事柄に（対して）は、偏見やレッテルを取り除かねばならず、それを増大させてはならないし、また、人と人との間の垣根についても打ち砕かなければならず、それを構築してはならないと述べている（242）。こうしたカルマパによる多様性、特に宗教の多様性を尊重した見解は、ヨーロッパ中心主義が他の宗教や文化系譜の運用モデルを流用することや改ざんすることを物ともしないのとは（まったく）対照的であり、ヨーロッパ中心主義の自己中心的世界観の矯正には極めて有効である。

（実は、前述した）アミンも世界中におけるアメリカグローバルによってもたらされた極端な資本主義イデオロギーを批判したことがある。この点に関する論述の中で、彼はヨーロッパ中心主義の（定着）範囲はすでにヨーロッパ（地域）に限定されたものではなくなっており、今日のヨーロッパ中心主義を代表するのは、実は世界で最も強権的なアメリカであると述べている。アメリカは大西洋を挟んでヨーロッパとは遠く隔たっているものの、建国以来この二百年余り、社会の主流は一貫してヨーロッパ中心主義を信奉し、その上、時としてその推進力がヨーロッパに勝ることさえもある。最近、何かと事を煽り立てるトランプ政権下において、極右派の白人至上主義（white supremacy）が日増しに気勢を増大させ、欧米などの地域で（その勢力を）一段と拡大させているのは、その何よりもの具体的例証である。

相互依存の道は、正にこうした欧米諸国が強調する行き過ぎた個人主義の矯正を可能にするものなのである。

カルマパが『相互連結』のために、アメリカの大学生向けに開設した夏期研修の内容を集録した「相互依存の個人として」（"Being An interdependent Individual"）の一章の中で、（彼は、）特にアメリカの建国の理念とする独立精神を改めて詳しく解釈する中で次のように述べている。これまでわれわれは一貫して誰もがみな（自分が）他者と離れた自給自足の独立した個人であるという考え方に何ら疑惑を質してこなかった。そればかりか、中にはこのような独立自主を崇める精神を近代西洋の産物であると考える人さえもいるが、実際はそうではない。二千年余り前、仏陀がわれわれに相互依存の道理を教導したのは、人類が独立自主の個体であるという思い込み（こそ）が、われわれの生命を混交に落とし入れる原因を作り出すものであり、それと同時に最も深刻な社会問題の根源であるからである。それはまた、社会および個人の幸福をも害するものであり、われわれに自他のつながりを蔑ろにさせ、過小評価させるものでもあるからである（59-60）。さらにカルマパは個人的な立場としたうえで、如何に相互依存の個体として、われわれが再び現実から離れないように支援することができるか探求するのであると述べ、われわれは現実的にわれわれが誰で、如何に相互連携すべきなのかについて理解を深めれば深めるほど、われわれの生命をより円満に、そしてより有意義にさせることができるのである。言い換えれば、「相互依存の個体」という概念は決して矛盾するものではなく、むしろわれわれがより一層より素晴らしい生命を持つことができるように上手に教導してくれるものであると指摘している（60）。

さらに、相互依存の個体を如何に作り出すべきなのかについて説明する中で、カルマパは自分自身を例に挙げ、相互依存は個体性を弱めるものではなく、逆にわれわれが独特な個体となるための支援をするものであると述べ、相互依存の道を受け入れることは個体性に異なる意義をもたらすものであると指摘している。その上で、同様の道理は、アメリカ人の心に深く入り込んだ自立心（self-reliance）という概念からも立証することができ、相互依存の観点から自立心を考えることによって、健全な自立心のための安定した基礎をうち固めることができるとも述べている（64）。

カルマパが開示した仏法では、われわれはみな自分で自分を見守らなければならないと述べられている。十分な自己管理ができてこそ、初めて他者を管理することができるのであり、他人に関心を寄せる第一歩を踏み出すことが非常に重要であり、そうでなければ自分だけに過度な関心を寄せることになってしまう。われわれは常に、ついつい自分を必要以上に労わり過ぎたり、構い過ぎたりする傾向があるが、自分だけに関心を寄せるようになることで、われわれが独立した自主的な固体であるかのような誤解を抱き、生命の中に深い錯乱を生じさせてしまう。自分だけに目を向けることは、生命の広い繋がりを見えなくさせ、認知の面から言っても何が「自分」で、（どれが）「自分の物」なのかということだけに関心を向けるようになり、自分と直接関係のある事柄とだけ関わるという狭い繋がりになってしまう（67-68）。

カルマパは、（さらに）監獄の比喩を用い、次のように注意を喚起している。われわれは自縄自縛に陥ってはならない。自己中心主義はちょうど監獄のようなものであり、われわれを他の人や事物から遮断させてしまう。自分にだけ関心を払うことは、われわれを監禁された囚人へと変えてしまうこと（と同じ）である。自己中心主義および利己主義は正にわれわれの獄卒（看守）であり、われわれに自ら世間との繋がりを断たせてしまう。他者との隔絶が自分の天性であると信じる考え方は独立自主的個体の考え方であり、自己中心主義により造り出された牢壁をますます堅固にさせることになってしまう。なぜなら、それはわれわれ自身がもたらした孤立状態であり、自分を釈放できるのはほかでもなく自分自身だけだからである（68）。

同時にカルマパは、われわれが時々人生の軌道修正をする必要性も説いている。その理由は、生命の歩みは、われわれに相互依存の道を理解する、より多くの機会を提供し、相互依存の道に向け、われわれをますます前進させてくれるからである。日常生活における経験にはそのチャンスが溢れており、われわれはそのチャンスを活用することによって、自分の謙遜さ、自信、あるいはわれわれが強化させたいと思っている全ての内面的性質を強化させることができるのである。（そして、）それにより相互依存を理念からわれわれが自ら感じ取ることのできる非常に大切なものへと転化させることができるのである。真の相互依存の道が実践できた時、われわれは人と人との繋がりを理念からある種の生活様式へと変えることができる（74）。われわれは相互依存の道を十分に理解しそれを実践した時、初めて個体性を備えながら相互依存のネットワークの中で生きられる存在として、人と自然との緊密な繋がりを有する個体となることができるのである。

カルマパは『相互連結』の書物の中で、相互依存の道を培う多くの方法を提供しているが、その一つは、われわれは他者の善行を覚えておかねばならないというものである。（なぜなら）それは、常に他者の善良な人柄を覚えておくことが、自分で相互依存を深く掘り下げて理解するための感覚を養う実践方法に他ならないからである。相互依存の道は仏法の教えではあるが、仏教徒でなければそれを修得することができないというものではない。具体的な実践方法は、意匠を凝らしながら他者の善行を思い浮かべた後、頭の中で繰り返しその思索を巡らせながら正しい知覚を強化させ、心の中を他者の恩恵に対する感謝の気持ちで満たすことである（52）。常に他者から自分が受けた善意を思い浮かべることで、正にヨーロッパ中心主義が自分たちのことだけを尊重し、世界のリーダーであり救世主でもあるかのように自認する誤った心理状態を矯正することができるのである。

この小論文は、第十七世大法王カルマパが仏法の教義に基づいて提唱した相互依存の道によって、数百年にわたるヨーロッパ中心主義がもたらした混乱、暴力、および自然環境の破壊（などの問題）の解決を提議するものである。実際には、どの宗教もみなわれわれが如何に互いを尊重し、自他を分断する差別心を打ち破ることを教導するものであり、どの宗教の目的もみな共通して美しい世界を創造し、衆生が落ち着いて生活ができるようにすることである。われわれは資本主義が実権を握る（この）無法な時代に身を置き、目にするものはいずれも奇怪な様相を呈するけばけばしい光彩が入り混じった偏向した行為と、いたるところで起こってる自然資源の濫用による生態系の危機ばかりである。しかし、われわれは自ら相互依存の道を力行することができるようになれば、いつの日かこの乱世を鎮め正常な世界を築き上げるエネルギーを生み出し、衆生が平等に共存するための新たな希望を見出すことができるのである。

＊（　）内の文章は、訳者が補筆したものである。

参考文献

ウゲン・ティンレー・ドルジェ、第十七世法王カルマパ『崇高な心：内から外への世界改変』〔*The Heart Is Noble: Changing the World from the Inside Out*〕施心慧訳、台北、衆生出版社、二〇一三年。

Amin, Samir. *Eurocentrism: Modernity, Religion, and Democracy: A Critique of Eurocentrism and Culturalism.* 2nd ed. Trans. Russel Moore and James Membrez. Cape Town, South Africa: Pambazuka Press, 2011.

Ogyen Trinley Dorje, Karmapa XVII. *Interconnected: Embracing Life in Our Global Society.* Ed. Karen Derris and Damchö Dianna Finnegan. Trans. Damchö Dianna Finnegan. Somerville, MA: Wisdom Publications, 2017.

Pokhrel, Arun Kumar. "Eurocentrism." *Encyclopedia of Global Justice.* Ed. Deen K. Chatterjee. Dordrecht, Netherlands: Springer, 2011, 321-25.

仏教における超越
――横超に焦点をあてて――

北畠知量

はじめに

仏教の根本は、縁起と四諦八正道である。求道者は、この教えを会得することによって存命中に覚りを得ようとした。だがこれをどう会得するかに関して様々な意見の対立が生じ、仏教は多くの宗派に分かれてしまった。そして各宗派は、仏道修行に関してそれぞれ独自の見解を有するに至っている。けれどもこれらの見解には共通点がある。それは、仏道修行の行程を段階的なものと想定し、その途上で、自我が自分自身を超える超越があるとする点である。

この超越の諸段階をどう考えるかに関して、各宗派はそれぞれ独自の教学を展開するが、本稿で注目するのはその方向性である。

本稿は、この超越に上、内面、横の三方向性があることを踏まえながら、横への超越である浄土真宗の「横超」がどのような特徴を有しているかを示そうとしたものである。

I　上への超越

初期仏教経典には求道者が覚りを目指して歩む行程が説かれている。その用語や説き方は様々であるが、次に示すのは、求道者が自らの自我を否定・克服し、覚りに向かって上昇しようとする教説の基本「四向四果（四沙門果）」である。(1)

これは、修業の行程を四つの段階（「預流」「一来」「不還」「阿羅漢」）に分け、各々の段階内における修行行程（向）とその到達点（果）を示したものである。教説には歴史的発展が認められるが、その基本は図のようになる。

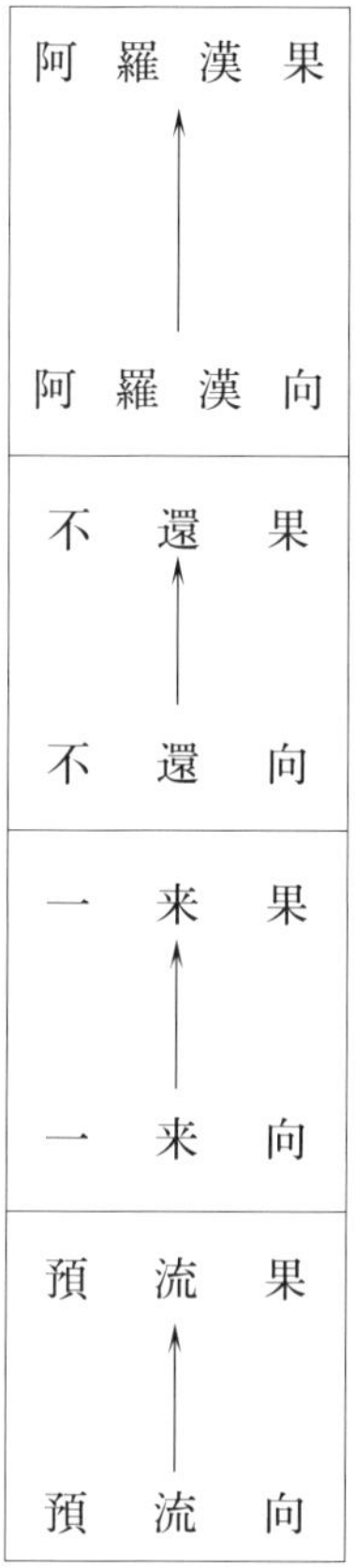

大乗経典の中では『華厳経』が十住、十行、十回向、十地の修行行程を説いている。この十地は、もともと独立経典であった「十地経」が『華厳経』に組み入れられたものであるが、ここに第一「歓喜地」から第十「法雲地」までの行程が示されている。求道者はこの行程を経て仏になるのである。

またこれをもとに中国で成立した『瓔珞本業経』は、五二段階からなる「菩薩の階位」を説いており、その説明は実に詳細である。(2)

空海は『秘蔵宝鑰』において人間の心を十の発達段階に分けて説いている。(3) それによると、人間の心は、煩悩にまみれ本能の赴くままに生きる心である「異生羝羊心」に始まり、道徳的・儒教的段階、小乗・大乗の段階、天台・華厳などの九段階を経て、真言密教の段階である「秘密荘厳心」に至るとされている。

ここで空海は十住心に関して、劣った心と勝れた心という差別の階級を立て、段階的に凡夫の妄情を取り除いていくというのは「遮情門」の立場であり、これら十住心を平等に見て、それが直ちに真実の功徳を表したものと見るのが「表徳門」の立場である。そして両者はともに一つの絶対真実をあらわすものであるから、不二にして二であり、二にして不二であるとしている。従ってここでは初地即極果ということになる。

また道元の有名な言葉。

「仏道をならふといふは、自己をならふなり。
自己をならふといふは、自己をわするるなり。
自己をわするるといふは、万法に証せらるるなり。
万法に証せらるるといふは、自己の身心および他己の身心をして脱落せしむるなり。(4)」

ここには、自我（自己）が世俗的なものを脱落させながら、「ならふ・わすれる・証せられる・身心脱落」という段階を経ながら上へと超越し、更に他己の身心を脱落させる利他の姿が示されている。

以上に見た諸例においては、自我が凡俗な自分を上へと超えることで煩悩を捨て、心（心識）を純化し、覚醒の度合いを高めていく姿が示されていると言えよう。自我が自らを上へと超越する。これが仏教の本来の姿である。

Ⅱ　内面への超越

自我が覚りを目指して歩む方向は、上だけではない。

弥勒を祖とし、無着・世親によって大成された唯識の教えは、自我が自らの内面へ向かうような方向を内包しながら、自我を含む心の全体が知的に純化される仕組みを説明している。

唯識思想によれば、この世界の諸現象はただ識（心の本体）の表象であるとされる。外界の存在は、存在しているかのごとく現われ出ているにすぎないのである。これを『華厳経』では次のように説いている。

又作是念。三界虚妄。但是心作。十二縁分。是皆依心

（又、是の念を作さく、三界は虚妄にして、但だ是れ心の作なり。十二縁分も是れ皆な心に依る。『大方廣佛華嚴經十地品（第二十二之三）』

心とは識であり、それは全体で八識に区別される。

前六識（眼耳鼻舌身意）

その下層にある第七識（末那識）

さらにその下層にある第八識（阿頼耶識）

前六識に代表される自我は、自分が対峙する世界に働きかける。そのときの業（行為とその影響。体で行う、口で言う、心に意図するという身口意の三業に分類される）は、表に現れた業（表業）と現われなかった業（無表業）に区別されるが、この後者の無表業が、業の種子（後に業となって現れる）となって識の深層に浸透していくことになる。

自我が、六波羅蜜（布施、持戒、忍辱、精進、禅定、知慧）の行によって世界に正しく向かい合えば、それによって先ず自我が改善され、その行によって生じた善き無表業の種子が末那識さらには阿頼耶識に浸透してこれを変容させていく（種子の薫習）。

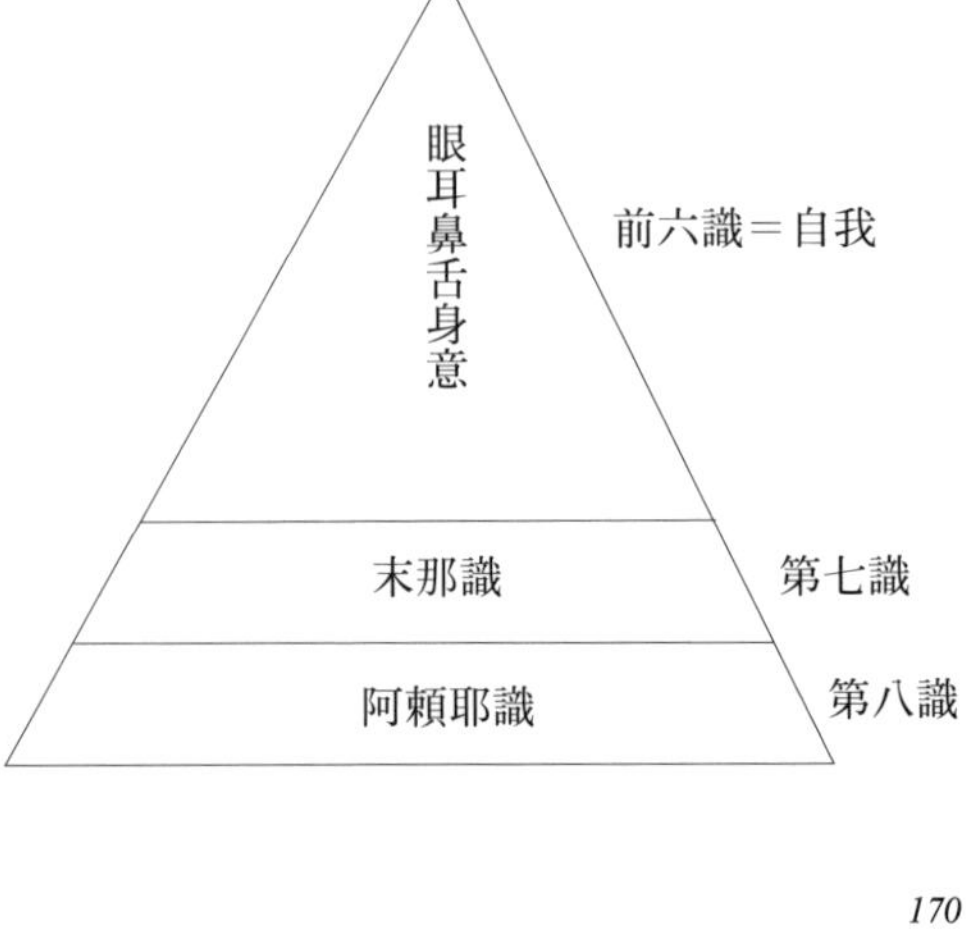

この浸透（薫習）によって、末那識の智が変容し、更に阿頼耶識の智が変容する。するとこの阿頼耶識は末那識の働きを変え、その末那識は前六識の働きを変える。こうして識全体がより正しい智を備えるようになると、この智的変化に相応した求道の歩みが現れることになる。それが次に示す五段階である。

資糧位：覚りに向かうための準備をし、その必需品を蓄える段階。

加行位：一定の資糧を基礎に、六波羅蜜の行を追加する段階。

通達位：六波羅蜜を行じた結果、一定の域に到達した段階。

修習位：六波羅蜜の修行の成果すべてを会得する段階。
究竟位：識の全体（八識＝心）の智が全面的に純化され、四智に変化し、覚りの域に達した段階。

唯識の行者は、六波羅蜜を通してまず自我の改善に取り組み、そのことを通して内面の改善（種子の薫習）を推し進めようとする。そこに内面への動きがある。その結果生じる識の五段階の変化は、現行の識の状態を内面へと階段的、超越する様相を呈している。

唯識思想は、臨床体験の蓄積から生まれたものではないので、現実の精神疾患の患者に対しては何の役にもたたない。だが、求道の途上で直面する我執の克服という課題に対しては、なかなか示唆的であると言えよう。唯識の場合、内面への動きは種子の薫習という姿のものであったが、中国仏教においては、自我が自らの内面を志向するという動きが鮮明になってくる。それは、世俗の垢にまみれた自我が、純粋自己、覚った自己、本来の自己、救われた自己を目指して、自らの内面への深化を深めるという動きである。

この深化を象徴的に示しているのは十牛図であろう。

中国の北宋時代に流行した〈牧牛図〉は、牛を題材とした絵と解説（偈文）によって禅修行の過程を表現したものであるが、その中でも特に十章からなるものを十牛図と呼んでいる。古く日本で流布したのは廓庵師遠のもの（一二世紀）である。牛は人の心の象徴である。あるいは、牛を悟り、童子を修行者と見立てる。修行者である童子が牛を探す段階は、以下のとおりである。

㈠ 尋牛：牛（覚り）を捜そうと志す。自己喪失の自覚。
㈡ 見跡：牛の足跡を見つける。経典や祖録によって本来の自己への糸口をつかむ。

㈢見牛：牛の姿を垣間見る。修行によって本来の自己に目覚める。
㈣得牛：力尽くで牛をつかまえようとする。本来の自己を掴む。
㈤牧牛：牛をてなずける。本来の自己を自分のものとする修行。
㈥騎牛帰家：牛の背に乗り家へむかう。本来の自己を自分のものとした段階。
㈦忘牛存人：家にもどり牛のことを忘れる。自分が本来の自己と完全に一体化した段階。
㈧人牛俱忘：すべてが忘れさられ、無に帰する。自分が無となる。
㈨返本還源：原初の自然の美しさが現れる。現実世界への回帰がおこる段階。
㈩入鄽垂手：覚りを得た修行者（童子から布袋和尚の姿になっている）が人々を教導する段階。(5)

牛に象徴される覚り、すなわち「本来の自己」は、外にあるのではなく、自らの心の内にある。そこに到達する過程はまさに自己の内面への下降である。下降し切った時に覚りを得る。覚りという自利を得てからは利他が始まる。人も牛も無である覚り、衆生済度のために街に出ることがそれである。これで十段階が完結するが、㈢見牛に至る過程、ならびに㈥騎牛帰家に至る途上には、内面への超越がある。

このような下（内面）への志向は、興味深いことに、浄土真宗の教学者である清沢満之にも見出せる。清沢満之は、明治三一年一〇月の日記に、「自己とは何ぞや。是れ人生の根本問題なり。」と書いた後、次のように記している。

自己とは他なし。絶対無限の妙用に乗托して、任運に法爾にこの境遇に落在せるもの、即ち是なり。

只夫れ絶対無限に乗托す。故に死生の事、亦憂ふるに足らず。死生は尚ほ且つ憂ふるに足らず。如何に況はんや、此れより而下なる事件に於いてをや。追放可なり。獄牢甘んずべし。誹謗擯斥、許多の凌辱、豈に意に介すべきものにあらんや。[6]

これを踏まえて言うと、満之の「この境遇に落在せる」自己とは、法のままに、自然に、そうあるべく存在している自己であり、そのままで救われている自己なのである。だが自我はこの自己を受け入れることができない。だから自我と自己との間には距離がある。ではその距離とはどのような距離だろうか。

半年ほど後に、満之は次のように記している。

然らば何物か是れ自己なるや。嗚呼何物か是自己なるや。曰く天道を知るの心、是れ自己なり。天道を知るの心を知るの心、是れ自己なり。天道と自己の関係を知見して、自家充足を知るの心、是れ自己なり。自家充足を知りて、天命に順じ、天恩に報ずるの心、これ自己なり。[7]

これを踏まえて言うと、満之の自我は、先ず「天道を知るの心」へと内面深化を遂げ、更に「天道を知るの心を知るの心」へと深化し、そこで「天道と自己の関係を知見して、自家充足を知るの心」に落ち着くことになる。自我と自己との距離はここに生じる。しかもその行程は、二段階に渡る内面への超越という姿のものとなる。[8]

以上に概観した内面への超越は、仏教以外の思想家（例えば綱島梁川）や俳人（例えば正岡子規）や心理学者

（例えばユング）などにも見出すことが出来る。

Ⅲ　横超

自我を超越する方向として、横への超越がある。これは浄土教とりわけ浄土真宗に特有のものである。浄土真宗の横超とは、自分は自力の修行によって覚りを開くことは不可能だという自覚に立ち、自我そのものを丸ごと弥陀に託すことによって自我を超えることを意味する。勿論その中身に関しては、歴史的な進展が認められる。

1　横超の教学的典拠

『無量寿経』の原典『スカーバティィー・ビューハ』Sukhvat-vyha（極楽の荘厳）に次のような一節がある。

各々よろしく努力精進して自らこの（仏国土に生まれることを）求めてみるがよい。そうすればこの俗世を超絶しおわって〈幸あるところ〉という世界に生まれることができよう。そのさいには、思いのままに五つの悪しき所を断ち切ることとなり、悪しき所は自然に閉ざされ、無限に道を昇ることができるであろう。[9]

ここで注目したいのは、「思いのままに五つの悪しき所を断ち切ることとなり、悪しき所は自然に閉ざされる」という下りである。

康僧鎧訳と伝えられてきた『無量寿経』は、この部分を「横截五悪趣、悪趣自然閉」と訳している。また支婁迦讖の『仏説無量清浄平等覚経』は、この部分を「無量清淨の阿彌陀佛の國に往生すれば、横に五道を截りて、悪道自ら閉塞す」と訳している。

要するに、仏国土に生まれようと精進努力し、そこに生まれることができたなら、五悪趣（地獄〜天）の輪廻を横截することになるというのである。

この「横截」という訳語に依拠して中国の善導は「横超断四流」という考えを導き出し、四流（四暴流）すなわち四つの煩悩（欲暴流・有暴流・見暴流・無明暴流）を横に超断して弥陀の世界に願入せよと説いた。

道俗時衆等　各發無上心　生死甚難厭　佛法復難欣　共發金剛志　横超斷四流　願入彌陀界　歸依合掌禮[10]

（道俗時衆等　各々無上の心を發《おこ》せ。　生死甚だ厭ひ難く　佛法復欣《ねが》い難し。共に金剛の志を發して　横に四流を超斷せよ。弥陀界に願入し帰依し合掌し礼したてまつれ。）

五悪趣を流転する人間がこの流転から脱して弥陀の世界に行こうとすれば、流転の因となる悪業煩悩がおこらぬようにせねばならない。そのためには四流の煩悩を断つ必要がある。だが、無上心を発しても容易には断つことのできない四流の煩悩を、どうすれば超断することが出来るのか。善導はその解決を求めたあげく、『観無量寿経』に依拠し、称名念仏して弥陀の願に順ずることのみが末法の凡夫に可能な往生の道だという考えに落ち着く。善導は記している。

「一心専念弥陀名号　行住座臥　不問時節久近　念念不捨者　是名正定之業　順彼仏願故」

一心にもっぱら弥陀の名号を念じて、行住座臥に時節の久近を問わず念念に捨てざるは、これを正定の業と名づく、彼の仏の願に順ずるが故なり(11)。

善導に依拠した法然も、「往生の業には、念仏を先となす」という立場に立つ。その法然に師事した親鸞も、当然、「ただ念仏して、弥陀にたすけられまいらすべし」という立場に立つ。彼らは、ただひたすら称名念仏して、地獄に堕つべき業を背負った我が身の極楽往生を弥陀に願おうとしたのである。この場合の横超とは、煩悩具足の自我が、念仏の功徳により、死に際して五悪趣を横截し四流を横超斷し、地獄に堕ちず浄土に往生することを意味する。こうして浄土に往生した者は、そこで覚りへの修行を積むことになるのである。

2　弥陀に託す

親鸞は、称名念仏による横超に、やがて「不審（疑問）」を抱くようになる。称名念仏に励もうとするが、これを十分に尽くすことが出来ない。そればかりか、当初に抱いた「踊躍歓喜のこころ」がおろそかになってくる。何よりも浄土に往生したいという心が起きてこなくなる。こうして親鸞は自力念仏の限界という壁、煩悩を断つことができないという現実に直面する。ここで親鸞は称名念仏による横超を一歩進める。

久遠劫よりいままで流転せる苦悩の旧里はすてがたく、いまだうまれざる安養の浄土はこいしからずそうろうこと、まことに、よくよく煩悩の興盛にそうろうにこそ。なごりおしくおもえども、娑婆の縁つきて、ちからなくしておわるときに、かの土へはまいるべきなり。いそぎまいりたきこころなきものを、ことにあわれみたまうなり。これにつけてこそ、いよいよ大悲大願はたのもしく、往生は決定と存じそうらえ。(12)

ここに示されているのは、「助けたまえと頼む念仏者」の立場から、「弥陀は、こんな自分であるからこそ、この自分をあわれみ救わずにはおれないのだ」と受け止める立場への深化である。そこには弥陀の救済に対する揺るぎなき信がある。この信は、救われようのない自分を深く自覚した時に、そのことを既に見越して自分に差し伸べられていた救いの手に気づき、「いよいよたのもしく」思って、その手にわが身を託すところに成立する。

自分が自分を弥陀に託すとき、「託す自分」と「託される自分」がいることになる。託される自分とは、罪悪深重煩悩熾盛の自分である。ただし、そんな自分を心ひそかに自覚しているだけのうちは、横超はおこらない。そんな自分に対する批判を極限まで深め、その自分の醜い姿を淡々と赤裸々に他者にさらけ出せるような力量が身についてきた時、ふと横超がおこる。それがおこると、こんな自分を受け取る弥陀に感謝せざるを得ない。煩悩熾盛の自分の自力救済を見限り、その自分を弥陀に託すことによって自分を超える。これが横超なのである。

3 即

善導や法然の立場では、横超するのは臨終時である。生前に念仏を積み重ねておけば、臨終時に、五悪趣の鎖につながれた我が身を横超して浄土に往生するのである。その場合、我が身を横超して浄土に往生する主体は、〈魂のようなもの〉だということになる。

だが親鸞の言う横超とは、臨終時のことではなくて、弥陀の救済に対する信を獲ることで即時に可能となる事態であった。『正信偈』の中で親鸞は「信を獲れば見て敬い大きに慶喜せん、即ち横に五悪趣を超截す」と述べ、即（すなわち）ということに関して「ときをへず、日をもへだてぬなり」と注記している。[13] 信を獲て即時に（五悪趣を超え）正定聚のくらいにつくと了解するなら、信を獲る主体は自我である。その場合、五悪趣を超えるということは、その一つである人間を現に生きながら、この輪廻の鎖に縛られている人間そのものの在り方を超え出る方向が想定されていることになる。これは、自我が自我から解放されることを指している。

ここで五悪趣の解釈を一歩進め、自我は、地獄、人、天を巡り歩くような生き様をするのだ、五悪趣とは自我のこの世での生き様なのだと了解すれば、横超とは、どうにもならない五悪趣の苦を抱え込んだ自我が、信心を獲ることで、そんな自分に執着することを止め、そんな自分をつき放し、そんな自分から解放されることを意味する。

ではその結果どうなるのか。

親鸞は大経の本願成就の文を「諸有衆生、その名号を聞きて、信心歓喜せんこと、乃至一念せん。至心に回向したまえり[14]」と読み下している。弥陀の回向する信心が獲られて横超がおこるときには、先ず歓喜の心が沸き起こり、それが声となって出る。これが念仏なのである。その念仏は、助けたまえと頼む念仏ではなく、頼もうとする自我が超えられ、迷っていた自我の姿が見え、助かっていたことが実感された時の感動の念なのである。

さらに親鸞は言う。

「弥陀の五劫思惟の願をよくよく案ずれば、ひとえに親鸞一人がためなりけり。されば、そくばくの業をもちける身にてありけるを、たすけんとおぼしめしたちける本願のかたじけなさよ」

念仏が出て自我が横超される際には、「かたじけない」という謝念が沸き起こり、それが事ある度に繰り返される。ここに飄々とした生き様が現われることになる。

以上から、横超は自我が信を獲ることによってこの現生において可能となるが、その際には歓びと謝念が生じるという点を指摘することが出来よう。

自我が自分を克服していく従来の方向は、「竪」方向であった。ところが念仏することで「横」の発想が出されたことになる。さらに段階的に自我を超えていく「出」と、自我を一気に超えていく「超」の四つを組み合わせることで、親鸞は日本仏教の教相判釈（二双四重）を行い、横超こそが真宗だと断じたのである。親鸞は、こう宣言している。

「横超」とは、本願を憶念して自力の心を離るる、これを「横超他力」と名づくるなり。これすなわち専の中の専、頓の中の頓、真の中の真、乗の中の一乗なり、これすなわち真宗なり。

4　回心と横超

横超に先行して回心がある。回心とは、自力による求道の限界に直面した自我が、自らの救済をことごとく弥陀の他力にまかせると決した時、そこに既に、弥陀の手が差し伸べられていたことを発見することによっておこる。その時自我は、感極まって、自力を旨としてきたこれまでの自我を超える。だからこれは、最初の横超である。

蓮如は親鸞の言葉を次のように了解する。

されば聖人の御ことばにも、「一切の男女たらん身は、弥陀の本願を信ぜずしては、ふつとたすかるという事あるべからず」とおおせられたり。(15)

「ふつとたすかる」のは、その時に回心が起こり横超が起こるからである。これが浄土真宗である。真宗は、死ぬまで煩悩と共にある自我を横様に超えるということが末法の凡夫の救われる道だとするのである。

この回心＝最初の横超を体験した者は、覚りを求めて再び自力修行を試みようとはしない。善き人間を目指して倫理・道徳を修めようとはしない。利他を試みて、死者供養のために念仏を称えることもない。まして良日吉日にこだわることは無い。このような回心だけが本物の回心である。その意味で回心はただ一度だけ生じる。だが、自我の思いに執着して苦しむということは、生涯ついて回る。そしてその苦が高じたときに、ふっと横超が起こるのである。

Ⅳ　横超の具体的な姿

ではその具体的な姿とはどのようなものか。その局面を三つほど挙げておこう。

1　惨めな自分を横超する局面

惨めさのレベルに応じて、様々な横超がある。

〈軽い次元の横超〉

在家にあって浄土真宗の教えを深く会得し、報恩謝徳の日常を送った人々を妙好人と呼ぶが、その一人に数えられる源左の話。

野良仕事の帰り道、家路を急ぐ源左は激しい夕立に打たれた。疲れた老体が頭からつま先までびしょ濡れになる。そんな姿で夕立の中をゆっくり歩く源左に、いたわりの声がかかった。

「爺さん、ぬれたの〜。」

すると源左

「ありがとうござんす〜、鼻が下に向いとるで有り難いぞなあ。」

ふつうの人間なら「疲れておるのに夕立にまで打たれて、何と忌々しい。もっと早く帰ればよかった。帰ったら酒でも飲んでやるか」などと愚痴るのが普通。源左も愚痴ったかもしれない。ところが源左はそんな我が身を横超し「鼻が下向きで有り難い」と受け止めた。源左がそう受け止めたとき、びしょ濡れで歩く惨めな自分は、弥陀の慈悲に包まれて歩く有り難い自分に変わっている。ここに救いの世界が開けている。

〈重い次元の横超〉

災難で家財を失う、家族が突然死ぬ、末期癌だと告知される等々。このようなどうしようもない時に、何気ない日常の光景が光り輝いて見え、それに深く感動することがある。

例えば、癌の転移が確認され、余命数カ月の告知を受けた鈴木章子の言葉。

「病院から帰ってきましたら、裏庭に、一輪だけバラの花がまだ咲いておりました。私は、あのバラの花を見てすごく感動しました。不平も言わず、バラはバラの花を咲かせて満足している美しさに感動いたしました。[16]」

この時鈴木章子は、〈悲惨な自分〉から〈バラがバラの花を咲かせて満足している美しさに感動する自分〉へと横超している。自分はあのバラであるべきなのだ。それぞれのものがありのままの自分を受け入れて満足すればよいのだ。これが横超である。

この種の横超は、真宗に限らない。だが真宗の道を歩んでこの種の横超を体験した者は、そこに弥陀の慈悲を感じ取るのである。

「ようこそ、ようこそ（源左）。」

2 自力の自分を横超する

自力・他力が云々される場合、大前提がある。それは、〈この自我が救われるには〉という前提である。大乗仏教は、自利利他の立場に立つ。ところが親鸞は、自利利他できるのは法蔵菩薩であり人間がそれをすることは不可能だとの見地に立って、自利利他する際の自力性そのものを放棄してしまう。

「親鸞におきては、ただ念仏して、弥陀にたすけられまいらすべしと、よきひとのおおせをかぶりて、信ずるほかに別の子細なきなり。」

これは、自力の行の限りを尽くした結果、それが全うできないという自覚に立つところに生まれた絶対他力の救済観である。ここで親鸞は、どうすれば救われるかと悩む自分を横超し、ただ信じるという立場に立ったのである。

かつて清沢満之は、自分の研究や論理の限りを尽くして「わが信念」を求め続けたけれども、ある時このような自力の姿勢をひるがえし如来を信じることになった。満之は言う。

「私の信ずることの出来る如来というのは、私の自力は何等の能力もないもの、自ら独立する能力のないもの、その無能の私をして私たらしむる能力の根本本体が、即ち如来である。―中略―この私をして、虚心平気にこの世界に生死することを得しむる能力の根本本体が、即ち私の信ずる如来である。(17)」

当時、不治の病であった結核を患う満之は、自分の生存根拠を問うた。それは、自分はなぜここに生存しているべきなのかという問いになるだろう。この点を究極まで問うたとき、有限なる生命を生きる人間にその答えは出せない。そこに浮かび上がるのは無限なるものである。それが満之の場合は如来であった。つまり満之は、なぜここに生存しているべきなのかを問う自分から、如来あっての自分へと横超しているのである。

妙好人の才市（さいち）は、ここのところを実に素朴に表現している。

さいちよい。
へ。
他力を聞かせんかい。
へ。他力自力はありません
ただ　いただくばかり。(18)

いただくものは、良いものだけではない。生老病死の様々な苦。それを「ただいただくばかり」の自分は、いただくものを受け入れたり断ったりする自分を横超している。自力他力を云々する自分をこえて、「お与え様」の世界に身をゆだねている。(19) ただしこの姿は、いただくものを受け入れたり断ったりする自分の自力の極限を尽くしたところに開かれる世界であることに留意すべきであろう。

3　罪悪深重の自分を横超

自我の在り方そのものの罪悪性を深く自覚し、そこに既に、救済の本願が建てられていたのを知った時に横超がおこる。だからこれは、機法一体が成就した時におこると説明することもできる。

浄土教の高僧たちは、自らが愚かであることは告白したが、自らの罪悪性を問題にはしなかった。この罪悪性を徹底的に見つめたのは親鸞であった。

無慚無愧のこの身にて　まことのこころはなけれども
弥陀の回向の御名なれば　功徳は十方にみちたまう

蛇蝎奸詐のこころにて　自力修善はかなうまじ
如来の回向をたのまでは　無慚無愧にてはてぞせん

弥陀の回向によって親鸞は「罪悪深重煩悩熾盛の自分」から「救われた自分」への横超を果たしている。親鸞が、自らの罪悪性を自覚する度に、その横超が起こったことであろう。妙好人の言動は、その様を彷彿とさせる。二つほど挙げてみる。

源左「おらがやあな者を親様ならこそ。[20]」

海には水ばかり　水を受け持つ底あり
才市には悪ばかり　悪を受け持つ阿弥陀あり。
うれしや、南無阿弥陀仏、南無阿弥陀仏。[21]

まとめ

このような横超による自我の救済は、現実の救いにはならないように見える。逆に、自我の思いが実現すること——例えば、心血をそそいで不可能を可能にし、努力を尽くして道を開く云々——が、確かな救いであるように見える。可能性がわずかでもあるなら、それを決して諦めるべきではない。

しかし自我は、このように満たされることだけによって救われるのではない。満たされることによる救いは、やがて限界を迎える。ほどなく自我そのものも消滅する。実体無き自我の思いに執着することを止め、これを超える所に救いを求めようとする。これが仏教なのである。

仏教の基本である縁起と四諦八正道は、自我そのものを超える道を示している。そのなかでも横超は、どうすることも出来ない悲惨な現実と向かい合った自我が、その現実を、どうすることも出来ない現実であると素直に受け止めることで、そう受け止めきれない自我を超え、静かに、平然と、果敢にこの現実に向かい合える姿を示唆している。悲惨な事柄に打ちのめされた人間は、横超することで悲しむ自分を乗り越え、以前の自分よりもスケールの大きい人間に成長して現実に向かい合えるのである。近年話題になる post traumatic growth は、横超のそんな姿の一面を示していると言える。(22)

このような度重なる横超が一定の所にまで進んだ時に、不思議な世界が開かれる。自分をどん底にまで突き落としたあの悲惨な現実が、自分に道を開いた尊い現実に変わるからである。

注

（1）「長阿含経」。『現代語訳阿含経典』平河出版社。なお『大毘婆沙論』や『倶舎論（賢聖品）』に詳細な説明がある。
（2）『総合仏教大辞典（下）』一一九八頁、法蔵館。
（3）空海「秘蔵宝鑰」角川ソフィア文庫。
（4）『道元禅師全集』第一巻、五一頁、春秋社。
（5）『岩波仏教辞典』四七七頁、岩波書店。
（6）『清沢満之全集』七巻、三八〇頁、法蔵館。この箇所に書かれているギリシャ語のスペルは間違っている。
（7）『清沢満之全集』七巻、四六〇頁、法蔵館。
（8）満之はここから利他を志向する。「自家充足を知りて、天命に順じ、天恩に報ずるの心」とは、利他の心である。けれども清沢満之の求道は、やがて内面への超越とは異質の方向に向かうことになる。それが横超である。
（9）『浄土三部経』（上）所収「無量寿経（梵文和訳）」九七頁、岩波文庫。
（10）善導『観経疏（玄義分）』。親鸞はここを「各々無上の心を發せども　生死甚だ厭ひ難く　佛法復欣い難し」と読んで、これを自力求道と見、「共に金剛の志を發して」以下を、他力をいただくというニュアンスで読み変えている。
（11）善導『観経疏（散善義）』真宗聖教全書、五三八頁。
（12）『歎異抄』九。
（13）『尊号真像銘文』『真宗聖典』東本願寺出版部、五三二頁。『一念多念文意』同五三五頁、同五四四頁。『唯心鈔文意』同五五〇頁。
（14）『仏説無量寿経』の本願成就文。二一二。
（15）蓮如『御文』五帖目二。ただしここで言う「聖人の御ことば」が、親鸞のどの文言を指しているのか特定できない。
（16）鈴木章子『還るところはみなひとつ』六八頁。死の二カ月前に行われた講話。一九八九年、東本願寺。
（17）『清沢満之全集』六巻、一三〇頁、法蔵館。
（18）樟恭編『妙好人才市の歌』一八六頁、法蔵館、昭和二四年。原文（ひらかな）を漢字交じりに改めた。以下同じ。
（19）『大乗仏典　中国・日本篇　28　妙好人』中央公論社。

(20)『柳宗悦　妙好人論集』二一八頁、岩波文庫。
(21)樟恭編、前掲、一七頁。
(22)外傷後成長と訳される。取り返しのつかない出来事に深く傷ついた人間が、それを乗り越え、以前よりも豊かな人間となって現実に向かい合っていける姿を指す。

欧米中心主義的近代の終焉と宗教の役割

――韓国思想紀行：群山東国寺から非暴力平和の近代を考える

北島義信

はじめに

二〇一七年春、圓光大學校宗教問題研究所所長・朴光洙教授とソウル大學校統一平和研究院の李贊洙教授から講義の依頼があり、私は喜んで承諾した。講義のテーマは、アジアの平和共同体についてであった。私は五月一一日には、ソウルの聖公会大學校、一二日は益山《イクサン》市の圓光大學校で講義をおこない、学生と討論をおこなった。講義では、一八世紀中期の安藤昌益の「大同思想」とそれを根本から否定する「靖国イデオロギー」の批判を通して、東アジア平和共同体の構築を論じた。両大学とも、学生諸君はとても熱心で、質問も多く、その内容も現代の課題と一致したものであり、講義後の一時間の討論は一瞬のうちに過ぎた。討議を通して、なによりも感激したのは、右傾化を強めている日本の社会政治的現実を正確に学生は理解しており、日韓市民が平和実現に向けて、ともに「活かしあう」相生の視点が学生の中に明確に位置づいていることであった。

私が韓国に到着したのは、大統領選挙の前日であった。非暴力による平和と相生を基軸とした東学思想は、三一独立運動（一九一九年）、一九八〇年代の民主化運動、一〇〇万人が集まった「ろうそくデモ」、文在寅《ムンジエイン》大統領の誕生へと確実に受け継がれており、若者はそれを体現していること、韓国社会には、近代市民が揺らぐことなく着実に存在していることを実感した。戦後日本の民主化運動のピークとなったのは、一九六〇年代の「安保闘争」であった。しかしながら、一九六〇年六月一九日においても、国会を取り巻いたデモ参加者は三三万人であった。この両者の参加者数の差は何か？　それは、韓国では東学運動に端を発する土着的近代思想の血肉化が受け継がれているのに対して、日本では沖縄等の一部の地域を除いて、そのような土着思想の血肉化が不在であるからだと痛感せざるをえなかった。

私は、さらに学生と対話し、多くのことを学びたいと思った。圓光大學校の講義を終えて、朴光洙教授、東北大学の片岡龍准教授とともに食事をしているとき、私は朴教授に申し上げた。「来年、朴教授、片岡准教授、それに私の三人で分担講義をして、充分に時間をかけて、学生と討論したいと思います。いかがでしょうか？」。朴先生は、大賛成であった。すると、私の講義にも参加頂いた片岡先生も賛同され、こういわれた。「とても、いいですね。討論の時間を保障するために、北島先生、来年の講義は韓国語でやりましょう」。片岡先生は、二〇一七年一〇月に開催される日韓国際学術大会の打ち合わせのために、圓光大學校に来ておられたのである。片岡先生は、韓国の大学で一年間、教鞭をとられたこともあり、韓国語は堪能である。私は、海外で英語講演の経験は何度かあるものの、韓国語はまったくできない。しかし、考えてみれば、片岡先生の意見は正当であるので、これも貴いご縁だと思い、つい頷いてしまった。なんとか、努力してみようと思っている。振り返ってみれば、私は西洋語ばかりを学んできた。大阪外国語大学のインド語学科では、ヒンディー語を中心にウルドゥー語も学び、ロシア語も真剣に勉強した。卒業後、フランス語、ペルシア語も独習した。これらは、基本的にすべて「インド・ヨーロッパ語」である。近隣の韓国語、中国語を学ぼうとはしなかったことは、「西洋中心主義」が私の思想のなかに存在していたからであろう。それを克服する手立ての一つとしても、韓国語を学びたいと思う。

しばらくして、朴光洙教授が私にお訊ねになった。「どこか訪れたいところがございますか?」。そこで、日本の植民地支配時代の痕跡がみられる場所を訪問したい旨を申し上げた。すると、朴光洙教授は、「群山《クンサン》の東《トン》国寺《グクサ》をお勧めします。益山《イクサン》からは、あまり遠くありませんよ」と答えられた。群山は人口三〇万人の、全羅北道の主要都市である。私は、植民地支配の時代に、日本に送るため、群山の港に山のように積み上げられた米俵の写真を思いだした。

翌日（五月一三日）、圓光大學校ヨーガ哲学研究所のキム・テヘ（Kim Tae Hee）研究員と圓仏教教務のお世話で、自動車で群山《クンサン》に赴いた。群山には、現在、植民地時代の日本家屋一七〇戸が残っている。群山市の管理している「広津邸」を見学したが、かなり立派な家屋である。港の近くには、群山近代歴史博物館があり、二階の展示は、植民地時代の群山を再現している。港の近くには、鉄道線路の痕跡もみられる。恐らく、収奪した大量のコメを運び込んだのであろう。群山近代歴史博物館の幾つかの展示写真や説明を見てみると、植民地支配のもとで、厳しい農民闘争があったことがわかる。

一　東国寺《トングクサ》とアジアの平和

昭和初期の群山の地図を見ると、旧市街地域を出た郊外に、曹洞宗の錦江寺《きんこうじ》がある。これが現在の東国寺《トングクサ》である。正面に向かって右側の門柱には、錦江寺という昔の寺号がはめ込まれている。上部の「曹洞宗」の文字は削り取られている。本堂に参拝したが、構造は日本でみられる曹洞宗の寺院と似ている。本堂の左側には、鐘楼がある。その横に、記念碑が二つ並んで建てられている。右側は日本語で、左側は韓国語で書かれていた。その文章を読み、深い衝撃を受けた。それは、私もよく知っている、日本の曹洞宗の「懺謝文《さんじやもん》」であった。これは、曹洞宗が戦争責任を懺悔・告白したもので、一九九二年一一月二〇日に曹洞宗宗務総長・大竹明彦師の名のもとに公にされたものである。この記念碑の「懺謝文」の下の部分をみてみると、次のような言葉が刻みこまれている。

東国寺の開山記念日に、日本の曹洞宗から発表された『懺謝文』(抜粋)を彫り込んだ石碑を東国寺の庭に建てて、除幕式を挙行する。

仏歴二五五六(西暦二〇一二)九月二八日

日本の「東国寺を支援する会」建立　　制作　益山市　蓮花石材

「懺謝文」は、曹洞宗が明治以降、太平洋戦争終結まで、政治権力のアジア支配に積極的に加担し、「アジアの人びととその文化を蔑視し、日本の国体と仏教への優越感から、日本の文化を強要し、民族の誇りと尊厳性を損なう行為を行ってきた」こと、またそのような行為を「釈迦牟尼仏と三国伝灯の歴代祖師の御名のもとにおこなってきた」ことの「重大な過ちを率直に告白し、アジア世界の人びとに対し、心からなる謝罪を行い、懺悔」をおこなっている。また、一九四五年の敗戦直後になされるべき「戦争責任への自己批判を怠った」という「怠慢を謝罪し、戦争協力への事実を認め、謝罪」を行っている。さらに、「懺謝文」には、「朝鮮・韓半島」についても、次のような具体的言及がある。「特に朝鮮・韓半島においては、日本が王妃暗殺という暴挙を犯し、李朝朝鮮を属国化し、ついには日韓併合により一つの国家と民族を抹消してしまったのであるが、わが宗門はその先兵となって朝鮮民族のわが国への同化を図り、皇民化政策推進の担い手となった」。これは、曹洞宗宗門が、「仏教を国策という世法に従属せしめ、更に、他の民族の尊厳性とアイデンティティを奪い取るという二重の過ちを犯していた」ことを示すものである。

『懺謝文』は、このような日本の犯した植民地支配・戦争に加担した曹洞宗教団の責任の懺悔・告白に基づき、碑文においては「省略」されている部分で、平和実現の方向を、次のように仏教の「空・縁起」思想、共生・相生の実践に見出している。

人も国家も、民族も、それ自体で独立した存在として、他の侵犯を拒絶するものであるが、一方、それ自体が、個として独立的に存在し得るものではない。人も国家も、相互依存関係の中においてのみ存在し得るものである。…仏教においては、他との共生は必然である。他との共存こそが自らの生きる根拠なのである。自を見つめ、自を律し、他とともに生き、他と共に学ぶ生き方こそ仏教の平和思想なのである。われわれは過去において、この視座を見失い、仏教と遠く離れた位置にあった。…われわれは重ねて誓う。二度と同じ過ちを犯さない、と。そして、過去の日本の圧政に苦しんだアジアの人びとに深く謝罪し、権力に与して加害者の側に立って開教にのぞんだ曹洞宗の海外伝道の過ちを深く謝罪するものである。(日本宗教者平和協議会編『宗教者の戦争責任懺悔・告白資料集』白石書店、一九九四年、五二〜五三頁)

二　『懺謝文』碑建立と少女像

東国寺の境内に建立された、日本語と韓国語の『懺謝文』の記念碑の建立は、具体的な平和実現の誓いの取り組みの一つであるといえる。このような取り組みは、日韓の宗教者・市民の協力によるものである。

「懺謝文」を彫り込んだ石碑の建立者が、「日本の『東国寺を支援する会』」となっていることに私は大きな関心を持った。この「支援する会」と東国寺について詳細を知りたいという私の関心に、親友の趙晟桓《チョソンファン》先生(圓光大學校圓仏教思想研究院責任研究員)は応えて下さり、「東国寺を支援する会」代表である一戸彰晃《いちのへしょうこう》師の著書『曹洞宗は朝鮮で何をしたのか』(皓星社、二〇一二年)の存在を教えて頂いた。帰国後、早速この書を入手し、一気に読み終え、幾つかの不明な点が明確になった。

本書によれば、東国寺は、「一九四七年、韓国の仏教者・石門南谷師(一九一三〜一九八三)が払い下げを受け、韓国の別名『東国』に因んで東国寺と命名した。南谷師は、歴史の証言者として、この寺を保存しようと発願した」(『曹洞宗は朝鮮で何をしたのか』、三二二頁)。東国寺は、一九四五年までは錦江寺という名前の日本の曹洞宗寺院であったが、南谷師はこの寺院を破壊から守るために、寺号を変え、韓国の寺院であることを表明し、後ろ盾を得るために韓国の最大の仏教団体曹渓宗・第二四禅雲寺に東国寺を寄進した。「東国寺（錦江寺）は何度も破壊の危機に晒されながら、それをのり越えて今日に至っている。韓国の戦前、戦中、戦後を見続けた証人である」（三二三頁）。一九九〇年代には、「日帝強占時代の遺物」を破壊する潮流のなかで、「東国寺も解体の対象になった。それに反対したのが、市民団体と東国寺の僧侶や信者の有志たちだった。かれらは『撤去反対運動』を粘り強く展開し、解体の難を逃れることに成功した」（三二三頁）。

東国寺の二名の歴代住職をへて、二〇〇五年に総務（住職）に就任された方が宗杰《チヨンゴル》師である。宗杰師は、「どんな経緯があろうと、寺はみなお釈迦様の家である」「わたしには、お釈迦様がついている。なにもおそれるものはない」（三二四頁）と語り、肝臓移植を願う人に、自分の肝臓を提供されたこともあり、「仏教の基本『慈悲喜捨（四無量心）』を、そのまま力強く実践されている」（三二五頁）。また、「給食費を払えない家庭の子どもに援助も続けて」おられる方である。宗杰師は東国寺の創立記念日を、「払い下げを受けた日」ではなく、朝鮮総督府が錦江寺の寺名公称を認可した「九月二八日」とし、錦江寺の四名の住職と、東国寺の二名の歴代住職を分け隔てなく供養している。

日本における宗教教団の戦争協力に対する自己批判・責任告白をおこなったのは、日本基督教団が一番早く、一九六七年であり、真宗大谷派は一九九〇年、浄土真宗本願寺派は一九九一年、曹洞宗は一九九二年であった。仏教において「回心《えしん》・懺悔《さんげ》」とは、自己が犯した罪の赦しを乞い、悪心をひるがえして、新たな人間となって他者救済に邁進することを意味する。したがって、侵略戦争協力に対する自己批判・責任告白は、平和実現のためにはたらくことと一体のものである。このような立場に立った平和実現行動に立ち上がった浄土真宗の僧侶の例は、「小泉首相靖国参拝遺族訴訟」に見ることができる。小泉首相の靖国参拝（二〇〇一年）に対して、

「二〇〇二年九月までに、在日外国人や在韓・在米の戦没者遺族を含めた約二〇〇〇人が、国・小泉首相・靖国神社らを被告として全国六か所の裁判所に」訴訟をおこしたのである（田中伸尚『靖国の戦後史』岩波新書、二〇〇七年、一九九頁）。この共同原告の中には、幾人かの浄土真宗の僧侶が含まれており、彼らは、浄土真宗教団が積極的に戦争協力をおこなったことに対する回心懺悔の行為として、信仰に基づいて、他の宗教者、特定信仰をもたない人々、在日コリアンをも含み込む、他者との連帯による行動に立ち上がったのである。

「東国寺を支援する会」（代表者・一戸彰晃師）の「懺謝文」碑建立は、戦争責任・回心懺悔に基づく、東ア

慰安婦を象徴する少女像。後ろに見えるのが「懺謝文」、左は韓国語、右は日本語。中央は筆者。

東国寺山門、右側に見えるのが本堂。

東国寺の旧名・錦江寺、曹洞宗の文字が削りとられている。（山門右側の柱）

ジア平和共同体を目指す日韓市民連帯の活動の一環であるといえよう。この碑の前には、慰安婦を象徴する少女立像が建っている。「懺謝文」碑と「群山における平和の少女像」は一体となって、観る者に迫ってくる。説明文（英文）には次のように書かれている。「日本は占領期に、従軍慰安婦にするため、罪のない哀れな少女たちをさらった。彼女たちは肉体的にも精神的にも苦悶の日々を送らざるをえなかった。この像は、恥ずべき痛むべき歴史的事実を子孫が記憶し、思い起こし、彼らに受け継いでもらうためのものである。この像は、渚《なぎさ》に立って、両親、兄弟姉妹が暮らしている祖国を見つめる少女を表現したものである。少女は帰りたいと願うが、それはかなわなかった。… 二〇一五年八月　彫刻コ・クワン・クック（KoKwang Kook）」。

帰ることのできない祖国をみつめる少女の悲しみと苦悩、「懺謝文」における加害者日本人の深い回心懺悔、が重なり合う。私は、全人種平等・非暴力非服従運動による人種差別のアパルトヘイト体制撤廃（一九九四年）後、南アフリカにおいてネルソン・マンデラ（Nelson Mandera）大統領とデズモンド・ツツ（Desmond Tutu）大主教のはたらきかけによって設置された「真実和解委員会（一九九六〜一九九八年）」の公聴会でみられた幾つかの事例を思い起こした。この公聴会では、二一〇〇〇人の人びとが、自らの経験を語った。そこでは罪もない黒人を虐殺した白人警官の罪の告白、ショッピング・センターの爆破によって、罪もない白人少年を巻き添えにした、アフリカ民族会議の黒人支持者による罪の告白によって、加害者と犠牲者の家族の和解が生まれた事例も紹介されている。息子を白人警官に殺された黒人の母親は公聴会で次のように述べている。「和解という言葉を思い起こす時、私たちが希望するのは、加害者に人間を取り戻してもらうことです。私たちは報復、悪意の連鎖を望みません。ただ、加害者に人間性を取り戻してもらいたいのです」（アレックス・ボレイン著／下村紀夫訳『国家の仮面が剥がされるとき』第三書館、二〇〇八年、二一五頁）。アフリカ民族会議の支持者の仕掛けた爆弾によってショッピング・センターで息子を殺された白人の父親は次のように述べている。「彼ら（息子を殺した人物と両親）に会って、自分の気持ちを伝えることが出来てとても慰めになった。彼等に、憎んでいないということが出来てとても嬉しかった。もう彼らに恨みはない。…もし自分が相手の境遇に置かれたらどんな気持ちになるだろうと考えるようになりました。選挙権もなく、日々弾圧されたなら…」（前掲書、二一五頁）。

ここには、勝者としての「黒人」が「白人」を裁くという構造はない。この基底には、過去の過ちを認識したうえで、南アフリカを一つの複合的統一体として捉え、すべてを相互関係性のもとに捉える「ウブントゥ（Ubuntu）」思想が存在する。デズモンド・ツツ大主教は次のように述べている。「『人は他者を通して人間となる（A person is a person through other persons.）』。われわれは、人間となる成り方を学ぶために、他の人びとが必要なのである。というのは、われわれは誰一人として、完全なかたちでこの世界に入る者はいないからである。…われわれにとって、孤独な人間とは、その言葉において矛盾している。…ウブントゥとは、人間であることの本質をかたる言葉である。…ウブントゥは、『私は、関係性をもつがゆえに、存在する』と言っているのである。…われわれは、互いの必要性を知るために異なっているのである。人間であることは依存関係にあることである。ウブントゥは、寛大さ、受容、慈悲、共有のような精神的属性について語っている。人間は、物質的所有において豊富でありえても、ウブントゥをもたないこともありうるのである」（Desmond Tutu, *God Is Not A Christian*, Rider, pp.21-22, 2011）。

このウブントゥの内容は東学思想とも相通じるものがある。東学研究の第一人者である圓光大學校教授・朴孟洙先生は次のように述べている。「東学は、…いわゆる『闘いの思想』ではなく、あらゆる矛盾により抑圧されている人々の生命《いのち》を活かすための思想であった。…東学はまた、他者との対立・分裂などを強調するような、…他者を排除する『排外』の思想ではなく、他者との共生・共存を重んじている『共存』の思想であった。…東学は、最初から『下からの思想』を目指していた。そして社会身分制を否定し、万民平等を主張し、またはたらく民たちを『天主（神様）』として仕える実践を日常の生活の中で重ねていくことを強調した」（『公共的良識人』二〇一二年七月一日、六頁）。

三　欧米中心主義的近代を超える方向性と宗教の役割

（1）欧米中心主義的近代に内在する二項対立的思考

すでにみてきたように、アジアにおける平和共同体の構築の基盤となる概念は、相互関係性であり、それは自己の外にある外部性としての他者が前提となる。この世において、すべてのものは異なっており、無限につながり合った他者との共存関係において存在している。ここにおいて、差異と平等の共存関係がなりたつ。アフリカのウブントゥ思想が述べているように、自己の存在は、外部性としての他者の存在なしにはあり得ず、存在においてはすべてのものは平等である。他者の存在は自己発展を可能ならしめるものである。このような思想は、インドの「空・縁起」、イスラームの「タウヒード」、東学の「侍天主」にも共通にみられるものである。これらの諸概念は宗教に通底しているものである。

黒田寿郎教授が『格差と文明』（書肆心水、二〇一六年）で述べておられるように、「自他の二項対立的把握」が前提となる欧米近代の主流思想においては、「自己という主体との関係における外部世界」としての外部性

〈他者性〉は、「自己が求める限りでの」「自己を起源とする」「自己から発せられる限りでの外部性（他者性）」であり、それは主観的観念がつくりだした、自己の支配下にあるものにすぎない。このような欧米近代の主流思想をエドワード・サイードは「オリエンタリズム」と呼び、その本質は「オリエント（非欧米的世界）に対する西洋の思考の様式」であり「西洋の支配の様式」であり、そこには「遅れたオリエント（具体的には中東、アフリカ、アジア、ラテンアメリカ等の世界）」と「進歩発展した西洋・アメリカ」という「二項対立」が存在し、前者は後者の植民地主義・帝国主義の指導援助を受けて、「近代化」できるというイデオロギーが存在している。このような二項対立的思考は現在も存続していることを如実に示しているのが、イギリス在住のインド系作家ハニフ・クレイシの小説『ブラック・アルバム』（Hanif Kureishi, *The Black Album*, 1995）である。かつての植民地インド・パキスタンからのイスラーム系移民に対しては「寛容」であったイギリス社会も、経済的に生活が厳しくなると「同化」を求め、それが拒否されると「排除」を求めるようになる。他者との交流による自己変容を求めない、多くのイギリス人にとって、イスラーム系移民は彼らの世界、「自己」の世界に踏み込まない限りでのみ、その存在が許されるのである。このような理不尽な現実に怒りを感じる多くの若者たちは、自己の文化的アイデンティティを求めて、イスラームに接近する。しかし、「イギリス」的生活の中で暮らしてきたため、本来、インド・パキスタンの日常生活と結びついたイスラームは、観念化され、共生・相生とは異なる二項対立的なものとして捉えられて、「原理主義」者となり、暴力と自滅の道をたどる者も少なくない。今日の「EU離脱」「反移民」を掲げるヨーロッパの現実は、「自他の二項対立的把握」の根深さを示しているといえる。

二〇一七年三月のオランダの下院選挙（投票率八一％）では、移民やイスラーム教徒の排斥、EU離脱を掲げる極右・自由党は、議席数を前回二〇一二年の一五から二〇に増加させている。他方、与党の自由民主党は八議席、労働党は二九議席を減らした。フランスの極右「国民戦線」やドイツの極右「ドイツのための選択肢」は、国民の生活不安に付け込んで支持を拡大している。ドイツの連邦議会選挙（九月二四日）では、「ドイツのための選択肢」は前回（二〇一三年）〇議席から九四議席へと「躍進」している。これらの極右政党の主張は、『世界』（臨時増刊号No.804）で青木昭夫氏が指摘しているように、「トランプの排外主義の政策セット――具体的には反NAFTA・反TPP、イスラーム系移民の制限、減税・インフラ整備」と基本的に同じである。排外主義的ナショナリズムは、日本にも存在し、二〇一一年には大規模な「嫌韓・嫌中」デモがおこなわれた。二〇一七年の衆議院選挙において、平和憲法破壊を目指す自民党は議席数では「圧倒的勝利」を得た。このような現実は、「先進国」地域において共通にみられ、その根底には植民地主義・帝国主義のイデオロギーとしての「近代欧米中心主義」（日本においては、そのアジア版として日本中心主義）が存在する。しかしながら、「先進諸国」に共通にみられる排外主義的ナショナリズムの「勃興」は、まじめに現実の問題を解決しようとする意志を放棄したものであり、そこには平和的相生の未来は存在しない。ここには、すでに賞味期限の過ぎた「欧米中心主義的近代」の終焉の始まりがみられる。

（2）欧米中心主義的近代を超える道としての宗教の意義

欧米中心主義的近代を超えるためには、板垣雄三教授が「〈伝統と近代〉を問い直すsatyāgraha（真理把握）」（『韓・日共同学術大会報告集』、二〇一七年一〇月二〇〜二一日、円光大学校宗教問題研究所）において指摘しておられる「特定の地域・社会に結び付けられたものではない」、「時代区分において結び付けられて論ぜられるべきものではない」、時代を貫き、底辺で支えるものとしての「スーパー・モダーニティ（超近代）」の視点、が重要である。このような視点を具体化するには、「同時代・現代が抱えるアクチュアルな課題を過去に投げかけつつ過去と対話し未来を設計すること」が求められる。

これは平安時代の一〇五二年に始まるとされる「末法」の現実を切り拓く親鸞の視点とも重なり合う。親鸞は『顕浄土真実教行証文類』の「化身土文類」において、『大智度論』を次のように引用している。

釈尊がまさにこの世から去ろうとなさるとき、比丘たちに仰せになった。〈今日からは、教えを依りどころとし、説く人に依ってはならない。教えの内容を依りどころとし、言葉に依ってはならない。真実の智慧を依りどころとし、人間の分別に依ってはならない。仏のおこころが完全に説き示された経典を依りどころとし、仏のおこころが十分に説き示されていない経典に依ってはならない。…教えの内容を依りどころとするとは、教えの内容に、よいと悪い、罪と功徳、嘘とまことなどの違いをいうことはなく、だから言葉は教えの内容を表わしているものであって、教えの内容が言葉そのものなのではない。言葉に依って教えの内容に依らないのは、人が月を指さして教えようとするときに、指ばかり見て月を見ないようなものである。（『顕浄土真実教行証文類（現代語版）』本願寺出版社、二〇〇〇年、五三一～五三二頁）

「末法」の世においては、「教（仏の教法）」のみ存在し、「行（実践）」と「証（さとり）」は不可能だと受け止められていた。したがって、「教」の内容の主体的把握が最大の課題となる。『大智度論』から引用されている「教えの内容に依る」という言葉の意味は、釈尊が向き合った現実から生まれた教えに導かれて、われわれが向き合う現実の共通性を主体的に把握することである。これが『大智度論』の著者と言われている、初期大乗仏教の確立者・龍樹が現実に向き合い、釈尊の教えを「空・縁起」として体系化した視点である。王族・大商人の帰依・経済援助を受け、政治・社会から切り離された僧院中心・出家者中心の部派仏教の改革運動の中で生まれた初期大乗仏教の確立者・龍樹（一五〇〜二五〇年頃）は、「他者の救済に徹することによって自らも救われる」という相互関係性を釈尊の言葉に読みぬいたのである。親鸞が生きた平安末期〜鎌倉時代は、世俗権力と仏教勢力（比叡山延暦寺・高野山金剛峰寺と南都六宗）が相互に連携した、「顕密体制」の時代であり、そこには民衆救済の仏教は存在しなかった。親鸞の生きた一三世紀という時代は、この体制が盤石の力を誇っていた。ここに「末法時代」の非人間的現実を見た親鸞は、インドの龍樹と同様に、この時代を超える道筋を「教えの内容」の主体的把握にみたのである。

親鸞は、「教えの内容に依る」という問題提起を次のように捉えかえした。すなわち、『仏説観無量寿経』や『仏説阿弥陀経』は二重構造をもっており、表に現れた部分には「自力」の教えが説かれているが、その内部には「他力」の教えが隠されており、ついには『仏説無量寿経』に至る、「自力」から「他力」への「いざない」・転換が示されていること、そしてその核心となる他力の念仏によって末法の現実は切り拓かれることを明らかにした。他力の念仏とは、自己を超えた外部性としての「他者」である阿弥陀仏による、自己中心主義的な「このわたし」への「めざめ」の働きかけである。それに応えるとき、すなわち自分の称える念仏に、「自己中心主義の愚かさにめざめよ」という阿弥陀仏の呼び声として聞こえるとき、二項対立的思考の愚かさに自覚させられ、他者との相生を基軸とする生き方へと自己変容が得られるのである。

相互関係性の思想は、一九世紀に世界を席巻する「欧米的近代」に特徴的な二項対立的思考とは異なり、インドの龍樹によって体系化された空縁起思想、アフリカのウブントゥ思想、イスラームのタウヒード思想、などに通底している。ガンディーが指導したインド独立運動や反アパルトヘイト運動に見られる非暴力・非服従、他者との連帯は、東学思想にも見られるが、これらは、植民地主義・帝国主義支配に抗する中で、相互関係性の思想を現代化したものである。ここには、単なる「欧米中心主義」に対する対抗概念としての「相互関係性」ではなく、今日の「近代」という枠組みそのものを超えようとする志向性がみられる。その具体例としては、ウブントゥ思想を基軸とした南アフリカの「真実和解委員会」（一九九六～一九九八年）の活動をあげることができる。ここには、すでに示したように、「回心・懺悔」を通じた和解に基づく新生南アフリカの方向性がみられる。

板垣雄三教授は近代の「原基的核心」として「個の自立と人類的連帯／自由と平等の原理の確立／何よりネットワーク・パートナーシップの思考と行動の意味づけ／合理的で未来設計的な生き方／そして真理の多面性に応じて人々が啓発しあう知識と愛［感謝］の円融調和／そのなかで多様性を発揮する市民たちが公正・安全・平和・共生・清浄・［万物の］の尊厳を保障する政治社会への志向性」をあげ、この核心を「超近代性（Super-modernity）」と名付けておられる（「〈伝統と近代〉を問い直すsatyāgraha（真理把握）」）。

南アフリカの「真実和解委員会」の活動によって、かつてのアパルトヘイト体制が生み出した相互の憎しみと暴力が和解へと転じられたという事実は、「欧米近代」を超えた実例の一つであろう。また、一九八四年の東学運動における非暴力・相生の運動は、「三一独立運動」をへて「ローソクデモ」に受け継がれ、パク・クネ（朴槿惠）大統領を退陣させ、ムン・ジェイン（文在寅）大統領を誕生させた。ここにも、非暴力・相生の現実的力を見ることができ、南アフリカ同様に「欧米近代」を超えた具体例をみることができるであろう。また、これらはその地域に根ざした「土着性」と普遍性の融合を示すものであろう。

板垣雄三教授によれば、西暦七世紀に、「東に唐・統一新羅／西にイスラーム国家が登場する動きの中で、いわばアジアの東西に期せずしてmodernityの基盤をひらく二つの類縁的思想が成立し、社会的に展開するという過程が並行して見られたのである。東方のそれは大乗仏教の華厳思想（ことに法蔵〔六四三～七一二〕によって体系化されたそれ）であり、西方のそれがイスラームのタウヒードだった」。両者は「徹底した関係主義と多層多角のダイナミックな全体論を結合させる多元的普遍主義の思考という共通基盤をシェアし合うものだった」のである。この七世紀に、「超近代」の原点を見ることができる。

結びにかえて

「欧米的近代」を超える道としての「超近代」は、平和実現に取り組む多様な活動の中で、その具体化が前進する。このような取り組みには、自己反省（自己客体化）が必要である。それは宗教的には「回心懺悔」によって可能となり、それを引き起こすものは、他力（外部性）としての霊性、浄土真宗的に言えば、如来の本願力のはたらきである。それは、ものごとの本質を把握したと錯覚して、現状に安住しようとするわれわれに対して「このままでいいのか？」と揺さぶりをかけるはたらきである。そのはたらきは、外部からわれわれに迫ってくる。親鸞は、この「外部性」のはたらきについて、『顕浄土真実教行証文類』の「証文類」で次のように述べている。

菩薩が七地《しちじ》においてすべては本来空であると知ると、上に向かっては求めるべき仏のさとりもなく、下に向かっては救済すべき衆生もないと考える。そして以後の仏道修行を捨ててその境地に安住してしまおうとする。そのときに、もしすべての世界の仏がた（十方諸仏）がすぐれた力で勧め励ましてくださらなければ、そのまま自分だけのさとりに閉じこもって、声聞や縁覚と同じになってしまう。（『顕浄土真実教行証（現代語版）』本願寺出版社、二〇〇〇年、三四四～三四五頁）

真実を求めて学問を続ける者も一定の段階に達すると、無意識の内にもその位置に安住しようとする。それは自己判断による、自己変革・社会変革の放棄である。この状態からの脱皮には、自己を超えた「他者」のはたらきかけが必要である。そのはたらきかけは、具体的な、感覚器官の対象となる「他者」によるものであるが、その他者を二重化しそこに「絶対者」の呼びかけ、「自己中心主義のおろかさにめざめよ」という呼び声を聞くとき、その状態からの脱出が可能となる。これが霊性のはたらきと呼ばれるものである。東国寺の慰安婦を象徴した少女像は、「懺謝文」と一体化し、私に「自己中心主義におちいることなく、東アジア実現平和のために連帯しましょう」と呼びかけてくれたのである。

このような呼び声を聞き、それに頷くとき、われわれに「回心懺悔」が生まれ、われわれは新たな人間となり、他者との「活かしあい」が可能となる。国寺境内に建立された「懺謝文」碑と「群山における平和の少女像」の一体性を強く感じたのは、そこに東学・ウブントゥ・仏教的空縁起の共通のはたらきを感じたからであろう。このような霊性のはたらきは、日韓市民による「内からの」「下からの」東アジア平和共同体建設をおしすすめる、すがすがしい勇気をあたえてくれるものであることを実感せざるを得なかった。

霊性のはたらきは、信仰をもつ者には容易《たやす》く理解できるものである。特定宗教をもたない人びとに対しても、このような霊性のはたらきを人間の主体化・意識化という角度から語りかけることが必要であり、そこに宗教者の役割があるように思われる。

付記

この小論は、韓国の月刊『開闢』新聞（ウォルクァン・ケビョク・シンムン）六七号（二〇一七年九月一五日発行）に掲載された「韓国思想紀行①『群山の東国寺と東アジアの平和』」（趙晟桓訳、一二〜一四頁）を約二倍に増補改稿したものである。

冷戦の記憶
——タシュ・アウの『見えざる世界の地図』を論ずる

李《リー》 有《ユー》 成《チエン》
加納光 訳

一

タシュ・アウ（Tash Aw）が二〇〇五年に出版した第一作目の小説『ハーモニー・シルク・ファクトリー』（中国語タイトル『和諧絲荘』）（*The Harmony Silk Factory*）は、たちまち世界の文壇から大きな注目を浴びることとなった。『ハーモニー・シルク・ファクトリー』はその年のマン・ブッカー賞（Man Booker Prize）に初ノミネートされただけではなく、（それに）続いてイギリスで名声が高いウィットブレッド賞（Whitbread First Novel Award）の処女小説賞、ならびに二〇〇六年のイギリス連邦（Commonwealth）作家賞の処女作品賞の栄誉を博した。（ところで、この）タシュ・アウは台湾に少しばかり縁がある。（というのも、）実は、彼は台北生まれで、乳飲み子の時、マレーシア系華人の両親とともにクアラルンプールへ戻り、マレーシアの中学、高校で学業を終えた（という経緯がある）。その後、ケンブリッジ大学で法律を学び弁護士の資格を取得したのち、ロンドンのある法律事務所に勤務することになるが、（彼は小説の）創作にひたすらあこがれを抱き（続け）、仕事の合間を縫って執筆に没頭したのである。その後、彼はためらうことなく待遇のよい弁護士生活を捨て、イースト・アングリア大学（University of East Anglia）に進学し、有名な創造コースで勉学に励むのであった。一九七〇年に創設されたこの（大学の）創造コースは、かねてより作家の揺籃（メッカ）と見なされており、『ハーモニー・シルク・ファクトリー』は、（タシュ・アウが、正にその）イースト・アングリア大学在学中に書き上げた作品なのである。

（ところで、）タシュ・アウは、イギリス人作家によって再現されたマラヤの歴史の現実に（対し）、幾度となく強い不満を表明している。彼はウィリアム・サマセット・モーム（W. Somerset Maugham）を例に挙げ、モームにより描かれたマラヤは、一九三〇、四〇年代のイギリス植民地社会における文化的偏見と異国情緒に満ちた極めて限定的な現象にすぎず、（それを改めるには）モームに戦いを挑み、その先入観から当時のマラヤを解放させる必要があると感じたのである。タシュ・アウは、かつてインタビューのなかで次のように語っている。「わたしの意図は、モームの影響を受けた一九三〇年代と四〇年代のマレーシアの歴史小説の粉砕にある。周知の通り、その観念は、（モームの）文学の中では二つのバリエーションによってマレーシアが描かれているだけのように思われる。（その）一つは、白人たちが車座に座り、楽しそうにピンク色のジン（gin）を飲んでいるというものであり、いま一つは、さまざまな人種の集団があくせくしながら奇怪な行動をしているというものである」（モリソン：Morrison 2005より）。換言すれば、明らかに、タシュ・アウは苦心して『ハーモニー・シルク・ファクトリー』を東洋ナイズした小説に書き上げようとしているのであり、イギリスの植民によるに経済的搾取と日本帝国の血生臭い統治に好感を示さず、（その上）植民された側の（人びとの）心の歪みについてもかなり多くの描写がみられる（この）『ハーモニー・シルク・ファクトリー』は、ある意味においては、間違いなくポスト植民小説である。

『ハーモニー・シルク・ファクトリー』が出版された四年後の二〇〇九年、タシュ・アウは第二作目の小説『見えざる世界の地図』（Map of the Invisible World）を発表した。（この小説の）主な背景は、マレーシアが誕生して間もない一九六四年頃の独立後のインドネシアとマレーシアである。ただ、二作目の（この）小説は、インドネシアの首都ジャカルタが地理的背景の中心になってはいるものの、そのストーリーがマレーシアの成立に及んでいることから、この作品を『ハーモニー・シルク・ファクトリー』の続編と見なすこともできる。作者は、（この）小説の時代背景を示すために、小説の中で、当時世界各地で発生したいくつかの重大事件を列挙している。「マンデラ（Mandela）監禁に抗議するヨーロッパの更なるどよめき、スカルノ（Sukarno）の『トンキン湾決議案』（Gulf of Tonkin Resolution）に対する非難、アフリカのために金メダル獲得を、とのアベベ・ビキラ（Abebe Bikila）による誓言、ブレジネフ（Brezhnev）のインドネシアに対する更なる支援の提供、麻薬の使用がすでに氾濫状態に達していたマレーシアに対しイギリスがとった非協力的な対応、小島における共産党関係者の逮捕（など）」（Aw 2009：30）。

『ハーモニー・シルク・ファクトリー』の作品に包蔵されたオリエンタリズムと反植民の趣意は、（二作目の）『見えざる世界の地図』の中で、より簡明直截に表現されている。小説の主要な登場人物の一人（でもある）マルディン・サイディ（本名〔Maluddin Saidi〕）は、そのことを一言で言い表している。サイディは、ジャカルタのある大学で教鞭をとっていたアメリカの人類学者マーガレット・ベイツ（Margaret Bates）――サイディは彼女の助手を務めていた――に対し次のように述べている。「わたしの考えは、われわれはインドネシア人（の手）によって書かれた本国の歴史、（それは）西洋人が容易に手に入れる術を持たない、例えば、民話、国内神話、あるいはシュロの葉に記された古い手書の原稿などのような従来とは異なる史料を掘り起こす必要があるということである。さらに、彼は続けて次のように述べている。

「……歴史研究の標準的な方法を思い浮かべる時、（あるいは）あらゆる歴史文書を思い浮かべる時、人びとの脳裏に浮かぶのは、実は西洋人の（手によって書かれた）史料であり、（そこでは）東南アジアの歴史が、あたかもヨーロッパからアジアに通じる航路が発見されたのちにスタートを切り、（さらに）その時点（こそ）が全ての事の始まりであるかのように見なされている。しかし、現実にはそれ以前に（いったい）どれだけの（歴史的な）事柄が発生していたことであろうか。すでにマジャパヒト（Majapahit）とマタラム（Mataram）は建国されており、イスラム教、ヒンズー教、仏教（もこの地に存在していた）……わたしはもう一度この島々の歴史について述べたいと思う。なぜなら、わたしは、これらの島の歴史は外国人には理解できないという理論を持っているからである……」（Aw 23）。

マルディン・サイディは「歴史は必ず西洋人以外の声により語られなければならない」と信じており、他の場面においても同様の考え方を繰り返している。「われわれはどのようにすることが一番よいのか知っている。（すなわち、それは）西洋に支配されず、彼らが企てる違法な世界から遠く離れて暮らすことであり、そしてまた、アジア諸国およびアフリカ諸国が、各々の運命を（自らの手で）コントロールできる未来を擁することである。三〇〇年来、われわれの歴史はすべて他者（の手）によって記述されてきた。しかし、今われわれは何としても（その歴史を）書き直さなければならない」（Aw 115）。この状況は、まるで、タシュ・アウが信じるイギリス人作家が創作したマレーシアの歴史小説は必ず粉砕されなければならないというあの言葉を思い起こさせるようである。

（ところで）マルディン・サイディの言葉の中で言及される島々は、まさにタシュ・アウの原文のタイトルの中にある「見えざる世界」（the invisible world）と照応する。小説の最後に、数名の主要な登場人物がジャワ（Java）東部の埠頭の渡し場に到着し、他の島へ渡ろうと船を待つ場面がある。作者は（そこで）その島々について（次のように）記述している。「バリ（Bali）に到着した後、（さらに）そこからあまり訪れる人もいない他の島へ通じることができる。この他の島々に通じる名もない渡し場に来ると、時として、まるで世界の果てに身を置き、われわれが熟知している世界のはずれにいるかのように感じられる。小舟は全く地平線のない、まるで虚空に向かって航行するかのようである。それら（ジャワ地域）の外の世界は……永遠に見えないかのようである」（Aw 338）。

（さて、）この小説のストーリーは、（主要な登場人物の一人）カール・デ・ヴィリヘン（Karl de Willigen）がペール島（Nusa Perdo）で、若いインドネシア兵士の集団に捕らえられるところから始まる。（その）カールはインドネシアに帰化したオランダ人画家で、かねてから植民地主義に対し好感をもっていなかった。そのためオランダ国民の身分さえも捨て去り、ひたすらインドネシアで（その）生涯を全うした（人物である）。彼が逮捕されたのは、実は、当時インドネシアの大統領であったスカルノの排外政策によるもので、その目的はオランダ人の国外追放であった。（当時）カールには、一六歳になるインドネシア国籍の養子アダム（Adam）がいた。（その）アダムは、（不運にも養父）カールの（一連の）逮捕劇を、草むらに隠れながら目の当たりにするのであった。（養父の逮捕を目撃した）アダムはカールを探し出すため、直ちにペール島を離れ、度重なる苦難の末（やっとの思いで）ジャカルタまでたどり着いたのであった。時はマレーシアが成立した直後の一九六四年前後のことである。独立直後から、いわゆる指導制民主主義（guided democracy）によりインドネシアを統治していたスカルノはマレーシアの成立に反対し、マラヤ、サバ、サワクラおよびシンガポールの連合からなるこの新しい国家（シンガポールは一九六五年にマレーシアからの離脱を余儀なくされる）に対し、武装による対抗（インドネシア／マレー語：*Konfrontasi*）すら厭わなかった。（もちろん）この武装対抗がスカルノ政権にとって重要な意味を持っていたことは言うまでもない。

（このことについて、）小説の中で、オーストラリア人記者ミック・マツウキス（Mick Matsoukis）は、ジャカルタの街頭でマレーシアに反対する学生デモを体験した後、次のように述べている。「*Konfrontasi* はもはや一種の執念となっており、ある種の生活においては絶対に欠かすことができない必需品となっている。わたしは、この（*Konfrontasi* という）言葉の選択がすでに全ての世界、とりわけマレーシアに対抗しようとするスカルノの意思を表明していると考えている。彼は本当にマレーシアという用語により体現される全てを心の底から憎んでいる――実は、スカルノは隣の小国がまるで何の苦労もせずに独立を果したうえに、日に日に豊かになっていく一方で、祖国（インドネシア）は（今もなお）混乱状態にあることに納得がいかないのではないか、とわたしは考えている」（Aw 95）。（そして、さらに）重要なのは、（インドネシアでは）すでにマレーシアに対抗する政治運動が明らかにコントロールできない状況に達しており、インドネシアも（例外ではなく）当時の冷戦下における地政学（geopolitics）的な影響を被っていたということである。ミックは（さらに）続けて次のように述べている。「マレーシアに反対することが、まさに（スカルノを）一歩一歩共産主義へと向かわせており、それがさらにアメリカ政府のタブーを犯すはめになっている。スカルノがソ連政府と（結託しようと）ひそかに目配せしただけで、インドネシア共産党が直ちにスカルノと手を結ぶ相手に変わるとは思いもよらなかった。今日のさらなる脅威は、スカルノが（インドネシア共産党と）正式に関係を築くことであるが、それはスカルノが自ら望んだことであると決めつける勇気は、わたしにはない」(Aw 96)。

(ところで、)アダムがジャカルタにたどり着いた時、インドネシアはまさに内戦の瀬戸際にあった。ジャカルタも政治的混乱の泥沼に陥っており、どの政治勢力も政治的な利益の略奪にあれこれと思案をめぐらせていた。(このような社会情勢の中、)アダムは数枚の写真とノートを頼りに、(苦労の末)ジャカルタでようやくカールのかつての愛人であるマーガレットを探し当てたのであった。マーガレットはカールの不遇な身の上を知ると、アダムの養父を何とかして救出したいという願いに応じ、かつて勤務していたアメリカ大使館のビル・スナイダー(Bill Sneider)——CIAの幹部であったはずである——に救いを求めた。(その後)アダムはマーガレットを介して、マルディン・サイディと知り合うことになる。(そして)マルディン・サイディも(またマーガレットと)同様に、アダムのために、長年行方のわからなくなっている(アダムの)兄ヨハン(Johan)の捜索に応じるのであった。(そのころ、当の)ヨハンは、彼の養父母とともにクアラルンプールで裕福な生活を送っていた。しかし、心の中では、あの年、同じ孤児院にいた弟を見捨ててしまったことを、ずっと後悔し続けていたのであった。

(その後もアダムの養父探しは続いた。ところが、)そうした中、アダムは知らず知らずのうちにいつしかマルディン・サイディが企むある陰謀に巻き込まれてしまうのである。その(サイディの)企みとは、ジャワホテルのある集会で、スカルノを爆弾によって暗殺することであった。しかし、その陰謀は最終的にあと一歩のところで失敗に終わり、マルディン・サイディは逮捕されてしまう。(ただ、この時いっしょにいた)アダムは、インドネシアのある富豪の娘ズバイダ(Zubaidah)の協力により、(その)現場から逃げ去る(ことができた)のであった。(アダムを助けたこの)ズバイダは、マルディン・サイディと同じ熱狂的な政治心酔者であったが、決してマルディン・サイディのように過激主義を容認することはなかった。（その後、）アダムから（身の上）話を聞いたズバイダは、（彼女の）父親に、アダムのためにマルディン・サイディの行方を尋ねるように頼み込むのであった。彼女の父親は、長年にわたるスカルノの資金提供者で、政界の人脈とコネには事欠かない人物であった。小説の最後に、カールとマーガレット、そしてアダムがジャワ東部の渡し場で、バリ島の東にある数多くの小島の一つに向かう船を待つ場面が描かれている――それはまさにマルディン・サイディが語る「失われた世界、そこに存在するすべてのものは最も偽りのない元来の姿を留めており、（その世界は）外国人の視界の外にある――見えない、（いや）ほとんど見えない世界であるかのようである」（Aw 22）。（そしてタシュ・アウは）小説の最後の段落で、ヨハンの心境を描写するのである。雨の降りしきる夜、ヨハンは静まりかえったクアラルンプールの街頭を車で疾走していた。「ネオンの明かりが、夜空を色とりどりに染めていた」。ヨハンは、明らかに依然としてあの年アダムを裏切ったことによる消えることのないやましい過去に苦しんでいた。「昨晩（のこと）は夢でしかなく、先月（のこと）はそもそもありもしなかったことであってほしい、彼はそう願うのであった」（Aw 342）。

二

タシュ・アウの第一作目の小説『ハーモニー・シルク・ファクトリー』は、イギリスの植民と日本の占領期に当たる一九三〇（年代）と四〇年代のマレーシアがその主な背景となっており、そのストーリーは、（われわれに）容易にイギリスの侵略者と日本の帝国主義者に対抗したマラヤ共産党の歴史を思い起させる。（そして、その）『ハーモニー・シルク・ファクトリー』の中で、（われわれは、）イギリス植民地主義と日本帝国主義によりほとんどの登場人物の運命が如何に翻弄されたのかだけではなく、（それらが）その後の全てのマラヤの歴史的な発展プロセスにも影響を及ぼしたことを目にするのである。（その一方で）タシュ・アウはフランツ・ファノン（Fanonian）風の落ち着いた筆法により、植民と帝国の暴威の下で歪められた何人かの（登場）人物の心も分析しており、この（第二作目の）『見えざる世界の地図』も（実は第一作目と）同様の濃厚なポスト植民地主義の色彩を帯びた作品なのである。

（ところで）前述したインドネシアの青年マルディン・サイディの他にも、タシュ・アウが（作品中の）登場人物を通して、如何に反植民の重要性を繰り返しわれわれに喚起しているのかをカール・デ・ヴィリヘンを例にして説明することができる。すでにオランダを離れてインドネシアに帰化していたカールは、一貫して反植民運動を猛烈に支持し（続け）てきた。彼は努力実践型の人間で、家庭内における母語の使用を厳しく禁じていた。彼は、自分の母語はある種の統括支配的な性格を帯びた言語であり、「（養子の）アダムは成長過程において（その）植民国の（言語）文化を受け入れるべきではない」と考えていたのである（Aw 11）。（しかし、その一方で）カールは、ペール島付近で遭難した船舶の話しを、一つひとつアダムに語（りかけ）るのであった。「（遭難した）そのうちの一隻は中国へアヘンを輸送する船で、別の一隻はイギリス海軍の第一線を退いた船であった。（そしてその）最大の船舶はポルト（Oporto）とマデイラ（Madeira）からたくさんの貴重な銘酒を積載していたうえに、（その酒は）今でもすべて飲むことができるのである。このような方法を通して、アダムはペール島の歴史——アヘン戦争、キリスト教および宗教の破壊的な力、ならびにヨーロッパがいかに不当な手段によりアジアを征服したのか——を学んだのである」（Aw 34）。言うまでもなく、これらの歴史的事例は、いずれも西洋帝国主義による物資的略奪と文化的侵犯に関係しており、その歴史的教訓は誰の目にも明らかである。（ところで、）小説の中で言及される多くの歴史的事例の中で、（われわれが）一番感動を覚えるのは、おそらく第二六章の冒頭でひとしきり語られる著名なジャワ人画家ラーデン・サレ（Raden Saleh）の物語ではないだろうか。そこでは、サレの名画『捕えられたディポヌゴロ王子』（*The Capture of Prince Diponegoro*）が、批判的な視点から分析されている。その（サレの）絵画は、当時、まだアムステルダムの宮殿に掛けられていたものである。

歴史的に最も権威のあるこのインドネシアの絵画は、一見しただけではたいへん伝統的な一九世紀のヨーロッパの芸術作品であるかのような錯覚を覚える。その絵画には、柱廊の階段周辺に集まる大勢の群衆、そして遠くには火山が描かれ、見る者に熱帯の景観を感じさせる。大半の人物はジャワの民族衣装を身に纏い、ある者は寄る辺もなく地面にしゃがみ込み、またある者は手で頭を抱え、（おそらく）泣いているのであろう。見る者にはそのように感じられる。しかし、（見る者の）大半の注目を集めるのは、（なんといっても）オランダ軍将校に周りを取り囲こまれながらも傲慢さを際立たせる一人の人物である。この人物は、一八三〇年代にオランダ人に対する抵抗運動を指導したジャワの貴族ディポヌゴロ王子（Prince Diponegoro）である。この作品の自信と落ち着きに満ち溢れた筆遣いと一目でわかる西洋的な画風が、容易にそれを西洋の歴史年鑑に見る情景、幾人かの背筋を伸ばした狡猾にして有能なヨーロッパの将校たちが、原住民を簡単に投降させている異国の地の征服（を描いた西洋の作品）であるかのように感じさせる。しかし、もう一度見直してみると、作品中の西洋人にはどことなく不自然なところがあるように思われる。全身のバランスからみて、彼らの頭は大きすぎはしないだろうか。そのように確定してほぼ間違はない。

（ところが、一旦）この点に気づくと、彼らは見たところ間が抜け、おどおどして落ち着きがないように感じられ（はし）ないだろうか。それは決して画工の未熟さによるものではなく、ジャワ人が均整のとれた人間味に溢れた優雅で誇り高い人物に描かれているからに他ならない。ジャワ人は頭の大きなオランダ人のように目立つわけでもなく、（むしろ）景観の一部となっている。彼らは、ろうけつ染の布地で作られたサロン（東南アジア一帯で着用される巻スカート）と頭巾を身に纏っており、決してぼろぼろの衣服を身につけているわけではない。もしかすると彼らはこの争いに負けたのかもしれない。しかし、（その状況にあっても、）人間性を保っているのはジャワ人（の方）であり、（決して）オランダ人（の方）ではない（Aw 277）。

作者の道理は正当であり、言葉遣いも厳格である。（彼は）明確なポスト植民の言葉を以てこの名画に脈絡を持たせ、それにより歴史の記憶を喚起させるとともに、新たにラーデン・サレの名画に反帝反植民の批判的意義を附与することにより、改めてこの名画の芸術的生命に、小説で語られる当時のインドネシアの歴史の実態を繋ぎ合わせているのである。

三

長期にわたる反植民的な心理状態によるものなのか、あるいは西洋に対する懐疑と不信によるものなのかは定かでないが、小説に登場する多くのインドネシア人はマレーシアを成立させる構想とその現実を排斥している。（中でも）マルディン・サイディは、インドネシアを政治的にコントロールされたイギリスの植民残存勢力であるとして、（次のように）激しく罵っている。「完璧な虚構作品が、旧帝国主義国家によってでっち上げられた。（その）目的はインドネシア、さらには世界中の新興独立国において動乱による（社会）不安を引き起こすことにある。イギリスとアメリカ、およびその一味は、マレーシアを成立させることによって、（辛うじて）彼らの重要な地位を引き続きこの地域の一角に留めておくことができるのである」（Aw 149）。（排斥行動はもちろん）学生たちも（例外ではなかった。彼らは）街頭に繰り出し、新たな隣国の成立に抗議したのであった。（この事態に）さらに慌てふためいたスカルノは、武力抗争の発動さえも辞さない構えを示した。（彼は）それによって一挙にマレーシアをたたき潰すことができると考えたのである。『見えざる世界の地図』の一節には、インドネシアの独立記念日に、スカルノがラジオ放送で民衆に向け発表した（次のような）談話が特に取り上げられている。「ついこの数時間のあいだに、インドネシアの勇敢な兵士たちは、イギリス帝国が誇りに思っているマレーシアに対しすでに攻撃を開始した。……マレーシアはアメリカが力によって彼らを救出してくれると考えているようだが、決してそのようにはならない。自由世界の支配を企てるイギリス人とアメリカ人は、やがて東南アジアにおいて一敗地にまみれることになり、ベトナムにおけるフランス人と同じ末路をたどることになるであろう」（Aw 154、強調された箇所は原文に従った）。一九六四年前後に起こった（この）歴史上の出来事を経験した人（びとにとって）は、これは今なお記憶に新しいところである。歴史的事実を言えば、もちろんスカルノの告発（に関して）は、異論も少なくない。ただ、注目に値するのは、言うまでもなくスカルノが使用したのは冷戦のレトリックであり、とりわけ彼は冷戦期のアメリカの帝国急進主義政策に対して厳しい非難を浴びせたということである。

『見えざる世界の地図』の主要な部分におけるストーリーは、言うまでもなくアメリカが冷戦期に東南アジアで果たした役割を明らかにしている。冷戦は、アメリカにアジアへの地政学的な直接介入の機会を与え、それによりアジアの政治、軍事、経済および文化のすべてに影響を与えたのである。インドとマレーシアが対立していた一九六〇年代中ごろ、アメリカはすでにベトナム戦争の泥沼の中にあった。ジョン・F・ケネディ（John F. Kennedy）の後継者リンドン・B・ジョンソン（Lyndon B. Johnson）大統領は、ベトナム戦争が長期化するなかで何の成果もあげられず、国内外の反戦（運動）が大きな盛り上がりをみせると、再任選への出馬を断念する事態に追い込まれたのである。アメリカの封じ込め政策にとってみれば、インドネシアの地理的な位置は戦略上重要な意味を持っていた。東アジアの地図を広げてみると、冷戦ピーク時の一九六〇年代には、日本から韓国を経て台湾とフィリピンに至るいずれ（の国）にもアメリカの駐留軍とその基地が存在し、（それらが）封じ込めの防衛ラインを形成し太平洋上のアメリカ領土と太平洋に面するアメリカ西岸部を防衛する役割を担っていたことを容易に理解することができる。もしも（この防衛ラインに）インドネシアが加わることになれば、環太平洋におけるアメリカの防衛ラインは、より完全に、かつ強固になる。ここ数年、いわゆるアメリカのアジア回帰説がある（しかし、実際には、アメリカがアジアから離れたことなどあっただろうか?）。『見えざる世界の地図』は、間違いなく批判的な視点を提示しており、アメリカがアジアに介入した歴史の記憶に対する反省と再考を（われわれに）呼びかけているのである。

冷戦（期）における封じ込め政策のロジックで言えば、ほとんどの物事にはすべて道理があるようである。マーガレットがビル・スナイダーに援助を求め、カールの行方を探す協力を依頼した時、ビルは彼女にいくらかの見返りを求めたのである。ビルはマーガレットに対して次のように語っている。「わたしは共産党関係者の名前が必要である。あの大学は過激主義の温床になっている。わたしが知りたいのは、誰がリーダーで、

(そして)彼らは何を企んでいるのかということだけである」。ビルの事務室では研究所を卒業したばかりの若手のアメリカ人さえも大勢雇っていた。彼らの主な仕事は、数カ月後のインドネシアの政治情勢を分析することであった。(ところで、そのころ)アメリカは、オランダとの協議も同時に進めており、オランダから『捕えられたディポヌゴロ王子』がインドネシアに返還されることを期待していたのであった。ビルはマーガレットに、この名画をオランダからインドネシアに返還する目的を次のように漏らしている。「わたしは、それを平和を象徴する贈り物にすることができると考えている。ともかく(スカルノ)大統領に少しばかりよい思いをさせることで、彼に……大半の業務において少し融通をきかせてもらうことができる。(その)方法は至って簡単で、値段の付けようのない高い民族性を象徴するあの芸術作品をインドネシアに返還することで、スカルノがわれわれのことを敵ではなく親友として認めてくれるように手はずを整えるのである」(Aw 278)。もちろんビルの狙いは、スカルノがソ連に背きアメリカとよりをもどすことにあり、(彼は)それを期待していたのである。ところが、(期待とは裏腹に、)オランダと(アメリカ)の協議はまったく進展をみせなかった。(そこで、)彼らは、アメリカの冷戦文化のロジックに基づき、サレのもう一つの大作『騎手団を攻撃するライオンと虎』(*Lions and Tigers Attacking a Horseman*)に目をつけたのであった。この絵画は個人の所蔵品であったが、彼らは(それによって)スカルノの心を動かすことができると信じたのであった。(この点について)ビルは次のように述べている。スカルノの「公の反米発言はあまりにも度を越しており、もはや(それを)撤回する術はない。しかし、それでもわれわれは、水面下で何とかしてスカルノにわれわれが彼にとって役に立つ存在であると思わせる確かな手立てを講じることはできる。公の演説で、彼がどのような発言をすべきなのか、われわれにはどうでもよいことである。ただ、われわれが(彼にとって)役に立つ(存在である)ことを彼に感じてもらえさえすればそれでよいのである」（Aw 280）。（そして、）この巧妙な企てを実現させるために、ビルは、マーガレットが数年前にスカルノと面会した経験を持ち、さらに、（その）彼女にスカルノが深い印象を残していたことに目をつけ、彼女との共同戦線を考え、マーガレットに（対し）自らスカルノを尋ね、（彼に）絵画の寄贈を提案するように求めたのであった。

（ところが）このビルは、（実は）スカルノ暗殺を企てる人物がいることを、インドネシア当局に漏らした人物であった。「ビルは、仮にこの事件の発生を阻止し犯罪を企てた証拠を捜し出すことができれば、それを大統領に手渡すことができ、それを口実にして（インドネシアに対する）アメリカの好意を示すことができると考えたのである」（Aw 320）。ビルの言ういわゆるアメリカの好意とは、実際には、冷戦の政治的思惑に満ち溢れていたのである。同様の事柄によってもはっきりと示されているように、冷戦期にアメリカが如何に東南アジア諸国の内政に介入したのかを、タシュ・アウは、われわれにもう一度意図的に思い出させようとしているのである。暗殺計画は未遂に終わったが、マルディン・サイディはビルが提供した証拠によって、最終的に逮捕されることになるのであった。

四

『見えざる世界の地図』を読んで最も不思議に感じるのは、小説の中のマレーシアは完全に口を閉ざした第三者（的存在）で、インドネシアの挑発やいわゆる*Konfrontasi*（対抗）に対してほとんど何も言わず、全く反応しないという点である。（しかし、）もちろん現実の歴史上の事実はそうではない。（インドネシア人に対し、一方の）小説に頻繁に登場するインドネシア人――大統領から学生に至るまで――は、マレーシアをあれこれ非難し、武装攻撃さえも行う。小説のストーリーには、度々マレーシアの首都クアラルンプールが登場するが、普段のクアラルンプールは、ネオンが煌めく「静寂な街」として描かれている。クアラルンプールのその静寂さが、スカルノの敵意に直面しながらも何とかそれに耐え忍ぶマレーシアをそれとなく象徴している。（そしていま一つ、）インドとマレーシア（両国）の対立も、当然のことながらアダムが親、兄弟を探し出すストーリーをより複雑にさせている。ただ、少なくともタシュ・アウの小説では、この（両国の）対立は冷戦期におけるたいへん重要なエピソードとして描かれている。これらの点を踏まえると、『見えざる世界の地図』が描き出そうとしているのは、恐らく単なる愛、恨み、裏切りといった物語ではなく、タシュ・アウの（最大の）野望は実は今日の東南アジアの歴史の中でかなり分かりにくい（歴史的な）エピソードの記述にあるのである。

歴史と記憶こそが、タシュ・アウの当初からの重大な関心事である。小説『ハーモニー・シルク・ファクトリー』は、明らかに全編にわたって歴史と記憶の問題を解明しようとしている。そのストーリーは、主に一九三〇年と四〇年代のマラヤのキンタ・バレー（Kinta Valley）を背景に、主役のジョニー・リム（Jonny Lim）の生涯の歩みを描いたものである。しかし、全体の記述では反帝反植民闘争によりマラヤ共産党が強いられた暗くて長い抑圧の歴史にも言及しており、その時間軸はマラヤ（マレーシア）がイギリス帝国から抜け出し独立を手にした後にまで及んでいる。この点を考慮すれば、前述したように、『見えざる世界の地図』は『ハーモニー・シルク・ファクトリー』の続編と見なすことができる。タシュ・アウは、（そこでも）明らかに意図的にタシュ・アウのオリジナルな国民的寓話（national allegory）――（それは）公式の国民的寓話とは異なる――を引き続き展開させている。彼の意図は、見えざる地図を作成することにより、国家的イデオロギーによって意図的に抑圧と隠蔽された歴史の記憶を改めて呼び起こし再構築することにあるのである。

『見えざる世界の地図』の時間的背景は言うまでもなく冷戦である。もしかしたらこの小説は冷戦文学という大きな範疇に加えてもよいのかも知れない。冷戦文学には、それが生まれる時空的背景があり、定義上は(その叙述が)必ずその時空的背景と呼応していなければならない。アメリカを例に挙げれば、冷戦期のアメリカは、計算し難いほどの海外の軍事基地、艦隊、および異なる規模の合同軍事演習により共産勢力の蔓延と拡張を防いできた。しかし、(その)アメリカも、戦場における思想と文化の重要性に気づくと、世界各地でさまざまな部門やメカニズムを通して、アメリカの価値観とそれを支える資本主義的イデオロギーを再生産したのである。文学は(その中でも)極めて重要な(資本主義的イデオロギーの)再生産部門であった。アンドリュー・ハモンド(Andrew Hammond)は『冷戦文学:世界の紛争を記す』(*Cold War Literature: Writing for Global Conflict*)の序論で次のように述べている。われわれは「冷戦文学におけるテーマと作風の趨勢について比較分析を行わなければならない。冷戦文学は、歴史の国際的な潮流に焦点を当てるものであると緩やかに定義することができるが、それは冷戦期の政治、軍事、外交、言語およびイデオロギーとの重層的な相互作用の関係を有するものである。例えば、ある特定の冷戦文学が存在するとすれば、その文学は確実にその時代の国際的な潮流の中に存在するのである」(ハモンド:Hammond 2006:4-5)。ハモンドの話し方はやや堅苦しくて分かりづらい(ところがある)が、彼が述べているのは、冷戦文学はその大半が国際的な潮流の中における歴史的産物であり、冷戦期の政治、軍事、外交、言語およびイデオロギーと必ず繋がりを有するものでなければならないということである。(そうであるならば、)もしかすると張愛玲の『ヤンコ踊り』と『赤地の恋』、ならびに台湾の一九五〇年代と六〇年代の反共文学は、この定義に当てはまる冷戦文学と見なしてもよいのかもしれない。

タシュ・アウの『見えざる世界の地図』は、物語の中で反植民と冷戦という二つの地政学的な事柄に時間的な繋がりを持たせ、冷戦（の上）に植民地主義の色彩を重ね合わせている。『見えざる世界の地図』に記述される植民から冷戦までのストーリーは、西洋が強権的に統轄支配したアジアの人民と文化の歴史に対する記憶を、改めてわれわれに思い起こさせるのである。タシュ・アウが意図的に再構築しようとしているのは、今まさに日に日に忘れ去られようとしている、とりわけ若い世代にはほとんど知られていない冷戦の歳月である。（そして）それは、小説の中で、マルディン・サイディが記憶の問題としてアダムに語る次の言葉によって表現されるのである。

「われわれはみな多かれ少なかれ冷戦の被害を受けている。（とは言うものの現実には、）いたるところに無意識にその記憶を消してしまう人もいれば、国を挙げてその全ての文化を消してしまうこともある。われわれアジア人はそのようなことに非常に長けている。例えば、仮に干ばつの災害で幾千幾万の死者が発生したとしても、あるいは地震が発生したとしても、そしてまた政府がデモ隊に向けて発砲したとしても、しばらくすれば、われわれはそのことをきっぱりと忘れ去り、その後の生活を続けていく。われわれは、これらの出来事を心の奥底にしまい込み、（それを）掘り起こそうとはしないのである」（Aw 207）。

確かに世間の人は（何事についても）忘れっぽい。この点を（一つ）とってみても『見えざる世界の地図』が記憶に関する小説であることに疑いの余地はない。

＊（　）内の文章は、訳者が補筆したものである。

書目

Aw, Tash. 2009. *Map of the Invisible World.* London : Fourth Estate.

Hammond, Andrew. 2006. “From Rhetoric to Rollback : Introductory Thoughts on Cold Literature.” Andrew Hammond, ed. *Cold War Literature : Writing the Global Conflict.* London and New York : Routledge. 1-14.

Morrison, Donald. 2005. “Farewell, Pink Gin.” *Time Asia Magazine,* 25 April 2005. Website : http : // www. time. com / time / asia / magazine / article / 0,13673,501050502-1053691,00. html. Retrie : ved : 4December2011.

日中戦争と五味川純平

新船海三郎

今年（二〇一七年）は、日中戦争が本格化する契機となった盧溝橋事件（一九三七年七月七日）から八〇年になる。しかし、ほとんどのメディアはことさらに特集を組むわけでもなく、たんたんとその日は過ぎた。半月ほど前の沖縄の「慰霊の日」（六月二三日）やひと月ほどあとの広島・長崎の「原爆忌」、終戦記念日（日本政府は「戦没者を追悼し平和を祈念する日」としている）と比べるべくもなかった。この分では、南京事件から八〇年だといっても一二月にはおそらくなにもないことだろう。

ただ、今年はいくぶん、戦争をくり返してはならないというトーンがつよかったとは思う。特定秘密保護法から集団的自衛権行使の容認、そのための安保法や国内治安法といえる共謀罪の強行成立など、安倍自公政権のもとで「戦争する国」へしゃにむに突き進む気配を強烈に感じるからにちがいない。

戦争になればどれほどひどいことが起きるかは、語って過ぎることはない。沖縄戦は、米軍による「鉄の暴風」と呼ばれた艦砲射撃、日本軍による「自決」強要など、日本人の死者約一九万人の半数以上が沖縄県民だった。人類史上初の原爆投下地となった広島は、市の中心部が壊滅し、当時三五万といわれた人口の三分の一を超える一四万人がその年のうちに被爆死した。長崎もまた、死者は九万人を数える（人口二四万。死者は被爆五年後で広島二〇万、長崎一四万、今日までに広島四〇万、長崎二〇万といわれる）。三月一〇日の東京大空襲では一〇万人以上……と、戦争に巻き込まれた人の数だけ悲劇がある。

戦地においても、アッツ島に始まるサイパン、グアム、硫黄島などの「玉砕」。「白骨街道」と称されたインパール作戦、ほぼ全滅の拉孟・騰越・龍陵など中国・雲南戦線、ニューギニアやルソン・レイテなどフィリピン、南方戦線における飢餓、戦争終結後にも樺太・千島の惨劇……数えだしたらきりがない。無謀無能のうえに官僚化した軍上層部の戦争計画、食糧・労力は現地確保などという計画ともいえない机上の兵站戦略に兵士たちは翻弄された。一五年におよんだアジア・太平洋戦争で戦没した軍人・軍属は約二三〇万人といわれるが、連合軍の銃砲弾にあたって死んだ兵士より餓死したほうが多かったというのはいまや常識である（日本近現代史研究者の故・藤原彰は、餓死者を一二七万六二四〇人と計算している）。それは、死を「散華」といいかえて美化しようとした戦争指導者たちの思惑を皮相なものとし、戦争の無残をあまるほど語ることになった。くり返せば、これら骨髄にまで染み渡った無念、悲しみ、怒りは、もっと語られなくてはいけない。

とはいえ、戦後七二年も経ってなお、「被害者」であることだけを語るばかりでいいのかは、考えてみないといけないだろう。一九三一年の「満洲事変」を契機として日中戦争からアジア・太平洋戦争の全期間を通じて、日本が侵略者であり、加害者であったことは疑いのない事実である。戦闘における殺戮ではなく、捕虜への刺突き訓練と称する殺害・虐待、住民殺傷、食糧や金品の掠奪、強姦……は目にあまった。「平頂山事件」、「南京事件」、華北における「燼滅作戦」、七三一部隊による細菌戦のための人体実験、重慶爆撃……。これらをなかったことにすることはできない。もちろん、語りたくない気持ちが分からないわけではない。人は多く、自分の犯した失敗、それも頭を掻きながら笑い話にしてしまうわけにはいかないことであればあるほど、黙っていたいものである。記憶からも消してしまいたいと思ううち、ほんとに忘れ去った人もいる。

戦争加害を語らないのは日本文学もまた同様である。「戦争文学」や「原爆文学」などという独特のジャンルを成立させながら、わが国の戦後文学は明確な「加害意識」を背景にした作品や、戦場における捕虜虐待・虐殺、住民殺害、略奪、強姦のリアルな再現を積極的には評価してこなかった。

石川達三「生きてゐる兵隊」は戦時下の一九三八年に発表された。南京に進軍した部隊の非道な蛮行をえがき、戦争の実相を伝えようとしたが、掲載雑誌は発禁処分となり、石川自身も禁固四カ月（執行猶予三年）の刑を受けた。戦後、伏字部分などを復元して出版され、僧侶兵のシャベルによる撲殺場面など読者に大きな衝撃をあたえた。しかし文学関係者の多くは、この作品が戦争の性格を明確には認識せず、中国民衆への視線がないことなどを指摘し、功名をねらった作者の野心を非文学的と批判した。作品の弱点を指摘して過大な声は、この作品が「盧溝橋事件」から「南京事件」に至る日本軍の蛮行、兵士の退廃を切り取っていることを見えなくさせた。

「兵隊作家」と呼ばれた火野葦平は、軍役中に芥川賞を受賞して報道部門に転属し、取材・記録と小説執筆を任務とされた。兵士の生々しい姿とともに塗炭の苦しみを味わう中国農民への同情、いたわりを隠さず、部隊の進軍と同時進行的な従軍記「麦と兵隊」は大きな話題となった。捕虜惨殺場面は検閲で削除されたが、火野は戦後、単行本にするときに復元した。その点では、ひとりの作家として事実と作品に誠実であろうとした火野だったが、「戦犯作家」として戦争責任が追及され、作品よりもむしろそのことがきびしく問われることになった。

戦時下の二人の作品への批評は主として敗戦直後のことであり、当然、戦争に向き合う基本態度が問われた。それは二人に限らなかった。

武田泰淳「審判」は、兵隊上がりの一青年が敗戦後、中国人の老農夫を殺したことを悔い、その重荷を負って中国で生きる決心をする話である。青年は、日本へ帰りまた昔のような生活に戻れば、自覚を失ってしまうかもしれないから、そうやったからといって罪がつぐなえるとは思えないが、絶えず裁きの場に身を置く、というのである。敗戦から一年半ほどしか経たない時期に発表されたこの作品への評価は高かった。日本と日本人が戦後出発におく基点、原点がしみじみ示され、共感を呼んだからだ。

しかし、日本がアメリカのアジア戦略に沿って、民主・平和から再軍備への「逆コース」を歩み出すと、事情が変わってくる。大元帥として戦争指揮のトップにあった昭和天皇を、新憲法が「象徴」として温存したこともあって、戦争責任追及、つまり戦争加害にかかわる文学作品の評価に消極的になっていった。

たとえば、中国・山西省における燼滅作戦（住民みな殺し）にたずさわる部隊をえがいた田村泰次郎「裸女のいる隊列」、南京事件を中国人知識人の目からえがいた堀田善衞「時間」、あるいは、「従軍慰安婦」と最初に名づけた千田夏光の一連の仕事など、一部で話題になってもだれが押しとどめるのか、ひろがりそうでひろがらなかった。田村泰次郎は最後まで「肉体派」に押し込められ、従軍慰安婦をえがいた「春婦伝」「蝗」など戦場ものが業績の中心になることはなかった。「時間」もまた、「南京事件」がどれほど世情を賑わそうとも、この作品が俎上にのぼって検討、話題にされた形跡はない。小説通からは〝思想小説〟と揶揄された。千田夏光の仕事は取材当時の資料の限界もあって小さな誤認がある。それを針小棒大にあげて「従軍慰安婦」の存在そのものを否定する議論のなかでとりあげられることはあったが、千田の先駆的で血のにじむ思いを真摯に受けとめる意見はほとんどないままに過ぎている。

文学もまた、日本社会の流れと無関係でないといえばその通りだが、文学や思想はそれでも屹立して絶えず問題提起するものであってほしいと思うのは、無理なのだろうか。

五味川純平という作家がいる。一九一六(大正五)年に中国東北部(旧満洲)で生まれ(一九九五年死去)、戦争末期に徴兵されて進入してきたソ連軍とたたかった。一五八名の部隊が四名になったほどの激戦を生きぬき、その体験などをもとに戦後の一九五六年から五八年にかけて『人間の條件』(三一書房、全六巻。のち文春文庫、岩波現代文庫)を書き下ろしで発表した。この大長編小説は、のべ一三〇〇万部というベストセラーになり、一躍人気作家となった。小説は読んでいなくても、一九五九年から一九六一年にかけて公開され、その後何度かテレビでも放映された仲代達矢と新珠三千代主演の映画(監督・小林正樹、全六部)を観た人もいるだろう。

この長編小説はちょっと不思議なところがあって、主人公には梶という姓だけがあって名がなく、彼の妻になるヒロインは美千子という名はあるが姓がない。理由は分からない。

ともあれ、梶は戦争に批判的で、「召集免除」の保証を取りつけて満洲・老虎嶺の鉱山に労務主任として行く。そこが美千子との新婚生活の場となるのだが、採鉱成績を上げて「聖戦完遂」の国策に協力することと、劣悪な労働条件で働く中国人労働者を何とか助けたいという思いとのあいだで苦しむ。あるとき、軍から捕虜を「特殊工人」として無給で酷使することを強制される。中国人捕虜にヒューマンに接する梶の対応は、彼らに集団脱走を計画させ、発覚して首謀者は処刑されるが、梶はそれを不当として抗議する。その結果、梶は憲兵と対立、拷問を受けたのち一兵卒として召集され、ソ満国境の警備につく。敗戦直前、進入してきたソ連軍との戦いで部隊は壊滅、梶は数名の兵と満州の曠野をさまよう。何度か死地を切り抜けるもののとらえられて捕虜となるが、脱走し、妻の美千子がいるはずの老虎嶺へ向かう。降りしきる雪のなかを、遠い山麓まで点々とつづく電信柱の一本一本を道しるべに、根株だけが残った高梁畑を進むが、ついに力尽きて倒れる。「雪は無心に舞い続け、降り積もり、やがて、人の寝た形の、低い小さな丘を作った」と作品は結ばれる。

小説「人間の條件」は、侵略戦争というものの実態、満洲国が掲げた「五族協和」の欺瞞、残虐で狂気じみた軍隊生活などをえがきながら、その極限状況のもとでいかにすれば人間的であり得るのかを問いかけた。問いは人々の胸底にひびいた。戦争が終わったある瞬間に、人々は多かれ少なかれ、それを自らに問うたことがあるからだ。だが多く、飢えを逃れ、暮らしを成り立たせ、日本という国の復興に追われた。朝鮮戦争の勃発に悪夢をよみがえらせたが、特需で景気がよくなると隣国の悲劇を好機と思った。折しも、「もはや戦後ではない」（一九五六年、「経済白書」）と喧伝された。「戦争」の日は遠くなり、いつの間にか忘れ（忘れさせられ）てしまっていた。

なんとはない違和感を感じないわけではなかった。大事なものを置き忘れてきたような気もしていた。『人間の條件』は、あるいは苦い薬として、人々にそのことを気づかせたのかもしれない。とすれば、この大長編小説をベストセラーに押し上げた人々の〝感覚〟は案外、健全だったともいえる。

しかし、文学の世界はちがった。「五味川純平が『人間の條件』でデビューした時（それはベストセラーとして華々しいものだったが）、純文学はもちろん、大衆文学、中間小説といわれる文芸分野の主要なメディアである文芸雑誌、小説雑誌は、ほぼ完全にこの作品を排除した」（川村湊「『人間の條件』語り継がれた植民地と戦争の

〈記憶〉」、『現代思想』二〇〇五年六月臨時増刊号）。エンターテインメントというだけで一段価値低くみるこの国の文学界は、それが国民の意識形成にあたえる影響も、また、それを求める国民意識の底にあるものも、深く考えようとはしてこなかった。毎月出版される『人間の條件』を待ち望むようにして読む人々の、五〇年代半ばの時代感覚を自らの文学上の課題として引き受ける作家は、悲しいかなほとんどいなかった。

五味川はしかし、文学世界からの冷笑にめげなかった。「ぼくらの人間形成は、どうしても戦争とは無関係でありえないどころか、戦争そのものと切り離しがたく結ばれている。言い換えれば、戦争に対してどういう態度をとったかが、ぼくらの〝人間〟を決定したのだ。ぼくが小説を書こうとするとき、この問題が基本的テーマになるのは、むしろ当たり前ではないだろうか」（「戦争と人間と」、『春秋』一九六三年九月号、『極限状況における人間』＝三一書房、一九七三年五月＝所収）と、そのテーマをどこまでも追求した。それは、あるいは五味川一人の課題ではなく、あの戦争を生きたこの国と作家たちにも共通するはずのものだった。五味川が揺るがなかったのは、その確信だろう。

五味川は『人間の条件』について、できる限り歴史的背景に目をくばり、視野ひろく保ったつもりだったが、「結果はやはり消耗品＝人間しか描けなかったように思う。言い直すと、戦闘と人間との関係は、ほぼ書き得たかもしれないが、戦争と人間との関係は書かれていない」（同前）と自己分析し、今度こそそれを書いてみたいと、『戦争と人間』に立ち向かった。「満州事変」へ向かうところから始まり敗戦までの一五年戦争の全過程をえがき、『人間の條件』以上の大長編になった（一九六五—八二年、三一新書、全一八巻。のち光文社文庫、全九巻）。

こちらも映画化され（山本薩夫監督）、一九七〇（昭和四五）年から七三（昭和四八）年にかけて公開された。『人間の條件』の九時間三一分に負けず九時間二三分の三部作だが、予算の関係でノモンハン事件あたりで終わっている。単行本では十一巻、まだ三分の一ほど残っている。

小説作品は、関東軍の強硬派と通じ、大陸進出を画策する新興財閥・伍代家を軸に、政財官界の動きや日本の左翼、満洲における抗日勢力のたたかいなども交え、スケール大きく展開する。「満洲事変」勃発までをえがいた「運命の序曲」（一～三巻）、満洲国建設の強行と国際社会からの孤立、ファシズムの台頭、二・二六事件を頂点とした「髑髏の舞踏」（四～八巻）、「盧溝橋事件」から日中全面戦争へ、長期化し泥沼の様相をえがき出した「劫火の狩人」（九～十二巻）、そしてアジア・太平洋戦争に突入、滅亡へと急坂を転げ落ちていく日本の、軍と経済界を含む錯乱ぶり、そしてついに、満洲国の崩壊、敗戦を迎える「裁かれる魂」（十三～十八巻）の四部からなっている。それぞれの巻末には資料収集の助手を務めた澤地久枝との共同制作といっていい詳細な「註の部」が書かれている。貴重な戦史でもある。

五味川は、『人間の條件』で作家として歩み出し、そして亡くなるまで、戦争とは何か、人間とは何か、戦争という極限状況のなかでいかに人間としてあり得るか、を問い続けた。日米安保体制が強化され、戦争へと傾斜していく世情に警鐘を鳴らし、吼えるように言葉を発し続けた。それは、おそらく自身の体験に根ざしている。満洲の巨大製鉄会社の調査部に勤務した五味川は、十二月八日の真珠湾奇襲の成功に大興奮する同僚たちに、彼我の生産量比較の数字をあげ、勝った、勝ったの戦勝ムードに水を差した。すると、たちまち上司に呼ばれ、訓戒をうけた。上司の訓戒だけならまだ抗弁したかもしれないが、課員同僚たちの白眼視に包囲され、五味川は沈黙した。五味川は後年、私は屈せずに開戦の非を唱えつづけるべきだった、すれば獄につながれたろう、しかし私にはそんな勇気はなかった、それまで自分は非戦論者のつもりだったが、その日、私は軍国主義に決定的な敗北を喫した、と語っている（「軍国主義の悪霊」、『潮』一九七一年五月号）。

五味川の胸に去来するのは、なぜあのとき、軍国主義に膝を屈したのか、かなわぬまでも、なぜ釘の一本ぐらい打たなかったのか、の思いである。軍部のプロパガンダに騙されていたのなら、それほどの自責は必要でなかったろう。しかし、五味川はこの戦争がまったく義のない侵略戦争であり、力関係からは無謀きわまりないものであることを知っていた。なのに、斜に構えたような抗いはみせたが、正面から堂々の批判はおこなわなかったし、できなかった。なぜか。理知への不信か、勇気の不足か、弾圧・拷問への恐怖か。それらすべてであったろう。が、彼を絶望させたものは、それら以上に周囲の白眼視だった。総がかりで疎外・排除し、押しつぶしにかかる「空気」であった。「圧搾空気」のようなそれがいったいどこから来るのか、なぜ人間はそうなってしまうのか、五味川はそれを小説世界から問おうとした。

『戦争と人間』に、南京に侵入した日本軍をえがいた場面がある。のちの極東軍事法廷などの証言や将兵らの日記をもとに再現し、その非道ぶりに思わず読むのを止めてしまうほどだが、そのまとめのように五味川は書いている。

火の手が、遠く近く、街じゅう至るところに上っていた。
風が街のなかで気ままに向きを変えて、煙の臭と生き物を焼き焦がすような異様な臭気を運んでいた。
機関銃の射撃音が、さまざまな方角から、連日連夜聞こえていた。
男たちの群が、ときには女も混って、密集した家屋のあちこちから狩り出され、空き地に追い立てられた。

恐怖と哀願の声が地を蔽った。白刃と銃剣が一つずつその声を潰していった。

空地という空地には血の沼ができていた。

河岸では、何百何千という単位の集団の射殺が、えんえんと繰り返された。

折り重なった死体には石油をかけられ、火をつけられ、死者は河に投げ込まれた。

悠々と流れる大河は血で染まった。

河面を黒々と蔽って対岸へ泳ぎ逃れようとするところでは、艦艇が来て機銃弾の雨を降らせ、水面がささくれ立った。

城壁の外では、大量の生き埋めが行なわれた。

難民が密集している建物は、容赦なく銃弾が撃ち込まれ、むし焼きにされた。

女たちは、みつかったら助からなかった。それが路上であろうと、屋内であろうと、強姦が反復され、襤褸のようになるまで弄ばれた。

冬の太陽は煙にむせて、黄色の顔を歪めて視ていた。

夜空の星は凍った眸に惨劇を映していた。

私たちは、もちろん「冬の太陽」でも、「夜空の星」でもない。ならば、あの戦争に何を見るのか、何を映しとるのか。五味川が日中戦争とアジア太平洋戦争を背景にえがいた二つの超大作は、ただ、それを読み切る体力ばかりを求めているのではない。

鼎談

日韓霊性開新鼎談 ――その1――

金　泰　昌（キム・テ・チャン、「東洋日報」東洋フォーラム主幹）
北島義信（正泉寺国際宗教文化研究所所長、四日市大学名誉教授）
山本恭司（「未来共創新聞」編集長・発行人）

山本恭司（未来共創新聞発行人）　北島先生は『南アフリカの指導者、宗教と政治を語る』（本の泉社）を「正泉寺国際宗教文化研究所研究叢書1」として二〇一二年に監訳出版されました。人種隔離政策のアパルトヘイト体制が崩壊して一九九四年に新大統領に選ばれたネルソン・マンデラや聖公会の重鎮デズモンド・ツツ大主教ら二十一人の南アフリカ独立の思想的闘士へのインタビュー記録です。チャールズ・ヴィラ・ヴィセンシオケープタウン大学名誉教授が新生南アフリカ胎動期（九〇年代初期）に、彼らに実際に会ってお話を聞いた貴重な記録です。

山本恭司 氏

金泰昌《キムテチャン》先生は、一九九〇年から京都を中心にして、世界規模の公共する哲学対話運動を二十六年間粘り強く続けてこられたのち、現在は韓国忠清北道の清州《チョンジュ》を中心に、韓国内外で地方間・世代間・男女間相生の「公共する人文学」の対話活動を二年にわたって展開しておられます。

特に、最近では新しい霊性を明らめる研究を多様な角度から実行してこられました。両先生方が昨年に韓国の益山《イクサン》にある円光《ウオングアン》大学校円仏教思想研究院責任研究員の趙晟桓《チヨソンフアン》博士の推薦によって邂逅されてから、「霊性」をめぐる対話を重ねてこられました。今日この場でそれまでの対話を整理して、韓国・日本・ロシア・アフリカについての体験学習とつなげて、ともに公共する霊性と、それが未来共創にもつ意義についてお話しいただければと切に願っています。

1　アフリカにおけるウブントゥ思想

（1）アフリカ文学とウブントゥ思想

金泰昌 氏

金泰昌（「東洋日報」東洋フォーラム主幹）　まずはすばらしいご本をお送りいただき、これまで充分に関心を持てずにいた問題について考えさせていただきました。まことに感謝しております。そこでは、アフリカ文学と思想を現代日本の読者に紹介して知らしめたいという北島先生の配慮と誠意が伝わってまいりました。浄土真宗の僧侶であられる北島先生が、特にアフリカ思想と文学に格別な関心を持たれるようになった動機は何なのでしょうか？

北島義信（四日市大学名誉教授）　私は浄土真宗本願寺派円勝寺（三重県四日市市）の次男に生まれました。実家は四百年の世襲で、養子先の真宗高田派正泉寺（四日市市）は六百年間、「門徒」と呼ばれる民衆とコミュニケーションをとり続けてきました。

大学進学に際しては、ロシアかイスラーム圏のイランの勉強をしたいと思って父親に相談しましたが承諾が得られず、結局、漢字文化圏ではないインドの方から仏教を見直すことにして、一九六三年に大阪外国語大学のインド語学科に入りました。入ってみると、授業内容は古典語ではなく現代語ばかりでした。ヒンディー語を主としてウルドゥー語も学びましたが、そこにはかなりの比率でアラビア語やペルシア語の単語も混ざって入っています。インドの文化の特徴は「混成的文化」だと気づきました。

北島義信 氏

大学に入学すると同時にストライキとデモの洗礼を受けました。日韓会談や学生の自治を否定する寮問題が争点でした。インドを基軸にした研究をする気力が起きず、若い私は、将来は世界が社会主義になるのでロシア語を磨いておかなければものにならないと信じ込んで、ロシア語も一生懸命勉強しました。

外大を卒業して大阪市立大学の文学部文学科哲学専攻に学士入学したときの指導教授は田辺元の弟子で、田辺元批判の卒論を書き、政治活動をして三年間刑務所に入った森信成先生です。この先生から、マルクスに大きな影響を与えたフォイエルバッハの哲学の読み方をじっくりと教えて頂きました。

私は、市大の学士入学試験を英語とロシア語で受験いたしました。そんな関係で、森先生から「ロシア語が読めるのだから」と、一九世紀のロシア文学と政治哲学の研究を薦められました。先生は特に、一九世紀中期のロシアの偉大な文芸批評家・哲学者チェルヌイシェフスキーを読むように申されました。それがきっかけとなり、ロシア文学の基本的な思想や行動原理の研究に没頭するようになりました。私は文献を読む中で一九世紀ロシア思想、文学のもつ力、「百科全書」「生活の教科書」の役割を果たす文学の力に非常に感動しました。

大阪市大の大学院時代に、友達から「アフリカの黒人文学は面白い」と言われて英語で書かれた現代アフリカ文学も読みました。そこに、一九世紀ロシア文学の再来を見ました。大学教員となって英語を教えるテキストとしてアフリカ文学を選びましたが、その理由はアフリカの思想に衝撃を受け、その文学に魅かれたからでした。

その魅力を一言で言うと、アフリカの人々は植民地化されて非常に苦しい目に遭いながらも我々に希望と勇気を与えてくれるという点です。作品を読むと、こちらが勇気付けられ、自分を振り返って何をなすべきかを考えさせられるのです。今思うとそれが自他の関係性、連帯を基軸とした「ウブントゥ」の思想でした。私はアフリカ文学にのめり込んでいきました。

アフリカの共同体の中に伝統的に存在し、抵抗文学作品に現れている思想が「ウブントゥ」なのです。人種差別の撤廃を、黒人の側から白人や混血の人たちに呼びかけ連帯するケースが特に南アフリカでは多いのですね。アフリカには〝一緒に運動する文化的伝統〟が根付いていることを知りました。南アフリカの人種隔離政策は非常に過酷でした。しかし、アフリカの文学作品は暗さだけではなく、人間としての希望と勇気を抱かせてくれるのです。

金泰昌　アフリカ文学の英語版と現地語の原文との間には、読解上の問題が多いのではないですか？

北島　ご指摘の通り、ギャップがあります。英語は民衆の言葉ではないからです。スワヒリ語は体系化されていますが、それ以外の土着言語が近代文学で使われることはあまりなく、英語・仏語・ポルトガル語で書かれてきました。それらの文学の主流は植民地主義支配に対する抵抗を描く社会的リアリズムで、西洋近代文学に親しんでいる人々にとっては、比較的に理解しやすいものでした。

ところが一九七〇年代後半以降、文学には次第に土着性が基本的なものとして出てまいります。それを率先してやった一人が、グギ・ワ・ジオンゴというケニア出身の作家です。彼は当初英語で書いていましたが、作家活動の中で「文学は民衆を離れてはならない。民衆の言葉で文化を繋いでいこう。これはヨーロッパにおいて、ダンテのようにラテン語ではなく土着のイタリア語で小説を書いたり、ルターのように聖書を土着のドイツ語に訳したりしたと同じことだ。アフリカにおける植民地支配は、政治・経済・文化の一体となった支配であり、その中心となるのは文化支配である。この支配に抗するには、土着的な民族語による文学を主体的につくり上げることが必要である」という立場に立って、一九七六年にギクユ語という民族語で演劇作品『好きな時に結婚するわ（*Ngaahika Ndeenda*）』をミシェレ・ムゴと共同で書いたのです。この作品は、ケニアにおける新植民地主義支配の現実を鋭く批判したものです。

山本　韓半島において、世宗大王が知識人階級共用の文語であった漢語とは別に、民衆の日常生活言語を大事にしてハングル文字を創始し、広く普及させた故事が想起されます。民族の独立は、まず言語的独立がとても大事だと思います。

北島　ギクユ語で書かれたこの演劇作品を現地の若者が演じました。生きる意欲を失っていた「プー太郎」や自殺未遂までした若者が、演じる中で元気づき、リハーサルを見た批評家が「全員プロがやっているのだろう」と感嘆したそうです。演劇自体がアフリカの社会性をもった伝統的な土着文化であり、その伝統を再現させたこの演劇運動が拡がり始めると、ケニヤ政府はグギを逮捕しました。

山本　体制転覆の起爆剤になることを懸念した権力が文学者の活動の芽を摘んだのですね。

北島　そうです。英語作品なら大きな問題にはならなかったのです。英語が読めるインテリ層は数も多くなく、ケニヤ政府にとっては恐くなかったからです。今私が再読しているグギの作品『悪魔を磔刑に』（*Devil on the Cross, 1982*）は、ギクユ語で書かれた原作（*Caitaani Mutharaba-ini, 1980*）の英語版です。英語の内容がわからないところや、ときどき出てくるアフリカの言語で書かれた歌の意味などは、グギに近い私の友人G・C・ムアンギ先生（四国学院大学教授）に訊ねて確認しています。

これと同じようなことがありました。慶長の役の時の日本水軍と朝鮮水軍の戦いを描いた映画「鳴梁《ミョンニャン》」で、李舜臣《イスンシン》が息子に「これ（大渦潮が起きたこと）は神の恩寵である」と言う場面がありますが、私はその英語字幕の意味がどうも分からないので韓国の友人・趙晟桓先生に伺いました。李舜臣が言ったのは英語の「神の恩寵」とは全く違う意味の「天幸」という言葉で、「民衆と神が共働で創りあげていく」という意味だと教えてくれました。

金泰昌　結局、アフリカ文学に接するためにはまず英訳を介するしかないということですね。アフリカ文学の中に生きている核心思想を一言でいえば「ウブントゥ」であると強調しておられますが、先生はそれをどういうものとお考えですか？

（2）ウブントゥとは何か？

北島　「ウブントゥ」とは他者との関係性を示す言葉です。人間は一人でいることは不可能です。悪い奴も含めて、人間は他者との相互の繋がりの中で人間化していくという考え方がアフリカにはあります。したがって、人間の差別・分断分離・抑圧を前提とする「アパルトヘイト」は、根本的に誤ったものであることがわかります。

自分中心のエゴセントリズムではなくて、他者が自分を創っていく。人間は、一般的通行人ではない「他者」と、一つのユニット（共同体）を創って生活します。小ユニット間で交流・たすけあいがあるように、外国のユニットとも相互にコミュニケーションすることを通して「人間」に成っていきます。そのスタートは「自」ではなく「他」です。「他」によって発現していく自分は、実体ではなく過渡期としての自分であり、常に更に前へ進むための新たなスタートを切ります。それは仏教的な言葉でいえば「空《くう》の空化」、すなわち「空」に甘んじるのではなく、もう一回前へ行け、ということに繋がります。

この相互関係性の思想は、「敵」といえども「わたし」と繋がっているわけですから、相互のコミュニケーションを通して、ともに生きることが可能となることを示すものです。したがって、ここから「非暴力」の重要性が出てきます。

山本　「もう一回前へ行け」というのは、卑小な自己の体験を聖域化せず、今の自分をゼロにリセットして出発するということですね。私どもが発行している未来共創新聞も、毎号、ゼロからの出発という心構えで挑戦しています。

では未来共創とは何かですが、世のため人のために、リスクを恐れず、希望と勇気を持って「エイヤー」と実際に一歩を踏み出すところから始まります。当然、障害や困難を伴います。志が遂げられるかどうかは分かりませんが、真心と真心の響きあいをエネルギーとして前に進むということだと思っています。前進の途上、共鳴・共振・共働できる「他者」が現れれば、「他者」たちの霊と魂と心と相関連動して未来を開新します。「他者」との出会いを起点にして、対話・共働・開新の連鎖がスパイラルアップしてゆけば、国内外の（特に東アジアの）同志とともに共福世界を開くことができるという希望を持っています。

これは例えば、これまでのような上から下への聖賢文明（政治権力・宗教的権威による文配・命令）から、下（民衆）から起こる「活私開公」（金泰昌先生のお言葉）文明へのパラダイム転換とも言えると思っています。それは「他者と共にする」のですから、一個人による「創造」でも「独創」でもなく「共創」です。「共創」の「創」は「創発」の略です。志ある人と人との出会いと共働によって、全く新しい次元を創出・創新する、即ち「開新」ということでもあります。開新という事態は、根源的な宇宙生命力（霊性）と個体生命力との共振がなければ生じません。その意味で、未来共創とは、自力・共力・他力の相関連動作用ということもできます。

北島　自分一人の力だけでは世の中を変えることはできませんね。浄土真宗で一番大事なのは他者性です。これを「他力」と言っていると思うのです。

金泰昌　阿弥陀仏の無限の慈しみ＝他力によって救われるのであって自力は微塵もない、というのとウブントゥとは繋がりますか？

北島　繋がると思います。例えば「自力」を首唱したとみられがちな道元も、『正法眼蔵』の生死章で、生死を離れる「救い」は向こうから来ると言っています。この点では、親鸞も道元も大きな違いはありません。宗教的救い、人間的成長は、「自」ではなく外部性としての「他」のはたらきによって生まれるという点においては、ウブントゥの考えとおなじだと思います。「自他」の非分離性、外部性としての「他」（仏）において、「自己中心主義があなたを不幸にしています。われにまかせよ」という阿弥陀仏の呼び声を聞き、それによって自我執着のおろかさに「めざめる」という、「他力のおしえ」はウブントゥとみごとに繋がると思うのです。

金泰昌　アフリカ文学には「自力本願」のような考え方はなかったのでしょうか？

北島　アフリカの文学作品には、最初はデカルト以来の西洋的「自我」との重なり合う部分がないわけではありません。それは、多くの作家が西洋に留学したり、西洋的教育を受けてきたからです。しかし、現実と格闘する中で、そのような「自力的自我」が悉く破壊され、アフリカ的な考え方に帰っていきます。

「断片化されたアフリカを一つのものにしていく作業がいる」と、グギをはじめとして、何人かの作家が言っています。つまり、失われた人間の分断、人間疎外から人間を取り戻す思想として「ウブントゥ」があるのではないかということです。

アフリカ諸国が次々と独立した一九六〇年代には、西洋風の発想とも重なり合うリアリズムの文学作品の多くがみられ、西洋人も日本の知識人もそれを読んで喜びました。しかし、「それでアフリカの現実は解決するだろうか？」というところに行き着かざるをえないのです。確かに独立によって、かつての白人が黒人を直接支配する「植民地主義」は終わったけれど、経済的・文化的自立は成し遂げられておらず、現実は、グローバル支配の新植民地主義に移行しただけではないか、何も変わってはいないではないか、ということが明らかになってきます。その結果、「この現実を超える道をアフリカの土着思想・文化の現代化に求めることが必要だ」と認識されるようになってきたのです。その具体的取り組みが一九七〇年代の南アフリカで始まります。

一九四八年に始まる南アフリカ白人政府のアパルトヘイト政策は、表向きは「お前たち（黒人）は、お前の考えでやれ。俺（白人）は俺の考えでやる」というものですが、内実は違います。根本前提には、黒人と白人の平等性がないのです。実際は、「黒人は白人とは別に『土人らしく』生きればいい。お前たちは、白人に代表される文明人にはなれるわけはない。われわれの指導の下に生きるのが最善である。我々白人は、お前たちとは異なった文明人としてふさわしい生活を送る」というもので、「分離発展」という名の下に黒人、カラード（混血）、アジア人抑圧を強化します。

当時、人口の八割近くを占めたアフリカ黒人は、これに徹底的に抵抗します。彼等は考えたのです。「われわれは、決して劣った人間ではない。もともとアフリカには共同体の中でお互いに助け合って、人間的に豊かに暮らしてきた体験があるではないか」。このような立場に立って、黒人がアフリカ文化を発掘し理論化していく過程で、アフリカには相互関係性を意味する「ウブントゥ」という凄い思想・文化があることが意識化されるようになっていきます。これが黒人の団結と抵抗の武器になっていくのです。

反アパルトヘイト活動家のスティーヴ・ビコ（一九四六〜一九七七年、三十歳で拷問死）は言います。「我々は決して白人がいうような『劣った人間』ではない。それは、西洋人と互角に闘ったズール人の英雄シャカが示している。アフリカには、相互関係性を通して人間となっていくウブントゥという思想がある。それは実はキリスト教に通底している。これを基軸にした連帯による闘いが必要である」と。

南アフリカの黒人は八割がキリスト教徒です。スティーヴ・ビコは一九七〇年代に土着文化の現代化を基軸にして、解放運動とキリスト教を結合させて、黒人を団結させせました。それを可能ならしめたのが「黒人意識運動」です。その基本思想は、白人排除ではありません。まずは黒人が自立して主体化しよう。黒人を「白人より劣っている」と否定した白人の指導の下で連帯するのはまずい。白人と対等平等で連帯するんだ。この思想が発展して八〇年代には全人種平等主義の運動理念が生まれます。これは一九五五年の人民会議において採択された、全人種平等の「自由憲章」の再来といえます。それが白人も黒人もカラード（混血）も分け隔てしない、宗教者・社会主義者・労働組合の連帯による無血革命へと繋がっていきます。

金泰昌　わたくしが南アフリカに行った一九九〇年代に、白人だけが分離して住むステレンボッシュにステレンボッシュ大学がありました。プレトリアにある黒人の大学では黒人のエリートが育っていました。まさに先ほど先生がおっしゃったように、同じ屋根の下で「お前はお前の考え方でやれ。俺は俺の考え方でやる」の共生社会という印象でした。ですが、首都のケープタウン大学に行きますと、中国人もインド人も、白人も黒人も混在していました。

北島　なるほど。

金泰昌　二〇〇〇年に入ってから、マンデラ大統領に近い人が仲立ちをして、わたくしが進めていた京都フォーラムを南アフリカ共和国の首都で開催することになりました。国際会議のテーマは「アフリカの未来をともに開く」と決定して、そこへネルソン・マンデラ大統領が出席するという約束もとりつけました。将来世代とともに新しい未来を開き、そこで全ての人種が共福の世界を実現するという主旨の歌詞をわたくしが書き、南アフリカ共和国の作曲家が作曲して、大学の合唱団がそれを歌うという合意に達しました。

ところがしばらく後、政治的スキャンダルのためにマンデラ大統領が退陣したので、その計画も水泡に帰してしまいました。

その当時、南アフリカ共和国の国民とマンデラ大統領、現在世代と将来世代がともに開こうと望んでいた未来は「虹《レインボー》」共同体でした。それぞれ異なる種族がともに生きる共生社会（symbiotic society）よりは、互いに個性を尊重し合いながらともに生き、生かしあう相生社会（convivial community）を目指すという強力な願いと所信がありました。

山本　金泰昌先生もアフリカとはその前から深い因縁があったとうかがったことがありますが、何か印象に残っていることはございますか。

金泰昌　ええ。一九八〇年代の初めですから記憶もおぼろげになっていますが、わたくしも韓国政府とUN

DP（国連開発事業）の支援を受けてアフリカのケニアの首都ナイロビの近郊で農村開発のための国際奉仕活動に参加したことがあります。

その時にわたくしが感じたことは、多言語状況における意思疎通の難しさ＝不通の問題でした。アフリカ各地から集まったいろんなエスニックグループの人の前で英語で話をして、それが即席で八つの言葉に通訳されたのですが、それで果たして相互理解が可能なのかと疑問になって、とても不便で異様な雰囲気でした。

そんなある日、村に井戸を掘ることになったので、わたくしは井戸がうまく掘り当てられるように「みんなで一緒に祈りましょう」と呼びかけました。礼拝という固い形式はとらなくてもいいから、一日に三回皆が心を一つにして神に祈るのはどうだろうかと提案したわけです。すると、ある人が手を挙げて、「なぜ一日に三回、神の前で尻尾を振らないといけないのですか」と意外な質問をしました。

通訳が言うには、そのエスニックグループには「祈る」に相当する語彙がないということでした。それで、飼っている動物が人間に甘えるときに尻尾を振るという比喩を用いて「神に祈る」ということを表現したというのです。その時わたくしは、多言語疎通的想像力の重要性をあらためて認識させられました。

別の場所では集落の近くに水源がなく、女性達が毎日何キロも歩いて水を汲みに行き、水瓶を頭に載せて運んでいました。わたくしは地質学者ではありませんから専門的な知識もなかったのですが、切実な願いがあって、何となく「ここら辺りを掘ったら水が出るかもしれない」と閃いた場所がありました。それで、そこを二〇メートルほど掘ってもらいました。すると奇跡のように水が出てきたのです。みんな感動しました。

その時、あるアフリカ人がわたくしに「先生はどこの宇宙から来ましたか?」と聞くのです。「宇宙人」ということではなく、いってみれば彼らが住んでいる宇宙と、わたくしの宇宙とは違うという考え方なのです。

日本神話に天から降臨した神様が大和政権をつくったという天孫族の物語があるように、わたくしのことを自分たちとは違う宇宙から来たと思ったようなのです。

それからわたくしは「複数宇宙説」という考えを持つようになりました。この宇宙は一つで、我々はその宇宙の中で繋がっているとか言っているけれど、宇宙は何個もあるのではないかと考え始めたのです。

北島　なるほど。「あなたはどこの宇宙から来たのですか」というのは非常にアフリカ的な言い方だと思いますね。

私の友人がアフリカのためにいろいろやってあげたのにお礼を言わないので、友人が「せめて、ありがとうぐらい言ってもらいたいな」と控えめに言ったそうです。

すると、相手の老人がニコッと笑って、「あんた若いねえ。それだと、あなたがやって下さったことは何か見返りを求めてやったのと同じではないか？　あなたがやったことは、あなたが生きている間は戻らないかもしれない。けれど百年後、千年後には戻ってくるよ。そういう繋がりがあるのだからあまり性急に考えるものではない」と諭されて目が覚めたそうです。

人間はどうしても自分の中の思考の枠組で考えがちです。だから、ツツさんは「神はキリスト教徒（クリスチャン）ではない」と言ったのです。

金泰昌　神がクリスチャンだったら、クリスチャンでない人の神にはなれませんからね。クリスチャンだけの神という考え方から宗教紛争が起こるのですから。一部の人が神を独占するのは、神の思召しに反するのではないでしょうか？

北島　おっしゃる通りだと思います。浄土真宗の僧侶である私は、他宗教の人びと、さらには宗教をもたない人びととも付き合い交流することによってこそ、豊かになると確信しています。多種多様な人びとと関わりをもつことは、嬉しいことです。これが仏教の基本精神であり空・縁起の思想なのです。私がどこかで留まったら独善主義になるだけの話ですから。

山本　「独善主義」と言えば、現実の宗教信者には或る種の選民意識があって、それが鼻につくように思えることがよくあります。「我が宗こそが最高の教えだ」という思い込みです。それは例えば、「空《くう》」という自分の座っている大地に根が生えてしまって、自分と自分の周りの木しか目に入らないような状況です。だからそれは「空の大地化」と言えます。そういう意味でも、先ほど言われた「空の空化」がとても大事だと思います。「自分は究極の悟りを得た」と思った瞬間、「傲慢」という魔に取り憑かれているのです。悟り（法性）と傲慢（魔性）の間の距離は、僅少にして無限です。その点、親鸞が「地獄一定」と言ったような非常に深刻な自己凝視・自己批判・自己否定・自己反省が、あらゆる宗教信者に常に求められていると思うのです。

イデオロギーと化した宗教や国粋主義に霊魂が領土化されると、容易なことでは魂は自由になれないでしょう。そのことは東京の地下鉄サリン事件を起こしたオウム真理教信者の悪夢からの目覚めが容易でなかったことからもうかがえます。人間の色（白・黄・黒）や民族による差別は、不和と暴力と戦争の原因となります。

2　霊性とは何か？

（1）宗教・政治と霊性

金泰昌　わたくしは若い頃はアメリカ、イギリス、フランス、ドイツなど西ヨーロッパを中心に研究活動を続けてきたのですが満足がいかず、東ヨーロッパやロシアにも関心を持つようになりました。英語やドイツ語に訳されたロシア文学を読んで印象づけられたのは大地への強い愛着です。そこへヨーロッパ的なものが入ることによって葛藤や分裂を生じながら、どうやって融合していったのだろうかというのがわたくしの関心事でした。

わたくしが中学の時には英文学に、高校の時にはドイツ文学とフランス文学に、そして大学の時にはロシア文学に魅力を感じて、手当たり次第に乱読を繰り返していたことがありました。それで今日北島先生とお話ししていたら、ふとロシア的霊性を強調したウラジミール・セルゲイェビッチ・ソロヴィヨフと、『静かなるドン』でロシア革命期の波乱万丈の時代相・人間相・思想展開相を描いたミハイル・アレクサンドロヴィチ・ショーロホフが思い出されます。彼らの大地に根を下ろした霊性から、日本の鈴木大拙や京都学派の学者たちが語る、いわゆる「日本的霊性」なるものとの類似性が感知されるからです。実際にそう主張する日本人学者たちもいるからです。

北島　実はロシア正教の異端派がロシアの社会主義革命の基礎を築いたという指摘があります。例えばルナチャルスキーは「神を立てない限り社会主義は成立しない」と言っていますね。

金泰昌　ギリシャ正教もしくはロシア正教では、人間は神になれるといいます。革命後のレーニンやスターリンは神になって絶対独裁を正当化しました。

ドイツを中心にしたプロテスタント神学では「神が人間になることは可能だが、人間が神になることはできない」と言っています。しかし、ドイツのヒットラーは神になりました。

日本では、全ての人が仏になれるといいます。言い換えれば、全ての人がその気になれば神にもなれるということでもあります。そこが日本と日本以外との違いだという人もいます。歴史的にも、たとえば豊臣秀吉は自分が神になってキリシタンを敵対勢力として迫害しました。

「宗教」を政治哲学的にどう考えるべきなのか。わたくし自身若いときにドイツのカール・バルトを研究した影響が残っているからかもわかりませんが、「神」と「人間」とは次元が完全に違うと思うのです。人間が勝手に神になることに対しては、強力な自制＝自己抑制が必要ではないかというのがわたくしの考えです。

イエス・キリストを通して神が人間になったというのは、徹底した自己無化の実践を意味します。自らが苦難を経ることで全人類の救済を実現するための自己否定なのです。人間は神になれないという考え方は、人間の傲慢を挫くようなところがあります。

神が人間になるためにはケノーシス（自己無化）が必要です。人間が神になることはできませんし、神の思召しに沿うように生きたとしても神になるわけではないという自覚が必要不可欠だと思うのです。

北島　浄土教の思想に方便法身と法性法身という捉え方があります。法性法身は真実そのものですから色も形もなく、超越的世界に存在します。法性法身は、方便法身となって、時間・空間を突き破って、我々を救うためにあらわれます。この両者は不二一体のものであり、相互に浸透し合う関係にあります。

方便法身は、『仏説無量寿経（巻上）』における阿難（アーナンダ）のように、お釈迦さまに阿弥陀仏を見るというかたちで現れます。しかし「絶対者」をたとえば「内在且つ超越」というふうに捉えると、先生が今おっしゃったようにこの世の者が神になってしまいます。

山本　「内在且つ超越」という表現は危ないですね。それだと人間がいきなり法性法身になってしまい、自己否定による自己革新・回心の芽が摘まれて自己呪縛（唯我独尊）に陥ります。孔子も、そういう人間は自らを「塞ぐ者」であると言って否定しました。自分を「善人意識」という糸でグルグル巻きにして人をそこへ引き入れるという心理的暴力・誑《たぶらか》しは悲劇を生みます。ナチスのヒットラーがそうでした。内在意識の中に他者を囲い込んでいるのだから、「超越」の真反対です。「超越」という言葉に酔い痴れているだけです。真に人を敬愛する内省的な人格者であれば、「稔《みの》るほど頭を垂れる稲穂かな」の振る舞いになるはずです。

北島　脱宗教を掲げる西洋型の近代国民国家が出現してくると、超越的神は内在化され国家が神となってみんなを統制します。近代国民国家の弱点は、国家や権力者が神になるという論理構造です。

「権力者」の「権」は「仮」の意味ですから、その上にいる超越的神によって断罪されるというシステムが近代以前には、ありました。しかし「内在的神即神」だと、ヒットラーのような独裁者が必然的に出て来ると思われます。

（2）霊性の内容

金泰昌　仏教の浄土真宗の教えに「霊性」は出てまいりません。イスラームやキリスト教では「霊性」の問題が重要視されています。わたくしが接したアフリカ人は、人間の理性や感性や意志よりも霊性の方に親近感を感じ、そこから人間を見直しているところがありました。北島先生は霊や魂というのをどのように捉えておられますか？

北島　金先生が『未来共創新聞』に書いておられるように、霊性とは「粒子的なもの」ではなく「波動的なもの」だと私も思います。私は常々門徒に、「宗教」は精神的解放と社会的解放を分けられない（不二）という構造をもっていると言い続けてきましたが、その主張を支えるのは実感というよりもロゴス（理論）の世界のことだったのです。

ところがつい先年、こんな体験がありました。お寺で永代経というお参りが終わって本堂の戸を閉めようとしたら孫が来まして「おじいちゃん、なにしてるの？」と言いました。それで私が「おじいちゃんと一緒に縁《えん》（本堂と庭の間の廊下）に降りようか」と言うと「降りない」という。「なんで降りないの？」と訊いたら「ここから外は靴を履いて降りるところだからいやだ」と言うのです。

私が「いや、ここは靴を履くところやないよ。おじいちゃんがちゃんと縁を拭いてるからええんや」とは言ったものの、ピカピカではありません。「外と思われてもしようがないな」と思い、それから私は何を思ったのか、毎日毎日縁板を拭き始めました。

ケヤキの縁板ですが、普段サボっていたので一週間拭いても十日拭いても全く変わりません。一度、大工さんを呼んでカンナで削ってきれいにしようかと思って何気なく縁を見ました。うちの本堂は南向きです。東の方から廊下を見ると西日が当たり、隣のマンションが鏡のように写っていました。私は「ああ、なるほど」と、ものすごく感動したのです。「もうダメだ」と思っていたのに鏡みたいになっていた。その時私は、阿弥陀さんの声としか思えない声を聴いたのです。

「あなたは偉そうに本堂の中で仏教の話をしている。確かに社会活動もしている。でも、二つは分かれている。あなたは縁板を拭かなかったでしょう。接点を磨かなかったでしょう。接点を磨きなさいよ。ナンマンダブツ」という声が聞こえたのです。私は「はあ、これだ！」と気づき、嬉しくて「ナンマンダブツ」が口から出ました。孫はなにげなく言ったのでしょうけれど、孫が仏の声を伝えてくれたのではないだろうかと思っています。このような私への絶対者からの「はたらき」が霊性と呼べるものなのかと思いました。

後付けしますと、ろくに縁を拭いたこともなかった私が「どうせきれいにできないのならこんなもんだわ」という「おろかな自己」をその時に乗りこえさせてもらいました。「本堂（仏法）と外（社会）との接点の部分を磨くことがお前には欠けていた。そこのところを感じなさいよ」と言われて、「なるほどな」と納得しました。これは私が学んだのでも教えられたものでもなくて、外なる者（仏）、外部性としての仏から聴いたのです。

山本　縁は媒体とも言えますね。みんなが踏んで通るけれど、内の本堂や外の庭園のようには重視されず、その大切さが見過ごされがちです。でも、縁という通路があるからこそ参拝者を無量の光へと導けるのです。縁に当たる昨今のメディアは、神・仏から届く光を反射して未来を開く先導役を果たせず、過去と現在と数年か数十年先の予測という、日常性の意識に埋没しているように思えます。近・現代パラダイムを突破する未来共創への志は、過去—現在に縛られた理性・感性・意志だけでは実働しないのではないでしょうか。「未来共創」は、天・地・人が相関連動する〝メディア革命〟を必然的に伴います。それは現に生きている人間の営為であり、「人」は、天と地の霊性と響き合わねばなりません。人間の理性・感性・意志を、その淵源から発動させているはたらきこそが〝未来共創的霊性〟と言えるのではないだろうか。それは、日本の敗戦直後に『霊性的日本の建設』を唱えた鈴木大拙の悲願に通じると私は思っております。

金泰昌　なぜ鈴木大拙は「日本の新生は霊性化を通してのみ可能である」と考えたのでしょうか？　鈴木大拙霊性三部作——『日本的霊性』と『日本の霊性化』と『霊性的日本の建設』——を通して、新しい日本を立て直すためには正しい霊性の力が必要だと主張していますが、北島先生はどうお考えですか？

北島　鈴木大拙は、いわゆる日本精神や大和魂というものがとても間違っていたと思ったからではないでしょうか？　私は、浄土真宗の立場から申し上げれば、日本人の「霊性」すなわち「信心のあり方」が間違っているからだと言い換えられると思います。

金泰昌　伝統的な仏教では魂という言葉をそれほど使わないので、鈴木大拙はやむを得ずアメリカ人の夫人を媒介として接したキリスト教からその概念を借りてきて、従来の日本で用いられてきた日本精神とか大和魂といった言葉では把握できなかった変化の原動力を表すために、「霊性」(spirituality）という言葉を導入したのではないかという感じがします。

仏教学者であり居士として、誰よりも仏教と深い関係をもっている鈴木大拙が、あえて仏教用語ではない「霊性」という用語をもちいたのは、仏教を否定するのではなく、仏教の刷新を図っていたのではないでしょうか？

北島　私もそう思います。

金泰昌　一般的に「霊性」といえば、なんとなく神秘的で、普通の人には近づきにくくて、特殊な体験を通してのみ接することができるもののように語られています。それはそれなりに重要だと思います。ですがわたくしは、霊性を宗教や神学の枠組の中に押し込める従来の霊性論から脱して、それを人文学的に――ですから哲学や思想や芸術や文学を通して――あらためて開新してみたいのです。

霊性にあたる英語・ドイツ語・フランス語やサンスクリット・ラテン語・ギリシア語・ヘブライ語などはすべて、語源学的にみるといずれも「空気」や「呼吸」という言葉と深い関係があるということが分かります。そしてそれは根源的な生命力＝生命エネルギーを意味します。私自身の個人的な体験学習を通して体感・体得・体認したところでは、「魂」は、個体生命の根源的生命力＝生命エネルギーであり、「霊」は、個体生命間や個体生命と宇宙生命の間に作用しているものの、わたくしたちが自覚することもあれば自覚しないこともある間発的生命力＝生命エネルギーといえます。そして霊性は、特に個体生命と個体生命、個体生命と宇宙生命の相関連動を自覚・覚醒・体得する時に起こることであって、両者の間から包み込んで乗り越える力動＝根源的生命力の発現・発動・発揮の意味として理解することができるでしょう。まず「魂」は「粒子」の、「霊」は「波動」の姿として捉えることもできそうです。そして霊はスカラー（scarla＝大きさと量はあるが方向がない力の姿）であり、霊性はベクトル（vector＝大きさと量とともに方向ももつ力の姿）としてそれぞれを理解すればどうかと考えています。結局、私自身は霊性を心の次元ではなく、生命の次元でとらえるということなのです。

北島　仏教でも、浄土教では阿弥陀仏を「限りなき光」とか「限りなきいのち（寿）」のはたらきと定義しています。「光」と「いのち（寿）」の両者は不二で無限のはたらきであり、我々はそれに触れて生かされていくという教義解釈になります。

金泰昌　北島先生がおっしゃるように「阿弥陀」はサンスクリットのamitāyus（無限生命＝無量寿）またはamitābha（無限光明＝無量光）を音訳したもので、わたくし自身はこれを宇宙生命、または宇宙的・根源的生命力＝生命エネルギーとみています。

ところで、たいていは宇宙生命に対する自覚がありません。個体生命が生命の全部だと錯覚しています。それで仏教ではこうした状態をさして無明というのではありませんか？

鈴木大拙が特に日本の霊性化を新生日本の正しい道として提示したのは、その当時の日本における、宇宙生命が天皇を通して顕現しているがゆえに、天皇のために死ぬことが生命の最高価値であるという誤った生命観を是正しようとしたのではないでしょうか？　アフリカの「ウブントゥ」、イスラームの「タウヒード」、日本の「産霊《むすひ》」、韓国の「ハン」、中国の「道」、キリスト教の「神」がそれぞれ独自の霊性のはたらきをあらわしていると思います。ですが、霊性は思考の次元で起こるものではなく、というよりは、生命の次元で起こることですから、デカルトの「我思う、ゆえに我あり」の次元においてはきちんと把握することができないという立場です。

北島　ウブントゥだと、デカルトとは異なり、「あなたがいるから私がいる」という受け止め方になるでしょう。

金泰昌　西洋哲学は思惟を通して存在を確認する方法を重視します。それは他でもない認識存在論、または存在認識論です。それと対比して東洋哲学、特にハン哲学は、生命自覚論、または自覚生命論であるということができます。標語的に言えば「生きているからこそ悟り、悟りつつ生きてこそきちんと生きる」というふうになるでしょう。生と悟りが同時発生・同時変形・同時消滅するとみるのです。

北島　同感です。

山本　自覚できない状態というのは、自ら蓋を閉ざして日常性の中でまどろんでいるということです。未来を開新するためにはそこから脱する必要があります。

金泰昌　個体生命の枠の中に囚われて、その過去と現在に捉われた状態から解脱して、新しい未来をともに開くことができるようになるということです。それは、まず個体生命が宇宙生命のはたらきにまともに共振・呼応・交響するようになった時に初めて実現されます。とにかく、宇宙生命との相関連動を正しく覚ろうというのは、そうなった時にこそ個体生命が本当に自由になることができ、またそうなってこそ一切の拘束と束縛を脱して、本当の新しい未来を開くことができるからなのです。

北島　親鸞は見ることよりも聞くことを重視しています。「見えるもの」には幻影もありますが、それを超える真実の声を聴くことが重要だということです。

金泰昌　それで仏教は「聞法」を大事にするのですね。その時の「聞く」は、「お釈迦様の教え」に宿る真理＝法の声を聞くというよりは、宇宙的・根源的生命（力）の律動・鼓動・波動の音を聴くということだとわたくし自身は思っています。わたくしは哲学対話活動を展開する中で、常に「聞法値遇」（＝ようやく真理のおことばを聞くことができる、極めて貴重な出会い）であるという心の姿勢で他人＝他者の発言に耳を傾けてまいりました。

北島　「法＝真理」も実態というよりは「はたらき」ですからね。

金泰昌　中国語の「知 zhi」の字は弓を引いて矢が命中するということを意味していました。日本語の「知る」は「領《し》る」とも書きますが、これは相手を同化したり支配したりするという意味です。その事例が『古事記』にあります。天照大神が自分の子孫たちに末永く領《し》らしめる。つまり、日本という国は天照大神の子孫が代々支配するところであることを心得よという意味です。

韓国語の「知る（앓다《アルダ》）」は「痛む（알다《アルタ》）」という言葉と同根です。自分の身体で痛んでみないとその痛みがわからないということに由来しています。ですから韓国語は、相対的にではありますが、身体知・生命知・体験知の言語という特色があるという指摘を聞いたことがあります。

北島　そこまで違うのですね。

金泰昌　アフリカで井戸掘りをしたときに、同じ苦労をしながら一体感を持たせるために、「サランへ」という、わたくしの大好きな歌を簡単なメロディにアレンジして一緒に歌いました。それから三十年も経って韓国で出会ったあるアフリカの人がその歌を唄っているのです。「お母さんから教えられた」と言っていました。それで韓国のことを知り、韓国に来たくなって、韓国に来たということでした。とても嬉しかったです。若い頃に苦楽を共にする奉仕活動を通して出会った方の娘さんだったのです。一緒に苦労した＝痛みを分かち合った記憶と認識が、お母さんから娘にまで世代継承されたのだなと感じました。

そしてその女学生との出会いが、わたくし自身の過去の行為と、それを通して生まれた共感の絆をあらためて実感させてくれたのです。

北島　「ウブントゥ」風に言えば「貴方がいるから私もいる」の典型的な事例になります。そして「すべてが因縁」であるという仏教の教えとも通じるといえますね。

山本　日本語の「知る」にあたる韓国語の「アルダ」が「アルタ」（痛む）と関係しているというお話についてもう少し詳しく教えていただきたいと思います。日本語の「いたむ」は身体が「痛む」、家族を失った人々の悲しみを我がことのように「悼む」、胸が「痛む」などの意味を含んでいると思いますが、韓国語で痛むという意味の言葉にはどういう含意があるのですか？

金泰昌　日本語の「いたむ」には自分一人の内面的次元に重きを置く傾向があるのと比べて、韓国語の「アパハダ」（痛む・痛がる）は「共に痛む」という意味で、自他相関の次元が重視されるという語感の違いがあるのではないかというのが、わたくし自身の個人的な感じです。そして日本語の「いたむ」と「アルダ」とが語源的にも語感としても互いに関係があるという話は聞いたことがありません。ですから、植民地時代の韓国人が体験した痛み＝体と心と魂の痛みを共に経験し、お互いに分かり合うということに日本人は違和感をおぼえるようなのです。

北島　英語にはコンパッション（compassion）という言葉がありますね。サンスクリットではカルナー（karuṇā）と言います。これらは、先生が申された韓国語の「アパハダ」に近いように思われます。例えば東北大震災の惨禍を見て、人々が「心が痛む」といいますね。これは「カルナー」を媒介させることによって、「相手と痛みを共にする」へと繋がりうるものだと思います。

「仏の慈悲（カルナー）」というのは、私たちが悲しくて泣いている横に仏が寄り添って一緒に心を痛め、共に泣いてくださる。そういう仏の救いにも繋がる言葉が、韓国語の「アルダ」のベースのところにきちんと位置づけられているのですね。

金泰昌　英語やフランス語のコンパッション compassion は文字通り「共に痛む」という意味を基本とする言葉です。またサンスクリットのカルナー karuṇā は他者の痛みを共に痛み、その痛みを取りのぞいてあげよう（抜苦）とする心遣いを意味し、マイトリー maitrī は他者に利益や安楽を与えよう（慈悲）とする心のあり方を意味する言葉で、仏教の基本をあらわしています。そうでしたね？

山本　気が通じ合っていますね。

金泰昌　「気が通じ合う」というのは、心気・生気・霊気が相通ずるということです。

北島　「君とは気が合う」というのは言葉を超えていますよね。

金泰昌　北島先生がおっしゃる「気が合う」というのを「心が通じ合う」と解釈して、そのように理解するのが一般的な傾向です。しかし、そうした理解とは違って、わたくし自身の個人的な体感として「呼吸」（＝生命力・生命エネルギーの循環作用）がぴったり合うという意味で捉えられます。ですから従来の心学的な言語だけではその実像を捕捉しにくいので、言語（の次元）を超越するともいえます。そのため、生命自覚的な言語で新しく理解する必要があると思います。言語では表現できないという言語放棄ではなく、異なる次元の言語を習得する必要があるということです。

北島　そういう意味では「ウブントゥ」というのは、今まで申し上げてきたように生命論的理解を重視するということができます。

金泰昌　民族ごとにそれぞれの歴史の中で深化させ、共有してきた集合的無意識の蓄積とダイナミズムに、あらためて関心を向ける必要があります。それがそのまま込められているのが、他でもない各民族の言語——特に土着語——だと思うので、こうした脈絡において言語に対する関心も更新・深化させる必要があります。言語の理解を超えて、それの体得が必要だということです。そうしてこそ、それを通して自他相関（＝異民族間）の民族と相互理解が、体と心と魂が交わる段階に達することができるからです。

母国語だけで生きている時にはほとんど無自覚状態に留まることもあり得ますが、外国語を用いて暮らしていかなければならない場合には、母国語と外国語を同時に調和させられる段階にまで達することができるかが大変、極めて重要です。

特に英語圏と日本語圏での生活と哲学対話活動の期間が長かったので、自然と、否、必然的に言語に対する問題関心もそれだけ大きくならざるを得ませんでした。

北島　例えば「じねん」は意味の深い言葉です。中国でいう「自然 zì rán」と日本の「自然《じねん》」は若干違います。親鸞は晩年この自然という言葉を使って自分の思想を表現しました。そういう点では漢語と和語を同時に深く理解する必要があります。

日本でよく使われている「共生」ですが、その言葉に込められている日本人特有の無意識と意識は、「相生」

という言葉に込められた韓国人のそれと比較して考えてみるときに、はじめてその共通点と相違点に関心を向けるようになりますね。

金泰昌　今おっしゃった脈絡で考えてみれば、中国では「群生」が相対的に強調されるということを切実に感じました。集まって暮らし、群れて暮らし、固まって暮らす生き方が顕著であるようにみえました。ですが、ともに生き、たがいに生かし合う意識はそんなに明瞭ではないという印象をうけました。

北島　親鸞は『正信念仏偈』で、「群生《ぐんじょう》」という言葉を三回使っていますが、それはいずれも仏によって救われるべき「衆生」を意味し、無自覚的な群れを意味しますから、先生の申される中国の意味と同じです。では、ヨーロッパやアメリカでは「共生」とは、どのように捉えられているのでしょうか？

金泰昌　どこまでも相対的な意味で言うのですが、「独生」嗜好性が強いという感じですね。

3　ウブントゥと人間解放

北島　そうすると「多文化主義」をどう評価されますか？

金泰昌　生活様式としての多文化現象と、思想哲学としての多文化主義に分けて考えて、それが個々人の日常生活の中でどのように具体化・実践化・生活感覚化されているかを、短くないアメリカ生活やヨーロッパ、そして日本での研究活動を通して、実際に多くのことを体験・体感・体得いたしました。しかし、特にアメリカで熱心に論じられていたメルティング・ポット melting pot からサラダ・ボウル salad bowl、そして南アフリカで議論されていたレインボー・コミュニティ rainbow community という三つのモデルが、わたく

し自身の個人的な生活感覚と認識調整の基本になっています。そのどれをとってみても、共生社会まではいきますが、相生社会まではいかないということです。わたくし自身の個人的な見解では、相生社会のよい比喩はピビムパプ・モデル（交ぜ合わせごはん）です。各食材の固有の味を生かしながら包含・調和・融合する――「ピビダ비비다」（交ぜ合わせる）という言葉でその意味を表しています――中から、それを超える新しい味を生み出すことができるという点が、相生社会の特徴を表しているのではないかと思います。

北島　イギリスに住む二世のインド人作家ハニフ・クレイシが、一九九五年に書いた『ブラックアルバム』という小説に描かれているのが、まさにその「独生」世界です。インドやパキスタン移民は、イギリス白人社会、個人に干渉しない限り「自由」でしたが、景気が悪くなってくると「あなたたちは我々の職を奪った。あなたたちは我々白人とは違うから出て行きなさい。居るのなら私たちの言うとおり、規範に同化して生きてください」という社会像が描写されています。まさに金泰昌先生がおっしゃるような「独生」志向の考え方や社会の風潮が鮮明に表れているのです。

山本　日本でヘイトスピーチをする人たちのメンタリティがまさにそれですね。第二次世界大戦中に帝国日本は、同志社大学留学生の尹東柱《ユンドンジュ》がハングルで詩を書いたというだけで逮捕して獄死させました。国粋主義者たちは、一点の曇りもない青空のような詩人の霊魂を恐れたのです。民族語で小説を書いてケニア政府に逮捕されたアフリカ人のグギの場合は生き延びることができたのですね。

北島　グギさんは一九七七年に逮捕され、いつ死刑にされてもおかしくない状況だったのですが、一年後に未決で釈放されました。その背景には世界が動いたということもあります。今はアメリカの大学で教鞭をとっておられます。

私は二〇〇九年に友人のサイラス・ゴードン・ムアンギ先生（四国学院大学教授）を通じて、カリフォルニア大学アーヴァイン校でグギ教授に会いました。私が泊まっていたホテルまで足を運ばれて、「あなたの日程に全部合わせます。私のスケジュールは別に構わない」ということで、いろいろ話をしました。私はアフリカ文学のことで聞きたいことがあったのですが、向こうも私にいろいろと質問してきました。「私はあなたに質問したいんだ。仏教はインドで起こったのに、なぜ仏教はインドで育たず実質的になくなったのか？　それが一点…」という具合に、質問が延々と続くのです。

山本　面白いですね。

北島　私は、「なぜインドで仏教がなくなったかというのは仏教徒の発想です。いわゆるヒンドゥー的なものの考え方の中には、お釈迦様の思想がちゃんと生きている。そういう点では、インドで『仏教』はなくなっていない。むしろ釈迦牟尼が改革した部分が独立して外に出て、『仏教』になったと考えるべきだ」という話をしました。現実に、ヒンドゥーと仏教は基本においては、非常に似通っているのです。

それから、思いもよらない質問をグギ教授はされました。

「釈迦牟尼が修業しているときに誘惑があったね。それは誰がどんなことを言ったのか、どういうものなのか具体的に答えてほしい」と。私が「誘惑があったということは知っているけれど、そんなに詳しく具体的に詳細は、よく知りませんね」と言うと、「あなたはプロだろう?」と言われました（笑）。

山本　文学者も宗教家も、権力との関係でどのような位置に立つかが大変重要であると思います。権力に追従することもあれば、反権力の姿勢を貫徹する場合もあるでしょう。また権力と宗教との関係を見ると、徳川時代も明治以降の近代も、日本のほとんどの宗教は統治権力の道具になっていました。鎌倉仏教の祖師はどうだったのでしょうか？

北島　親鸞が息子を義絶して「権力に頼るな」と言ったように、道元も弟子たちが鎌倉幕府から補助金をもらうために善意でやったことに烈火の如く怒り、即座に破門して弟子が座っていた土を深く浚《さら》って、「汚らわしい」と言って除去しました。鎌倉（新）仏教の祖師の場合は、基本的には信心（信仰）を基本とし、国家権力に対しては一線を画しているように思います。

山本　ところで、アフリカ大陸には諸民族があって皆言語が違うのに、なぜ「ウブントゥ」という言葉はアフリカ共通といえるのでしょうか。

北島　アフリカ全土に、ほぼウブントゥに近い思想が共通してあります。アフリカ大陸のほとんどは、西洋諸国の植民地となりました。それに対する抵抗運動が、共通にウブントゥ的な思想を甦らせたのでしょう。ウブントゥ思想が集中的に現れているのが南アフリカです。アパルトヘイト体制という、アフリカ人に対する体系的な差別抑圧の強さが、特に南アフリカの地に抵抗の武器としての土着的なウブントゥ思想を深化発展させたのです。南アフリカでは、いわゆる人間のメタ（根源的）なあり方を示すものとして、アフリカ人のキリスト教徒もヒンドゥーもムスリムも白人の社会主義者も、アフリカ大陸に古くからあった「ウブントゥ」の思想を認めています。だから、宗教やイデオロギーが違っても一緒にやっていけるのです。

山本　「ウブントゥ」が市民権を得たのはいつ頃からですか。

北島　八〇年代の解放闘争と関わっての話です。デズモンド・ツツ大主教は「ウブントゥ」という概念について「人は他者を通して人間になる」とか「われわれは互いの必要性を知るために異なっている。人間であることは、依存関係にあることである」などと説明し、「ウブントゥは人間であることの本質である」とまで言っています。ウブントゥという言葉はツツさんだけではなく、白人も使っています。

山本　デカルトが「われ思う、ゆえにわれあり」と言ったのとは正反対の自己観ですね。「人は他者を通して人間になる」というウブントゥの人間観は、二十一世紀の文明文化の方向性を明示しているように私には思えます。

アフリカの人々を奴隷にして肌の色と宗教で人間を序列化した近代ヨーロッパ選民イデオロギーとは真逆の、古いけれども真っさらな、虹のように希望に満ちた人間観だと思います。

北島　松本祥志先生（札幌学院大学名誉教授）は「ウブ（ubu）は存在、潜在性であり、ウントゥ（ntu）は生成、出現である。ウブだけでは何も出現せず、ウントゥによって初めて宇宙や人間などとして出現する」（「ウブントゥにおける差違と格差」、『地域文化研究』17号）と指摘しています。

南アフリカの指導者、チャールズ・ヴィラ・ヴィセンシオは、「アフリカ人の心の奥底では……いかに差異があろうとも、他者の内部には、人間性が存在し、社会的絆を可能ならしめる豊かな生活の前提が存在するという認識がある」、それがウブントゥだと言っています。

山本　なるほど。「ウブントゥ」は、ビキニ環礁での水爆実験で破滅の淵に立つ人類に呼びかけたラッセル・アインシュタイン宣言（一九五五年）が、「私たちは、人類として、人類に向かってうったえる――あなたがたの人間性を心にとどめ、そしてその他のことを忘れよ、と」と訴えた、その「人間性」のことにほかならないように思えます。

北島　解放闘争が実って独立を果たした南アフリカには、嘗て虐殺者だった白人もいます。しかし真実和解委員会委員長だったツツ大主教は、国づくりにあたって黒人はその人たちを（罪の告白と謝罪を前提として）

「赦す」と言いました。

告白するということは辛いことです。社会的制裁を受け、離婚に至ることもあるでしょう。だけど告白をして赦しを請わない限り赦しは出てきません。

少し前に、『瀬戸際―南アフリカにおける民主主義の状態』(Xolela Mangcu, *To the Brink, The State of Democracy in South Africa*, 2008) という本が出版されましたが、南アフリカが民主主義に戻るには、ウブントゥ精神に帰ることが必要だと強調されています。アパルトヘイトを打ち倒したウブントゥ思想は、人間みんなが基底に持っている。だからそこに帰ってこそ真の民主主義が成り立つという主張です。

山本　黒人意識運動のベースにはウブントゥがあるのでしょうか。

北島　そうです。黒人意識運動が本格的に始まったのは、黒人に対する弾圧が一番厳しかった一九七〇年代です。五〇年代の大きな反アパルトヘイト運動が徹底的に弾圧されて、黒人は白人と完全に分離された差別的な「バンツー教育法」によって、「劣等意識」を叩き込まれます。スティーブ・ビコは、ギニア・ビサウの革命運動家アミルカル・カブラルの「精神の再アフリカ」論を発展させ、南アフリカの土着思想とキリスト教を結合させ、黒人に主体者として生きる道を示し、「黒人は主体者として、黒人らしく生きよう」と呼びかけました。

山本　それでは黒人らしく生きよう。白人に対する卑下や劣等意識ではなく黒人の誇りを持って生きようとなったのですね。

北島　アフリカでは土着思想のウブントゥに込められた「非分離性」「連帯」「人間化」の概念をベースに、キリスト教の組み替えを行っています。例えば、聖書の文言を深く読み込んで「イエスは精神的・社会的解放者であった。抑圧を許すのは神の意志に反する。黒人聖職者は抑圧された黒人と神を繋ぐことを説かねばならない」と主張しました。南アフリカ黒人の人口の八割はキリスト教徒ですが、これが「状況神学」となって八〇年代に白人にも広がった結果、アパルトヘイトの崩壊が時間の問題になったのです。「状況神学」とは、聖書をアパルトヘイトの現実の中に位置づけて、今何をなすべきかを提起する神学です。この神学は、民衆の側から、弱者の側から、全人種平等の立場から精神的解放と社会的解放の一体化を主張します。その基礎には、ビコの思想があり、彼の思想を白人にまで押し広げたものです。

山本　韓国では民衆が立ち上がり、民衆の非暴力デモや勇敢な言論活動の連帯によって軍事政権を倒し、民主化を実現させました。南アフリカも、民衆の連帯によって自力で民主化を成し遂げました。そこに私は強力な生命エネルギーのはたらきを感じます。

日本の場合はアメリカによって他律的に民主主義を移植されました。制度は「民主主義」ですが、メンタリティは相変わらず「おかみ（上）」が神で、人間はさながら民草です。人間の尊厳性に焦点を当てた哲学はまだ育っていないようです。日本国憲法には「個人の尊厳」が謳われていますが、日本の権力者も民衆も、「人権」尊重をまだ躊躇するようなところがあります。日本人は、日本国憲法の核心ともいうべき「人間の尊厳性」ということを、今からでもゼロから学ぶべきです。その点、自国の植民地化という悲劇を乗り越えて、自力で自由と民主主義を勝ち取った韓国・アフリカ・インドの人々の勇気ある実践と哲学から学べることは多いと思います。

金泰昌　もともとアフリカ人の心の奥深くに潜在していた「ウブントゥ」が白人との出会いによって目覚めさせられ、盛んに成長したとも言えますね。

山本　黒人の奴隷化を正当化したのがまさに白人・キリスト教の選民意識でした。しかし南アフリカの人々は、そんな白人（=他者）との出会いを通して、自らの中に眠っていたウブントゥを蘇生させたわけです。ですから白人を憎みながらも、黒人に暴威を揮った白人の中にさえも潜在・発現すると確信できる「ウブントゥ」の力で赦すことができたのではないでしょうか？

北島　そうだと思います。黒人にそういう感覚があるから白人も罪を告白できたのです。今日の日本と日本人が、慰安婦問題についても人間の根源的あり方を踏まえて、過ちを謝罪し、赦しを乞わないことが問題なのです。補償金を出したからといってお金で解決する問題ではありません。全生命を賭けないと「謝る」ことはできません。そのような謝罪において、本来的人間性があらわれるのです。だからこそ相手は赦すのです。『日韓基本条約』（一九六五年）によって、すべて決着済みだ」という、この「条約」絶対化の立場に立って謝らない人をどうして赦せますか。それは論理的におかしい。

金泰昌　加害者は本当の告白と謝罪を通して過去の過ちの束縛から抜け出し、被害者は解怨を通して過去のコンプレックス=魂傷から解放されることができるのです。そのようにして真に過去と現在の束縛を脱した時、赦しが可能になるのですが、そこにまで到達することができないのが問題なのではないでしょうか？

山本　「赦し」というのは宗教心の究極だと思います。真心から出た謝罪は、赦しを可能にするのではないでしょうか。真の謝罪と赦しがある時、双方に真の「救い」もあるのだと思います。

ところで、一九九一年にソ連邦が崩壊して旧いロシアに戻りました。それはロシアがもともと持っていた宗教情操の方向に戻ったという見方はできないでしょうか？

4　主体的人間のあり方と霊魂の脱植民地化

北島　おっしゃる通りだと思います。ソヴィエト社会主義は一つの過渡期であって、その間、一般的に見えなかった宗教の文化が、その体制が倒れたことで表面に出てきたのです。我々にはソヴィエト社会主義体制が巨大なものに見えましたが、それは大きな視点から見ると小さな一部分の一時的な現象にすぎず、むしろ何百年もの文化的伝統を持つロシア正教こそ、より大きくロシアとロシア人を動かす原動力になっていると思います。社会主義体制の初期において、ルナチャルスキーが神を基軸にしたのは、ロシア正教の「古儀式派」の共同体が社会主義を支える大きな力となっていたからでした。社会主義は宗教と無関係に存在するものではないのです。

金泰昌　わたくし自身の個人的な経験・体験・証験・効験の課程を通して感じたことを申しますと、ロシア思想・文学、特に宗教には基本的にトルストイ的な性向とドストエフスキー的な性向とがあります。トルストイ的とは全ての問いに「正しい答え」がちゃんと用意されているというタイプです。だから日本でもかなり受け入れられ、わたくし自身も若い頃にはトルストイを熱心に読みました。

ですがドストエフスキー的なものには問いかけだけがあって答えがないのです。人生の年輪を重ねるほど、ドストエフスキー的なものの方がより粛然としており、より透明な真実味が体感されるような気がします。真に重要な問題は、決まった答えがない場合が多いということを体験から覚ったからです。

山本　正解がどこかにあるとか、誰かに与えてもらえるとかするものではなく、自らが見つけ出さなければならないのでしょうね。

金泰昌　遠藤周作という作家が書いた『沈黙』は、長崎奉行がイエスの絵を土の上に置いて「これを踏め。そうすれば許してやる。拒否すれば、既に踏み絵を踏んで転向した信者も一緒に殺す」と迫ります。悩む司祭に、絵の中に描かれているイエスから「踏みなさい。私は、あなたたちに踏まれるために来たのだから」と言われて踏んで救われたという筋です。

一方、金恩国《キムウングク》という韓国人がアメリカで書いた『殉教者』は、韓国の六・二五動乱〔朝鮮戦争〕で北朝鮮軍が南に攻めてきてキリスト教会の信者を集めます。共産党の幹部が牧師に向かって「俺の前で神を否定しろ。そうしたら許してやる。否定しなければ皆殺しにする。明朝に答えろ」と言い渡します。牧師はイエスの絵に跪いて夜通し祈ります。自分が死ぬのはいいけれど、自分の答えいかんによっては罪なき民衆がぜんぶ殺される。夜が白々と明けてきたが神からは何の答えもないというところで終わります。

私自身の個人的な体感では、それが仏教であれキリスト教であれ、また別の宗教であれ、大きく分ければトルストイ的な宗教とドストエフスキー的な宗教とがあって、日本人の宗教観はどことなくトルストイ的な性格が強いようですし、韓国でもそのような趨勢が絶対多数だとみることができますが、わたくし自身の場合はドストエフスキー的なものが霊魂の共振を引き起こします。

北島　私は遠藤周作の作品は読んでいないから断定的なことは言えませんが、少し宗教に関わっている人間からすると金恩国の方が深いという気がします。

江戸時代の薩摩では、浄土真宗は禁止されていました。庄屋さんの十七歳の娘が真宗門徒であることが発覚し、捕まりました。役人は、社会的地位のある家の娘だったので目こぼしをしたいと思い、「そなたは念仏を信じない。そう言えば助かるのじゃ」と諭しますが、彼女は「自分の念仏ならあなたのおっしゃるように簡単に捨てられます。だけどこれは仏から与えられたものだから私は捨てることができません」と断り、殉教しました。彼女は何も悩むことなく、誰にも正解を求めませんでした。

山本　理不尽、不条理に見える生と死が実際にあります。それを因果応報観や無常観による諦念に逃げても解決にはなりません。他者や神仏に責任転嫁することも天に唾するようなもので、頭上に落ちてくるだけです。

そうではなく、今生の生を永遠の命の一里塚と受け止め、あらゆる他の苦しむ魂を他人ごととは思わず、絶対的慈悲の当体との冥合による救済を求める時にはじめて根源的生命力がその人にはたらくのではないでしょうか。深い苦悩に沈淪したからこそ、素直な魂は、他者の苦悩が「我が事」になるのです。個々の生命が天人共創、地人共創、人人共創と未来共創しゆく道筋は無数に開かれています。どの道筋を選ぶかは、出会う人や事との関係性により千変万化します。失敗や行き詰まり感や辛苦にめげず、悪戦苦闘も挫折も又「良し」として、前に進み続けるのみ。教科書的な「正解」もなければ誓願成就の保証もありません。それでいいのです。

金泰昌　だいぶ前の出来事です。わたくしは高校の校長先生の研修会に呼ばれて講演をしたことがあります。校長先生の一人が手を挙げて、「高校までの普通教育と大学の高等教育との違いは一言で何でしょうか」と質問しました。わたくしは即座に「普通教育ではすべての問題に対する正解がすっかり用意されていますが、大学では答えが用意されておらず、いつでもどこでも自ら自分なりの答えを求めるしかないというのが違いといえば違いではないですか?」と反問したことが思い出されます。

先般、わたくしは韓国の忠清北道の教育庁の職員研修会で講演することになったのですが、そこでいままでの韓国の教育は意識的にせよ無意識的にせよ、子供たちの霊魂を植民地化・領土化する教育を行ってきたが、これからは方向を転じて、霊魂の脱植民地化・脱領土化を目指す教育にならなければならないという点を力説しました。個々人の霊魂が真に自由になるとき、初めて新しい未来を開く力が湧き出て、それが自己と他者の間で共有される時、真の未来共創が実現可能になるからだと申し上げました。

北島　韓国には考える市民がいるからそれが可能ですが、しかし日本にはそのような市民がいたとしても、きわめて少数派です。

金泰昌　私自身の個人的な見解ですが、今の韓国に必要な市民像は考える市民（思民）・志を持った市民（志民）そして哲学する市民（哲民）であり、そんな市民が増えるように共に努力しようというのが、わたくしが主宰する「東洋フォーラム」の趣旨なのです。

北島　韓国はたとえいろんな問題があるにしても、市民――思民・志民そして哲民の先進国です。大統領も憲法的価値を毀損したということが立証されれば弾劾されます。市民主導の抵抗運動を通してです。

金泰昌　今韓国で起こっていることに一番危惧を感じているのが中国だという見方もあります。民衆の力が政権を倒すのは困るからです。それで韓国のロウソクデモはあまり報道されませんでした。韓流ブームだった中国が韓国の俳優やタレントの入国を禁止しました。韓国の市民パワーが伝わると困るからでしょう。でも、情報はSNSやインターネットでどうしても入ってきます。

北島　権力者がこんなに支配しやすい国は日本だけです。

金泰昌　家畜化教育が一番よく効いています。霊魂の植民地化・領土化を主軸とする臣民教育の成果が最もよく現れているケースではないですか？

北島　畜生とは何かということが『観無量寿経』に出てきます。それは「反省心のない存在」です。よそで起こっていることを自分の身に置き換えて「なんだろうか」と考えないのは畜生、家畜です。だから日本には「人間」がほとんどいない。残念な話です。
家という漢字のウカンムリは建物で、下が豚。家の中で豚がガーガーやっている家のレベルです。アメリカを主人として崇め、飼われているから自主性がなく、それで反省心もないのです。自信がありません。自分で生きているつもりですが、そんなことはありません。

5　鈴木大拙の霊性をめぐって

山本　鈴木大拙が『日本的霊性』で述べた通りに日本人が本来「大地的霊性」を大事にする民族であるのなら、農薬や化学肥料に頼らない健全・健康な農業を進め、行政も「食の安全」をもっと大事にするはずです。日本人の大地的霊性はどこへ行ったのでしょう。

金泰昌　十八世紀のイギリスでは理性と感性に対する批判として霊性論が一時流行《はや》りましたが、最近のイギリスでは霊性論を語ると「反知性的」という誤解を受けやすくなっています。いつでもどこでも霊性論が流行することになれば、それが反知性主義へと偽装される危険が生じます。しかし霊性は反知性ではなく知性を包越するのです。

北島　私は鈴木大拙の『霊性的日本の建設』と『日本の霊性化』を含めた霊性三部作を読みました。彼はそこで「自分の霊性は分別識の分際では考えられない」と言っています。次に、「霊性は超越的存在であるが対象的に超越したものではない」と言います。「自己でありつつ自己を越える。そして自己に戻る」。これが大拙の言っている霊性のはたらきです。

古い自己が死んで新しい自己に戻るというのは矛盾したものが同時的に存在するわけだから結局のところ「絶対矛盾の自己同一」として存在する。これによって「生死即涅槃」が観ぜられているという「構造」になっているようです。

更に「個己が超個己を通して自らの姿に還った」ものを霊性だと言っています。いわば還相の世界ですね。鈴木大拙の「霊性的自覚」を私なりに表現するとすれば、それは親鸞が『顕浄土真実教行証文類』の「信文類」に引用している、涅槃経に出て来る阿闍世王の懺悔の姿だと思います。

父親を殺した罪に苛まれた阿闍世王が御殿医の耆婆《ぎば》から「王様が今悩んでいることが正しゅうございます」と言われます。そしてお釈迦さんの話を聞いて目覚め（「われ未だ死せずして既に天身を得たり」）と、阿闍世王が永遠のいのちを得たと書かれています。

それは阿闍世だけの特殊なことではなくて誰でもできる。大拙さんは、それを妙好人に見たというのです。妙好人は、学問はないけれど大悲に救われたと。

山本　鈴木大拙の神道批判はどうですか。

北島　彼は戦中の一九四四年に、神道には日本的霊性はない、霊性のない神道は宗教ではないと言っています。「神道の正直神も生命神も、ひとたびは奈落の底に沈まねばならぬ。そこから息を吹きかえしてくるときに天岩戸が開けて天地初めて春となる」と言っています。

山本　今の神道には霊性がないと言っているわけです。これはきついですね。

北島　鈴木大拙が大谷大学で、出陣する学徒に贈った言葉は、「諸君は戦場に行っても決して敵を殺してはなりません。あなたたちも決して死んではなりません。たとえ捕虜になってもいいから元気で帰ってきてください」と言ったそうです。下で見守っていた陸軍省の配属将校が演壇に駆け上がって鈴木大拙をなじったという逸話があります。

山本　痛快ですね！

北島　鈴木大拙は、『日本の霊性化』（一九四七年）において、平和実現のためには、道義と経済と霊性的なるものが必要だと言っています。道義的には、原爆戦争もやめる。経済的には「お互い協力していきましょう」となります。しかし、三つ目の霊性が欠如しているから平和がなかなか進まないと論じています。

私はこれまで鈴木大拙を誤解していました。というのは、大拙が発見して評価していた妙好人に対して、私は非常に否定的だからです。その理由は、妙好人の非社会性です。そのため、積極的に大拙の霊性論を読もうとはせず、その今日的意義を見逃していたのです。

山本　妙好人はなんでも肯定してしまう傾向があるように思えます。世の中の不義・不正と戦い、正していくための情熱と行動力がなければ閉塞です。

北島　でも大拙の言動をよく見ると、霊性を破壊されることには「ノー」と言っています。この勇気が非暴力の不服従に繋がります。インドのガンジーはまさにそれをやったわけです。

金泰昌　鈴木大拙は「自己が自己を超越してまた自己に戻る」という言葉で、自らの宗教的覚醒を要約して表白しました。それを彼の友人西田幾多郎が「絶対矛盾の自己同一」という言葉で論理化し、哲学化しました。それらとは異なり、わたくし自身は個人的見解として「自己は自己ならざる者＝他者との出会いを通して自己になる」という言葉で鈴木大拙に対応し「絶対矛盾の自他相生」の論理と哲学で、西田幾多郎に対処するという立場と考えを表明してきました。

北島　それは正しいと思います。

金泰昌　鈴木大拙と西田幾多郎が自己同一性の弁証法的発展を確認するのに注力したとすれば、わたくし自身は自他相生の生命論的共振化を開新するところに問題関心を傾けてきました。

北島　わたくしの考えも同じです。まさに外部性としての他者が存在しないこと、そこが鈴木大拙や西田幾多郎の限界だと思うのです。西洋が圧倒的な文明力で押し寄せてくる状況で、日本と日本人の自己アイデンティティを確立して、それを守ることが最優先課題だったので、自己同一性の思想と哲学の定立が急先務だったということは理解できます。今日でも日本や韓国、または中国でこのような傾向がよく見られます。しかし、それは近代哲学の基調であって、現代哲学は方向が違っているのではないですか?

6　共通課題としての「ともに公共する霊性」

金泰昌　鈴木大拙は「自己とは自己に非ずして自己なり」という考え方を「即非」の真実と呼びます。「非ずして」を自己が深まり高まるため必須不可欠な「否定」と解釈する人もいますが、しかし自己否定の契機を経たのちにも結局「自己」という枠内から脱出できないのです。言葉は高尚でも徹底した自己中心主義にすぎません。

問題は、他者不在の閉鎖志向に安住していて、他者に開かれる余地がないというところにあります。どうすれば他者との真摯な出会いを通して、他者と自己が共に内に閉ざされた罠から外に出て新しい次元を開いていくことができるかというのが、今日の世界が直面している共通課題ではないですか？

自己の罠に絡めとられているところが、他でもない魂の植民地化であり、そこから一旦抜け出すことが魂の脱植民地化であるというのが、大阪大学の深尾葉子氏の主張です。しかし「魂」は個体生命の根源的生命力であるので、個人の生命更新・蘇生・新生へと続くことができますが、個人と個人の間・個人と共同体の間・文化と文化・国家と国家等々多次元にわたる無数の「間」たちが意識的に植民地化され、無意識的に領土化される、たいへん重要な問題状況に対してきちんと自覚する段階に至ることができないという印象を受けました。このような限界は、日本語の「たましひ」（魂）の本来の意味に淵源するものではないかというのが、わたくし自身の個人的な推測です。「たま」は「玉」であり、宝珠のように小さく貴重な物体です。「あらし」の「し」であり風という意味で、呼吸を意味します。最後の「ひ」は不可思議の力を謂います。ですから全部合わせれば、個々人の内面奥深くに大事にしまい込まれている自己内在的生命力という実体を神秘化したものというイメージが強い。そして他者不在の自己完結性が過剰に強調されるのではないでしょうか。

山本　ここで霊魂または霊性の問題に戻ったほうがいいと思います。まず金圭幹からどうぞお話しください。

金泰昌　あまり唐突だとお感じになられるかも知れませんが、わたくし自身の個人的な体験的見解を要約して述べれば、鈴木大拙や西田幾多郎、そして彼らに追従する人々は、「魂」に対する理解に囚われていて、「霊」の自他相関的力動に対する関心と体験がほとんどないようです。自己という存在の外に飛び出して、他者と共に自由な霊魂同士が出会い、付き合い、交わり合う必要があると考えるのですが、どうお感じになりますか？

北島　同感です。欧米近代における「他者」は、観念化された、自己内の他者であり、そこには自己の外部にある他者と付き合い、交わりあうことによる自己変容がありません。これが欧米近代の限界で、その根本的歪が今日世界中に現れております。これを基準とした考え方では、平和を築くことはできません。現在は、まさに、欧米中心主義の終焉を示していると思われます。

金泰昌　一九九〇年一月から始まった日本でのわたくしの哲学対話の課程で、草創期に出会った溝口雄三教授は、日本思想の核心はその内面化の傾向に求められるとお話しされて、わたくし自身の個人的な哲学的想像力に新鮮な衝撃を与えてくださったことを記憶しています。その後の研究と対話を重ねるうちに、内面化の傾向が至る所で、はっきりと、画然と現れているという事実を確認することができました。

あらゆる問題を自己の内面に移して、外部とは無関係な状態で扱うということです。ですから個体生命の内在的生命力＝生命エネルギーとしての「魂」に関する論議は多少ありましたが、自他間に生動する、あいだという次元を超えてはたらく「霊」に関する認識または覚醒はあまりなさそうで、それゆえ「霊性」も自己の中の奥深いところにあるものとして把握するにとどまる傾向が見て取れます。内面化された霊性ということです。

しかし、それは二つの側面から不充分な霊性把握であると思います。一点目は、霊性とは自己の中で自己を変革させる――内変・内革・内超――するものではなく、自己の外に厳然と存在する他者との間で起こることであるのに、自己の中に囚われているように考えるにとどまる不充分な理解だという点です。

二点目は、霊性とは自己と他者の間で、自己と他者を共に抱きかかえて乗り越える――それゆえ超越ではなく間越・包越・媒越といいます――「はたらき」の発動・発現・発揮であるのにその自覚が欠如している不充分な理解だという点です。

北島　誠にその通りです。それこそが、欧米中心主義的世界観を超え、平和を実現するものだと思います。

金泰昌　わたくしは過去三十年近い歳月を、日本を拠点にして世界とともに公共する理性を、その次には公共する感性を、そしてその次には公共する意思を、対話を通して明らかにしようと渾身の努力をしてきました。しかしどことなく心残りで、なんとなく虚しい感じがしました。多少の共通認識と相互共感の境地までは行くことができました。それなのにどうして心残りで虚しいのでしょうか？　わたくし自身の個人的な公共する哲学の核心は、自己と他者がともに・たがいに・自由活発に対話し、共働し、そして開新（＝新しい次元・地平・世界を開くこと）するところに現れるのに、公共性とは何かを問い、その問いに対する正解を得ようとすることにばかり関心を傾けることと、あまりに乖離が大きいからでした。過去と現在に集中する理性と感性だけでは、新しい未来を共に開いていく力になりません。自己と他者の間に生じて、自己と他者が互いを抱えて間を乗り越えて作動する霊性。自己と他者が共にする対話・共働・開新を底辺で支え、下から上に向かう、そして、最後まで刺激し、励まし、絶対に諦めたり挫折したりしない力。その事と力こそ、他でもない、わたくしが申し上げる、ともに公共する霊性なのです。

それを韓国固有語で表現すれば「アル」（個体生命）＝日本語の「たましひ」と似た意味を持ちます――と「オル」（霊＝自他相関連動の生命エネルギー）がともに・たがいに・自由自在に交わりあう中から起こる開新の力であるといえるでしょう。

山本　自己の中に囚われたたましひ＝魂は結局、自己の外に厳然として生きている他者までも自己の中に引きずり込んで、徹底して自己化することで、他者の他者性を抹殺するというのが内面化の実相であるということになりますね。

北島　それをある人は「理性」と呼び、ある人は「感性」と呼んでいます。

金泰昌　他者の魂のみならず霊までも植民地化、または領土化しようとするというのはまさに「魔王」（鈴木大拙）の仕草であります。それは、自己の中に囚われた日本と日本の指導者たちが、韓国と韓国人という他者の他者性の根幹（＝霊魂）を抹殺して、自己の内的植民地・領土として徹底して内面化しようと画策したということです。

山本　本日は長時間にわたり、たいへん意味深い対話が三人の間で行われたと思います。これからも末永く両先生がご健康であられて、日韓間の未来共創のためにたくさんの有意義な仕事をされることを願っております。今日の対話はここで終わらせていただきたいと思います。ありがとうございました。

【付記】

この「日韓霊性開新鼎談」は、『未来共創新聞』（第三四号、二〇一七年七月一五日）に掲載された「東アジアとアフリカの霊性を語る」を大幅に書き改めたものである。鼎談者は、金泰昌博士提唱の下で二〇一七年八月三〜七日、韓国清州で開催された「コットンネ大学　国際霊性フォーラム」（東洋日報後援）の成果を踏まえて、大幅な加筆をおこなった。全体の編集は、円光大学校円仏教思想研究院研究教授・柳生真先生の御尽力によるものである。心より、感謝申し上げる次第である。また、『未来共創新聞』社長・山本恭司氏には、このような形での転載をご快諾いただいた。重ねて、お礼申し上げる次第である。

なお、今回、本誌掲載に当たり文中に「みだし」を付けさせて頂いた。（北島義信）

文化・社会

アミナータ　Aminata

フランシス・インブーガ
渡邊丈文 訳

第一部

第一幕（影の投獄）

早朝のことである。小さな共同墓地で舞台の幕が開くと、村の喧騒に包まれて、あたりの空気が満ちあふれている。裏庭で、その舞台が直面しているのは、現代的な教会の壁である。その壁の前には、幾つかの墓が無雑作に配置されている。ヌフ、ドゥルル、それにバルートは、最も新しい墓をセメントで固めており、現在は自分達の仕事に使う道具を綺麗に準備している。ジュンバは、石工から少しばかり遠くに立っており、彼の目は批判的な眼差しで、新しい墓に釘付けになっている。仕事が上手くいったことに満足して、満足気な表情で頷いて、ヌフの方へと歩いてゆく。

ジュンバ：ヌフ、ラバーラの息子よ！

"AMINATA : a play by Francis Imbuga"
Originally published in 1988
by EAST AFRICAN EDUCATIONAL PUBLISHERS, Nairobi, KENYA

ヌフ：ジュンバ、話をして下さい。私の耳は、村の村長のためにあるのです。

ジュンバ：これは本当に長老の作品なのだ。あなたを鍛えた人は誰でもその人の名前は歌の中に取り込むべきだ。

ヌフ：ありがとうございます、村長。我々の職人は、あなたがそのようにおっしゃるのを聞くために、ここにいるはずです。

ジュンバ：（上の空で）あぁ、村の酒飲みはいなくなってしまった。（気を取り戻して）確かに彼の影はそのことに満足する度合いを超えている。

ロシーナ：（登場）満足しているですって？　私はあなたが言うのを満足して聞いていたと思うのですか？　ジュンバ、我が夫よ。何故あなたは私の言葉に対して、聞こえないふりをするのですか？　私が話をする時に、どんな虫があなたの耳をふさいでいるのですか？

ジュンバ：虫だと？（人指し指で耳をほじくりながら）どんな虫だって？

ロシーナ：（言い分を立証する決意をして）教会の人々に対して、あなたは伝えたのですか？

ジュンバ：教会の人々が自分達の役割を担ったのだ。ロシーナ母さん、民衆が自分達の男を埋めて立ち去ったんだ。これはちょっとした一族の問題に過ぎない。

ロシーナ：ちょっとした一族の問題に過ぎないですって！　確かに我が夫よ、ゴヤ牧師はあなたの兄であったわけですけど、彼はまた教会の牧師でもあったのです。あなたは今、彼の墓の飾りつけを、ちょっとした一族の問題と呼んでいるのですか？　ゴヤは村の一員であるだけではなくて、それどころか神のような人でした。砂糖の甘さが砂糖の色の中にはない、ということを覚えておいて下さい。

ジュンバ：我々は皆、神が創造した人間なのだから。

ロシーナ：確かに神が創造した人間ではあるけれど、あなたのお兄さんはそれ以上の人だったわ。彼は最初に教会に加入した人だったわ。彼は成人して、教会に加入して二度と見向きもしなくなった。それどころか、教会側は神と教会に対する信仰を認めており、しかも彼に報いており、彼を牧師、つまりエリヤキム・ゴヤ牧師に仕立てたのです。その名前は、ここかしこにいる多くの人々の耳にとって甘い音楽なのです。一度ならず、あなたのお兄さんをここへ埋葬する同意を得た際に、あなたは教会と握手をしていたのです。あなたは彼らにこの仕事を教えるべきだったのです。讃美歌を一曲か二曲、またその状況を祝福する短い祈り、それがせいぜい彼らが求めていたものです。（ヌフの方に向いて）ヌフ、ラバーラの息子よ。あなたは村の長老ですが、何に慌てているのですか。

ヌフ：民衆の母よ……。

ロシーナ：（感情を害して）民衆の母ですって？どうぞ私をあざ笑ってちょうだい。全世界の人々に、私の家は冷たい家だって知らせてちょうだい。

ヌフ：口を滑らせただけですよ、ロシーナ母さん。悪気があったわけじゃないんですよ。確かに口の中は歯が欠けているが、まだ口としては通用しているんです。というのもね、あなたの家はかつて人がたくさんいた。それに加えて、ここのバルートといえば、非常に……。

ロシーナ：やめてちょうだい。（休止）あなたの二本ある足のうちのどちらが強靭なのかしら。教会の方に出向いてゆく足なの？それとも、村長の座席にいる村の長老達と踊りに行く方の足なの？

ヌフ：さて、あなたは不当に私を責め立てている。確かに私はヌフだけれど、私はラバーラでもある。私はこれまで一度も教会とやりあったことはないんだ。それに、もしあなたの父が……、つまりこの場合、あなたの夫が我々を誤って導いてくれていなかったら、仕事を始める前に祈りと共に最初に私は目を閉じていたことでしょう。

ロシーナ：あなたは死者を怒らせてしまった。

ヌフ：（嘆願するような態度で）我々を許して欲しい。
ジュンバ：こんな女の話はこれ以上聞きたくない。
ヌフ：私は黙っている。（彼の仲間の石工に向かって）あなた方二人、私について来なさい。我々には覆うべきバナナの葉が必要だろう。（ロシーナとジュンバだけが残る）
ジュンバ：ロシーナ母さん、私はこの村でどういう位置づけにあるだろうか。
ロシーナ：あなたは私の夫でしょう。
ジュンバ：他にどういう役割があるだろうか。
ロシーナ：村長でしょう。
ジュンバ：そうだね。ところで、村長として村のために、私は様々な決断を下すべき権限を与えられているのだろうか。それともそうではないのだろうか。
ロシーナ：賢人は自分の口を空にする前に、自分の耳を満たすものよ。
ジュンバ：（当惑して）続けて私を罵ってくれ！亡くなった悲しい兄の墓前で、そなたの夫のことを罵ってくれ！そなたはどこで生まれたのか？
ロシーナ：ちょっと言ってみただけよ。
ジュンバ：ちょっと言ってみただけだって？ことわざに関してどの程度知っているというんだい。
ロシーナ：気分が悪いわ。それだけよ。
ジュンバ：ロシーナ母さん、女性の耳にとって心地よい以上に、この墓を飾り立てているということを、そなたには理解してもらいたいんだよ。
ロシーナ：確かにカメは動きはのろいでしょうけど、滅多に落ちることはないわ。
ジュンバ：（彼女が忘れやすいということに驚いて）私はたった今そなたに何を話したのか？そなたの耳はどこ

についているのか？

ロシーナ：時間がたてば、私の耳と目は全部あなたのものだということが分かるでしょう。どうしてあなたの兄の敵を死に追いやったりするでしょうか。

ジュンバ：そう言うと思ったよ。アバービオのところへ行って、どうして彼が自分の父親の墓を教会に相談もなしに飾り立てすると決めたのかを尋ねてみよ。やがて彼にはそのことに対して十分な理由があったとそなたにも分かるだろう。

ロシーナ：どんな十分な理由があるというの？ ジュンバ、あなたも長老らしく分別のある振る舞いをしてちょうだい。そんな決断を役立たずの酒飲みの震える手に委ねているの？

ジュンバ：ロシーナ母さん、そなたと私がこの件を巡って言い争うことは適当じゃない。アバービオは私の亡くなった兄の長男なんだ。だから、アバービオが自分の父親の墓を金曜日か土曜日か日曜日にセメントで覆うとしても、私が彼を止めさせたりできるだろうか。

ロシーナ：あなたは彼の叔父であり、村の村長よ。それにアバービオは酔っ払っているんだから。役立たずの酔っ払いだから。（休止）私の夫よ、過ぎ去ってゆく風は人々のささやきで満ちあふれています。中には、どうして墓を急いで飾り立てする必要があったのかを知っている者もいます。皆の指はあなたを指しています。

ジュンバ：女の会話だろ。私は女の会話と共に成長してきた。アバービオは確かに酔っ払いだけれど、彼は依然としてゴヤ牧師の長男であることに変わりがないし、決定も彼に任されている。

ロシーナ：彼らが言うことが正しいとすれば、ジュンバ、あなたは間違っているのよ。それも大きく間違っているわ。ゴヤ牧師は信仰を新たにしたキリスト教徒だったのよ。彼の影は、あのレンガとセメントの重量の下にはありません。彼の臨終の望みを満たしてやれば、全ては上手くいくわ。

ジュンバ：何のことを話しているんだい。
ロシーナ：あなたの亡くなったお兄さんの臨終の望みよ。彼の墓をセメントで覆わないということは、ゴヤ牧師の望みではなかったの？
ジュンバ：私がどうやってそんなことを知るっていうんだい？　そなたは死んだ人間と話をしてきたのかい？
ロシーナ：アミナータの使いは、亡くなっていないわ。
ジュンバ：アミナータの使いだって？
ロシーナ：えぇ。彼女はあなたの意図の噂を聞いて、使いをあまりにも遅く送ったのよ。
ジュンバ：（半ば自分自身に向かって）それは彼女の父親の失敗だった。彼に兄と息子がいた時には、娘のことを信頼していた。
ロシーナ：あなたは死者と口をきいているの？
ジュンバ：そうさ。アミナータが我々に村の問題をいかに取り扱うかを教えにやってきてくれることはありえない。そう、私は彼女にそうさせるつもりはない。ロシーナ母さん、我々はゴヤの新たな宗教の名目の下に我々の血と全てを犠牲にしたんだ。アミナータは、一部邪悪なところがあった。彼女は私からどれだけ多くのことを望んでいるだろうか。アミナータが自分にとって良いことを知っていれば、私が死んでいなくなるまでずっと彼女は待っている方が良いだろう。
ロシーナ：可哀相に。あなたは恐らくは既に死んで亡くなっているのでしょう。
ジュンバ：えっ、何だって？
ロシーナ：棺よ！
ジュンバ：何だって？
ロシーナ：棺よ！　あなたは言ったことを忘れたの？

ジュンバ：ロシーナ母さん、そなたの喉に発言内容が突き刺さらないように注意しなさい。
ロシーナ：彼の死体を埋めてくれるような人が、棺を与えてくれるわ。ゴヤ牧師には息子がいて、あなたの場合、彼には兄がいたものの、あなた方男性の長老達は皆、彼の娘に彼のために棺を買わせているのよ。それは、祖先のしきたりに則ったものなのかしら？　ここでは誰もアミナータが彼女の父親を埋葬したのを否定することは出来ないのよ。確かに弱者の性である女性が、村の長老を埋葬したのよ。現在あなたがしているように、当時もあなたは私の言うことを聞くことを拒んだのよ。それで、どうなったと思うの？　村の娘であるアミナータはゴヤ牧師を埋めたのよ。
ジュンバ：確かにアミナータは、自分の父親のために棺を買ったのだろうが、そのことで彼女が村の女性の一員になっているわけではない。それどころか、彼女は彼女自身の家と世話をする必要のある夫と子供達のいる既婚の女性なのだよ。ここで彼女は何を望んでいるのか。これまでに何度、そなた自身はそなたの父親の一族のところに戻って、そこで長老達と様々に言葉を交わしたりしたのか。
ロシーナ：私がそこに戻る場合にも、私の言葉に対して耳を傾けていないことはないでしょう。それに、それがせいぜいアミナータが望んでいることであり、彼女自身の言葉に対して聞く耳を持っているということでしょう。彼女と街の人々が、水を村の家の戸口の上り段のところに運んできた時、彼女は見知らぬ人や村の子供として振る舞っていたのでしょうか。あなたは彼らに雄牛を提供したんじゃないの。
ジュンバ：それは私の目が開く前の時のことだった。
ロシーナ：それにアミナータと彼女の夫が、病気の父を連れて病院から病院へさまよい歩いていた時に、あなたの甥のアバービオはどこにいたの。それとも、彼は突然自分がゴヤの長男だということを忘れたとでも言うの。
ジュンバ：アバービオの酔っ払いの問題を利用して、我々一族の適切な地位を否定すべきではないよ。

ロシーナ：アバービオとバルートの間で選択すべきことはあるの？
ジュンバ：もうそれだけで十分だ。
ロシーナ：十分ですって。十分なもんですか。私は話をしにやってきたのよ。
ジュンバ：それで十分だって言っただろ。私の兄の遺体を平穏なところに安置してやろう。
ロシーナ：あぁ、それで今度は、あなたは死者が平静な気分を必要としているということまで理解しているのね。えぇ、私の夫の発言に注意を払いましょう。死んだ人は、壁を通して見ているんだから。彼らは墓の上からしっかりと見ているんですものね。
ジュンバ：分かったよ、分かったから。影の脅威だ。アバービオと私は、遅かれ早かれこうなるだろうと分かっていたよ。あぁ、我々は確信する必要があったんだ。絶対に確信する必要がね。ありがとう、ロシーナ母さん。そなたは私の死んだ兄が蘇ることに関して、我々を脅かしてくれる最初の人だよ。
ロシーナ：私の場合、あなたは全く身代わりがいないわ。ジュンバ、あなたのお兄さんの心の平穏はあなた自身の手と、彼に対するあなた自身の心の平穏にかかっているのよ。
ジュンバ：それは初耳じゃないね、ロシーナ母さん。私の記憶は調子が良くなくて、そなたの記憶はそなたの慰めになっているように思われる。毎夜、子供達の泣き声であたりが充満している。あぁ、何とかして子供達が我々の生活を邪魔しないうちに、子供達の小さな墓を綺麗にしてやりたいものだ。しかし、今回、私は運に任せてやるつもりはなかった。決してそのつもりはなかったんだ。
ロシーナ：我が夫よ、あなたの考えは調子が良くないわ。赤い鳥（ショウジョウコウカンチョウ）の日のことは忘れて、神の手に委ねられた我々の未来のことを気にかけましょう。
ジュンバ：それ以上話をするな。私を一人にしておいてくれ。一人の人間の墓のまわりの大地は、男の足のためのものなんだ。

ロシーナ：よく分かったわ。私は自分のやり方でやるけれども、予言者があなたの屋敷に宿っているということは覚えておいてちょうだい。
ジュンバ：ああ、覚えておくとも。（ロシーナは緑色のバナナの葉を携えて、石工が入ってくる時には退出する）ヌフとドゥルル、あなた方はどちらの立場に立つのか？
ヌフ：どちらの立場に立つかですと？
ジュンバ：そうとも。
ヌフ：それなら、あなたは、ご自身は我々が死んだ人間の側に立っているということを、分かっているはずだ。
ジュンバ：私の頭をあなたの多くの余計な言葉で一杯にしないでくれ。アミナータが死んでいないということは、あなたも十分に分かっているはずだ。
ヌフ：村長、私は彼女の父のことを話している。あなたとあなたの亡き兄の娘の問題を決定づけているのは、村の長老達です。
ジュンバ：仮に村の長老達が、彼らの祖先と争うことに決めていたとすれば、赤い鳥（ショウジョウコウカンチョウ）が子供達の頭部を突き刺したのと同じように、彼らに打撃をくらわすことになるだろう。
ドゥルル：とにかく村長、口には気をつけて下さいよ。あなたは規則通り、村長の座の担い手なんですから。あなたの呪いは、天空からの呪いなんですから。
ジュンバ：砂の中の唾液だよ！　伝統に則って、村長の座は年長者の信心がなければ、砂の中の唾液のようなものだ。
ドゥルル：確かにそれは正しいのだろうが……。（アゲーゲがぼろきれを着て登場する）あぁ、やれやれ。アゲーゲが来たね。
アゲーゲ：恐ろしいことだ！（変わってしまった墓に注目している）ご覧なさい。村長、現在どのように見ているのか。恐ろしいことだ。そのことを私は常に言っている。墓だって？　何の問題もないじゃないか。セメントを適切に入れて、水と砂を加えて終わり。混ぜ込め、全部一緒に混ぜ込んでしまえ。結果はどうなるって？　とても長持ちする墓になるよ。それでおしまいさ！
ジュンバ：そんなわめき散らすのをやめてくれ、馬鹿者。私は男と話をしていたんだ。
アゲーゲ：男だって？　それに私にも？　私のことをあなたは女だって呼ぶの？　恐ろしいことだ！　いいとも、私の身体に関して女性の胸を今見せてくれ。見せてくれ。
ジュンバ：アバービオを呼ぶためにそなたを送った。彼は今どこにいる？
アゲーゲ：アバービオは酔っ払っている。
ジュンバ：私の伝言を彼に届けてくれたのか？
アゲーゲ：いいえ。彼らは裏の戸口を通って、私を追跡しているのです。だから、私はここにいるのです。彼らは、酒場はこの村には全くふさわしくないと言っています。
ジュンバ：あなたはそこに戻って、アバービオに来るように頼んでくれ。労働者は自分達の賃金が欲しいのだ。
アゲーゲ：いいや。今私は断固として断りたい。
ジュンバ：行くのを断るということか。
アゲーゲ：はい。注意深く考えた結果です。
ジュンバ：何を注意深く考えたというのか。
アゲーゲ：このことですよ。あなたが私を愚か者と呼ぶのならば、どうして私を遣わそうとするのですか。またさらに、あなたは私のことを女だと呼んでいる。愚か者と女の二重攻撃だ。だから、私が言っているのは「2＋2＝4」ということなんです。だから、私は断るのです。
ジュンバ：アゲーゲ、聞いてくれ。お前は、私が二日前に約束したことを覚えているか。（アゲーゲは肯定的に頷く）どういうことだったのか。
アゲーゲ：シラミのついていない新しいシャツとズボンのことですよ。
ジュンバ：今、そなたはそれを求めているのか。それとも、そうではないのか。
アゲーゲ：今、求めています。
ジュンバ：予言者の仕事についてはどうだ。
アゲーゲ：村長の座の予言者のことですか。
ジュンバ：そうだとも。バニャーコ、アゲーゲ、村長の座の予言者よ。そなたはそれを求めているのか、そうではないのか。
アゲーゲ：求めてはいるが、依然として断る方向で考えています。毎日毎日、私アゲーゲは、あれやこれやとやっているのです。暗い真夜中においてさえ、私アゲーゲはこのことをやっているのです。今はお断わりします。何故なら、愚か者であっても休息が必要だからです。確かに万人は平等です。私の場合であってさえ、平等なのです。それに女性達にあっても、等しく平等なのです。そうなのです。アミナータはアバービオよりも平等なのです。何故なら彼女は水を運んでくれるからなのです。
ジュンバ：口を慎みたまえ、ヤマアラシめ！
アゲーゲ：ヤマアラシですって。また二重の攻撃だ。愚か者に次いで女、さらにヤマアラシですもの。私のことを何と呼んでも良いが、私の口は真理に向かっています。アミナータはアバービオよりも平等なのです。私に関しても、そうなのです。ああ、恐ろしいことだ！毎日毎日、私アゲーゲは火をおこし、草刈りをしているのです。私は墓を掘り、水を汲んでくるのです。毎朝私は、犬、雌牛、メンドリに餌を与えているのです。何故でしょう。私は血の通っていない機械ではないのです。機械でさえもガソリンを必要とするのです。ですから、今回ただ今から、私は自分に敬意を払い、その敬意をあなたにも振り分けます。

ジュンバ：私の耳は正しいのだろうか。アゲーゲ、今朝の食事は何を食べたのか。
アゲーゲ：朝食ですって。私は会話をするために食べるのではありません。食べるために会話をするのです。
ジュンバ：この種の会話をしていると、餓死してしまうだろう。嫌な奴め。（ある考えがジュンバの頭に浮かぶ。ジュンバは自分のポケットから硬貨を取り出し、それをアゲーゲに手渡す。アゲーゲは文字通りその硬貨をジュンバからひったくる）今、あなたは幸せなのか。
アゲーゲ：幸せですが、それ程でもありません。アミナータは私に埋葬の時に、これら硬貨を五枚くれたのです。五枚ですよ。それだけあれば、将来空腹になることはないでしょう。
ジュンバ：分かった。行ってアバービオを呼んできてくれ。労働者達は自分達の家に戻りたがっている。彼にそのことを告げて欲しい。
アゲーゲ：（少しためらった後で）分かりました。いいですよ。行きましょう。位置について、ヨーイ、ドン。（彼は全力で駆け出すが、ほぼすぐに立ち止まってしまう。ゆっくりと思慮深く、彼は向きを変えて、ジュンバのいるところに歩いて戻ってくる。）
ジュンバ：今度はどうしたんだ。
アゲーゲ：二つの問題があるのです。一つ目は、一体何故私が再び出発しなければならないのか、ということです。（休止）二つ目は、忠告です。
ジュンバ：忠告だって。どんな忠告だい。
アゲーゲ：これは恐ろしいことだ！ご承知の通り、民衆は私のことを村の愚か者、墓掘り、その他様々に呼んでくれます。しかし、民衆は頭の中それ自体では愚か者なのです。（ジュンバはそわそわする）いいえ、あなたのことを言っているわけではありません。あなたは十分平等な立場の頭脳を持った村長です。私の場合であってさえも、私はここで第六感を持った平等者なのです。（自分の頭を指さしながら）

ジュンバ：（辛抱強さを失って）アゲーゲ、いいかい、私はアバービオを呼ぶためにそなたを使いとして送るのだ。

アゲーゲ：分かっていますが、二つの問題があるのです。第一に、亡きゴヤはアバービオの父親なのです。第二に、今日は墓をセメントで固める日なのです。そこで、私は一つ問題があるのです。何故アバービオは、酒場にいるのですか。お分かりの通り、そのことのために、私の代わりにアバービオは村の愚か者になっているのです。アミナータはゴヤ牧師に第一番目に生まれた息子なのです。

ジュンバ：馬鹿を言え！

アゲーゲ：馬鹿ですって。いいでしょう。これは恐ろしいことだ！　しかし、私の口は真実を語っているのです。今ちょっと考えてみて下さい。アバービオは全財産を酒につぎ込んでいるのです。彼はどうやって支払えばいいのでしょうか。

ジュンバ：アミナータの件に関して、誰に吹き込まれてそなたの頭はすっかり狂ってしまったのか。私の妻のせいなのか。

アゲーゲ：違いますよ。

ジュンバ：じゃあ、誰に吹き込まれたんだ。

アゲーゲ：行動です。

ジュンバ：誰のだ。

アゲーゲ：彼女自身の行為、行動です。

ジュンバ：もう十分だ。出かけて行って、アバービオを呼んで来てくれ。

アゲーゲ：でも、彼にどう支払ったら良いのやら。（石工に向かって）あなた方も愚か者です。アミナータが次にやって来る時まで、アミナータを待っているべきです。その時なら、彼女はあなた方に永久的な仕事の代償として、それぞれポケットがいっぱいになる程に支払ってくれるでしょう。
ジュンバ：アゲーゲ、私が与えたお金を戻してくれ。他の誰かを使いにやらせよう。
アゲーゲ：他の誰かとは？（休止）位置について、ヨーイ、ドン。（彼は走り出す）
ヌフ：彼の発言は、あなた方が言う程には愚かな香りがしない。
ジュンバ：誰の言葉だって。オウムは自分がしゃべっていることを理解していると思っているのか。（休止）あの女はどんなまじないを使って、狂った頭でさえ我々の祖先から盲目に歩みを共にするにつれて、彼女を賞賛することを歌にしているのか。ヌフ、村の息子達については、どうなっているのか。我々はかつて、しっかりと両足で立った。その時、二本足を有した人類は直立して頭を高く固定して、誇りを持って敵の匂いをすれ違ってゆく風の匂いから嗅いでいた。かつては、我々の静脈を満たしてくれた勇敢なる血はどうなったのか。
ヌフ：過去の様々な出来事の苦渋は、今日、現実の我々のものを見る目をぼやけさせる場合がありえます。過去を忘れ、ささいな変化に直面していることを受け入れる必要があります。
ジュンバ：ささいな変化に直面しているだって。（バルートを指しながら）彼を見てみよ。そなたの思うのはこういうことですか。
ヌフ：村長、村の子供が増大した川の激しい水の中で溺れている時、村人達は水を飲むのをやめたりしますか。
ドゥルル：それは賢明な言葉だ。ラバーラの息子よ、あなたはしっかりとした発言をした。
ジュンバ：賢明に言葉を選んだというのか。叡知だ。叡知とは何ぞや、ドゥルル。（休止）教えて欲しいのだが、これまでに人が賢明に亡くなるのを見たことがあるのか。
ドゥルル：今、私は我々が、あの、いや、見たことはありません。ヌフ、あなたは見たことがありますか。
ヌフ：注意すべきなのは、度重なる叡知と力なのです。村長、強くなって下さい。ライオンはネズミと争ったりはしません。
ジュンバ：ラバーラの息子よ。あの女はネズミではない。彼女は雌の虎だ。いや、魔女だ。自分自身の子供をむさぼり食うような、熱い血の通った魔女だ。
ヌフ：魔女ですと。あなたがアミナータのことを魔女だと呼ぶ以前に、彼女がみなしごにした子供達を、我々に紹介してくれる必要があるのでは？　彼女が未亡人にした女性を、我々に紹介して欲しい。そうすれば、彼女に対して投げかけたあなたの言葉に敬意を払いましょう。
ジュンバ：ヌフ、そなたはこの地では、地理に明るくはないのか。そなたは立ち止まって、彼女の頭に投げつけられた数多くの呪いを、彼女がいかにして活かしているのかを考えたことがないのか。
ドゥルル：ゴヤ牧師の娘に対する呪いですと。おそらくは種が私の耳の中で芽を出している。あぁ、村の中で誰があえてアミナータに対する呪いを起こしているのだろうか。
ジュンバ：それでは続けよ、愚か者め。彼女の寛大さによって、そなたは盲目になっているのだ。学位を持った魔女に、そなたの無知ゆえに彼女に酒を飲ませればよい。彼女には、私がまだ強力だということが分かるだろう。何だって、丁度席について彼女が我々男性の側と女性の間のくさびを打ち込む時、ちょっと座って見守っていないか。ヌフ、アミナータがアバービオの妻を追い払ったのは、女性達の噂話に過ぎないのか。
ヌフ：アバービオは子供とは結婚していなかった。あの女性には、自分自身の考えがあるんです。どのようにしてアミナータは彼女を追い払うことが出来るでしょうか。いや、出来ません。
ジュンバ：魔女の在り様は多岐にわたるが、彼女が私と争っていると考えるのならば、彼女は騙されている。
　何人たりとも長老達と生活の法則を争うことはできぬ。
ヌフ：どんな方法で、アミナータは我々長老達の伝統と争っているのだろうか。
ジュンバ：さて、彼のことに耳を傾けよう。（皮肉を込めて）村の長老の口から出た言葉だ。確かにそれが我々の苦境であり、大地がまさに我々の足下から盗まれているる間に、お互いの言葉を味わっているのである。ヌフ、そなたは我々皆に、彼らの宗教の影につき従っていて欲しいのか。
ヌフ：ただ一つ質問をしただけです。
ジュンバ：頑固なヒョウでさえ、自分の周りの世界（状況）について知っている。アミナータの悪行をまさにあなたの鼻の下に押しつけなければ、それらについて知ることができないのか。女達がニワトリの頭を巡って争ってお互いの胸を引き裂いた日のことについて、最初にスープを味わったのが誰だったのか教えてくれないか。それはアミナータではなかったのか？
ドゥルル：しかし、彼女は当時幼い子供でした。
ジュンバ：確かに子供に過ぎなかったが、どこで彼女はそんな勇気を持つことが出来たのか。我々の女性達の中には、足に暴力を加えるものもあったよな。何が原因で、アミナータは伝統的なお椀を受け入れたりしたのか。ドゥルル、あの木が倒れて私を男にしてくれた全てを失った時、そんな悲劇を生き延びたのは、誰だったのか。アミナータだ。我々は、私の亡き兄に頼んで、彼女を清めてもらうように頼んだんだったな。それで何が起こったか。何一つ起こらなかった。当時、教会だけが重要であって、原始宗教儀式から保護する必要があった。教会の神についている人間は、異教徒のやり方に従うことはないだろう。それが、新たな叡知の牧師たる私の兄であった。ドゥルル、その苦渋は全て私の心の奥深くに居座っている。かつては変化の挑戦を受け入れるのに十分な大きさの心だった。
ヌフ：赤い鳥と木の悲劇は、天空からのものでした。
ジュンバ：そんなに多くのことを私は否定するつもりはない。しかし、この教会は邪悪だ。アミナータもまた邪悪だ。そういう理由で、彼女は逃げて痛手を負っていない。振り返って考えてみると、私自身ここで色つきの服を着た見ず知らずの者を歓迎する際に、私が果たした役割に対して、呪いをかけているのだ。私はかつては愚かな若者であって、一心に耳を傾けて、頭を働かせていなかった。神の名前のついたおもちゃに魅了されていた。しかし今となっては、私は当時よりも賢明になっている。私の夢は、私と同様の考え方で満ちあふれている、ということだ。アミナータは邪悪である。彼女は村の黒い羊だ。我々長老のやり方のまさに基礎を破壊するような人々によって、長く認識された羊だ。
ヌフ：確かに我々は、村の黒い羊を飼っているのでしょうが、ご承知の通り、あなた自身の心の中では、アミナータはそんな羊ではないのです。
ジュンバ：それならば、そなたはここにいるべきではない。どうして彼女の望みに反して、墓の作業をするのに同意したのか。
ヌフ：たった今、私は望みを耳にしているのです。「長老よ、あなたには時間がありますか。我々は明日牧師の墓をセメントで作りたいのです」それがアバービオでした。また当然のことながら、私は喜んでこの場にいたかった。これが最後の儀式であり、私は私の手と技術を提供したかった。しかし、私がゴヤ牧師の望みを知っていたならば、私は今この場にはいないでしょう。
ジュンバ：ヌフよ、我々の祖先は、寛容さを失うと赤い目をしている、ということを忘れることなかれ。ある予言的な瞬間に、私は自分の全てを宗教とこの新たな変化の叡知に犠牲にしたのだ。（バルートを指して）よいか、そんな邪悪さの残っている証拠がある。息子の沈黙した無駄な努力よ。他に私が犠牲にすべきことがあるのか。
ヌフ：我々の中に息づいている悪霊は、少なくありません。我々はバルートとアミナータが、そのような悲劇から我々の元へ戻って来たのを感謝するべきです。それは事故だったので、我々は必ずしもこれらのことを説明することは出来ません。我々のうちの誰も、教会の人々が教会にとってのまさにその場所を選んだのかはわかりません。ゴヤ牧師もアミナータも教会が後に建設されるような樹木を植えたりはしていません。ちょっと考えてもみて下さい。何故子供達の家が、ただ石だけが投げ捨てられた時に、木の下で避難所にいることを決めたのか、ということを。

ジュンバ：血以外の何も立腹した精神の涙を流し去ってしまうものはない。そうした樹木は、我々の祖先の休憩場所であった。そこが神聖な場所であったというのは、我々の一族の父である村が割礼を施されたまさにその場所で、その樹木は育ったからだった。我々の主人の語り手が語る物語は、その樹木の下で組み立てられていた。どの程度の寛容さがあれば、彼らの復讐から過去を止められるだろうか。また、あたかもその樹木を打ち倒すことが、十分な侮辱に値しないかのように、ゴヤ牧師は、女の中でそうした平等の無意味さを語り出した。今や語り部達は、実際に我々が平等であると信じ込んでいるのだ。

ヌフ：村長、私は依然として、あなたの恐怖を理解していません。

ジュンバ：恐怖だって？　私は何ら恐れてはいない。村は私が決まった村長の座に座っている間は、見ず知らずの者に売りに出されることはないということを頭に入れておけ。何だって？　我々の娘である女が、この地にやって来て相続するというのか。

ヌフ：しかし、その遺言に関して真実であるとすれば……。

ジュンバ：遺言があろうとなかろうと、私の時代にはそのようなことは起こらないだろうということは言っておく。もしそのようなことが起これば、らい病が私を墓まで送り届けてくれるだろう。

ヌフ：村長、あなたはそんな最終的なことを語る以前に、待って他の長老達の意見を聞くべきではないのですか。

ジュンバ：村長としての気持ちは固まっている。我々はニャランゴの家族には、これ以上の過ちを起こさせたくはない。我々はアミナータと教会に、ゴヤ自身の家に埋葬するのではなく、この寂しい土地にゴヤを埋葬するのを認めた時、誤ったのだ。

ドゥルル：えぇ、それが真実それ自体です。ゴヤは、家のない人間のように埋葬されたのです。子牛でさえも、墓からほこりの雨で危うく一族を祝福することはなかったのです。

ジュンバ：私は近隣の一族から、私の仲間の村長の笑い者となった。そして、そのことがアミナータのここでの最後の勝利だった。

ヌフ：遺言の問題を解決するために、土地の長老たちのグループを呼ばなかったのですか。

ジュンバ：この土地のグループの長老をやがて呼ぶことになるだろう。私だけが私の精神の扉を割礼の日に、私のパートナーとしてそなたに開いたのだ。そなたから、ナイフを私の方に向けられたのだ。まだ、拭い去られてはいない。

ヌフ：首長の座にある長老たちの集まりを招集し、彼らにゴヤの臨終の望みを実現させましょう。

ジュンバ：そなたは、既に決心がついたように思われる。

ヌフ：私は決心しました。アミナータと彼女の夫は、我々と共に住むためにやって来ることはないでしょう。というのも、彼らは、たまたまここにちっぽけな土地を所有しているからです。それどころか、彼らは、それ以上によく知っているはずです。くれぐれも気を付けて頂きたいのは、公的な返還の必要はないでしょう。

ジュンバ：控えめに言ってもそうだろう。ただし、私は彼女が形式的で公的な譲渡を主張しているのは分かっている。あの女は、発情期の雄ヤギと同じくらい頑固なのだ。

ヌフ：チャンスを与えましょう。

ジュンバ：彼女は、そのことには耳を貸さないだろう、ということは言っておく。彼女は、雄牛の背中からシラミバエを引っ張り出し、雄牛を食べていると考える白い鳥のようだ。厄介な陰謀をめぐらす人間なのだ。彼女は、私的譲渡とは何の関係もないだろうということは、分かっている。

ヌフ：私はそのことを、陰謀をめぐらせていると呼ぶつもりはありません。村長、アミナータは、感情に左右されない人間であり、我々は、彼女が彼らのためにしたことに対して、尊敬と敬愛の念を抱いているのです。彼女の父も彼女のことを愛していました。さて、牧師の遺言において、彼が、彼女に小さな土地を残していたならば、どうして我々は、その件に関して水に流すべきでしょうか。結局、ゴヤ牧師は、水準の高い人物でした。また、誰に分かるでしょうか。誰にも分かりません。もしかしたら女達にとっても、途中別の企てがあるかもしれません。

ジュンバ：どんな企てがあるというのか。誰かを馬鹿にするためなのか。

ヌフ：あの女は自分の父親と共謀して、村の面子を潰して、私と伝統に則った村長の座を当惑させようとしたのだ。確かに、彼女は、我々長老達の様式を妨げるために、彼女の所謂伝統と呼べる代物を用いたがっている。非難は彼女の父親の頭上に腰を下ろしている。彼はやって来て、新しい宗教を女達の頭に植え付けて、女達が無知であるから肥料を与えたのだ。都会の人々と一緒に彼が戻ってきたときのことを覚えていないのか。彼がそこに立って、何時間も立て続けに話をして、女の頭に彼の新しい知恵の毒をもりこんだ方法を覚えていないのか。

ドゥルル：彼は、大いなる真実を語りました。

ジュンバ：（熟慮して）大いなる真実だって。誰の真実だというのか。彼の真実だというのか。彼の真実。私についてはどうなのだ。硬貨のもう一方の側だよ。私の真実についてはどうなのだ。私は失ってしまったのか。確かに私は全てを失ってしまった。人々の処罰はとうに終わってしまった。責任が私の頭にも宿っている。そんな二度目のナイフは避けるべきだった。

ドゥルル：当時は困難な決定でしたし、しかも、あなたは一人きりではありませんでした。ここにいるヌフだけが、そうした誘惑に抵抗したのです。

ヌフ：いいえ、私の場合は異なっていました。我々は丁度、私の子供達の母親を埋葬してしまったのです。また、新しい母親は彼女自身の子供達を必要とするでしょう。そのようにして、私は第二のナイフから逃げてきたのです。

ジュンバ：ゴヤはここにそうした狂気をもたらした。彼は我々を盲目にして、しかも、蛾と同ように、我々は皆、新しい光の方向に群がっていた。たった一枚の毛布の暖かさと村の周りのデコボコ道が全てそういう結果になった。村の健全な人間なら、彼が我々を導いていったことに対して、彼を赦すことは出来ないだろう。それならば、何故、アミナータの夫は絶滅と同様の伝言を説教しているのだろうか。アミナータの悪霊が彼の心の中に入り込んでしまったに違いない。そういう理由で、彼はそれと同様の狂気で無実の長老達の頭をだますのに忙しい。

ヌフ：村長、（これまでに）何度、あなたは御自身の頭が偶然の事故だったということを思い出すのでしょうか。赤い鳥が異なった小屋を攻撃していたら、あなたが現在空気を満たしているこうしたことを発言してはいないでしょうね。

ジュンバ：私が発言していないだろうかって。確かにその通りだろう。また、このことが虚偽であれば、私の次の長たらしい語は、私を窒息死させるだろう。ゴヤが都会の人々を招待したことで、我々は不運をこうむったのだ。そうとも、彼が都会の人々を招き入れたことで、今日のアミナータのような存在が生まれたのだ。自分の夫となる人々から、たった一つの四つ足の贈り物なしに、婚礼のベッドへと駆け込んでゆく女達。ナプキンで汗をふいてくれたらどうか。それは、あまりにも多すぎて、予期することが出来ないのか。仮にゴヤがいなかったならば、そうしたさえずっている寄生虫達は、ここで独自の道を見出すことはなかっただろう。今に、如何に彼らが、不謹慎にも我々長老のやり方という種を踏みつぶすのかが分かる。

ヌフ：言葉を謹んで下さい、村長。言葉を謹んで下さい。神の人々の顔に唾を吐かないで下さい。白い鳥と雄牛の背中のシラミバエのことを思い起こして下さい。動揺した心には、冷静さが最高の安定剤となります。

ジュンバ：「精神の安定剤」だと。意味のない甘いにおいの言葉だ。「精神の安定剤」と海の中の砂に失われた一本の髪の毛に過ぎない。私には、そのような慰めは存在しない。だから、悪質な思考は最悪のままに委ねておけ。様々な記憶が時を拒み、よりきれいなものになってゆく。奇妙な病気だ。私は毎日彼を目にしている。二度目にするときだってある。きらめき、私の目の前の影、それから白い着物だ。彼はそこに立っており、不謹慎にも我々の女達の間の不協和の種をまいている。ロシーナ母さんは、そのことを狂気だと呼んでいる。彼女は、私は気が狂っていると考えている。しかし、私はこう言いたい。気など、狂ってはいない、と。心の眼を欺くことが出来るものはいない。チキンスープを飲んだ日に、永遠に焦点を当てている内なる眼だ。私は、はっきりとくっきりと目にしている。（ゴヤ牧師のイメージは、白い着物を身にまとって、ゴスペルの音楽で辺りが満ち溢れたときに現れている。つくられた印象は、歌を歌っている大集団の一つである。歌が止まり、ゴヤ牧師は高座の上に現れて、集会に呼びかける。彼の姿勢や特徴から、彼が演壇で一人きりではないことは明らかなはずである。）

ゴヤ：父と子と聖霊の御名において、これが究極の真実であるということを繰り返します。主の眼において、我々は皆平等なのです。同一の粘土から主自身のイメージにおいて創られた、神の全ての子供なのです。では、どうして、我々は、我々自身の間で争っているのでしょうか。我々は、無知、飢え、病気において、大いなる敵を抱えているということを知らないのでしょうか。ここで、我々の使命は、私の兄、まさに尊敬に値するアブ・スタイナーによって証明されているように、天空から自由に降ってくる雨の水と同じ位明白なのです。神は、我々に人生を与えて下さった。したがって、我々も将来への歩みを進めてゆかなければなりませんが、その際、我々の未来を前向きに向く価値のある子供達を携えてゆくのです。私は、アブ・スタイナー牧師に同意します。全ての家庭の、全ての四番目の子供は、余分な口だと考えられているはずです。食事を与えるための口、泣くのをやめる口、さらには、薬を与える口なのです。神が我々に与えて下さったこうした調和を獲得するためには、我々の中に、全体的な結束性がある必要があります。思い出して頂きたいのは、意見が分かれた家は、平和の快適さや愛情の温もりを知らない、ということです。男は、平和を必要とし、快適さと愛の温もりを必要とするのです。女についてはどうでしょうか。女は、男より劣った如何なる愛情と平和をも必要としているというのですか。
声：そんなはずはない。
ゴヤ：だから今私に、あなた方は我々の土地の母親を誇りに思っているということを告げて下さい。ここで、現在、胃が私のものと異なっている女性は誰かいるとでもいうのでしょうか。
声：そんなはずはない。
ゴヤ：いるとでもいうのですか。
声：そんなはずはない。
ゴヤ：アレルヤ！（休止）あなた方は調理をしますよね。
声：もちろんですとも。
ゴヤ：それならば、何故、あなた方が、男性が食事をするのと同様のお椀で食事をするのが禁忌なのでしょうか。どうしてなのでしょうか。（休止）私の親愛なる姉妹達よ、真実は男が長年に渡ってあなた方を馬鹿にしてきている、ということです。弱点は、あなた方の精神にあるのであって、男が語る嘘にあるわけではありません。また、私の親愛なる姉妹達よ、思い出して欲しいのは、弱い精神の中で芽を出す種は、恐怖と絶望の種だということです。そういう理由で、これは歴史的な日であり、大いなる変化の日なのです。たえず、我々に完全な生活の恩恵を与えない禁忌とは袂を分かったり、暗い過去への恐怖と無知の足跡をたどったりしましょうか。私の親愛なる姉妹達よ、それがあなた方にとっての問題であり、挑戦なのです。袂を分かつのか、同じ地点に根を下ろし、じっとしているのか。今日、そういう理由で、教会は今日という日にニワトリを与えなかった全ての象徴を提供出来ることを喜んでいるのです。
声：ニワトリだって。
ゴヤ：そう、ニワトリです。今日、我々の教会は、あなた方の内であらゆる強力な意志をもった人々によって味わうのに十分な量のニワトリを殺しました。伝統が花を咲かせ果実を実らせるときに、伝統が唯一優れているとあなた方が決心するときに思い出して下さい。しかし、その伝統とは、それを生み出したまさにその魂を閉じ込めてしまうような不毛な伝統なのです。そういう理由で、今日、まさに私自身の娘である、アミナータ・マイラ・ゴヤは、彼女の母親アビガエル・モニカ・ゴヤによって残された溝を埋めてくれることでしょう。今日、アミナータは、第一番目の村の女性となって、公の前で教会のチキンスープを味わうことになりましょう。（拍手と叫び声がやまない）
ジュンバ：第二のエデンの園だ。いかなる善もここから生じてくることはないだろう。
ゴヤ：また、今日、ニワトリが順々に回ってきたとき、「我々なら乗り越えてゆける」という勇気と勝利の歌を歌って、声をあげて皆で参加しませんか。（彼が歌を歌い始め、他者もその声に加わる。突然、数人の女が興奮して会話をしながら入ってきたが、めいめい、自分自身の言語を話している。女達は、話をしながら、大きな塊のニワトリをむさぼり食べる。突然、はるかに若いアゲーゲが、女達を襲って、一匹のニワトリをめぐって、やけくそに争っている。アゲーゲは、打ち負かされて、彼はその試みをやめて立ち上がり、女達から孤立し、息を切らし失望している。）
アゲーゲ：私は泣くよ。
女達：泣け！
アゲーゲ：泣こう！
女達：泣き続けろ！
アゲーゲ：あなた方は、一人の男を泣かせているのだよ！

女達：あなたは涙を流す。（全く予期せず、アゲーゲは泣き叫び始める。女達は大いに胸をうたれる。女達は各々自分達自身のニワトリをアゲーゲに提供し、すぐにもアゲーゲの両手はふさがる。）
アゲーゲ：（申し訳なさそうにして）私はあなた方に報告した。私は一人の男だ。
女達：（合唱して）私達はそれを目にすることが出来る。私達は花婿を目にすることが出来る。（女性達の内の一人が、見せかけの結婚式の歌を歌って、他の女性達を導く。）
独奏者：シリリ　ワー！
女達：アー　シリリ！
独奏者：シリリ　ワー！
女達：アー　シリリ！　シリリ！
独奏者：アゲーゲ！
女達：アー　シリリ！　シリリ！　（アゲーゲは、退去するが、依然として、手にはいくつものニワトリを抱えている。女達は、依然として歌を歌いながらアゲーゲの後についてゆく。）
ジュンバ：その点が私の兄は間違っていた。しかし、我々は、丁度我々の兄がつまずいて転んだのであるからして、我々自身がつまずいて倒れることはないだろう。否、我々は、しっかりと立って、村を更なる恥辱から守ることになろう。しかし、首長の座にいる長老達が、自らの責任から引き下がる場合には、私は、我々祖先の望みを独力で保護することになろう。確かに、孤児になった子牛は自らの背中をひっかくものだ。
（アバービオの酔っぱらった声は、明らかに彼の亡き父の名誉のために、葬送歌を歌っているように聞こえる。）
ドゥルル：彼がやって来ています。
ジュンバ：フーム。
ドゥルル：彼がやって来ています。

ジュンバ：誰だ？

ドゥルル：聞いて下さい。（休止）それは、アバービオの声ではないのですか。

ジュンバ：確かにそれは、まさに彼の声だ。救いようがない。（アバービオはよろめいて入ってくる。彼は歌を歌うのをやめて、怪しげに辺りの雰囲気を監視している。最終的に、彼は、疲れ切った手を振って、この場を退出する。）

アバービオ：女達は、言いたいことは何でも言うことが出来る。女達に話をさせよう。それで何だ？ 土地は学位ではない。学位だって？ 役立たずめ！ 彼女等は、世界中の学位を必要とあらば、集めることが出来るが、誰にも俺の土地に触れさせたりはしない。というのも、オレが依然として、オレの足でしっかりと立っている限りは、どんな女にもオレの父の土地を触れさせたりはしない。だってそこは、オレの土地なのだから！ 遺言だって？ 遺言とは何だ？ そんなのは関係ない。学費もまた関係ない。オレが彼女に子供達の学費を払ってくれと頼んだか？ 全くそんなことはない。決してそんなことなどないのだ。さて、オレにあなた方に語らせてくれ。無意味な学費は、二人の女、ミシアとアミナータの間の取り決めだった。女の取り決めに干渉することはしない。決して干渉することはないのだ。ヤァ、ところで、例の酔っ払い達は何について話をしていたのか。全く関係ないよ。アヒ、人々の中には、酔っ払っているときに、どのように話をしたら良いか分かっていないのだ。死者の望みなのだ。死者が望みを持ち始めたとき以来なのか、ゴミだ！ 彼女等は、家庭に関して、何を知っているというのか。皆無だよ。はっきり言おう。皆無だよ。（彼は今、ジュンバと石工に気付くのに十分な程近くに移った。彼は少しばかり当惑している。）叔父さん、叔父さん、オレは彼女等に面と向かって語った。あぁ、酔っ払いよ。役立たずの酒飲みよ。オレは、彼女等に地獄に向かっていると語った。（少し笑うが、彼にジュンバが嫌悪の顔をしたとき、突然立ち止まる。）叔父さんよ、何か問題でもあるのか。オレが酔っ払いだとあなたは思っているのか。はっきり言って、あなたは間違っている。オレは、ただ経験したのだ。テモテへの手紙、第五章、二十三節：「もはや水を飲むな。その代わりに、胃のために少量のワインを飲むのだ」（彼の注意は墓に惹きつけられている。）やぁ、素晴らしい仕事よ。素晴らしい仕事よ。今だ。今だ。今だ。今だ。一寸待ってくれ。あらゆるキリスト教徒の名において、十字架はどこに直面しているのか。（沈黙）叔父さん、叔父さん、村長さんよ。
ジュンバ：どうぞ言ってくれ。
アバービオ：オレはあなたを怒らせたのか。つまり、オレはしらふで尋ねただけなのだ。十字架は何故、このように直面しているのか。
ヌフ：それにどこに直面してもらいたいのか。
アバービオ：（当惑したが、それを経験する決心をしている）良い質問だ。非常に良い質問だ。（聴衆に向かって）お分かりのように、専門家と論争したりしないでくれ。人々はその違いに気付いているだろう。ラバーラの息子よ、私はあなたを尊敬します。ドゥルル、それは真実であり、オレは本気だ。ここでは、ヌフは優れた人物だ。何でも屋だ。彼は墓や様々なものをセメントで固めることが出来るし、教会へ行って、長老達と腰を下ろして、少しばかり酒を飲むことも出来る。一発で全部出来る。
ヌフ：言葉には気を付けろよ、アバービオ。あなたには、侮辱すべき御自身と同年齢の割礼をした人がいる。
アバービオ：分かっている。ここで勝利することは出来ないことは分かっている。最も良いのは、引き分けだ。しかし、それは真実で、オレはあなたを尊敬している。
ヌフ：有難う。お分かりの通り、仕事は終わっている。残っているのは、我々の支払いだ。
アバービオ：あなた方の支払いは問題ない。全く問題ない。しかし、あなた方は、最後に金を無心したのは確かなのか。
ヌフ：その他、我々に何をしてもらいたいのか。
アバービオ：うん、まず第一に、オレは、あなた方には、これが誰の墓であるかを知っているものと確信している。
ヌフ：アバービオ、男達は自ら支払いたがっている。
アバービオ：分かった、分かった。しかし、これは牧師の墓であって、牧師はオレの父だったということを思い出しておくべきだ。
ヌフ：それで？
アバービオ：当然だよ、当然。お分かりの通り、墓は完璧に磨き上げて、十分に整備しておかねばならない。最初に生まれた息子からの最適の贈り物だ。それは、オレが操作していたものだ。疑い深い人にやって来させ、自ら、オレ、アバービオが、身銭を切って、オレの父のために永遠の休憩所を作ったのだ。
ドゥルル：異常だよ。我々に支払いをよこせ。
アバービオ：我慢だよ、兄貴。我慢だよ！
ドゥルル：いいや、私にお金をくれ。そして、私に行かせてくれ。御承知の通り、私は、悪魔自身と結婚しているんだ。悪魔は私がここにずっといるとは信じないだろう。
アバービオ：尻にしかれている、そんな風に、私は呼びたいんだ。あなたが彼女を甘やかしたんだろ。
ドゥルル：それで、あなたは私にどうして欲しいのですか。彼女が口を開くたびに、彼女を打ち負かせ。
アバービオ：兄貴、経験から、何年にも渡る経験から話をしているんだ。頬を少し平手打ちすれば、奇跡を起こせる場合がある。
ドゥルル：確かにそうかもしれないが、頬を少し平手打ちして何を示す必要があるのか。ミシアはどこにいる？
アバービオ：兄貴、ベルトの下は撃つな。ベルトの下は撃つな。ミシアは、強制退去だ。
ドゥルル：さて、あなたなら、（もっと上手く）我々に素早く支払ってくれたり、私の悪魔が私に強制的な退去を私に申し出てくれるだろう。私は、自分が何故やってくることに同意しているのか分かってさえいない。

アバービオ：落ち着け、落ち着いてくれ。ズボンを濡らす程のものではない。あなたが必要としているのは、女の心理を理解することだ。そんな風に彼女等を出し抜くことが出来るが、そこには、あらゆるアミナータが含まれている。あなたは、オレが如何に例の棺の商売で彼女を騙したのかを知っているのか。オレは、言い分を立証したかった。だから、オレは、彼女を騙すことに決めた。オレは、彼女に言った。こう言ったんだ。「アミナータ、オレは喉がカラカラだ。どうかオレを助けに来て欲しい。ムゼーの棺を与えてくれないか」（おぉ）神よ、それが問題だった。それはあたかも彼女がそのことをずっと期待しているかの様だった。一時間以内に、棺はそこにあった。さて、あなたはこれまでに、そのような喉を噛み切るような激しい競争を知っていたのか。そんな致命的な野心を知っていたのか。

ドゥルル：村長、あなたは、こういった人物が私に支払うように頼んでいる。それがせいぜい私が求めていることです。

ジュンバ：アバービオ、そなたの民衆に支払い、彼等に自分達の雑用に戻らせよ。

アバービオ：その通りだ。オレは、彼らにすぐに支払うつもりだ。（彼は墓を調べている。）完璧な作業だ。完璧な墓だ。今は亡き、アンバーニ師の遺体に関して、あなたが作った墓よりもはるかにずっと優れている。（休止）おい、一寸待て。一寸待て。墓碑銘に関してはどうだ。つまり、文書だよ。御承知の通り、墓に文字を刻むことだよ。たとえば、「エリヤキム・ゴヤ牧師が亡くなりました。いやいや違う。生まれました。」御承知の通り、そのような文言だ。それについてはどうだ。

ヌフ：生のセメントの上にこれまで言葉を書いたことがあるのか。

アバービオ：（聴衆に向かって）御承知のように、この男は、本物の専門家だ。（ヌフに向かって）はい、今回は本気だ。オレがやる。実際に、オレが死ぬとあなたはセメント漬けの人になるだろう。

ドゥルル：アバービオ、もうたくさんです。あなたとは違って、我々の手は、どこか他の所で必要となります。

お金を支払って、自由に我々に好きなようにさせて下さい。
アバービオ：分かった、分かったとも。あなたはお金が決してオレの問題ではなかった、ということを知っている。（彼は、自分のポケットを探し始めている）全部でいくらだったのか。
ヌフ：今なら二五〇です。二週間後には一五〇です。
アバービオ：（彼自身、自分のポケットを探りながら）今なら二五〇、後で一五〇か。問題ない。（休止）あぁ、何かがどこかおかしい。何かがはっきりとおかしい。
ジュンバ：アバービオ！
アバービオ：叔父さん。
ジュンバ：そなたは雄牛を売ったんだな。
アバービオ：そうです、叔父さん。私は非難される獣を売りました。
ジュンバ：それならどこにお金はあるのか。
アバービオ：（依然、ポケットをまさぐりながら）それがオレが見つけようとしているものなんだ。
ドゥルル：それは分かった。グアバ（あなた）から血（お金）をとることはできないよな。アバービオ、あなたはどうして我々の生活に関して、遊びものにするのか。
アバービオ：兄貴、オレを責めないでくれ。オレを責めないでくれ。お分かりの通り、オレも等しくびっくり仰天している。（休止）おい、これは面白い！
ジュンバ：何だと、ただ何が面白いのだ。
アバービオ：ここに穴がある。オレは以前そのことには気が付かなかった。
ジュンバ：どんな穴だ。
アバービオ：この穴だ。オレのポケットにあるこの穴だ。以前には、そこには無かったと宣言する。（彼は、ポケットをひっくり返すと、間違いなく、そこには穴が開いている。）さぁ、奇跡の逆転にならなければならない。
ヌフ：あなたが我々にお金を支払ってくれるだろうと我々に実際に信じさせたのは、ある種の奇跡です。さぁ、ドゥルル、行きましょう。
ドゥルル：何だって。お金もないというのに。
ヌフ：自由になろうと私は言ったんです。さもなければ、この呪われたものと戦いたいとでもいうのですか。
ジュンバ：いや、ラバーラの息子よ、待て。これは通常の作業ではなかった。すすだらけの心で、遠ざかってはならない。支払いに関して、意見の一致を見る必要がある。
ヌフ：ゴヤ牧師の遺骨をめぐって誰かと言葉を交わしたくはありません。我々の目と耳は既に十分な程、持ちこたえているのです。
ジュンバ：しかし、支払いに関して、我々は妥協を見い出す必要がある。
ヌフ：いいや、放っておいて下さい。それは、問題じゃないんです。私は、自分の配下の民に支払いますが、ゴヤ牧師の祝福が、私の報酬となりましょう。さあ、人々よ。時は我々に味方してくれるわけではない。
（手話を用いて、彼はバルートに指令を出し、彼等の道具の一部を運ばせる。アバービオが、彼等にはたらきかけるとき、まもなく出発する。）
アバービオ：おい、一寸待て。一寸待て。オレは名誉ある人間で、あなた方の誰をも失望させたくはない。今や、それが事実なのだ。御承知の通り、オレは、もう一頭の雄牛を売ることだって出来るだろう。
ヌフ：（愛想を尽かして）村長、良い一日を。
ジュンバ：ヌフ、良い一日を。ただし、この問題であなた方の村長に考えさせるな。太陽が沈む前に、他の二つの問題をめぐって、あなた方の助言を必要とすることになろう。
ヌフ：私は、小屋にいます。私を必要とする場合には、一寸誰かをよこして下さい。

ジュンバ：それで十分だ。（ヌフは、アバービオを一寸じっと見て、愛想を尽かし、彼の二人の石屋に付き添われて退出する。アバービオが十分話をする勇気を呼び起こす前に、短時間の当惑するような沈黙が流れる。）
アバービオ：神に正直であれ。オレはここで罰を受けた。
ジュンバ：アバービオ、そなたは雄牛を売った。その対価でどうするつもりだったのか。
アバービオ：ご承知の通り、まず第一に、セメントを買って、次にレンガを買って、さらに砂を買って、という具合でさぁ。
ジュンバ：残りのお金はどこにある。
アバービオ：そんなあせらないで下さいよ、叔父さん。あせらないで下さい。お分かりの通り、オレは純粋にその謎を解こうとしているんですよ。
ジュンバ：あぁ、私はそなたの側に立って、何故戦っているのかさえ分からない。言い争うべき相手はいない。また、それが、アミナータの最高のうまいやり方なんだ。そなたは男ではない。
アバービオ：何ですって。オレが男ではないですって。叔父さん、あなたはオレにどうしてもらいたいのですか。
ジュンバ：ペニスを私には見せないで！（休止）そなたの妹が指摘出来ることがある。そなたの場合はどうなのか。自分で何をしてきたのか。（真似をして）「オレは男だ。オレは男だ！」そのことを証明しろ。私はそなたにそなたが男であるということを証明するように要求する。
アバービオ：分かりました。分かりました。降参です。
ジュンバ：降参だって。そなたは降参などしていない。そなたは私の下に嘆願しにやってきて、そなたを助けるように私に頼んだから私は引き受けたのに、何故だ。
アバービオ：えっと、それはその……。オレはあなたがそれに賭けていると思うんだ。

ジュンバ：そうとも、私はそれに賭けているが、だからといって、私がそなたと不毛な提携を取り結んでいるわけではない。そなたの父は私を犠牲にした。そういう人間だった。二番目のナイフを受け入れるように私を説得し、その結果、悪魔が突き刺したのだ。その悪魔は、依然として、ここ我々と共にいて、最初の男から最後の男まで、男を残り全て、村の気力をそぐ決心をしている。今や、悪霊がそなたの妹に永遠の住処を見い出している。

アバービオ：何だって。

ジュンバ：そうとも。アミナータの肉体は、私の子供達を絶滅させるように、赤い鳥を送った悪魔の家なのだ。

アバービオ：しかし、それは……。

ジュンバ：私が言っていることは正しい。アミナータは、村に土地を所有することはないだろう。だから、酔っ払っていようが、しらふであろうが、例の子供の悪魔から村を救うために私を手助けする必要がある。

アバービオ：しかし、他の長老達についてはどうなのか。長老達は、彼女が神の使いだと考えているとオレには分かっている。我々は、長老達との関係をどうしたらよいのか。

ジュンバ：私は彼らに、悪魔は全く愚かではない、ということを分からせるつもりだ。アミナータの所謂すぐれた行動は、単に内奥にある悪魔をかばっているに過ぎない。夢の中で、私は、そのことについて警告を受けてさえいる。そなたの妹は、徹頭徹尾悪魔なのだ。

アバービオ：今、御承知のように、あなたはそう言っている。私は、彼女の目の中に、そのこともまた気が付いている、と思う。

ジュンバ：彼女の胸中にあるものと比較出来るものではない。たとえ、彼女が、普通の女性であるとしても、私は村に、女に土地の相続を提供した唯一の一族として、将来に加わらせることは認めない。

アバービオ：まさにその通り。そのようなことが起こるのを認めるべきではない。どんな場合であっても、戦いには既に勝利している。長老は、今やしっかりと、彼の墓の中におさまっている。ヌフは、墓が半分掘り出されたのかを尋ねなかったのですか。

ジュンバ：ヌフは尋ねなかった。墓は会話はしないが、長老達は会話出来るということを知っておくべきだ。そういう理由で、土地のグループの集まり以前に、我々ヌフに十分に支払わなければならない。

アバービオ：そのことで心配しないでくれ、叔父さん。オレが言ったように、オレは、別の動物を売ることが出来る。

ジュンバ：お金を受け取り、伝統はそれを守る男だけを保護するということを忘れるな。私の目の黒いうちは、村の娘が我々と定住するために戻って来た、と言っているのではない。決して、断じてそのようなことはないのだ。

アバービオ：例の土地は、オレに権利がある。

ジュンバ：その種の会話をするから、私はそなたをカラスと呼ぶんだ。我々をあらゆるこんな泥の中に押しやったのは、そなたの亡き父だということを忘れたのか。全ての問題が解決するまで、「あの土地はオレのものだ。あの土地はオレのものだ」と叫んだりするな。長老達の決意が固まらない内に、彼らに偏見を持たせたいのか。お分かりだろうが、アミナータは、ニワトリの羽などでは全くない。アミナータは、遺言と呼ばれる他のものをどうして持ち合わせているのか。

アバービオ：他のものだって。どのようにして、手に入れているのか。

ジュンバ：ジョシュアに聞いてみよ。彼ならそのことについて全て知っている。

アバービオ：それに、彼がオレからそれを隠したんだ。一寸待って欲しい。小ネズミをたたきのめしたい。

ジュンバ：どうしてそなたはいつも重大局面において、暴力と死について考えるのか。たたきのめす必要があるのは、この遺言の問題であって、無垢な子供ではない。ゴヤ牧師は、彼に黙秘するように誓わせたのだ。

アバービオ：それならあなた自身は、どうやって知ったのですか。
ジュンバ：アバービオ、私のへその緒でつながれたような依存関係をそなたのものと一緒に埋めることはしなかった。（休止）いいか、よく聞いて欲しい。そなたは酒を飲むのを止める必要がある。そなたと私は、個々に、土地のグループの人々と話をする必要がある。我々は、遺言の有無に関わらず、ゴヤ牧師の土地は、村の土地であって、伝統に則り、彼の息子達のものだということを説得させる必要がある。（休止）私の言うことをしっかりと聞いてくれたか。
アバービオ：もちろん、叔父さん。オレは、あなたの言うことを聞いている。
ジュンバ：それならいい。さぁ、こっちに来てくれ。（アバービオを墓の方へ連れてゆく。）右手を十字架の上に置くのだ。
アバービオ：何だって。何故？
ジュンバ：言われた通りにせよ。右手を十字架の上に置け。それでいい。さて、私はそなたに、金輪際、アルコールには手をつけないとそなたの父の墓前で十字架に手をついて宣誓してもらいたい。
アバービオ：（純粋に衝撃を受けて）金輪際だって。それは、どういうつもりで言っているのか。
ジュンバ：宣誓せよ。
アバービオ：でも、叔父さん。オレには、到底……。
ジュンバ：宣誓せよ。
アバービオ：いいや、少なくともオレがしらふになるまで待ってくれ。
ジュンバ：分かった。ここからは、そなた自身の問題だ。私は退く。（あたかも出かけるような素振りをする。）
アバービオ：違うんだ、叔父さん。行かないでくれ。（休止）あぁ、分かった。宣誓するよ。
ジュンバ：いいぞ、さぁ、私について来い。（ジュンバはすぐに退出する。アバービオは嫌々ながらついてゆく。）

✣文化・社会✣

五一年後の今日でさえ、『ウフルはまだだ』

G・C・ムアンギ
渡邊文文 訳

一九六六年にオギンガ・オディンガは自叙伝を出版したが、そのタイトルは『ウフルはまだだ』というものであった。この自叙伝は、ケニア人を魅了した。彼は、一九六三年以来初の大統領であった、ジョモ・ケニヤッタ政権下における副大統領であった。ケニヤッタがマウマウ反植民地運動の、自称代表として植民地下で抑留されていたとき、オギンガ・オディンガは、ケニヤッタの釈放とケニアの自由を求めて闘った主要人物であった。

しかし、ケニヤッタがますますケニア人の利益と願望を裏切って、ケニヤッタ自身を抑留していたかつての植民地の支配者の利益になる決断をしたとき、オディンガは、ケニヤッタ政権を放棄し、対立する政党である「ケニア国民同盟（KPU）」を立ち上げ、ケニアが本当に自由になる公約を真っ先に掲げた人々の見解を代弁しようとした。

ちょうど、独立前の数年間にケニア人は次のような歌を作った。

われわれは、逮捕・投獄・抑留に屈しはしない。遠方の島々の分離さえものとはしない。というのも、我が国が光を見出すまでずっと、われわれは自由を求める世論をかきたてることをやめるつもりはないからだ。万歳！ 子供達の父、ゲショロとオディンガよ。国の重要な英雄よ。この国とその子供たちは、もっぱらあなた方を尊敬している。子供たちが成長できるように、神の祝福を祈る。

重要なのは、この歌がキクユ人、エンブ人、メール人（ケニア山とアバデア山脈の周辺に居住している）にとって、国歌のようなものであったということだが、彼らは、特別な抑圧を受けて引き離されていた。また、オギンガ・オディンガは、ルオ人であり、ケニア西部のヴィクトリア湖に隣接したニャンザ地方出身であり、反植民地マウマウ闘争の二人の著名な英雄の内の一人として特別に称賛されていた。しかも、ケニヤッタがマウマウ闘争の目標と希望を裏切ったことに対して、オギンガ・オディンガがケニヤッタと論争する上で、老練なマウマウの指導者であるビルダッド・カギアと共に「ケニア国民同盟」を形成している間に、例の歌の中でもう一人の英雄と見なされていたジェームズ・ギチェル（ゲショロのことを指す）は、ケニヤッタ政権下で財務大臣（後に防衛大臣）として幹部の地位に就き続けていたのであった。

ケニヤッタは、カギアに対しては、特に厳しかった。というのは、カギアを政治的に失墜させることが、ケニアで唯一支配する方法だということが、ケニヤッタには分かっていたからであった。ただし、そうすることで、キクユ人、エンブ人、メール人を完全に無視することとなったため、彼らにとっては、自分たちが追い求めて闘っていた土地と自由は、独立においてしか達成されないだろうということは、彼らは当然推定していたことであった。カギアは、独立政府における彼らの代弁者であった。チャールズ・マングアは、彼の小説である『ケニヤッタの寄生虫』において、ケニヤッタの態度を上手く暴き出している。ケニヤッタは、マウマウ解放闘争の闘士を我慢ならない寄生虫だと見なしている。

寄生虫は、つま先やかかとに甘ったるくむずむずした気持ちを与えてくれ、その炎症を引き起こしている場所を必要以上にひっかいて初めて、……。（中略）私を悩ませているのは、異なった種類の寄生虫である。歩いて会話をする寄生虫である。肉体の中に入り込み、手の届かない場所をかゆくさせる、人間と言う名の寄生虫なのだ。（中略）私の最近の、人間と言う名の寄生虫とは、自分たちは、森、牢獄、あるいは抑留キャンプへと入って行ったのだから、土地であれ、財産であれ、政府における地位であれ、社会的に認められるものであれ、彼らの望みに応じて支払うべき大きな借金を私が抱えていると信じ込んでいる連中のことである。（中略）彼らは、自らの特別な計画を望んでいる。というのも、彼らは、森の中で闘っていたのだから。これらが、私の最近の寄生虫なのだ。彼らは私をいらいらさせ、最も怒らせたのだ。

ケニヤッタは、カギアを利用して身代わりとし、また、彼の政治手腕を失墜させるのみならず、マウマウ解放闘争の闘士を脅して沈黙させる一例にすることに決めたが、ケニヤッタは、わざわざヘリコプターで広場の会議にとどまった後で降りてきて、カギアに自身の選挙区を前に恥をかかせ、結果的に修辞疑問になる様な厳しい攻撃をしたのである。「カギア、あなたは自分自身のために何をなしたのか」と。ケニヤッタは、カギアと他五名と共に抑留されていたが、ケニヤッタが暗に示唆していたのは、カギアが他の五人と異なり、富を集めることを目標にしていなかったため、ケニヤッタが自分の大統領の地位の永遠の福音をなした目標から離れていた、ということだった。このことで、オギンガは、カギアが財産を手に入れることを崇拝する傾向に加わらないことに対して、カギアを批判したことを嘆き悲しむこととなった。

公開の会議で聴衆を前にして、カギアに対してケニヤッタが叫んだことは、『ウフル』に対して、国のための犠牲の精神が沈んでいる深みの徴候である。国のための犠牲に対する必要性は存在しないのか。『ウフル』は、国民が必要とするものを与えたのであろうか。土地を持たない者はそうは思わないし、失業者もそうは思っていない。一九六〇年に比べて、一九六七年の今日、仕事に就いている人の数は少ない。現在と一九七〇年の間で、四〇万件もの新しい仕事が、既存の失業者人口に加えて卒業予定者には求められている。われわれは「ウフル」とは、貧困を扱っている一問題だと理解するようになった。(『ウフルはまだだ』三二〇頁)

一九六七年のケニアで『ウフル』が何を意味すべきだったのかについて読み、五〇年後の現在、『ウフル』が何を意味すべきかを考えると、次のような皮肉が思い浮かぶ。それは、ケニヤッタは、一九六一年一〇月二六日生まれの自分の息子をウフルと名付けたということだ。ケニヤッタは、自分の息子をウフルと名付ける一方、ケニア人が『ウフル』が自らの生活の中で意味していると信じていたものを無視することによって、何を示したかったのか。あるいは、短い三年間で、彼は自分の信念を放棄したのか。また、はるかに興味深いことだが、息子であるウフル・ケニヤッタは、ケニアの大統領の地位に対する権利をめぐって、オギンガ・オディンガの息子であるライラと、死ぬまで続く闘争をしている、ということだ。八月八日にウフルは、二度目の大統領選挙に勝利した。しかし、これは最高裁判所の判決で無効になった。というのも、選挙委員会の役員が、選挙はいかさまだと申し立てをしたからである。最高裁は選挙のやり直しを命じ、再選挙が一〇月二六日に実施されたが、ライラと彼の党であるナサ（国民超同盟）は、コンピュータのデジタル方式で不正が行われていた選挙に参加することを拒否した。

ライラは、「インチキの再選挙」だと主張していた選挙に加わることなく、一〇日間のアメリカ訪問を行い、ウフルとの相違点の特徴を説明しようとした。ライラがケニアに戻って来たとき、空港でライラを歓迎するために現れたライラの支持者たちは、警察と衝突して五人が殺された。ライラは、ウフルとその代理人であるウィリアム・ルトが、五人の死の責任をとらなければならない、と主張した。ライラ・オディンガは、アメリカを訪問して、事態に同情的なアメリカ人に説明しようとした。その中には、上院議員も下院議員も含まれており、ウフル・ケニヤッタとウィリアム・ルトに関して、ライラとその連合が有している、お互いに交渉できない相違について説明した。そのことで、どれ程多くのことが変化したかが分かる。ライラの父親は、われわれの高校（カンガール）を訪問し話をしたとき、一人のアメリカ人の教員が、翌日、クラスの生徒にこう尋ねた。「ディンゴ・ディンゴは皆さんに何と言っていましたか」と。一人の生徒がこう返答した。「ディンゴとは誰ですか」と。『『滑稽な服装の男』です」（『滑稽な服装の男』とは、オギンガ・オディンガの伝統的な服装のことを指す）「私は、おじいさん（つまり、ジョモ・ケニヤッタを指す）の話を聞きに行くことはできますが、オギンガ・オディンガの話を聞きに行くことはできません」。そのアメリカ人の教員は、オディンガが、ケニアの副大統領だということは分かっていたが、オディンガを尊敬せざるを得ないとは考えていなかったのである。それは何故だろうか。この時期、冷戦が激化して、アメリカは、ソ連や中国の影響から新たに独立したアフリカの国々を自分の西側陣営に引き入れる競争の中で、負けないことを心配していたのである。オギンガ・オディンガは、社会主義的傾向があったため、西側陣営にとっては呪いとなっていたのである。彼は、ケニヤッタとその仲間が『ウフル』に対して、反感を持っている理由を正確に特定したのである。

政府の政策指針は、アフリカ社会主義の会期毎の機関誌と一九六四年から一九七〇年の内の発展計画の中に含まれている。機関誌は、経済政策を引き立てており、その中では、私的部門、協同組織、固有部門が相互に良さを引き立てることになっている。（中略）アフリカ社会主義の機関誌の批評家はこう述べていた。つまり、その機関誌を起草していた人物が、アフリカ人でもなければ社会主義者でもないかのように聞こえる。その起草者は、アメリカ人の教授顧問であると判明した。（『ウフルはまだだ』三一〇～三一一頁）

したがって、何故われわれアメリカ人の教員が『滑稽な服装をした男』を高く評価しなかったのかを判別するのは難しくない。しかし、このオバマ（オバマの父はルオ人である）以後の時代にあっては、ライラがアメリカと親しくすることは、ライラの父親の時代に比べれば、はるかに容易になっている。実際、ライラは、一〇日間の滞在を経て、アメリカ人に対して、貧困とケニアのある共同体を周縁に追いやるのを解決することが、不安定さに対する唯一の永続する解決策であるということを説明した。この問題は、アメリカにとって重要である。というのも、テロリズムとの闘いの基盤にあるのは、ケニアの安全と安定性である。ケニアには、アメリカ軍と基地が集中しており、アフリカ大陸内で最大のアメリカ大使館があるからだ。

マウマウが自己同一視したように、「土地と自由を求める軍隊」による森からの手紙の抜粋の中で、こう宣言している。「ケニアのアフリカ人にとって、民主政治の『ウェヤージ、ウフル、自由』を除いて、平和もケニアの困難な紛争の解決もありえない」と。キクユ語、スワヒリ語、英語という三つの言語全てにおいて、「自由意志の行為」ということが暗に示されている。「自由な奴隷」とは、用語矛盾である。今日のケニアが抱える問題は、大統領選を決定付けているのが、ある民族意識に対して完全に忠実であるということだ。民族意識を考慮に入れて行動することが出来なければ、自由とは言えない。民族意識に所属した奴隷なのだ。ウフル・ケニヤッタは、人々に話が上手いような印象を与えている。しかし、彼の支持者はこう歌っている。「われわれは、ゲナの息子を求めている」と。何故、ゲナの息子なのか。というのも、ゲナは、ケニヤッタの妻だったからだ。しかし、チャールズ・マングアによれば、ケニヤッタは、キクユ人のマウマウ解放闘争の闘士は、癪に障る「寄生虫」だと軽蔑していた。キクユ人は、いつ「ケニヤッタの心理的奴隷」から解放されるのであろうか。

われわれは、この問題を解決する必要がある。というのは、このことが国としてのケニアの運命にとって重要であるからだ。キクユ人は、ケニアで最大の民族集団であるが、それは、多数の集団の内の一つに過ぎない。タンザニアは、政治的問題における民主主義的な忠誠を重視しないことによって、こうした問題を取り扱うように教え込んだ。我々は何故そうすることができないのか。あるいは、われわれは、南スーダンのように民族主義的な狂気によってばらばらにさせられたいのだろうか。

✣✣文化・社会✣✣

私の「人間学」授業ノート

渡辺　淳

一　はじめに

三〇年も前のことだが、パプアニューギニアのブーゲンビル島で島内横断の道路建設計画の調査業務が行われた。その feasibility study に私も参画した縁で、厚仁病院の米本仁氏に巡り会った。

その後、氏は福祉専門学校を飯野山の麓に設立され、自ら校長になった。その学校の教育課程の中に「人間学」という講義があり、その講義をやってもらえないかとの依頼で、三年前から私は週一回の授業を担当している。

受講する学生は高卒直後の若い人から、転職してこの道を選んだ三〇代半ばの人まで年齢差はあるが、男女半々ぐらいで毎年三〇名ほどである。

この学校の学則第一条（目的）は、次のようである。

「本校は、身体上又は精神上の障害があることにより日常生活を営むのに支障がある者への介護及び介護に関する指導を行う介護福祉士を養成する施設として、人間愛及び慈悲の心に満ちた教育を基盤とし、広く専門的な知識及び技術を修得させ、もって自然を大切にし、創造力を養い、社会福祉の推進に貢献する有能な人材を育成することを目的とする。」

人間の介護に関わる上で「人間学」を学ぶことは極めて重要な意味を持つものだと思い、その趣旨に賛同してすぐ引き受けた。しかし、「人間学」とは何か、を考えれば考えるほど幅が広く、奥が深くてどのような授業をすればよいかと思い惑うのである。これまで試行錯誤の三年間であったが、私自身の勉強のために結構楽しみながら授業の草案を練っている。その授業ノートをここに記して、諸賢のご叱正を頂ければ幸いだと思う。

二　「人間学」で私が伝えたいこと

一〇年ほど前から機会あるごとに、短期間ではあるが、私はアジアの国々を旅している。目的はアジアの仏教の現状を視察すると共に、日本が受容してきた仏教の源流を訪ねたいからである。最近はとりわけ中国各地の寺廟を見て回っている。

中国の驚異的な高度成長ぶりには目を見張るばかりであるが、特に目が輝いている若者たちの行動には圧倒されるのである。

ところが日本へ帰ってくると、服装や言葉遣い、態度などから、無気力で一種投げやりな印象の若者が目立って、その落差の大きさに驚かされる。もちろん、真面目で前向きに頑張っている若者の方が多いと思うが、そうでない方が目につきやすい。そこでまず、後者については生きる喜びを回復して、国際社会の中で、人々と共感できる新しい心の回路を作らなければならないと思う。

こうした私の体験から、私が「人間学」を通して伝えたいメッセージは次の三点である。

第一に、「教養を培うこと」である。

私はこれまで三年間この専門学校の学生と接してきて、彼らがいかに本を読まないか、にあらためて愕然とした。

読書以外に、文学、歴史、思想といった教養を身につける方法はほとんどないから、このままでは早晩、日本は無教養な人々の集団となり世界の笑いものになるだろう。それ以上に、知力のない国民が乏しい資料で大きな決断（ジャッジ）をすることになれば、日本の行先は大変なことになるのではないか。

私はかつて国際報道写真家の岡村昭彦氏が主宰するゼミナールで、「今、我々はどのような時代を生きているのか」をテーマにいろいろな職種のメンバーと一緒に親しく学んだことがある。その時、私はあるレポートを発表したが、岡村氏の講評は「渡辺さん、いい年齢をして高校生の作文みたいじゃ泣けますよネ！」とひどく叱られたことがある。つまり、一般教養という土台をがっちりと固めて、その上に専門を乗せなければ、あなたの identity が発揮できないし、あなたの originality が匂うようなレポートでなければ意味がないのだという指摘であった。

このような歯に衣着せぬ論評会でなければ、お互いに啓発され、成長していく集団にならないということも学んだ貴重な岡村ゼミの体験であった。

岡村氏は「Decision-making に参加する」と繰り返し言われた。「これからはどんな未知のものが出てくるかわからない。少数の専門家にまかす時代は終わりにしよう」という言葉が今も私の耳に残っている。

また長期的視野や大局観がないと、常に時流に流され、右顧左眄し、対症療法に走るということになる。大局観の基礎となるものは、論理や情報ではない。文学、歴史、思想、芸術といった役に立ちそうもない「教養」であり、感受性、直視力、感動する心といった「情緒」が大切なのである。つまり、幅広い教養の上に立つ「感情」を育てなければならない。

第二番目は、人間を知ることは己自身を深く知ること。

カリキュラムの早い時期に、「私について」と題した作文を課している。自分の内面をえぐり出すような仕方で表現するように、と事前指導を厳しくやっているがなかなか難しい。

一つのサンプルとして、次に自分自身のことを記してみた。

＊　＊　＊

私が定年退職を迎えた年の秋、妻が腸閉塞で市内の病院へ入院。しばらく様子をみよう、と薬での治療が続けられた。

私は仕事が終わってから、毎晩病院へ通うのが日課となった。ひと月ほどたって手術が行われ、癒着部が摘出されたので、これでもうじき退院できるのでは、とひとまず安堵した。

その頃、何かと仕事が重なって忙しくなり、私は心身共に疲れきっていた。「もうちょっと一緒にいて」という妻の言葉が、その日はひどく疎ましく感じられたのだ。私はぼそっと「帰るよ」と言って、妻のベッドの脇の丸椅子から立ち上がった。

「身勝手な人ね。あなたって」という声を背中に聞きながら病室を出た。妻はその晩、容態が急変してＩＣ

Uへ運びこまれた。それから二日後の朝、あっけなく妻は亡くなった。死因は敗血症。これは、医師の手術後のケアが十分ではなかったのではないか……。ともかく、あの声が妻の最後の言葉となった。

満中陰も過ぎた日曜の午後、私は一人で近くの山へ登った。

〈かさこそと落葉踏みしめ妻偲ぶ〉

こんな句が浮かんだのも、あの最後の一言が何かしら苛立ちを伴って、耳の底に響いてきたからだ。私が疲れているのに、尚引き留めようとする妻の態度を私は責めていたのだ。と同時に、あの日妻の心細い気持ちに素直に応えてあげればよかった、という悔恨もあった。さらには、医師のもっと適切な処置が施されていたならなァ、というさまざまな思いが錯綜していた。

この頃になって、ようやく私は気付かされるようになった。今まで私は自分の愚劣と醜悪とを棚に上げて、己の耳に心地良い声ばかりを聞き、自分にとって不都合なことは全て他人のせいにしてきたのではないかと。

先日私は排尿困難となり、医師の診断を受けた。前立腺ガンの疑いがあるとのこと。しかし、精密検査の受診を尚ためらっているのだ。「地獄一定の私」を口では言いながら、本当はガンを告知されるのが怖いのだ。

私は僧であることの証のように、人生無常を檀信徒に語りながら、私自身の死に恐れ戦《おのの》いているのだ。まことに情けない人間だと自己嫌悪に陥っている。しかし、こうして自己否定をしているうちは、まだまだもがく余裕が残っているということだろうか。どうしたらこの我慢な自分を捨てきって五月晴れのような澄みきった気持ちになれるのだろうか。今この宙吊りの状態で、身勝手に振舞っているのが、私という人間なのである。

第三番目に、大乗の精神、菩薩のこころを学生と共に学んでいきたい。

私は先年、東京の岩波ホールで、イラクの映画『亀も空を飛ぶ』を見た。戦火に見舞われたイラク北部のクルド人地区の小さな村が舞台。そこの子供たちが物語の主人公である。度重なる戦争で激増した孤児たち。兄は地雷で両手を失い、まだあどけない妹は敵兵にレイプされてできた盲目の赤ちゃんを背負っている。子供たち一人ひとりが心も体も傷ついている。彼らの底知れない深さを湛えた暗い目が私を惹きつけてやまない。それでも逞しく生きようとする人間の芯の強さもしっかりと描かれている。この悲しみを共有し合うところから反戦のうねりを考えねばならないと思う。この映画も教材としてぜひ使ってみたい。

私たちはどんな状況の中でも、幸せ――自分の幸せと皆の幸せの両方について、問い続けながら生きていくことが大切だと思うのである。

次に私のささやかな旅行記を語りたい。共に生きることの理想のシーンに心から共感したからである。新疆ウイグル自治区は、中国大陸の最西北部に位置する。漢・唐の時代からこの地は「西域」と呼ばれ、その地名には古代のロマンと悠久の歴史のイメージが込められている。

自治区首都はウルムチ市。私はホテルで食事を終えて夜八時頃、繁華街へぶらりと出かけた。この時刻、ウルムチはまだ薄暮であった。煌々と照らし出された一条の街路の両側には、小さな夜店もびっしりと並び、さまざまな商品が客を待っている。夜店を冷やかしながら買い物を楽しむ人々も、ウイグル族やカザフ族など少数民族の姿が多く、異国情緒が漂っている。

突然、哀愁をおびたメロディが流れ、街路の端から三人の旅芸人が現れた。目が見えないのか、彼の母親らしい松葉杖の老女が後から背中を押して誘導している。彼女の腰の周りに巻いた赤い紐の先には、知的障害と思われる四、五歳の少女が結ばれている。見るからに哀れげな、けれども凛として歩を進める三人組。音楽は夜店いっぱいに鳴り渡った。

通行人の中から、ふと立ち止まり老女の持つ赤いバケツに何がしかの喜捨をする姿が見えた。素敵な音楽を有り難う、と小銭を差し出す女子高生。若いカップルも両親に連れられた小さい男の子も、何の衒いもなくごく自然に行われる布施の行。清々しい雰囲気がこの街路いっぱいに満ち満ちて、私は菩薩を拝する気持ちでこの光景に眺め入った。偶々巡り合った心なごむシーンに、私は浄土を垣間見た思いがしたのである。

三　人間学講義計画

これまでに縷々述べたような私の次世代へのメッセージを基に、この三年間の授業経験を踏まえて、今年の人間学講義計画（案）を次のように考えてみた。

【第一講】桜花を観る
- 花見に行こう！　何事もイキイキした現場感覚が大事だ。
- 桜と日本人→なぜ日本人は桜に魅せられるのか？
- 桜の文化史→時代と共に変わる日本人の桜花観。ソメイヨシノだけが桜ではない。ヤマザクラ他多くの桜品種を、歌によみ、文学に描いて華やかな文化を作ってきた歴史を読み解く。

【第二講】自己紹介と私の愛読書について

・各自発表→愛読書はその内容と選択した理由も述べよ。
・プレゼンテーションの練習も兼ねる。
【第三講】「私」とは何ものか？
・「私について」考えてみよう→作文を書く。
【第四講】人生のサイクル

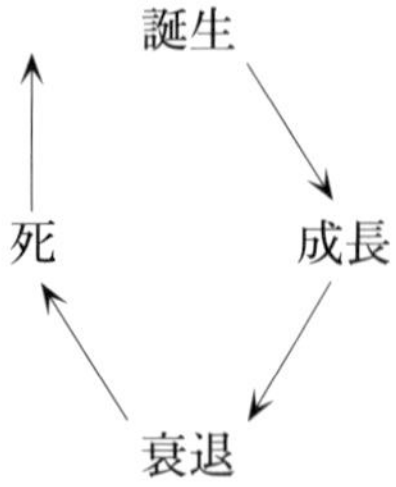

・はたして生まれる前の場所と死んで行く場所とは同じなのだろうか。
・そこにある「永遠」とは何であろうか。
・青春、老春について考えよう。
【第五講】自分史を語る中で
・自分史を書くということ。
・農業を営む私の友人の自分史を手伝う中で感じたことを語る。
【第六講】平和学と人間
・ゲスト：四国学院大学・ムアンギ教授

・平和学は、戦争という大きなものと対比するだけではなく、差別・偏見という人間の内側にあるものも追求の対象とする。
・ジャータカ物語（敦煌石窟の壁画）より→鳩のいのちも大王のいのちも生命の重さは変わらないというシビ王（釈迦の前世）の物語。

【第七講】人間模様を考える
・親と子、男と女、夫と妻。
・映画『血と骨』を基に考える。

【第八講】虚構と現実
・ベケットの戯曲について。『勝負の終り』、『マーフィ』を読み、死を目前にした老人たちが今生きていることをどのように確かめ合うのかを読み解く。

【第九講】人間と自然
・志賀重昂『日本風景論』を読む。
・国家という視点から風景を読むということ。

【第一〇講】土木の中の人間
・土木事業を素材とした文学・映像作品は意外に多い。
・利根川研修旅行で私が学んだ川の見方。
・河川文学を読み解く。
・川の流れるところ、風景は美しくなる。人の住むところ、そこに歴史が刻まれる。

・川は河川技術者の心の反映である。
・ＴＶＡの思想↓日本の河川も長江もメコン川も
この開発方式をこえられないのか？↓三峡ダムを中心に長江を巡る旅を考える。
【第一一講】宗教とは何だろう
・私の宗教体験から。
【第一二講】世界の主な宗教と日本人が受け入れた仏教
・仏教東漸↓韓国と日本で仏教がどのように受容されたのか？　映画を通して仏教を考える。
・韓国映画：ペ・ヨンギュン監督『達磨はなぜ東へ行ったのか』、イム・グオンテク監督『ハラギャティ』
日本映画：三國連太郎監督『親鸞白い道』
【第一三講】仏教の中味
・大乗仏教の精神、菩薩のこころ。
・特に親鸞の教えについて。
【第一四講】人間はどこへ行くのか？
・人間学から考える介護
・人間学のまとめ
【第一五講】期末テスト

四　講義計画の case study

上述の計画案の中から、幾つかの事例についてより具体的に指導内容を検討してみたい。

ケース1【第一講】桜花を観る

春の第一講は、まず身近な山径を歩きながら始めたい。幸い本校は飯野山の麓にあり、裏山を少し登れば、そこはもう桜の園である。四二二mの頂上には、巨人伝説オジョモの名を冠したヤマザクラ「オジョモ桜」が天空を覆っている。

私はかつて若き土木技術者の指導に当たって、常にイキイキした現場感覚を持つことの大切さを強調してきた。その体験から、ここでも山野を巡り、若い額に新しい風を感じながら未来を創造していくことを学ばせたい。

日本人は桜の樹の下に何を見出してきたのか？　小川和佑『桜の文学史』を携えて、日本人の美の感性に彩られた詩歌や物語に思いを寄せてみるのは楽しい。古代の人は女性こそさくらの精という桜観を持っていたという。やがて記紀を遡って木花開耶姫のさくらの花精説となり、人麻呂の「桜花・盛少女」となった。さらに王朝の『源氏物語』を経て、西行、定家、世阿弥の能楽に連なり、江戸の桜流行が芭蕉、蕪村、一茶の句となり、文明開化の新しい桜観を生む。そして樋口一葉の『闇桜』を経て、坂口安吾、大岡昇平に書き継がれ、現代の中村真一郎の『美神との戯れ』、渡辺淳一の『桜の樹の下で』へとさくらの精は生き続けている。

今、私たちも満開の花の下に佇んで、己の感性を全開して、桜のいのちを感じることだ。桜花が命いっぱい咲いているように自分の生の実感を噛みしめたい。

昭和三六年、電源開発が白川郷の上流に御母衣ダムを建設した際、湖底に沈む樹齢四〇〇年の巨桜の移植に成功した。これをモデルに水上勉の名作『桜守』が生まれた。

桜守といえば、現代の植木職・佐野藤右衛門の「桜は手入れじゃない。守りをするのだ。桜守を通して、木のいのちを感じ、木の活かし方を学んだ」という含蓄のある言葉を聞いた。

ケース2【第七講】人間模様を考える

『山の郵便配達』という中国映画があった。時は八〇年代初め。舞台は湖南省西部の山岳地帯。朝もやの中の山岳風景、川べりの水の戯れ、緑の田んぼ、素朴な祭の風景、夕暮れ時の石橋の丸いシルエット等々、美しいシーンが続く。日本で失われつつある父と子の何気ない情の世界が坦々と描き出される。

「父親を背負えれば一人前だとよく言われた。だが父の背が高かったのでとても自信はなかったが、小学校卒業の頃には追い越していた。そして今、背負った父は、郵便袋より軽かった」というナレーションが心に響く。

本講では、親と子、男と女、夫と妻など人間関係について考えてみたい。梁石日原作の映画『血と骨』も格好の教材となるだろう。視聴後の感想を学生たちとじっくり語り合いたいと思う。次に私の所感を示す。

『宿業の深淵を見る』

とても重い映画だ。梁石日の小説『血と骨』を基にしたこの作品は、自分のエゴイズムだけを貫き通して戦後を生きた在日コリアンの男の一代記である。

この映画の主人公・金俊平の粗暴さと強欲は止まるところを知らず、妻子はおろか、愛人や友人すらも蹂躙し、人々を不幸のどん底に追いやってしまう。

暴力の連続性と救われざる者の悲劇を、映画はこれでもか、これでもかと執拗に描きる。我欲だけを貫いたら人間はどんなに恐ろしいことになるのか、つまり人間の本質を問いかけている。途中、これ以上見たくないと身震いがするほどであった。

どうしてこれほど圧倒されるのだろうか。それは、俊平ほどの器量はなくても、私自身の中に潜む我欲我執があぶり出され、主人公の行為に己自身が重なり、その己自身に対する嫌悪感に耐えられないからだと思う。人間の計らいではどうすることもできない暗闇。人間の生の根底にある底なしの宿業の深淵。普段私たちはそういう深く重いものに気付かずに生きているが、映画という虚構を通して人間存在そのものの悲哀がえぐり出されたのである。

ケース3【第一〇講】土木の中の人間

文学や映像の中で、土木事業に関わる人物像を描いた作品は意外に多い。とりわけ河川を題材にして、川の流れのように人間を捉えて小説化したものもあれば、その事業に尽くす人々の人間性を追求した作品もある。河川書誌学の研究者・古賀邦雄氏は、こうした作品が生まれ出る背景を次のように分析している。

「河川事業の成否は、施行者の財政力、組織力、技術力が必要条件であるが、その事業のニーズ即ち大義名分、地元の協力、世論のあと押しも絶対に欠かせない。さらに、その時代におけるわが国の政治的、経済的、社会的な状況に多大に左右されることがある。

河川事業の施行には、必ずや事業を行う側と行われる側との間に、利害関係が生じ、葛藤や確執が起こってくる。また、行う側、行われる側の内部にも悶着が起こる。ときには死に至ることもある。これらの軋轢が人間のドラマを生む」

次に大土木事業に関わった三人の男の生き方を見てみよう。

（1）平田靱負

一七五三年（宝暦三）、幕府は木曽川改修工事の施工を薩摩藩に命じた。

木曽川は、下流部で長良川や揖斐川から吐き出された土砂で形成された沖積地を通って、伊勢湾に注いでいる。このあたりは多数の河筋が思いのままに流れて錯綜を極め、昔から水害に悩まされてきた。そのための河川改修工事であった。これを「お手伝い普請」という。

工事は家老・平田靱負以下の薩摩の武士が、治水工事の経験が全くなかったにもかかわらず、幕府役人の厳重な監督と圧迫を受けながら、この難工事をわずか一三カ月で完成させた。そのために多くの犠牲者を出し、平田自身も工事の後片付けを終えたのち、部下の死と多額の工費を使ったことを藩主に詫びるため、自刃したのであった。現在の木曽三川は、この宝暦治水の上にある。この時代の技術が受け継がれて、近代土木において、より徹底した河川改修が成されたのである。

それにしても、この工事が薩摩藩に与えた衝撃は大きく、やがて倒幕の原動力となって幕末へと歴史を動かしていく。平田靱負こそ、明末の碩学・呂新吾が「深沈厚重なるは是れ第一等の資質」と言わしめた人間的魅力に富む男であった。宝暦治水を描いた作品の一つに、杉本苑子の『孤愁の岸』がある。

（2）野中兼山

大原富枝は『婉という女』で女の生き方を問うている。読者はその背景となる父・兼山の炎のような生涯を知らなければならない。

彼は吉野川流域に新田を拓き、山田堰や新井堰を築き、手結の港と室戸港を修め、仁淀川沿岸を開発した。四万十川流域の開拓と、宿毛を中心とする幡多の開発は見取図のままに残されたが、これらの息つぐ暇もない大工事の継続は、土佐二四万石を実収三〇余万石に富ましめながら、莫大な工費のための酷税と絶え間ない夫役が、「国中困窮、四民疲労」の結果を招き、政敵のつけ入るところとなった。

ここに理想に燃え尽きた一人の男の identity を見ることができる。

（3）八田与一

嘉南平野は台湾南部に拡がる広大な美田である。台湾が日本領時代、この荒れた傾斜地を美田にしようと上流にダムを作り、灌漑網をめぐらし、空前の大工事を統括して成功させた男。八田与一である。今、鳥山頭ダムは満々と水を湛え、平野は作物が繁り、緑の風が吹き渡っている。その平野をじっと見つめる八田技師の銅像が疎林の中にある（ところが今年の夏前に、その像が損傷されたという新聞記事を見た。まことに嘆かわしいことである）。

毎年五月になると、八田与一の命日には地元の農民による祭が催される。土木の持つ汎世界性やいつまでも現地で慕われる八田技師の人間像と業績について語り継いでいきたい。台湾の李登輝は、八田与一の中に日本人の精神を見出している。

五　まとめ

植木職人の佐野藤右衛門は、こう語っている。「今は機械やマニュアルがないと何にもできませんな。でも自然界にマニュアルは絶対通用しません。自然はどう動くのかわからへんし、前の年と今年では全然違うのやから。職人はマニュアルを読んで覚えるんやなくて、身体で肌で、経験を通して覚えます。同じだということを覚えるんやなくて、いつも違う、違うからどうしたらいいかを考えるんです」

私は「人間学」の授業の草案を練りながら、彼の言葉をいつも反芻してみる。そして私の授業は、人間に学び、人間を学ぶことを伝えるものでなければ、と考えるようになった。その上で、私の手の届く範囲で、人間に関わるあらゆるものに興味関心を持ち続けよう。その時出会った何かが私を触発して、一歩私を前進させるキッカケになるだろう。

「人間学」は一つの枠の中で収まるようなものではないと思う。人間一人ひとりが己の生を実感して、沸々と湧き起こる生きる喜びを噛みしめながら、共に助け合っていこう、という生き方を学ぶことに尽きるのではないか。私の授業は、このような視座で学生と共に取り組んでみたいと考えている。

研究論文

野村芳兵衛の教育観における浄土真宗の信仰について

北島信子

はじめに

野村芳兵衛（一八九六―一九八六）は、大正新教育において、池袋児童の村小学校の訓導として活躍し、生活教育の開拓者として著名な実践家であり、思想家でもある。野村は児童の村小学校において、「生活のための生活による教育」のため、「協力意志」を経て「協働自治」という集団自治の教育方法によって生活教育を実践し活躍した。

野村の教育観には、大正新教育に共通した教育理念である「自由教育」「児童中心主義」を挙げることはできるものの、他の実践家とは異なる立場をとっていた。例えば、生活を主体とした学びを組織する際に、教師の「必要」主義か児童中心の「興味」主義かの二者択一ではなく、「真の自由は孤立にあるのではなく協働にある」(1)と述べ、そこでの「協働」は、子ども集団だけではなく、教師をも含んだ仲間集団による自治であるといえる。

このことは、野村が教師の役割としての「教育意識[2]」を否定し、教師と子どもは「同行」の関係であると述べたことと強く関係しているといえる。それは浄土真宗への信仰を基底にしたものであり、ここに大正新教育の理論における野村の独自性をみることができる。

野村は教育論を述べる際に、自身の思想形成にあたって、熱心な真宗門徒であった両親からの教育について述べている。野村の信仰は幼児期から「仏に出会った」という体験に基づいているとされているが、教師になるまで一貫して信仰への迷いがなかったのではなく、とくに青年期には迷いがあったと述べている。師範時代に龍谷大学の梅原真隆教授（一八八五―一九六六）に親鸞の教えを受け、信仰への迷いがなくなる。そのようにして野村は、信仰に基づいた教育観をもって、教育実践と理論を展開していったのである。そして自身の教育理論を、生命信順の教育と述べており、その内容を「常に生活を導くものは自他を越えた無量寿である[3]」としている。

本稿では、野村の生命信順の教育とはどのようなものであるのかについて、そして、具体的な実践事例に彼の信仰がどのように表されているかについて考察することを目的とする。

一　その生涯

野村芳兵衛は一八九六年（明治二九）年岐阜県武儀郡洞戸村（現：岐阜県関市）に農家の八人きょうだいの長男として生まれた。両親は熱心な浄土真宗の門徒であった。

野村の浄土真宗への信仰は教師になってから感得したものではなく、自身の生い立ちを語るとき、彼は「人間の最初の出会は、父母である。私の父母は、親鸞教徒であったから、私の最初の関心事は、仏さまであった」[4]と述べている。野村の最初の信仰心として語られるのは、「ノンノサマトイッショダカラ、ナンニモコワイコトハナイ」という母のことばである。[5]「ノンノサマ」とは、阿弥陀如来を示す幼児語である。

その後、野村は信仰に満ちた家庭中心の生活であった幼児期から、外部世界との交流によって、児童期から青年期にかけて「仏から遠のいた時期」に入り、青年期は観念論と信仰の間で悩んだが、その時期にゆるぎない信仰を得ることになる。

一九一四（大正三）年岐阜師範学校に入学し、一九一八（大正七）年、同校卒業後、母校の小学校訓導を務めるのであるが、野村の信仰がどのように感得されていったのかをみていく際に、重要な節目として考えられるのが、岐阜師範学校時代である。

野村は青年期に仏への信仰に迷いが生じ、その迷いを龍谷大学教授の梅原真隆（一八八五－一九六六）に手紙を出し、直接梅原から教えを受けることになった。そこで、野村は梅原から以下のように親鸞の教えを受けたのである。

親鸞聖人は、純に任せましょうとおっしゃっているのです。誰でも、好んで生れて来たわけでもなく、死にたくて死んで行くのでもありません。作られたように生きるより他に道はないのです。あなたは、仏さまがあるかないか、そのことを気にしていらっしゃいますが、それなら、自分はあるのかないのか、それも気になりませんか。あるとか、ないとかいうことは、科学の問題であり、認識の問題です。それは、それで研究したらよいことです。それとは別に、宗教とは、純に生きる態度なのです。わかってから、生きるのではなくて、生きていて、わかって行くのです。先ず、生きることです。純に生きましょう。お任せして生きましょう。安心して生きましょう。[6]

次章で述べる野村の教育理論における重要な概念である「生命信順」に深くかかわっている転機となる体験であるといえる。ここにおいて野村は宗教とは、純に生きる態度であるということ、自己を超えた阿弥陀如来に「任せる」ということであるということを理解し、ゆるぎない信仰を得たのである。その後、野村は以下のように述べる。

「それから、五十年、その時、開眼された私の信仰は、変わることがない。相対的な科学によって、生活を処理しながら、いつも、科学に囚われることのない広やかな心で生きられ、然も、迷信にかどわかせられることもない。[7]」

このように、野村の教育理論の基底をなす信仰は、その後五十年「変わることがない」と述べられている。つまり、教師生活の間中、信仰が教育理論や実践の基底をなしていたということであるといえる。

その後の野村は、「一九一九（大正八）年岐阜女子師範学校附属小学校訓導となり、大正新教育による学級経営を行った。雑誌『小学校』の懸賞論文に二席で当選、選者志垣寛の眼にとまり、一九二四（大正一三）年、志垣寛の推薦により上京、池袋児童の村小学校の訓導となった。野村は、教師意識を捨てて、子どもに接し、子どもと教師が『同行者（浄土真宗では「同行」―北島注）』であるという教育観を打ち出した。（中略）また、教育の基本として、野天学校、学習学校、親交学校という学級経営法を行い、『生活のための生活による教育』を実践した。[8]」ここで述べる「生活のため」とは、「守り合っておちつき、助け合ってたのしみ、教え合ってはげむ[9]」、であった。「生活による教育」とは、「やってみて見つける。なってみて味わう。見せ合って話す[10]」であった。こうした仲間づくりにおいて、生活綴方を基軸にし、生活教育の指導原理を「協働自治」であるとした。

「一九二九（昭和四）年、雑誌『綴方生活』の編集に参加、綴方運動を地方社会に組織しようとした。一九三〇（昭和五）年児童の村小学校の機関雑誌『生活学校』を創刊、その編集にあたったが一九三六（昭和一一）年、同校が廃校となったため、『生活学校』を戸塚廉に譲り、千葉県の私立日の出学園の主事となった。その後、日本女子大学附属高等女学校教諭、茨城県下妻高等女学校教諭を務めた。戦後、岐阜市徹明小学校長をはじめ、岐阜大学学芸学部附属中学校主事、聖徳学園女子短期大学教授を歴任した。[11]」大学教員時代は幼児教育にも言及し、生涯、浄土真宗の信仰をもち、生活教育への情熱を傾け続けた。一九八六（昭和六一）年一一月四日、死去。

二　野村芳兵衛の教育観における信仰について

野村の教育理論において、教師が子どもを教育することとは、子どもの「生命」に従うことであり、「生命信順」はその理論の基底をなすものである。「生命信順」は教育の方法論としてとらえられており、教育の理念として「生活観照」がある。ここでは、「生活観照」、「生命信順」そして、より具体的な教育経営を語るときに出される、浄土真宗において用いられる「同行」について述べたい。

（1）生活観照

野村は生命とは何かについて、以下のように述べる。

文化の正体は生命の育ちつゝある姿だ。だから生命を知ることは、やがて文化を知ることだ。私たちは文化を知るためには生命を知らねばならぬ。（中略）

とにかく凡ては生活することにつきる。生命を知ることは生活することだ。生活の正しき姿が文化だ。だから自分の生活を、ほんとうに味ふことが凡ての問題の中心である。生活をほんとうに味ふこと、それを生活観照と呼びたい。だから生活観照と言ふことが、最も重要な問題となってくる。私は生活観照が、やがて正しき文化の理解であると思ふ。又生活観照が学習であり、或る人の生活観照に、他から働きかけることが教育であると思ってゐる。(12)

このように、野村は「文化」の正体を「生命の育ちつゝある姿」とし、生命を知ることは文化を知ることであるとしている。「文化」を知るためには「生命」を知らなければならないとし、その方法として「生活観照」について述べている。

そこにおいて、「生命を知る」ことは「生活すること」とし、「生活を味ふ」ことを「生活観照」としている。文化を理解する方法が「生活観照」であり、そして、教育とは、「或る人の生活観照に、他から働きかけること」であるとしている。

生活観照の意味について、彼は以下のように述べる。

「生活観照とは、最も根本的には私を通して表はれる生活と言ふ生命の発動を、私が照し観ることである。そして観照そのことも亦生命の自証と言ってもいゝかも知れない。[13]」

ここにおいて、他から子どもに働きかけるのは教師である「私」であるが、生命を照らすのは教師である「私」ではないのである。「私」が「私」を見ることとは、自己客体化を意味し、このことを可能にするためには私を越えた外部性としての仏が前提となる。このように野村は「文化」（教育）について、生活（生命）を照らすものであるととらえ、それを照らす（導く）のは教師ではないというとらえ方が、彼の教育観の基底をなしていることがわかる。そのような「生命」を照らしているのは何かについては、「生命信順」において次のように述べられている。

（2）生命信順

次に具体的な教育の方法論とみられる「生命信順」について以下のように述べる。

万物の育つことは、生命自体の本然である。生活そのまゝに学習である。若し茲に人間のやうに自覚する者があって、意識的に教育といふやうな仕事を考へるにしても、それは生命の内展に参加することに他ならぬ。

だから教育の目的も、生命信順であり、教育の方法も生命信順である。吾々は教育と言ふ仕事に於て、子供の一人一人に示現する生命力を、最も完全に内展させるために、子供の一人一人の本然に仕へなくてはならぬ。又子供の一人一人の本然に仕へることは、やがて自己の本然を生かすことでなくてはならぬ。

つまり、最も自分らしく生きることによって、最もその子供らしく育てるやうにと働きかけることが、教育であらう。私はさうした心持ちを表はすために、生命信順の教育と呼んでみた[14]。

このように野村は、先の「生活観照」より「生命信順」を具体的な教育の方法論として、述べている。そこにおいて、「万物の育つことは、生命自体の本然である」とし、「教育というやうな仕事」(=教師の仕事)を考えるとしても、教師が導くということを示していない。子どもという「生命」の内展に参加することに他ならないのである。

「子供の一人一人に示現する生命力を、最も完全に内展させるために、子供の一人一人の本然に仕へなくてはならぬ」と彼は述べているが、それは、「最もその子供らしく育てるやうにと働きかけること」であり、それこそが、「教育であらう」ととらえている。「生命」の内展に参加することは、教師中心で指導していくことではない。このような野村の教育観は、当時の教育における「児童中心主義」とも異なっていることがわかる。それは、野村の教育観は、確かに児童主体ではあるが、教師の働きかけが「放任」ととらえられるものではないからである。野村は教師の指導について、「教育意識」を否定したが、先の「生活観照」と同様、子どもの生命が照らし出され、それを教師が読み取ろうとすること、子どもに仏の声を聞くことによって、子どもたちを指導するということである。「一人一人の本然に仕える」とはそのことを示している。一人一人の子どもの中に、普遍的な、仏の声、人間的本質のあらわれに仕えることであるといえる。

その根拠は、『顕浄土真実教行証文類』(教行信証)の『如来会』(『無量寿経』の訳本の一つ)にある。

親鸞は「仏説無量寿経」を「釈尊が世にお出ましになった本意を述べられた経(典)」として位置付けてお

り、そこにおいて、「知性」中心で、「信心」をなかなか得ることができなかった弟子の阿難が、人間であるはずの釈尊に「仏」の姿を見て、それを釈尊に伝える場面があり、釈尊は阿難に対して次のように述べた。

釈尊は阿難に仰せになった。〈よろしい、そなたは今まことによい質問をした。如来のすぐれた弁舌の智慧をよく観察して、このことについて尋ねたのである。すべての仏がたは大いなる慈悲の心から人々を救うために世に現れるのであり、それは優曇華が咲くほどきわめてまれなことである。今、わたしが仏としてこの世に現れた。そこで、そなたはこのことを尋ねたのである。また、あらゆる人々を哀れんで、恵みと安らぎを与えるために、このことについて尋ねたのである[15]〉

このように、「知性」中心のため「信心」をなかなか得られなかった阿難が、人間である釈尊に、「仏」をみたということとは、「超越者」を通して有限的自己が見え、自己客体化の道すじが見えてきたことである[16]。如来の智慧の光によって照らされることは教師である「私」が自己中心的な世界から対象（子ども）を見ているのではなく、「超越者」を通して自己客体化ができることである。これと同じ立場に立って、野村は子どもと教師の関係について、生活の指導における自己中心主義的な指導の問題点を次のように述べる。「ここで指導と云ふのは、厳密には、忠告だとか、相談だとか、共鳴だとか、協力だとか云ふ意味である。従って教師が子供の生活に直面した場合に指導意識と言ふものはなくて、人間としての一人の友に共鳴したり、相談したり、忠告したり、協力したりする事実があるだけである[17]」。このように野村は子どもと教師の関係における平等性について述べている。この前提に立って、野村は生活指導の反省を以下のように述べる。

だから、生活指導の反省は、子供を如何に導くかの理想の樹立でなくて、如何にしたら子供の生活に本当に合唱し得るかの我への反省である。そこに行はれることは、我が心の暖みと鋭さへの沐浴であって、指導目標の発見ではないのである。この事はよく反省してみていただきたい。そしてこの私の考へが違ってゐるならば、どうか導いていただきたいと思ふ。本当の意味に於て、生活を導くものは、如来であって、私たち教師ではないと私は信じている。子供が導かるゝやうに、私も導かれるのである。だから教師としての私が生活指導を考へると云ふことは、どうしたら子供と共に如来に信順し得るかと云ふことになるのである。その点私の指導観には、目標がない。目標は生命の知り給ふところである。そして現象的中心を固執しない。ある時は子供が中心のやうに見えるかも知れないが、ある時は教師が中心に見えるかも知れない。又両方が中心に見えるかも知れない。いや中心が無いやうに見えるかも知れない。[18]

このように、子どもを導くのは教師ではなく、如来であると述べている。つまり、「生命（生活）」を照らしているのは如来であるということである。子どもの生命（生活）に信順することは、如来に信順することであるといえる。如来が具体的個物である子どもにあらわれ、それにしたがうことでもある。（1）の生活観照についても、生活とは生命であり、その生活（生命）を照らしているのは如来であるといえる。如来によって照らし出され、それを観て、子どもの生命の内展に参加するということが「生命信順」であるといえる。

野村が「教育意識」を捨て、生活（子どもの生命）に信順することは自己を越えた他者としての如来に信順することであった。子どもが導かれるように教師である私も導かれるという関係について、野村は「同行」と述べる。

（3）同行

野村が「児童の村」小学校において、生活指導理論における仲間づくりの組織論として評価されてきた「協働自治」という概念がある。野村は、「協働自治」とは「集団それ自身が持つ自治である[19]」とし、その「協働自治」を支える前段階として、野村が具体的な教育経営を語るとき、しばしば出される「同行」について考えてみたい。

ピヨ〳〵と雌鳥の後を追ふ、雛たちの声を聞け。兄ちゃん待ってよ、はやくおいで、と語ってゐるではないか。

ピヨ　ピヨ

ピヨ　ピヨ

何とも言へない友愛を感ずる。一しょに歩んで行く生活巡礼を思ふ。待ってよ。早くおいでよ。そこにも純な教育の姿があるではないか。

親鸞は凡ての友に向って御同行と呼びかけた。そして、慰めたり、語ったり、助けやったりして生きて行った。何と言ふしっくりした生活巡礼であらう。

私も出来るなら、子供たちにとって、慕はしい一人の同行でありたい。子供たちも私にとって慕はしい同行衆でありたい。そして学校は生活巡礼の生活場でありたい。教育とは、生活巡礼たちが、互に交はす友愛のさゝやきでありたい。[20]

このように、野村は「同行」という言葉を用いて、教師と子どもの関係性、学校がどのような場所であるべきかについて述べている。野村にとって、「教育」とは教師が上位に位置づき、子どもを一方向的に指導するという行いではなく、教師と子どもは「一しょに歩んで行く生活巡礼」でありたいということである。そのようなそれぞれ異なりつつも平等な、生かし合う仲間の関係性を「同行」と述べているのである。

野村が子どもと教師が「同行」であるという教育観をもっていたことは、彼の幼時からの浄土真宗の信仰に支えられているとされている。野村は「教育の世紀」の「児童の村二ヵ年」という報告で、教師と子どもの関係について、「同行」を用いて以下のように述べている。

「教育とは、教師が子どもを教えることではなくして、一しょに学ぶことだ。ここでも、私は、親鸞の言う同行という心境に教育をおちつかせているのである。[21]」

そして、彼が用いている「同行」は真宗辞典によると以下のように述べられている。

『法事讃』（善導）に『各々半座を留めて華葉に乗じ、我閻浮提の同行人を待つ』等とあり、同じ信仰の道を歩む友を云ふ。列祖の聖典にこの語極めて多く、御同朋御同行の称呼は真宗の特徴となり、今専ら檀徒、信徒の意に用いられるに至っている。[22]」

「同行」とは仏の教えに導かれる「同じ信仰の道を歩む友」であり、志を同じくする人々の平等な集団の一人である。[23] 野村の教育観でいえば、教師と子どもの関係を学校・学級集団における「同じ真実（信仰）の道を歩む友」の集団、仲間であり、それぞれ差異をもちつつ平等であるとしている。それは、教師が子どもの上位に位置付く関係ではなく、仏の前では教師も子どもも平等であるということである。また教師が子どもに一方的に教えるということではなく、教師と子どもが相互交流を通して共に学びあうということ、教師も子どもから学ぶということである。「学校は生活巡礼の場でありたい」とし、ここにおいて特徴的なことは、子どもの中に真実、かぎりなき「いのち」、すなわち「仏」をみることである。このような主体的「めざめ」に従うことが、野村の教育観の根底にある「生命信順」の意味であるといえる。

三　野村芳兵衛の教育観における浄土真宗信仰の表れについて

次に野村芳兵衛の教育観にどのように浄土真宗の信仰が表されているのかについて、具体的な事例を挙げたい。

先述したように、野村は師範学校在学中に梅原真隆に親鸞の教えを受け、めざめ、迷いがなくなったとしている。その後教師になるのであるが、野村の教師生活は①岐阜時代②東京時代（「児童の村」小学校他）③戦後岐阜時代と大きく三期に分けられるが、ここでは、①、③における事例を取り上げる。

（1）岐阜女子師範附属小学校時代（一九一九～一九二四）の事例

野村はまだ教員になって間もない頃であり、尋常二年で受け持った子どもを尋常六年まで持ち続けていた。

その子どもたちも六年生になると、「随分いたづら」であり、「腕白組」の別名があったという。しかし、野村は担当児童を二年から持ち続けたこともあり、「どの子供も憎めなかった」という。その児童らが「いたづら」や「腕白」であることから、教室の硝子窓が壊れることについて職員会で問題が上がっていた。特に野村のクラスは「今迄だって一等多く毀してゐたのだから、子供たちにも、学校の経済の話もしたり、社会生活に就ても反省させたりして、ちっとでも気をつけるやうにと、注意を怠らなかった[24]」のである。

しかし、そのように教師として教育の工夫や努力をしているが硝子窓は壊れ、「こんなに何から何までこせ〳〵していては子供の心が拗けてしまうなどと、窓から頭を出して、広い郊外の空をながめてゐる日もあった[25]」という。この時はまだ「生命信順」の教育理論を著述において明示していなかった時期であるが、「(如来に)まかせる」というゆるぎない信仰を感得した後であったことから、すでに野村はこのような教育方法を「こんなに何から何までこせ〳〵していては子供の心が拗けてしまう」としており、「生命信順」の教育観の萌芽があるといえる。

＊　＊　＊　＊

「もう一年や二年ぢゃあるまいし。おまへたちにも少しは自制力があっていゝ筈だ」

何度か、教場に子供を集めて、ぶつ〳〵零したりする。

それは大雪の降った日の昼休み時間だ。教場で忙がしく第四時限の準備をしてゐると、Yと言ふ子供がオロ〳〵声で私の後に立った。

「セセ先生、硝子をココ毀しました」

「何？　硝子？　おまへたちは今朝から三枚毀すぢゃないか」

いら〳〵した私の心には、Yの間抜けた顔と、その吃り声とが、一そう残忍な心をそゝった。私はぶるぶる戦慄して、拳固をぐっと握りしめた。私の血走った眼は、Yを睨んでゐた。Yは首を垂れて、どんなにでも裁いて下さいと言ふ者のやうであった。

「Y、どこの硝子だ」

「げゞ、玄関であります」

そう話したおかげで、いくらか私の憤怒がゆるんだ。

「二人で行って見よう」

私は静かに、手に握ってゐたチョークを黒板の溝へ投込んで、Yの後について教室を出た。二人は無言で階段を下りた。玄関までくると、玄関の天井から吊された傘掛竿には、子供たちの傘が白い雪を所々に冱着かせたまゝで一ぱい掛ってゐる。

「ボ僕、かうやって、こゝの竿を揺ってゐた」

Yは先きのおもしろかった遊びを思出すかのやうに、でもオド〳〵と、傘掛竿を揺る真似をしてみせる。吃りで低能な彼には、遊び友達と言う者もない。何時も校舎の南で壁にもたれて日向ぼっこしてゐる彼だ。そうした彼も、この傘掛竿の吊されてゐるのを見つけた時は、一寸揺ってみたくなったらう。一揺、二揺、一列にならんだ傘は、ビタ〳〵と音を立てて動いたであらう。そしてYの顔に微にホホエミが動いたであらう。

もっと揺れ、彼は力一ぱい揺ってみた。

「パシャン」

彼は思はず手を放したであらう。竿の先きは窓硝子に当ったのだ。微塵になった硝子が薄暗い玄関の隅にちらばったのをながめた時、彼はブル〳〵ふるってどうなることかと恐れたに違ひない。

私の頭にはさうしたシインが稲妻のやうに流れた。

「Y、二人で硝子を拾はふ」

私は小さい破片を拾ひながら、Yのことばかり思ってゐた。全くその時ほどYのことをほんきで思ったことはない。Yは塵取を持ってきて、私の手の硝子を受けた。私は何も言はなかった。

おまへはセンチメンタルすぎると言はれるなら、さうかも知れぬと思ふ。たゞ私にはさうより出来なかったことだけは事実だ。

ある時は、社会生活の道理を独語し、ある時は共に草をとる。或時は叱って共に泣き、ある時は許せと子供に詫びる。私には悲しくも第三者の位置に立って、真理の声で導くと言ふ教育は出来ない。子供との関係に於いて私が生きる。そのことを客観的に見て教育になるならなるまでだと思ってゐる。

では、おまへには、教師としての自覚はないかと言はれゝば、ないでもないと答へるだらう。でも私は教師と言ふ自覚よりも、私だと言ふ自覚を強く感ずることは事実だ。何でも、純な一個の私でありたいと思ふ。人間らしい人間を思ふ時も、日本人らしい日本人を思ふ時も、ほんとうに子供にとって、懐かしい教師でありたいと思ふ日も、私は私らしい姿を忘れまいと思ふ。そして一個の私として私らしい育ちをみつめると同時に、子供の一人一人の人格をも尊重しようと思ふ。お互の交渉は過は別として、積極的にはどんな時も愛の姿でなくてはならぬと思ふ。ではおまへの愛とは何か。それは個性と個性が触れることによって躍動する生命の感激だ。触れるとは個と個の放電だ。知ると言ってもいゝ、感ずると言ってもいゝ、個性と個性とが生命に於て溶けると言ってもいゝ。私たちの生命に響く合体の実感である。

愛と言へば昔から言はれてゐる神のやうな愛を思はれるかも知れないが、本能的な愛と見てもいゝと思ふ。人間の姿を見失ふた愛なら、神の愛でも、獣欲の愛でも、共に抽象された概念であらう。[26]

＊　＊　＊　＊

当時、野村は二八歳頃である。まだ「児童の村」の教育に参加する前の段階で、「生命信順」の教育観の萌芽が示されていることがわかる。教師としての教育の工夫や努力をしながらも、それは教師の「あるべき」像に向っていたことに、子どもから気付かされている。

普段遊び相手がいないというY児が「傘掛竿を揺らしてみたい」という思いをもったであろうこと、そして壊してしまってからの動揺について、野村はY児の立場にたって鮮やかに想像できるということは、「生命信順」の教育とはどのようなことかを明示している。

子どもの立場にたつということは、第三者の立場で教師が「あるべき」像にむかって指導することではない。子どもとともにどのようにあるべきかを、追究していくことではないだろうか。

野村は、処女作である『文化中心修身新教授法』（一九二五）において、「生命信順の教育」の章の扉で「教育とは生活巡礼たちの持つ同行愛である[27]」と述べている。

野村は教師の「教育意識」を否定し、子どもの生命（生活）に信順すると述べたが、野村の教師としての立ち位置は、徹底した教師と子どもの平等性である。その平等性を「ともに信仰の道を歩む友」である「同行」としている。教師が上位に位置付く関係性や、子どもを教師の「あるべき」像に向わせる教育ではなく、ともに本当の人間になろうとする道を歩むということによって、ともに主体的に生きるということである。そして、教師が自己を客体化するということは、如来によって子どもの生命（生活）が照らし出され、その信仰の道を子どもと共に歩むことであるといえる。

「生命信順」の教育といったときに、教師の「あるべき」像へ子どもの指導をするのではなく、子どもの「生命に信順する」ということ、子どもの中に仏をみること、本当の人間的かがやきを見ることであるといえる。Y児の事例において、Y児の生命に信順するということを具体的にいえば、Y児の興味をもったこと――Y児が主体的に生きているということを理解しようとする姿勢をもった教師の教育で、愛をもって、ともに主体的に生活し、学びを深め合っていく仲間としての立ち位置ではないのだろうか。

（2）長良付属小学校時代（一九四六〜一九五二）の事例

野村が「児童の村」小学校で実践していた、「協働自治」の学習方法の一端としてみることのできる、子どもたちの協働学習についての事例である。長良付属では校長職に就いた。ここで取り上げるのは、野村の担任教師としての事例ではなく、保護者と教師（野村）との協同性についての事例である。

一九四七年の夏の事例である。児童会は、「夏休みのくらしをどうしたらよいか」というテーマで話し合い、その結果「近所の者が集って、朝八時から十時まで仲良し勉強をしようではないか」ということになったという。そこで、地域ごとに、親たちとも相談して、具体的な計画を立てさせると、思いの他いろいろの事情があって、簡単には具体案が立たず、最終的にまとまったのは二千人の児童の中で、百人に満たず、五％というところであった。そのような中でも、最初の試みでもあるため、とにかくやらせてみようということになったという。夏休みが終わって、九月の学級ＰＴＡがある際に、校長である野村は「おとうさん方、おかあさん方の意見を聞きたいから」校舎を回っていた。すると担任教師から「夏休みの仲良し勉強」について反対意見が出ている旨を聞く。以下が保護者から野村に意見が出されている場面である。

＊　＊　＊　＊

「とにかく、私も、子どもたちが勉強してくれるなら、こんないいことはないと思って、私の家を開放したのです。そりゃ、みんな八時に集まってきてくれましたよ。集まってきてくれましたが、一向に勉強を始めません。その中、喧嘩を始める。怒る。泣く。雨の日なんか話になりません。泥だんごの足で上がってきて、座敷でかくれんぼを始めます。泥足で、押入れにかくれるのだからたまりません。布団も何も台なしです。校長さん、仲よし勉強とやらは、もう沢山です。来年は、絶対に止めていただきたいと思います」と、あるおとうさんが話された。話を聞いてみるともっともである。一つのことを始めようと思うと、好意を持つ人々に迎えられながらも、こうした問題にぶつかるのだなあと、私は、反省しながら、「ご協力いただいたのに、子どもたちのしつけができていなくて、大へんご迷惑をかけたようです。学校でも十分反省してみます」と、答えると、別のおかあさんが話し出した。

「私は、また、来年も是非仲よし勉強をやらせていただきたいと思っています。大へんよく勉強してくれました。」「どんなやり方をなさったのですか」と、前のおとうさんが聞かれる。「私は、勉強机に、裁断板を貸すことにしました。それから、枕時計も貸しました。勉強とあそびは、はっきり区別するように約束しました。四十五分勉強したら、十五分休み、また四十五分勉強したら、十五分でお部屋の掃除をして、おばさんを呼びに来るよう約束にしました。十時がすめばうちへ帰ってもよし、一時間だけはあそんで帰ってもよいことにしました。これは、子どもたちの親さんにもよく話しておきました。子どもたちは、毎日二人ずつ当番を作って、その当番が八時少し前に来て、枕時計にネジをかけておきます。だから、八時になって、時計の鈴が鳴り出すと、すぐ子どもたちは、勉強を始めました。」「そうですか。私は、また、黙っていても、子どもたちは勉強するかと思っていましたが、こりゃ、考えてみなくちゃなりませんなあ」と、さっきのおとうさんは言われるのであった。(28)

＊　＊　＊　＊

ここにおいて、野村は児童の保護者らに対しても、批判することなく、生命に信順しようとしていると考えられる。教師が保護者の上位に位置づく関係で述べているのではなく、同行という位置づけであるといえる。その上で、教育実践への批判や意見を受け入れる姿勢を示している。野村も他の保護者も、意見をした保護者に対して、批判をしていない。

重要なことは、野村校長に意見をした父親も、一方的な批判をするのではなく、他の母親の話を聞く姿勢をもっている点にある。

そこにおいて、父親は「どんなやり方をなさったのですか」と聞き、母親の教育の工夫や子どもの生命に信順するとはどのようなことかを間接的に気づかされ、自分のとらえ方が間違っていたとして、「考えてみなくてはならない」となっている。直接野村から教えられたわけではないにもかかわらず、野村校長が実践しようとする教育実践について、この父親は気付くことができた。まさしくこのことは、野村が子どもだけではなく、保護者に対しても、同行として、生命信順の教育にむかっていると考えられる。

同行について、「蓮如上人御一代記聞書　末」において、以下のように述べられている。

（二四五）「愚者三人に智者一人」とて、なにごとも談合すれば面白きことあるぞと、前々住上人（蓮如）、前住上人（実如）へ御申し候ふ。これまた仏法がたにはいよいよ肝要の御金言なりと云々。(29)

「愚者三人に智者一人」は、「愚者でも三人あつまれば智者一人にあたるという意」であり、蓮如は信心を深めていく際に、一人ではなく、談合（話し合い、討議）で、互いに学び合うことによって、飛躍的な高まりが得られると述べている。ここにおいて、同行という「同じ信仰の道を歩む友」が話し合うことによって、互いに学び合い、信心を深めていく場の重要性が指摘されている。

野村の実践でいえば、保護者らと野村が平等な関係のなかで、生命信順の教育からそれぞれが主体的に生きる方途を話し合い、互いから学びあっているところにあらわれているといえる。

まとめ

野村芳兵衛の教育観における浄土真宗への信仰について、彼の教育理論や実践から考察してきた。

野村がゆるぎない信仰を感得した師範時代に梅原から受けた言葉である、親鸞の「純にまかせ、つくられたように生きるほかない」や、「宗教とは、純に生きる態度」であるということ、如来に「お任せして生きる」ということが、彼の教育理論や実践に基底していることが考察により明らかになった。

野村の教育理論は、「生命信順」により構成されており、「生活」と「生命」は同義であった。そして、子どもの生活（生命）を導くのは、教師ではなく、「自他を越えた無量寿」であった。このことは、子どもを導くのは如来であり、教師は如来によって照らされた子どもの生命に信順して、共に信仰の道を歩む、同行ということであるといえる。

具体的な教育の方法においても、生活を「守り合っておちつき、助け合ってたのしみ、教え合ってはげむ」とし、「協働自治」を「協働自治こそは、生活原理であり、同時に指導原理である」としていたように、野村は如来によって照らされた子どもの生命に信順し、「教育意識」を否定し、同行としてとらえていたといえる。このことから、ともすると「放任」ととらえられがちの側面をもった大正新教育時代の教育における「児童中心主義」、「自由主義」とは異なることが明らかになった。

具体的な実践事例からも、野村が子どもの生活（生命）に信順し、平等性をもって子どもとともに主体的に生きる道を歩んでおり、弱い立場の子どもからこそ学ぶ、気づかされていることを読み取ることができた。野村の「教育意識」の否定について、信仰が基底にあることをより具体的な教育方法として考えると、子どもの学習や生活が深まらないことを子どもの責任にするのではなく、教師の課題であるという見方をしている。また、保護者との関係づくりにおいても、「同行」という平等性をもって、保護者からの意見を受け止め、保護者らとともに学び合う姿勢を示していた。

これらは、現代の学校における子ども理解、保護者参加の学校づくりという点においても、重要な示唆をしているといえる。教師として、子どもの生活、学習が深まるように指導したつもりでいても、子どもたちに届いていないことを子どもの責任にせず、教師が自己を客体化し、如来から照らされている子どもの生命に信順し、教師が子どもとともに真の生活、学習が深まっていくような指導原理を探究することが重要であるといえる。同様に、保護者との学校づくりについても、学校と保護者が平等性をもって、ともに子どもの育ちのために、子どもの生命に信順することは、教師集団が保護者、地域とも、「同行」として、「守りあっておちつく」協働性によって、互いから学び合い、自己を超えて連帯していくことを野村芳兵衛の教育観は問いかけているといえよう。このような子ども、保護者、教師、地域が横一列の平等な関係のなかで、それぞれが主体的に生きる方途を討議し合い、互いから学び合うことこそ、宗教を基軸に据えた野村の教育遺産であるといえる。

注

(1) 野村芳兵衛『野村芳兵衛著作集四　生活学校と学習統制』黎明書房、一九七四年、二九頁。
(2) 野村は教育観において、教師中心的な指導を否定した。今井(一九八六)はそのことを「『教育意識』の否定」と述べている。今井康雄「野村芳兵衛における『教育意識』否定の論理―『教育意識』の否定から『自然の組織化』へ―」『広島大学教育学部紀要』第一部第三五号、一九八六年。
(3) 野村芳兵衛『野村芳兵衛著作集二　新教育に於ける学級経営』黎明書房、一九七三年、一八頁。
(4) 野村芳兵衛『野村芳兵衛著作集八　私の歩んだ教育の道』黎明書房、一九七三年、一五頁。
(5) 同上。
(6) 同上、五九頁。
(7) 同上、六〇頁。
(8) 小熊伸一(安彦忠彦他編)『現代学校教育大事典』五巻、ぎょうせい、二〇〇二年、三五〇頁。
(9) 同上、一二七〜一二八頁。
(10) 同上、一二八頁。
(11) 小熊伸一(安彦忠彦他編)、前掲書。
(12) 野村芳兵衛『野村芳兵衛著作集一　生命信順の修身新教授法』黎明書房、一九七三年、一三頁。

(13)同上、一四頁。
(14)同上、五四頁。
(15)浄土真宗教学研究所浄土真宗聖典編纂委員会『浄土真宗聖典　顕浄土真実教行証文類（現代語版）』本願寺出版、二〇〇〇年、一三～一四頁。
(16)北島義信編『浄土真宗の七五〇年』文理閣、二〇一一年、二一頁。
(17)野村芳兵衛『野村芳兵衛著作集二　新教育に於ける学級経営』黎明書房、一九七三年、三四頁。
(18)同上、三七頁。
(19)野村芳兵衛『野村芳兵衛著作集四　生活学校と学習統制』黎明書房、一九七四年、三〇頁。
(20)野村芳兵衛『野村芳兵衛著作集一　生命信順の修身新教授法』黎明書房、一九七三年、五六～五七頁。
(21)野村芳兵衛『野村芳兵衛著作集八　私の歩んだ教育の道』黎明書房、一九七三年、一〇六頁。
(22)河野法雲・雲山龍珠監修『真宗辞典』法蔵館、一九九四年、五五四頁。
(23)これは具体的には、この平等な集団とは、蓮如の時代に惣村（村落自治共同体）や寺内町における信仰集団と生活集団が一体となった組織（講）を表す。
(24)野村芳兵衛『野村芳兵衛著作集一　生命信順の修身新教授法』黎明書房、一九七四年、六一頁。
(25)同上、六一頁。
(26)同上、六一～六三頁。
(27)同上、五三頁。
(28)野村芳兵衛『野村芳兵衛著作集八　私の歩んだ教育の道』黎明書房、一九七三年、二七二～二七三頁。
(29)浄土真宗聖典編纂委員会『浄土真宗聖典―註釈版―』本願寺出版社、一九八八年、一三一一頁。

参考文献
浅井幸子『教師の語りと新教育―「児童の村」の一九二〇年代』東京大学出版会、二〇〇八年。
磯田一雄「野村芳兵衛の生活教育思想」『教育学研究』第三四巻一号、一九六七年。

北島信子「東井義雄の教育実践における宗教性の一考察―親・子・教師の文集『はぶが丘』を中心に―」『中部教育学会紀要』第一五号、二〇一五年。

北島信子「野村芳兵衛の教育観における宗教性についての一考察―『私の歩んだ教育の道』を中心に―」（研究ノート）『桜花学園大学保育学部研究紀要』第一四号、二〇一六年。

竹内常一『生活指導の理論』明治図書出版、一九六九年。

田中智志・橋本美保『プロジェクト活動―知と生を結ぶ学び』東京大学出版会、二〇一二年。

豊田和子「幼小接続カリキュラムの視点から野村芳兵衛（一八九六～一九八二）を読み解く―『遊び』と『学習』を中心に―」『名古屋芸術大学研究紀要』第三八巻、二〇一七年。

豊田ひさき『東井義雄の授業づくり　生活綴方的教育方法とＥＳＤ』風媒社、二〇一六年。

橋本美保・田中智志編『大正新教育の思想―生命の躍動―』東信堂、二〇一五年。

編集後記

今回一〇号を無事発刊できた。創刊号発刊は西暦二〇〇〇年であり、自坊の本堂屋根の大改修落慶法要が契機であった。門信徒の皆様の尊いご寄進に対して、浄土真宗の僧侶として応えたいという強い気持ちが湧きあがってきた。それを形にあらわしたのが本誌の発刊であった。落慶法要（一九九九年一一月）に記念講演をいただいた信楽峻麿先生（龍谷大学名誉教授・龍谷大学元学長）のお力添えと図書出版文理閣の御理解がなかったら、発刊は不可能であった。当初は、「三号雑誌」で終わらせたくないという気持ちが強かったが、発刊継続のなかで、いつしか、自分を超えた「はたらき」を感じるようになった。

一九年間に一〇巻を発刊できたことはまさに、その「はたらき」によるものである。今や執筆者は日本のみならず、台湾、韓国にも広がり、本誌を通じて相互交流も深まり東アジアの平和共同体の土台構築に貢献できるようになり始めている。この一九年間の取り組みの中で明確になったことは、すべての宗教は平和実現を希求していること、宗教間の差異の強調ではなく尊敬を基軸にした相互のコミュニケーションが大切であるということである。宗教には平等が基底に存在するが、その平等は差異との共存が前提となる。

今日の世界において平和を脅かすものは何か？　それは植民地主義、帝国主義のイデオロギーを受け継いだ、欧米基軸の「グローバリゼーション」である。そこには欧米中心主義的な「近代」観が存在する。欧米的近代は、フランス革命にみられるように封建制を打破し、自由・平等・友愛の世界を実現し発展させる人類普遍のモデルだとする考え方がそれである。このような考え方が、欧米中心的「グローバル」支配となぜ結びつくのであろうか。この疑問を解くカギは「外部性（他者性）」の欠如にある。欧米近代の「理性的人間」としての「自己」の実体化・絶対化は、自己の外にある他者を排除する。欧米近代における他者は、「自己が求める限りでの」、自己の願望に合致する限りでの外部性にすぎず、それは主観的観念がつくりだしたものにすぎない。その「かくあるべしという他者」が、自己に対して刃向かうとき、その「外部性としての他者」は殲滅の対象となる。アメリカ大統領のトランプの「北朝鮮」観には、それが感じられる。この軌道修正は、他者による自己の客観化にある。それを可能ならしめる道が宗教にある。山崎龍明師は、巻頭言「浄土は人間回復の根源」で次のように述べている。「浄土の真実に照らされた人間はその偽りにめざめ真実（浄土）を求める心（浄心・信心）を回向されます。『浄土』とは超越（世俗を超える）でありながら、この浄土と穢身（私）を包摂しているのです」。

欧米中心主義的近代の問題点を考えるとき、重要なことは、単純に「一九世紀欧米近代」をメルクマールにするのではなく、広い視野に立つことである。板垣雄三教授が指摘する、文明対話を可能ならしめる文明のハイブリッド性、共時性、「ヨーロッパ対非ヨーロッパ」という二項対立とは異なる「多様性・多元性」を前提とするイスラームの「タウヒード」概念の重要性、その社会的展開が生み出す「普遍主義・合理主義・個人主義」、「七世紀からのスーパーモダーニティの復活」、「自前のモダーニティの起死回生の道の自己批判的探索」等は、欧米中心主義的近代をのりこえるための重要な示唆となるものである。圓光大学校圓仏教思想研究院責任研究員・趙晟桓先生の「開闢と近代」は、「自前のモダーニティの起死回生の自己批判的探索」を韓国の東学思想とその展開に探るものであり、そこにはイスラームの「タウヒード」やアフリカの「ウブントゥ」思想との共通性が示されている。圓光大学校宗教問題研究所所長・朴光洙教授は、「ヨーロッパ中心の近代化に対する批判的省察と強弱進化文明社会への転換」において、日本ではあまり知られていない圓仏教の創始者・少太山朴重彬（ソテサン・パクチュンビン）の思想的意義を明らかにしている。この論稿において、「精神開闢」の主体的覚醒を通した、「強者と弱者の調和的発展と相生の文明社会」を可能ならしめる少太山の思想の持つ、欧米的近代を超える方向性が説得的に提示されている。また、東学史研究の第一人者である、圓光大学校圓仏教学科・朴孟洙教授の「東学農民革命のリーダー全琫準の平和思想」は、韓国に今日も受け継がれている平和的非暴力による民衆の民主化運動の思想の原点を立体化させた論考である。「他者を排除する自己中心的な体制に主体的に抵抗する過程であり、限りない目標」である「減暴力」という角度から平和構築を論じた、ソウル大学校統一平和研究院・李贊洙教授の「平和はどのように成り立つのか—減暴力と平和構築」は、現実的に説得力をもつものである。

　台湾の国立交通大学の馮品佳教授の「ヨーロッパ中心主義から相互依存の道へ」は、「自我意識の高揚と差別意識によって四分五裂の運命をたどりつつある今日の世界をかえていく」チベット仏教カギュ派の「相互依存の道」の意義を説いている。「すべての人と事物は他者および事物に依存することによって初めて存在が可能になり、われわれの生命の相互依存性は、このプロセスを絶えず繰り返すことによって、ますます多くの人々と繋がっていくことができる」という言葉は、イスラームの「タウヒード」、東学思想、空縁起思想とつながり合うものである。

　欧米的近代の批判は、台湾の中央研究院欧米研究所の李有成教授が「冷戦の記憶」で言及しているように、タシュ・アウの文学にも明確に存在している。日本文学に目を移してみると、文芸批評家・新船海三郎氏は「日中戦争と五味川純平」において、「軍国主義」に結果的に屈服させる、「総がかりで疎外・排除し、押しつぶしにかかる『空気』」、そして「それがどこからきて、なぜ人間はそうなるのか」を問うことを重視しているが、この視点は欧米近代を超えようとする「主体」のあり方を深める方向を示唆するもので、興味深い。

　今回、平和建設にとって最も重要な、思想文化対話として、「日韓霊性開新鼎談」を掲載した。これは、韓国の「開闢新聞」に連載中のものである。また対象地域もアフリカに広げ、われわれの置かれている現実理解を深める工夫をおこなった。

　掲載された全論文は、相互関係性、差異と平等の併存、異なった地域の文化の持つハイブリッド性を、壮大なコーラスのごとくに一体となって響き渡らせ、人間解放、平和実現の意義を語りかけている。今後とも、このような総合性を堅持し、「他者との連帯」「他者による自己変容」を通して、真の近代化のあり方を深めていきたい。

合掌
（きたじま・ぎしん）

＊投稿論文は査読によって掲載採否が決定される。投稿希望者は編集部（文理閣気付）へ連絡されたい。

リーラー「遊」Vol.10

欧米的近代の終焉と宗教

発行日　2018 年 4 月 25 日

編　集　真宗高田派正泉寺
正泉寺国際宗教文化研究所
北島　義信

発行者　黒川美富子

発行所　図書出版　文理閣
京都市下京区七条河原町西南角 〒600－8146
電話 (075) 351－7553 FAX (075) 351－7560
http://www.bunrikaku.com

ISBN 978－4－89259－826－5　C0014

執筆者紹介（執筆順）

山崎《やまざき》　龍明《りゅうみよう》　武蔵野大学名誉教授、浄土真宗本願寺派法善寺前住職、仏教タイムス社長、（公財）世界宗教者平和会議（WCRP）日本委員会平和研究所所長　真宗学。

板垣《いたがき》　雄三《ゆうぞう》　東京大学名誉教授・東京経済大学名誉教授、信州イスラーム世界勉強会代表　中東地域研究。

櫻井《さくらい》　秀子《ひでこ》　中央大学総合政策学部教授　中東地域研究。

李《イ》　賛《チャン》　洙《ス》　韓国・ソウル大学校　統一平和研究院HK教授　比較宗教学。

翻訳：李《イ》 相《サン》 勁《キョン》　日本基督教団福知山教会牧師　基督教神学。

朴《パク》　光《クワン》　洙《ス》　韓国・圓光大学校宗教問題研究所所長・教授　宗教学。

翻訳：柳生《やぎゅう》　真《まこと》　圓光大学校圓仏教思想研究院研究教授　韓国哲学。

翻訳：趙《チョ》 晟《ソン》 桓《ファン》　圓光大学校圓仏教思想研究院責任研究員　東学思想。

朴《パク》　孟《メン》　洙《ス》　韓国・圓光大学校圓仏教学科教授　東学史研究。

翻訳：柳生真、趙晟桓

馮《フェン》　品《ピン》　佳《チャ》　台湾・国立交通大学外国語文学系教授　アメリカ黒人文学。

翻訳：加納《かのう》　光《ひかる》　四日市大学環境情報学部教授　中国語教育。

北畠《きたばたけ》　知量《ちりよう》　同朋大学大学院人間福祉研究科特任教授、真宗大谷派得願寺住職　真宗学・教育学。

北島《きたじま》　義信《ぎしん》　四日市大学名誉教授、真宗高田派正泉寺前住職、正泉寺国際宗教文化研究所所長　現代アフリカ文学、宗教社会論。

李《リー》　有《ユー》　成《チェン》　台湾・中央研究院欧米研究所特聘研究員・教授　英米文学・文学理論。

翻訳：加納　光

新船海三郎《しんふねかいさぶろう》　『季論21』（季刊）編集責任者　文芸批評。

金《キム》　泰《テ》　昌《チャン》　「東洋日報」東洋フォーラム主幹　政治哲学。

山本《やまもと》　恭司《きようし》　「未来共創新聞」編集長・発行人　哲学・宗教。

フランシス・インブーガ　アフリカ人作家

翻訳：渡邊丈文《わたなべたけふみ》　真宗興正派西坊後住　英語学（意味論）。

G.C.ムアンギ　四国学院大学社会学部教授　平和学。

翻訳：渡邊丈文

渡辺《わたなべ》　淳《じゅん》　真宗興正派西坊住職　土木工学・建築学。

北島《きたじま》　信子《のぶこ》　桜花学園大学保育学部准教授　教育学。

平和는 어떻게 이루어지는가 : 減暴力과 平和構築

李贊洙
Yi Chan Su

1. 들어가는 말

필자는 拙著 『평화와 평화들』(Peace and Peaces, 2016, 韓國語)에서 平和를 추상적 대문자 단수 '平和'(Peace)가 아닌, 구체적 소문자 복수 '平和들'(peaces)로 이해해야 한다고 말한 바 있다.[1] 평화라는 말은 많지만 평화롭지 않은 현실을 극복하려면, 평화에 대한 이해, 의도, 목적조차 다양할 수밖에 없는 현실을 인정하고, 다양한 입장들 간의 조화를 시도하는 과정이 필요하다는 취지에서였다. 평화라는 말은 동일한 듯해도, 실제로는 다양하게 상상되고 추구되는 현실을 긍정하고서, 서로에게 무엇이 평화인지, 평화는 어떻게 이루어야 하는지, 대화하고 합의하며 더 큰 '우산'을 만들어가야 할 도리 밖에 없다는 것이었다. 이러한 입장을 '平和多元主義'(pluralism of peace)라는 말로 구체화하기도 했다.[2]

아울러 평화보다 暴力에 더 노출되어 있는 인류의 현실을 직시한다면, '暴力이 없는 狀態'라는 기존의 규정보다는 '평화는 暴力을 줄이는 過程'이라는 규정이 더 현실적이라는 제안을 한 바 있다. 모든 문장의 主語는 述語에 의해 指示되고 限定되듯이, 평화는 '주어'가 아니라 '술어'에 의해 지시되는 目的論的 世界라는 제안도 함께 했었다. 평화는 폭력을 줄이며 志向해가는 끝없는 추구의 대상이자 지속적 구체화 과정이라는 것이었다. 작은 책이지만, 이런 식으로 필자 나름의 평화론을 담았다.

이번 글에서는 이러한 기존 입장을 디딤돌로 삼으면서, 평화라는 것은 어떻게 이루어지는지, 다른 각도에서 좀 더 구체적으로 드러내보고자 한다. 특히 평화는 '비폭력'(非暴力, non-violence)으로 실천되어야 한다는 기존의 입장과 태도에 머물지 않고, '감폭력'(減暴力, minus-violencing)이라는 좀 더 현실적 개념과 표현을 제시해 보고자 한다. 폭력이 없었던 적이 없던 인류에게 '비폭력'은 지나치게 이상적인 자세이자, 논리적으로도 성립 불가능한 언어라는 의심 때문이다. '감폭력'이라는 新造語를 통해 작은 폭력으로 큰 폭력을 줄이는 가능성에 대해 상상해보고, 이른바 지속가능한 평화가 가능하려면 어떤 입장을 견지해야 하는지 이론적 기초를 마련해 보고자 한다. 다시 본래의 물음으로 돌아가 시작해 보자.

---

[1] 李贊洙, 『平和와 平和들: 平和多元主義와 平和人文學』, 모시는사람들, 2016, 52-56쪽.

[2] 위의 책, 57-62쪽.

2. 평화의 방법이 다르다

많은 이들이 평화를 원하지만, 세상이 평화롭지 못한 이유는 무엇일까? 평화를 원하기는 하되, 그를 위한 실천은 하지 않기 때문이다. 좀 더 객관적으로 말하면, 평화에 대한 概念的 理解와 實踐的 意志가 다르기 때문이기도 하다. 칸트(I. Kant)의 통찰에서처럼, 어떤 대상을 개념적으로 인식하는 사변적인 '純粹理性'과 도덕적 의지에 따라 행동을 규정하는 '實踐理性'은 다르다. 평화에 대해 생각하고 상상하는 관념적 사유의 능력과, 그 생각이 실제로 도덕적 가치에 부합하도록 실천하려는 의지 사이에는 제법 거리가 있다. 나아가 그런 의지가 실제 실천으로 옮겨지기까지의 간격도 넓다. 이런 간격과 거리가 평화에 대한 말은 많아도 실제 평화로까지 이어지지 않게 한다.

더 나아가 원하는 대로 실천한다 해도 그 실천이 다른 실천과 부딪히기 때문이기도 하다. 다른 실천과 부딪히는 이유는, 간단히 말하면, 평화 실천의 方法이 다르기 때문이다. 그리고 방법이 다른 이유는 사실상 目的이 다르기 때문이다. 방법은 목적을 구현하는 手段이거니와, 목적 자체가 自己中心的으로 설정되어 있으면, 실천도 자기중심적으로 하게 된다. 자기중심적 태도는 타자를 疏外시키거나 後順位로 몰아낸다. 가령 평화를 심리적 안정 상태 정도로 상상하는 이가 있다면, 그는 어떤 식으로든 마음을 불안하게 만드는 사태를 회피할 것이다. 평화의 사회성을 어느 정도 인정한다 해도 사회적 흐름이 자신에게 유리하게 진행되기를 바랄 것이다. 국가도 이른바 國益을 기준으로 他國과 자기중심적 관계를 맺으려 한다.

문제는 대부분의 개인과 국가가 그렇게 한다는 것이다. 그래서 개인끼리도 부딪치고 국가 간에는 긴장하고 갈등한다. 나의 평화가 너의 평화와 부딪치고, '너희' 평화는 '우리'에게 어색하다 느끼고, 自國의 평화가 他國에 대한 제한이나 압박으로 나타난다. 개인이나 집단, 나아가 국가의 평화구축 행위가 다른 개인, 집단, 국가의 구축 행위와 대립하는 것은 대체로 이런 이유 때문이다. 종교도 다르지 않다. 평화를 추구하고 내세우는 종교인들 사이에 갈등도 있는 이유는 평화를 자기중심적으로 해석하고 적용하고 실천하려 하기 때문이다. 가령 "그리스도는 우리의 평화"(에베소서 2:14)라는 『聖經』을 보자. 이것은 본래 그리스도를 만나 평화를 이뤄가는 이들의 공동체적 경험을 표현한 말이지만, 현실에서는 그리스도를 말하거나 신앙하지 않는 이들에게는 평화가 없거나 적다는 식으로 이해하곤 한다. 그리스도의 이름을 부르고 그에 대해 비슷한 기대를 가진 이들 안에만 평화가 임재하는 것처럼 상상한다. 불교에서는 "일체중생실유불성"(一切衆生悉有佛性, 『大般涅槃經』)이라는 혁명적 가르침을 선포하고 있지만, 그 가르침을 실제로 깨달으려면 불교에서 전통적으로 해오던 방식에 따르는 것이 좋다고 생각한다. 非佛教徒에게도 佛性이 있기는 하지만, 왠지 佛教徒만은 못할 것 같다는 무의식적 느낌을 받는다.

『쿠란』에는 "우리(무슬림)의 하나님과 너희(유대-그리스도인)의 하나님은 같은 하나님이시니 우리는 그분께 순종한다"(29:46)는 말이 있다. 그런데 무슬림이 실제로 생각하는 '그분'은 자신들이 이해하는 이슬람의 하나님이다. 문장의 지향점은 '같은' 하나님이라는 말에 있지만, 현실에서는 유대인이나 기독교인의 하나님을 실제로는 '같게' 여길 수 없도록 되어 있는 것이다. 이러한 현실은 무슬림이 '우리'의 하나님과 '너희'의 하나님을 구분해서 말할 때, 그리고 기독교인이 그리스도는 '우리'의 평화라며 '우리' 아닌 타자를 전제할 때, 이미 함축되어 있다고 할 수 있다. 불성이라는 말을 쓰지 않는 곳에는 왠지 불성이 없거나 덜 활발할 것 같은 느낌을 갖는 곳에서도 마찬가지다. 거의 무의식적으로 차별성을 함축하고 있는 것이다.

3. 목적과 수단이 분리된다

差別은 자기중심적 자세의 필연적 발로다. 평화를 자기중심적으로 구현하는 과정에 이미 他者疏外가 들어있다. 평화의 이름으로 타자를 소외시키고, 사실상 자신의 내적 욕망을 충족시키려 한다. 평화에 대한 자기중심적 이해가 평화를 위한 수단도 자기중심화 한다. 타자에 대해서는 사실상 폭력적이지만, 그럼에도 불구하고 평화의 이름으로 포장하고 있는 이들은 폭력의 실상은 잘 느끼지 못한다. 이것을 자기중심적 평화주의(ego-centric pacifism)라고 할 수 있을 것이다.[3] 여기서는 폭력이 - 물론 정도의 차이는 있지만 - 불가피한 수단처럼 일상화되어 있을 때가 많다. 클라우제비츠(Carl von Clausewitz)가 말하는 '絶對戰爭'(absolute war)과 같은 경우를 제외한다면, 일반적인 전쟁에서마저 폭력은 피치 못할 수단으로 간주된다.

폭력이 그 자체로 목적인 경우는 거의 없다. 어떤 목적을 구체화시키기 위한 도구로 자신을 드러낼 때가 많다. 나치즘과 같은 가공할 전체주의 사회에서도 폭력은 전적인 국가주의와 혈통 중심의 게르만 민족주의를 위한 수단이었지, 그 자체로 목적이었던 적은 없다. 발리바르(Étienne Balibar)가 잘 제시한 바 있듯이, 억압으로부터의 해방을 지향하는 혁명적 정치 행위도 해방의 추구라는 목적을 부각시키며 자신의 폭력성에 대해서는 관대해지는 경우가 많다.[4] 자본가의 억압에 대한 노동자의 저항적 폭력을 정당하다고 보았던 마르크스주의가 그 전형적인 사례다.

민주주의라고 해도 과히 다르지는 않다. 민주주의를 지향한다는 정치권력이 사회의 안녕과 질서를 위해서라며 일방적으로 국민적 일치를 요청할 때가 많은데, 갈퉁의 표현을 빌리면, 이런 요청도 자유-민주주의적이기보다는 보수-봉건적 요구로 나타나곤 한다.[5] 겉으로는 사회적 안정과 질서를 명분으로 내세우지만, 속으로는 권력과 체제의 정당성을 확장하려는 의도를 숨기고 있곤 한다. 그런 경우 이른바 민주정부 조차도 位階에 의한 과거의 일방적 명령 체계를 은근히

---

[3] 위의 책, 64쪽.

[4] 에티엔 발리바르, 진태원 옮김, 『폭력과 시민다움』, 난장, 2012, 11-12쪽.

[5] 요한 갈퉁, 강종일 외 옮김, 『평화적 수단에 의한 평화』, 들녘, 2000, 23쪽.

기대한다. 그런 체계를 공고히 하려는 욕망도 꿈틀댄다. 이런 숨은 욕망 속에서 수단이 점차 폭력화하는 것이다. 지젝(Slavoj Zizek)이 "체계적 폭력"(systematic violence)라는 말을 쓴 바 있는데, 이것은 체제가 공고하게 자리 잡아 굉장히 안정적으로 보이는 사회 시스템이 도리어 폭력적일 수 있다는 사실을 담고 있다.[6]

그렇게 되는 이유는 무엇인가. 그것은 평화의 개념과 실천 방법이 다를 뿐만 아니라, 실천마저 자기중심적으로 하기 때문이다. 자기중심성 속에는 타자가 없거나 소외된다. 타자를 배제하거나 소외시킨 평화는 사실상 폭력으로 작동한다. 수단이 폭력적인 곳에서 드러나는 것은 폭력뿐이다. 평화를 지향한다면 실천을 위한 수단도 평화적이어야 한다. 고대 로마의 전략가 베게티우스(Flavius Vegetius Renatus)가 말한 "평화를 원하면 전쟁을 준비하라"는 격언에 반대하며 근대 평화학에서는 "평화를 원하면 평화를 준비하라"는 말을 금언으로 삼고 있다. 갈퉁(Johan Galtung)의 주저인 『평화적 수단에 의한 평화』(Peace by Peaceful Means)라는 말에서처럼, 수단과 목적은 일치해야 하는 것이다. 20 세기 한국 최고의 실천적 사상가라 할 咸錫憲(1901~1989)도 수단과 목적의 관계를 다음과 같이 규정한 바 있다: "목적은 끄트머리에만 있는 것이 아니라 전 과정의 순간순간에 들어있다. 수단이 곧 목적이다. 길이 곧 종점이다. 길 감이 곧 목적이다."[7] 수단도 평화적이기는 쉬운 일이 아니지만, 수단이 목적에 어울려야 하는 것은 분명하다. 많은 이들이 평화를 원하지만 세상이 평화롭지 않은 이유는 평화라는 목적과 그를 위한 수단이 어울리지 않거나 분리되어 있기 때문이다.

4. 개념이 다르고 목적이 충돌한다

그렇다면 또 물어야 한다. 目的과 手段은 왜 분리되는가. 이것은 手段의 不純함만을 의미하지 않는다. 수단의 문제이기 이전에 목적의 두 얼굴 때문이다. 평화라는 단일한 이름 속에 숨겨진 의도와 목적이 서로 어긋나기 때문이다. 실제로 개인, 집단, 국가가 평화를 바라는 의도와 목적은 동일하지 않을 때가 많다. 가령 강자는 현 체제 및 질서의 안정을 통해 평화를 이루려 한다면, 약자는 강자에 의해 만들어진 불평등의 해소에서 평화를 느낀다. 그래서 강자는 구조적 혹은 체계적 폭력을 불가피하거나 필연적인 것으로 정당화하려 하고, 약자는 불평등의 해소를 위한 또 다른 폭력에 기대는 쪽으로 기운다. 폭력의 가치의 문제를 일단 논외로 한다면, 분명한 사실은 다른 기대와 내용을 자기중심적으로 충족시키는 과정에 갈등이 증폭된다는 것이다.

---

[6] 슬라보예 지젝, 이현우 외 옮김, 『폭력이란 무엇인가』, 난장이, 2011, 24 쪽. 우리말본에서는 systematic violence 을 '구조적 폭력'이라고 번역했는데, 갈퉁의 structural violence 와 구분하기 위해서 이 글에서는 '체계적 폭력'으로 표기했다.

[7] 『함석헌저작집 제 2 권』, 한길사, 2009, 28 쪽.

이보다 더 근본적인 문제는 평화에 대한 이해 자체의 相異性이다. 평화라는 '記標'(Signifiant)와 '記意'(Signifié) 간 차이도 있는 것은 물론이거니와 평화에 대한 사람들의 개념 자체가 서로 다르다. 이것은 같은 언어에 대한 이해가 사람들 사이에 반드시 동일하지 않다는 뜻이다. 가령 북한에 대한 남한의 이해는 이른바 '진보'와 '보수' 어느 진영에 있느냐에 따라 애당초 달리 설정된다. 남쪽의 보수는 대체로 북한에 대해 배타적이거나 정복적 자세를, 진보는 대체로 포용적이거나 대화적 자세를 취한다. 북한의 정식 명칭은 "조선민주주의인민공화국"이고, 남한의 정체는 "민주공화국"(헌법 제 1 조)에 두고 있지만, 북한과 남한이 이해하는 '민주'나 '공화국'의 개념은 서로 다르다. 의도와 목적, 절차와 과정 등 거의 모든 것이 다르다.

더 나아가면 이것은 언어 자체에 내장된 문제이기도 하다. 언어는 그 언어가 지시하는 세계에 충분히 가 닿지 않는다. 주지하다시피 선불교에서는 언어를 '달을 가리키는 손가락[指月]'에 비유한다. 언어와 언어가 지시하는 세계가 구분된다는 것이다. 언어적 대상의 순수한 재현은 불가능한 채 언어는 언제나 그 나머지를 만들어놓는다. 하지만 언어는 자신이 지시하는 세계를 강요하는 성향이 있다는 점에서 본성상 폭력적이다. 데리다(Jacques Derrida)는 이것을 언어의 '원초적 폭력(originary violence)'이라 명명한 바 있다.[8] 언어적 표현이나 어떤 언어적 규정을 절대시하는 것이야말로 폭력의 사례라는 뜻이다.

평화 개념도 마찬가지다. 한반도의 남쪽이나 북쪽이나 평화에 대해 말하지만, 저마다 현 체제 중심적으로, 자기 정권에 유리하게 제시하고 사유한다는 점에서는 비슷하다. 이 마당에 특정한 상황과 맥락 안에서 내려진 평화에 대한 개념적 정의는 그것이 어떤 것이든 최종적일 수 없다. 특정 평화 규정을 最終化하고 실천 방법을 單一化하려는 순간 그런 시도가 평화를 위한 다른 실천과 부딪히며 도리어 폭력의 동인이 된다. 그렇다면 과연 평화를 이룬다는 것은 가능하겠는가. 평화를 定義한다는 것은 가능하겠는가. 이런 불편한 사실을 의식하면서, 일단 기존의 평화 규정을 재검토해보자.

5. 폭력이 없던 적은 없다

평화에 대한 가장 일반적인 定義는 '평화는 폭력이 없는 상태'라는 문장이다. 그런데 어떤 강력한 힘이 조직이나 체제를 조절 및 통제하고 있어서 외견상 폭력이 없는 것처럼 보일 수도 있다. 하지만 그렇다고 해서 폭력이 없는 것은 아니다. 국제 정치나 정책적 조율로 인해 서로 침범하지 못하고 있다고 해서 평화가 온전히 이루어진 것은 아니다. 현실적으로 평화는 정책이나 조약의 조절 대상이기도 하지만, 더 근본적으로는 인간 삶의 전체 영역과 관련한 문제다.

---

[8] 자크 데리다, 강성도 옮김, 『그라마톨로지』, 민음사, 2010, 298 쪽.

개인이나 국가의 안정과 생명이 보장되고 억압이 전혀 없이 자유롭게 행동하며 활동의 결과를 공평하게 누릴 수 있을 때 평화롭다고 할 수 있다. 그래서 평화란 생명이 보장받고, 자유와 존엄성이 확보되어 있는 상태라는 일반적인 정의도 가능하다. 갈퉁이 말한 '積極的 平和'(Positive Peace)가 대체로 여기에 해당한다.[9] "유엔개발계획"(UNDP)이 발행하는 "인간개발보고서"(1994)의 표현으로 하면, '國家 安保'(national security)를 넘어 '人間 安保'(human security)가 보장된 상태라고 할 수 있다.

하지만 현실 국제정치에서 평화가 '국가 안보' 이상을 넘어선 적은 거의 없다. 국가 안보를 확보하는 과정에 인간 개인은 국가라는 틀에 포획되어 있고, 이미 형성되어 있는 구조화된 폭력 속에 놓인다. 전체나 다수가 아닌 소수에게 더 혜택이 돌아가는 불평등한 관행이나 정책도 지속된다. 독재자의 폭압 정치로 인해 그 영향력 안에 있는 이들이 숨죽이며 고통스러워하기도 한다.

경제적 양극화로 인한 상대적 빈곤감도 커진다. 한국의 경우 산업화의 주역인 장년층이 여전히 경제적 주류를 형성하고 있어서 청년층이 경제적 주체로 자리 잡기 힘든 구조이기도 하다. 성차별은 이른바 문화적 폭력의 대표적인 사례다. 많이 바뀌어오기는 했지만, 오늘날 한국 사회는 아직도 여성이 여러 면에서 주도적일 수 없는 문화다. 남자 고등학생은 그냥 '고교생'이지만, 여자 고등학생은 '여고생'이라 불린다. 남자 배우는 그냥 '배우'지만, 여자 배우는 '여배우'다. 여성의 사회적 진출이 남성의 사회적 진출에 비해 열악하며, 여성 노동자의 평균 임금도 남성 노동자 평균 임금의 54%~63% 수준에 머문다. 개인 안에 내면화한 문화적 폭력이 구조적 폭력을 정당화하거나 나아가 진원지 역할을 하고 있는 것이다.

갈퉁은 이런 식의 구조적이고 문화적인 폭력마저 없어야 積極的 平和라고 했지만, 문제는 인류가 이러한 적극적 평화를 경험해본 적이 없다는 사실이다. 성소수자 혐오나 성차별과 같은 것을 포함해, 일체의 文化的 暴力마저 사라진 상태, 이른바 '인간 안보'가 실현된 적이 없다. '인간 안보'라는 용어조차 인간이 그 어떤 힘에 의해 보호받는 상태라는 수동성을 면하기 어려울뿐더러, 그나마도 현실에서는 여전히 이상적인 志向일 뿐이다. 평화에 대한 인간의 감각은 전쟁이 멈춘 이후 느낄 수 있을 일시적이고 상대적인 안정감 수준에 머물러 있다. 특히 한반도와 같은 곳에서는 전쟁이 일시 중지되고 국토가 분단된 상태를 잘 관리하기만 해도 평화롭다고 말한다. 분단 상태를 잘 유지하는 것만으로도 유용한 평화의 실천이라는 생각이 많다.

물론 '分斷暴力'을 잘 관리하는 행위도 한반도와 같은 전쟁 중단 상황에서는 대단히 현실적인 과제다.[10] 하지만 '분단'이라는 말 자체가 임시적이고 잠정적인 상황을 의미하며, 武力的이든 平和的이든 극복되어야 할 어떤 일시적 장벽으로 여겨진다. 분단 과정에 겪는 갈등과 긴장도 일일이 파악할 수 없을 만큼 크다.

---

[9] 요한 갈퉁, 앞의 책, 19-20, 88쪽 참조.

[10] 김병로·서보혁 편, 『분단폭력』, 아카넷, 2016 참조. 특히 제1장과 6장.

이 마당에 독재 정치나 경제적 종속에 의한 구조적인 폭력도 없고, 구조적 폭력을 보이지 않게 정당화하는 문화적 폭력도 없는 상태라는 기존 평화 규정은 비현실적으로 느껴질 정도로 이상적이다. 이러한 평화를 이루기 위한 각종 노력을 기울여야 하는 것은 분명하지만, 인류는 지속적으로 폭력에 노출되어 왔다는 사실이 더 실감나는 현실이다.

6. 평화유지와 평화조성

물론 거시적으로 보면 직접적이고 물리적인 폭력은 분명히 축소되어 왔다. 평화를 더 큰 힘이 지켜줄 때의 안정 상태 정도로 상상하다 보니, 더 큰 힘을 갖추기 위해 무력을 확대하거나, 더 큰 힘에 기대어 자신의 안위를 지키고자 했다. 더 큰 힘에 기대어 현 상태를 유지하려는 행위를 평화학에서는 '平和維持'(peace keeping)라고 하는데, 인류는 분명히 좁은 의미의 평화 유지를 위한 求心力을 발휘해왔다. 외형적으로 보자면, 萬人에 대한 萬人의 투쟁 상태를 극복해가고 있는 것은 분명하다. 특정 국가, 특히 강대국의 보호나 감시로 인해 군소 국가들이 서로를 침범하지 못한 채 현 상태를 유지하고 있는 것이 그 사례다. 『성경』에 나오는 다음과 같은 비유적 표현은 이천년 전에도 평화를 더 큰 힘에 의한 보호받고 있는 상태로 이해하고 있었음을 잘 보여준다: "힘센 사람이 무장하고 자기 궁전을 지키는 동안 그의 소유는 '평화 안에 있습니다'(엔 에이레네)(누가복음 11:21)."
이런 상황을 의식하고서 어떤 힘에 의해 보호받는 데서 오는 안정감을 더 확보하기 위해 상호 간 안전을 보장하는 조약을 맺어 더 큰 충돌을 예방하기 위한 행위를 하기도 한다. 이런 행위를 '平和造成'(peace making)이라 한다. 더 큰 힘과 그보다 작은 힘 사이의 정치적 역학 관계에 따라 이들 힘이 견제와 균형을 이루도록 협정을 맺어 물리적 충돌이 벌어지지 않게 하는 행위다. '평화조성'이 '평화유지'보다 더 평화적이라고 할 수 있다면, 그것은 무력적 힘을 조약이나 협정이라는 문자적 혹은 언어적 정신으로 대체한다는 데 있다. 각종 조약이나 협상은 현실 너머에서 공통의 영역을 상상할 수 있는 인간 정신의 언어적 구체화다. 이 언어적 표현에 상대방도 비슷한 무게중심을 둘 줄 아는 행위는 진화론적으로 보건대로 분명히 평화를 향한 일보 전진이다. 신예 역사학자 유발 하라리(Yuval Harari)가 인류의 擧示史를 다룬 베스트셀러 『사피엔스』(Sapiens: A Brief History of Humankind, 2015) 에서 인류는 평등의 길을 걸어왔다는 작은 결론을 내릴 수 있었던 데에도 '虛構'를 공유할 줄 아는 인간의 능력을 긍정적으로 평가한 데 따른 것이다.[11]
거시적으로 보면 국가 간 합의 내지 조약의 빈도수도 많아졌다. 칸트가 국가 간 힘들에 의한 전쟁과 폭력을 극복하려면 일종의 世界政府가 필요하다고 제시한 이래 유럽의 사상가들은 이에

---

[11] 유발 하라리, 조현욱 옮김, 『사피엔스』, 김영사, 2015, 580 쪽.

대한 상상을 지속해왔고,[12] 그 배경 속에서 '유엔'이 성립된 것이 대표적인 평화조성 행위다. 인류는 분명히 평화조성을 위한 걸음을 차근차근 내디뎌왔다고 할 수 있다. 심리학자 스티븐 핑커(Steven Pinker)가 『우리 본성의 선한 천사』(The Better Angels of Our Nature: Why Violence Has Declined, 2011)라는 방대한 책에서 인류는 폭력을 줄이고 평화로 좀 더 나아갔다고 분석한 것은 평화유지와 평화조성에 어울리는 평화, 다소 좁은 의미의 평화 개념을 염두에 둔 판단이라고 할 수 있다.[13]

7. 폭력의 내면화와 평화구축

인류가 평화로 나아갔다면 폭력은 그만큼 줄어들었다는 뜻이다. 그런데 정말 폭력은 줄어들었는지 좀 더 세심하게 물어야 한다. 분명히 직접적이고 물리적인 폭력은 축소되어 왔다. 한편에서는 다행스러운 변화라고 할 수 있지만, 폭력의 양상이 변화하며 인간의 내면에 침투해왔다는 사실도 보아야 한다. 폭력의 양은 줄어들었지만, 폭력의 양상이 변화되었고, 질은 강화되어왔다. 무슨 뜻인가.

폭력이 폭력인 이유는 그 힘이 주는 피해와 고통 때문이다. 폭력(violence)의 라틴어 어원의 의미는 '힘(vis)'의 '위반(violo)'이며, 의역하면 '지나친 힘'이다. 한자어 폭력(暴力)의 의미는 '사나운 힘'이다. 이 때 지나치고 사나운 정도를 판단하는 주체는 폭력이 향하는 대상자 혹은 피해자다. 힘의 대상자가 그 힘을 부당하다고 판단할 때, 그 힘은 폭력이 된다. 반대로 대상자가 그 힘을 정당하다고 판단하면 그 힘은 더 이상 폭력이 아니다.[14]

그런데 가령 자유 경쟁에 따라 성과의 축적을 찬양하는 신자유주의 사회에서는 경쟁에서 이기도록 요구하는 외부적 강제력을 당연시한다. 개인과 집단 안팎으로 가해오는 사나운 자본의 힘은 오늘날 거대한 폭력의 원천이지만, 개인이나 집단이 그 폭력을 기꺼이 감내할 뿐더러 적극적으로 추구하기까지 한다. 이 힘을 폭력으로 판단하는 주체가 사라져, 폭력이 더 이상 폭력으로 보이지 않게 된다. 폭력을 개인 안에 내면화시켜 자발적으로 감당하는 흐름이 형성되고 있는 것이다. 폭력이 예전과는 다른 방식으로 내면화하는 바람에 폭력을 해결하기가 도리어 더 힘들어진 시대라고 할 수 있다. '구조적 폭력'의 극복과 '적극적 평화'의 실현은 인류의 여전한 과제이며, 전술한 '평화유지'와 '평화조성' 그 이상의 차원, 즉 '平和構築'(peace building)이 요청되는 것은 이런 맥락 때문이다.

---

[12] 임마누엘 칸트, 오진석 옮김, 『영원한 평화를 위하여』, 도서출판 b, 2011.

[13] 스티븐 핑커, 김명남 옮김, 『우리 본성의 선한 천사』, 사이언스북스, 2014, 서문(13-25 쪽) 참조.

[14] 李贊洙, "脫暴力的 暴力: 新自由主義 時代 暴力의 類型", 『宗教文化硏究』, 제 23 호(2014.12), pp.315-318 요약인용.

평화구축은 개인의 내면, 문화적 차원에서까지 폭력을 줄이거나 없애기 위한 행위다. 리사 셔크(Lisa Schirch)의 정리를 빌면, 평화구축은 “모든 형태의 폭력을 예방하고 감소시키고 변화시키며 사람들을 폭력으로부터 회복할 수 있도록 돕는” 활동이다.[15] 적극적 평화를 세우기 위해 국제 질서는 물론 인간과 자연 간 관계까지 염두에 둔 폭넓은 규정이다.

평화조성 행위에서도 보았듯이, 평화를 위해서는 법과 법에 기반한 질서도 필요하다. 하지만 더 근본적인 것은 평화를 위한 법을 만들고 나아가 그것이 제대로 지켜지도록 아래로부터 요청하는 다양한 목소리들이다. 이것이 평화구축의 근간이다. 평화구축은 하나의 완결 상태가 아니라 적극적 평화를 이루어가는 과정이다. 구축(構築, building)이라는 한자어에 들어있듯이, 평화를 이루어가는 과정은 건축 행위에 비유되곤 한다. 김병로(金炳魯)에 의하면 평화는 ‘아키텍처’와 같다.

> 평화는 마치 거대하고 웅장한 건축물과 같다. 단순한 건조기술을 구사하여 만든 건물이나 건설이 아니라 사람들의 생활을 감기 위한 기술·구조와 기능을 수단으로 하여 이루어지는 공간예술로서의 건축, 즉 ‘아키텍처’(architecture)에 비유할 수 있다. 아키텍처는 건축이라는 말로 다 전달할 수 없는 높은 수준의 의미를 띤다. 즉, 공간을 이루는 작가의 조형의지가 담긴 건축의 결과라 말할 수 있다. 건축물을 세우기 위해서는 정교한 설계도가 필요하고 복잡한 공정이 요구되며 편리함과 조형미를 동시에 고려해야 한다. 이런 의미에서 아키텍처는 쾌적하고도 안전한 생활의 영위를 위한 기술적인 전개와 함께 공간 자체가 예술적인 감흥을 가진 창조적 행위라는 의미를 지닌다.[16]

그리스어로 ‘건축’을 의미하는 ‘아키텍처’는 질서, 배열, 비례, 분배, 균형 등의 의미를 지닌다.[17] 어원적으로 기원, 원리, 원형을 의미하는 ‘아르케(arche)’와 기술을 의미하는 ‘테크네(techne)’의 조합이라는 데서 알 수 있듯이, 아키텍처는 ‘이상적 원형을 추구해나가는 기술’을 의미한다. 완전성을 지향해가는 삶의 모든 행위라고 폭넓게 말할 수도 있다. 평화 역시 이상적인 상태를 꿈꾸며 균형감 있게 세워가는 인류의 총체적 생활 방식 및 과정과 연결된다.

8. 폭력을 어떻게 줄일까, 비폭력의 모호함

---

[15] Lisa Schirch, *The Little Book of Strategic Peacebuilding: A Vision and framework for peace with justice*, PA: GoodBooks, 2004, p.9.

[16] 김병로, 『다시 통일을 꿈꾸다』, 모시는사람들, 2017, 118쪽.

[17] 블라디슬로프 타타르키비츠, 손효주 옮김, 『타타르키비츠 미학사 1』, 미술문화, 2005, III-10 참조.

평화는 폭력 없는 상태를 지향하며 폭력을 줄여가는 과정이다. 평화를 세운다는 것은 폭력을 줄인다는 것이다. 폭력을 줄여나가는 만큼 평화가 세워지며, 따라서 폭력을 줄여가는 과정이 평화의 과정이다. 평화는 폭력에 반비례한다. 이와 관련하여 갈퉁의 아래와 같은 평화도식은 유의미하다.

평화(Peace) = 공평(Equity)×조화(Harmony)/상처(Trauma)×갈등(Conflict)[18]

평화는 공평과 조화의 곱에 비례하고, 상처와 갈등의 곱에 반비례한다는 것이다. 적극적으로 해석하면 공평과 조화의 역량을 키우는 방식으로, 소극적으로 해석하면 상처와 갈등을 줄이는 방식으로 평화를 키워나가야 한다는 것이다. 비교적 명쾌한 도식이다.

이 때 좀 더 중시해야 할 것은 분자보다는 분모 부분이다. 인류가 평화에 대한 경험보다는 폭력의 경험이 더 클 뿐더러, 실제로 폭력을 떠나 본 적이 없다는 점에서, 평화를 폭력 줄이기로 이해하는 편이 현실적이다. 상처가 없고 갈등이 없는 이는 없을 것이다. 의사에게도 병이 있고, 상담사에게도 고민이 있다. 신부도 다른 신부에게 고해성사를 한다.

마찬가지로 인류는 언제나 폭력 속에서 그 너머를 지향해왔다. 상처의 치유와 갈등 해소의 길에 나선다는 것은 현재까지의 상처와 갈등의 경험으로 더 큰 상처와 갈등을 예방할 뿐더러 지금의 상처와 갈등을 더 줄이자는 것이다. 큰 틀에서 보면, 폭력으로 폭력을 줄이는 것이다. 작은 상처로 큰 상처를 보듬고, 작은 갈등으로 큰 갈등을 예방 및 치유하는 것이다.

물론 폭력으로 폭력을 줄일 수 있겠느냐는 비판적 목소리들이 많다. 주지하다시피 간디, 톨스토이, 함석헌 같은 이들은 폭력적 저항을 거부하며 비폭력에 대해 강조했다. 폭력을 없애는 최상의 길은 비폭력(非暴力, non-violence)이라고 가르쳐왔다. 가령 간디(Mahatma Gandhi)는 이렇게 말한 바 있다: "비폭력은 우리 인간의 법칙이다... 이 세상의 모든 착취당하는 사람들을 구제하려면 한쪽에는 진리, 또 한쪽에는 비폭력이라 씌어진 깃발을 하늘 높이 치켜들어야 한다."[19] 이러한 간디의 비폭력 저항은 두루 칭송받고 있다.

그런데 다시 물을 필요가 있다. 비폭력이란 무엇이며, 비폭력은 과연 가능한가. 인류가 폭력을 떠나본 적이 없고 더욱이 폭력이 내면화해가고 있는 마당에 '폭력 아님'을 실천한다는 것은 무엇이며, 그것은 과연 논리적으로 가능한 말일까.

비폭력이라는 말은 본래 동물을 제물로 바치는 제사 전통에 반대하며 생명의 희생 없이 해탈을 추구하던 인도의 종교 전통에서 나온 말이다. 비폭력의 원뜻은 '불살생(不殺生, ahiṃsā)'이다.

---

18 Johan Galtung, *A Theory of Peace: Building Direct Structural Cultural Peace*, Transcend University Press, 2012. Knut J. Ims and Ove D. Jakobsen, "Peace in an Organic Worldview", Luk Bouckaert & Manat Chatterji eds. *Business, Ethics and Peace*, vol.24, 2015, p.30 에서 재인용.

19 마하트마 K. 간디, 이명권 옮김, 『간디명상록』, 열린서원, 2003, 113-114 쪽.

그런데 간디가 소로우(Henry David Thoreau)의 『시민의 불복종』(Civil disobedience, 1849) 등에 영향을 받으며 부당한 권력에 대한 불복종 운동을 전개하면서 '아힘사'는 '비폭력'이라는 의미로 확장되었다. 종교적 성향의 '불살생' 이념이 다소 정치·사회적 언어인 '비폭력'으로 알려지게 된 것은 폭력을 무력적 싸움이나 전쟁처럼 소극적으로만 이해하던 저간의 경향을 반영한다고 할 수 있다.

그러나 과거에 비해 물리적 폭력은 약해지고 있지만, 한편에서는 폭력이 더 깊게 내면화하고 더 넓게 구조화되는 과정을 실감하고 있는 오늘날에는 '폭력 아님'이라는 말이 도리어 비현실적으로 다가온다. 벤야민, 데리다, 들뢰즈 등이 법의 폭력성, 힘의 관계에서 이루어지는 언어의 폭력성 등에 대해 분석했듯이, 나아가 동물 등 다른 생명체를 먹어야 살 수밖에 없는 인간의 생존활동 자체가 폭력적이듯이, '비폭력'이라는 말은 폭력의 의미를 제한적으로 해석하는 곳에서만, 즉 물리적 폭력으로 이해하는 곳에서만 유의미하다. 무력에 무력으로 대응하지 않음으로써 무력의 비인간성을 폭로하는 전략은 한편에서 의미가 적지 않지만, 사회와 국가적 구성 자체가 폭력적이라는 인식이 확장되어가고 있는 오늘날에는 제한적 효과만을 가져온다. 저마다의 욕망을 긍정하고 경쟁에서의 승리를 칭찬할 만큼 사실상 폭력이 일상화해가는 '脫暴力的 暴力'[20]의 현실에서 비폭력의 위치는 모호하고 불확실하다.

게다가 비폭력이라는 말이 과연 논리적으로 가능한가 하는 의구심도 갖게 된다. 언어 자체가 폭력이기에 폭력에 외부가 있을 수 없다는 데리다의 폭력론에 함축되어 있듯이,[21] 인간이 타자와의 관계를 온전히 비폭력적으로 맺는 길은 없다. 다소 광범위한 해석이기는 하지만, 인간의 언어와 행동은 본성적으로 폭력적이기 때문이다. 인간은 늘 폭력 안에 있어왔고, 폭력을 떠나는 행동을 해본 적이 없다.

9. 감폭력(minus-violencing)

'비폭력'이 불가능하거나 제한적으로만 유의미하다면, 평화를 위해 폭력을 완전히 떠난다는 것은 불가능하다. 폭력으로 폭력을 줄이는 길만이 가능하다. 작은 폭력으로 큰 폭력을 줄이는 것이다. 간디나 톨스토이 같은 이들이 실제로 '시민의 불복종' 운동을 실천한 데 영향을 받으며 비폭력이라는 말이 회자되고 전승되어 왔지만, 그 실질적인 내용은 작은 폭력으로 큰 폭력을 줄이는 과정이라고 할 수 있다. 폭력의 구조적이고 문화적인 차원까지 극복하려면, 폭력으로부터

---

[20] 경쟁을 통해 자본을 축적할수록 승리자로 칭송하는 신자유주의 시대에는 성과 축적을 요구하는 거센 압력을 도리어 적극 내면화함으로써 그 힘을 폭력으로 느끼지 못한다. 필자는 이러한 폭력을 탈폭력적 폭력(deviolent violence)이라고 명명한 바 있다. 이찬수, 앞의 글.

[21] 이문영, "21 세기 폭력의 패러다임과 폭력.비폭력의 경계: 발리바르, 데리다, 아감벤의 폭력론을 중심으로", 한국평화연구학회, 『평화학연구』 VOL.16, NO.1, 2015, 13-18 쪽.

도피하지 않고 폭력 안으로 들어가야 할 도리밖에 없다. 폭력 안으로 들어가는 과정과 저항하는 과정에서 의도적으로 더 작은 힘들을 사용하며 폭력의 극복에 주체적으로 참여할 뿐이다. 그런 점에서 "평화는 작은 폭력으로 큰 폭력을 줄이는 과정"이라고 재규정할 수 있다. 그리고 이러한 폭력 축소 과정을 '감폭력(減暴力, minus-violencing)'이라 명명할 수 있을 것이다. '폭력적이기(violencing)'로부터 '멀어져가는(minus) 과정'인 것이다.

'비폭력'이 명사이고 낱말이라면, '감폭력'은 동사이고 문장이다. 비폭력이 폭력적이지 않은 어떤 '상태'를 의미한다면, 감폭력은 폭력을 감소시켜가는 '과정'이다. 그러면서 이전보다 더 감소된 다음 단계를 꿈꾼다는 점에서 '목적'이기도 하다. 폭력을 더 줄여 온전한 탈폭력적 세상으로 수렴해갈 수밖에 없다는 점에서 감폭력은 과정이자 목적이다. 복잡한 힘들의 부정적 역학 관계 때문에 어디서 누군가 더 큰 폭력에 의해 아픔을 겪을 수밖에 없는 현실을 자각하고서 폭력을 줄이고 줄이고 또 줄여나갈 뿐이다.

데리다가 "모든 철학은 폭력의 경륜(economy of violence) 속에서 더 작은 폭력을 선택할 수 있을 뿐"[22]이라고 말한 것은 큰 힘을 축소시키고 힘들 간 조화를 찾는 과정을 평화로 해석하는 이 글의 입장과 통한다. 작은 힘들이 다양한 곳에서 여러 방식으로 큰 힘에 저항하면서 평화는 구축되어간다. 작은 폭력들의 연대가 큰 폭력을 줄여 그만큼 평화를 가시화시키는 동력인 것이다. 아울러 폭력이 여러 힘들 간 불균형에서 비롯된다면, 평화는 작은 힘의 의미와 가치를 열어보여서, 힘이 크기의 문제가 아니라 내용의 문제라는 사실을 지속적으로 밝히는 과정이다. 힘의 진정한 본질은 억압이 아니라 자유를 보장하고 相生을 이루는 데 있음을 드러내는 저항이 기존의 폭력을 줄인다. 인간은 의도적으로 더 작은 폭력을 선택하고, 그 작은 폭력으로 큰 폭력을 감소시켜야 한다. 타자를 향한 폭력의 벡터(크기와 방향)를 흐릿하게 하는 그러한 폭력의 감소가 감폭력이다.

10. 反暴力과 공업(共業)

발리바르가 일차원적 대항폭력과 소극적 비폭력을 넘어, 구조화된 폭력 안에서 폭력에 맞서는 '反暴力(anti-violence)의 정치'를 제안한 바 있다. 반폭력은 구조화된 폭력 속에서도 他者에게 배타적이지 않은 정치적 주체세력으로서의 '시민다움(civilite)'을 형성해가는 과정이다. 반폭력의 정치는 작은 폭력으로 큰 폭력에 저항해 큰 폭력을 줄이는 減暴力의 과정과 비슷한 구조를 한다. 이 때 작은 폭력은 단순히 폭력의 '크기'만을 의미하지 않는다. 물론 크기는 작되, 폭력적 현실을 주체적이고 반성적으로 각성한 이가 자발적으로 기존의 큰 폭력에서 한 걸음 혹은 몇 걸음

[22] 자크 데리다, 남수인 옮김, 『글쓰기와 차이』, 동문선, 2001, 485 쪽. 우리말본에는 economy of violence 를 '폭력의 경제학'으로 옮겼으나, 여기서는 '폭력의 경륜'으로 표기했다.

물러나는 행위라는 점에서 폭력의 '질'이 다르다. 기존의 폭력이 타자를 부정하는 자기 욕망의 확장으로 강화된다면, 감폭력은 자신의 내적 욕망을 절제하며 타자를 인정하고 살리는 행위이기도 하다. 아렌트(Hannah Arendt)가 공화주의적 삶을 위해서는 일종의 '演技(action)'를 해야 한다고 말했던 것처럼,[23] 자신의 욕망을 괄호에 치고 차이를 수용하며 公的 영역을 만들어가야 한다. 이러한 행위에 누군가의 고통에 함께 하는 共感(compassion)이 뒷받침된다면, 그것이야말로 인간다움의 근간이라고 아렌트는 본다.

이런 자세 및 세계관은 불교의 '공업(共業)' 개념에서 절정에 달한다. 세상만사는 상호 관계적이고 상대적이라는 연기적(緣起的) 세계관은 폭력을 줄여야 하는 명확한 이유가 된다. 모든 생명에게서 불성을 보는 대승적 생명관으로 보면 더욱이나 그렇다. 모든 것은 관계성 속에 있으니, 폭력으로 인한 누군가의 아픔에는 크든 작든 나의 책임도 얽혀있을 수밖에 없다. 폭력은 그것이 어떤 것이든 개인적이기 이전에 사회적이고, 결국 모두의 문제다. 폭력으로 인한 누군가의 아픔에는 사회적 책임이 뒷받침되어야 한다.

"중생이 아프니 내가 아프다"는 維摩居士의 일성은 감폭력의 불교적 원리를 잘 보여 준다. 『維摩經』(「佛道品」)에서는 이렇게 말한다: "전쟁의 소겁(小劫) 동안에는 그를 위하여 자비심을 일으켜 저 모든 중생을 교화하여 싸움이 없는 땅에 살도록 한다네. 만약 커다란 싸움터가 있다면, 병력을 고르게 나누고 나서 보살은 위세를 나타내 항복받아 화평하게 편안하게 한다네." 폭력이 있는 곳에는 자비의 마음으로 폭력을 줄이고, 전쟁이 벌어지면 힘의 불균형을 바로 잡아 화평으로 인도한다는 것이다. 폭력을 줄여 평화를 이루는 보살도는 공업의 원리에 따른 공감력을 근간으로 한다. 이런 공감력이 폭력을 줄이기 위한 실천적 동력이다. 아렌트의 공감도 이러한 자세의 현대 정치철학적 해석이라고 해도 과언이 아니다.

11. 공감, 감폭력, 평화다원주의

공감은 타자의 눈으로 자신을 다시 보는 것이다. 외부의 눈으로 내부를 들여다보는 것이다. 내부에만 있으면 내부가 안 보인다. 그런 점에서 타자의 눈으로 자신을 본 뒤 다시 타자를 향해 나아가는 행위가 共感이다. 그리고 다시 그 타자의 눈을 가지고 자신으로 돌아오는 순환 과정을 통해 타자와 자아, 내부와 외부가 모두 바뀐다. 이른바 희생양 시스템에 입각한 인류 문명의 폭력적 구조를 밝힌 지라르(René Girard)도 밖으로부터의 관점을 융합해낼 때 폭력적 희생양 시스템이 극복될 수 있다고 말한다.

---

[23] 아렌트는 인간의 세 가지 '활동적 삶'으로 노동(labor), 작업(work), 행위(action)를 제시하며 이 중 '행위'를 중시한 바 있는데, 이 '행위'는 공동의 뜻에 어울리도록 저마다 내적 욕망을 절제하는 '연기'이기도 하다. 한나 아렌트, 이진우 옮김, 『인간의 조건』, 한길사, 2017, 73-85쪽.

체제의 안에서 보면, 차이들밖에 없다. 반대로 밖에서 보면 동질성 밖에 없다. 안으로부터는 동질성이 보이지 않으며, 밖으로부터는 차이가 보이지 않는다. 그렇다고 이 두 관점이 대등한 것은 아니다. 안으로부터의 관점은 언제나 밖으로부터의 관점에 통합될 수 있지만, 밖으로부터의 관점은 안으로부터의 관점에 통합될 수 없다. 이 체제에 대한 설명은 안으로부터와 밖으로부터라는 두 관점의 화해 위에 근거해야 한다.[24]

지라르가 말하는 두 관점의 화해는 공감의 구성 원리를 잘 보여준다. 안으로부터의 관점은 타자 배제적으로 드러나지만, 밖으로부터의 관점은 타자 수용적으로 드러날 가능성이 크다. 공감은 타자와 함께 하면서 그 배제적 가치를 극복하려는 행동으로 드러난다.

폭력을 감소시켜 그만큼의 평화를 세우려면, 주어지는 수동적 평화가 아니라 세워가는 능동적 평화여야 한다. 평화구축(peace building)으로 나아가는 것이다. 주체적 성찰 없는 감폭력도 없다. 감폭력은 타자를 배제하는 자기중심적 체제에 주체적으로 저항하는 과정이고 끝없는 목표다. 이것이 갈퉁이 말하는 평화 도식의 分子('공평×조화')를 키우고, 分母(트라우마×갈등)를 줄인다. 그렇게 적극적 평화로 나아가게 되는 것이다.

다양한 형태들 간 공감대를 확보해 나가면서, 다양성이 갈등이 아닌 조화로 이어지도록 해야 한다. 평화는 어느 순간 특정 입장에 의해 완성될 정적 상태가 아니다. 이른바 자기중심적 여러 '평화들'의 動的 調和의 과정이기도 하다. 그런 점에서 '평화들의 조화로서의 평화'를 세워가야 한다. 그렇게 폭력을 축소시켜가려는 입장과 자세가 '평화다원주의'(pluralism of peace)다.

평화다원주의적 시각과 자세로 여러 평화들 간의 공감적 합의 과정을 통해 '평화'라는 單數型 理想에 다가선다. 그 單數型 理想은 自己完結的이지 않다. 進行形이다. 상호 이해를 통한 갈등의 止揚이고, 그를 통한 다양성의 調和이며, 너와 나 사이의 차이가 相生的 調和로 昇華되는 과정이다. 평화에 대한 이해와 인식, 실천 방법 등이 달라서 서로 부딪히더라도, 공감의 지점을 향해 다시 대화하고 합의하고 수용해 나가야 할 도리밖에 없다. "대화와 논쟁은 상반된 성향에도 불구하고 공공영역의 활성화에 기여"하기 때문이다.25 우리의 주제대로 말하면, 그것이 減暴力的 平和構築의 根幹인 것이다.

---

[24] 르네 지라르, 김진식 외 옮김, 『폭력과 성스러움』, 민음사, 2000, 238쪽.

[25] 홍원표, 『한나 아렌트의 정치철학』, 인간사랑, 2013, 40쪽.

유럽중심 근대화에 대한 비판적 성찰과 강약 조화의 문명사회

-소태산(少太山)의 사상을 중심으로-

박광수 교수

원광대학교 원불교학과

종교문제연구소장

Ⅰ. 서론

인류역사는 전쟁과 평화의 쌍곡선을 그려오면서 다양한 인류문명의 형성과 발전, 쇠퇴와 멸망의 과정을 거쳐 오늘날 21세기 산업혁명의 세계화시대를 맞이하고 있다. 현대 인류사회가 세계화(Globalization) 과정에서 겪는 다양한 문제들은 개인적이며 국지적 문제를 벗어나 범세계적인 문제로 확산되고 있다. 또한 인류공동체가 사회적 소통(social network)을 추구하는 상생의 문명사회를 지향하면서 세계보편윤리와 공공성(公共性)의 필요성이 대두된다.

로마문명을 비롯하여 중세 이후 최근세에 이르기까지 서구 유럽의 강대국들은 "새로운 세계에 대한 발견"과 "비문명의 문명화"란 명분으로 아시아, 아프리카, 북남미 등 약소국에 대한 침략과 살상, 식민지화를 통한 경제적 수탈, 기독교 전파를 통한 토착민의 고유한 종교 또는 정신문화 파괴를 일삼았다. 미국에 들어온 유럽인들의 '개척정신'은 수천만 명의 인디언 원주민들의 목숨을 앗아가고 그들의 고유 언어와 문화를 파괴하는 결과를 초래하였다. 18세기 영국의 산업혁명을 이룬 경제적 기반 또한 대체로 식민지 개척을 통한 자원의 독점적 확보, 노예제도의 합법화 및 노예시장을 통한 자본확충에 의한 것이다. 이러한 현상들은 과거 인류역사에 있어, 침략전쟁을 통한 식민지건설과 노예시장을 근간으로 이루어진 화려한 로마문명의 건설 양태와 다를 바 없다.

1차 세계대전과 2차 세계대전의 비극적 참상은 역시 산업혁명을 통한 경제지배, 부강한 국가를 만들기 위한 군사력 증강과 열악한 국가 침략과 식민지화, 민족우월주의에

의한 타민족 배척과 지배 등이 난무하던 약육강식의 미친 시대였다. 현재, 사회주의는 무너지고 유럽-미국중심의 정치의 패권적 종속주의와 탐욕적 자본주의 경제체제는 전세계에 만연하고 있다.

유럽-미국중심의 세계관과 세계질서는 강력한 정치적, 경제적, 군사적 힘을 배경으로 하고 있다. 아시아, 아프리카, 남아메리카 등 세계 곳곳에 유럽-미국의 정치, 경제, 교육 시스템이 전반적으로 파급되어 있다. 그러나, 최근에 일어나고 있는 브렉시트(Blexit), 즉 영국의 유럽연합(EU) 탈퇴 문제와 미국 트럼프(Trump) 대통령의 미국중심의 패권적이며 폐쇄적 이익추구는 인류 전체에 대한 관점보다는 자신의 국가와 민족중심의 이익추구를 위한 것이다. 이는 영국인과 미국인 스스로가 세계 중심으로부터 벗어나고자 하는 정책들을 취한 것이기에, 유럽-미국 중심의 세계 정치·경제 체제의 약화와 종언을 예시하는 전조들이다.

세계화의 과정에서 지역성의 문제가 도외시되고, 세계 질서를 새롭게 재편하는 과정에서 유럽중심의 침략적 식민주의가 군사적 충돌과 함께 이루어졌다고 한다면, 현대사회는 강자/강대국과 약자/약소국과의 군사적, 경제적, 문화적 우위와 열세의 관계에서 동질적이면서도 다른 형태의 새로운 세계질서가 형성되고 있다. 이에 대한 역사적 반성과 새로운 정신운동이 전개되지 않고는 인류사회의 강약 지배의 구도는 근본적으로 변화되기 어려운 일이다.

현재 진행 중인 4차 산업혁명시대 또한 과거의 침략적 지배의 문명구조는 바뀌지 않고 오히려 더 경쟁적으로 지배와 종속관계를 심화시키게 될 것으로 예상된다. 정치, 경제, 군사, 문화, 학술, 지식산업 등 다양한 분야에서 지배와 종속의 관계가 뚜렷해지고 있다. 빈부격차 더욱 심화되고 있기 때문이다. 현대사회의 구조적 문제는 인간과 자연과 종교 간에 강・약의 구조 속에서 상극과 대립의 구조의 틀을 벗어나지 못한 데에 기인한다. 유럽-미국중심의 패권적 종속주의에 의한 문명의 충돌과 강약의 대립적 구도를 극복하기 위한 새로운 공공(公共)의 문명사회 전환이 필요한 이유가 여기에 있다.

Ⅱ. 유럽중심의 '근대화'와 '문명관'에 대한 비판적 성찰

서구유럽의 경우, 15-16세기에 걸쳐 르네상스, 종교개혁 등이 일어나면서 사회 전반에 걸쳐 큰 변화가 시작되었으며, 18-19세기에 걸쳐 일어난 산업혁명은 '근대화'의 중요한 발판을 만들었다. '근대화' 과정에서 가치관의 변화와 사회중심축의 변동이 일어났다. 정치적으로는 왕권을 중심으로 한 전제주의에서 점진적으로 입헌제도와 대의제도에 의한 권력분립이 이루어지고 의사결정구조가 국민의 기본권을 중시하는 시민중심의 사

회로 전환이 이루어졌다. 이로 인한 자유와 인권이 신장되었음은 물론이다.

경제적으로는, 자본주의 경제체제가 확립되면서 경쟁적인 자유시장이 확산되었다. 막대한 자본의 축적은 문화의 르네상스기를 맞이하게 하는 중요한 자원이 되었다. 또한, 새로운 산업분야에 대한 자산의 집중적인 투자가 가능하게 되면서 산업기술뿐만 아니라 군사력을 급성장시키는 계기를 만들었다.

유럽의 경제적 성장과 산업혁명을 통한 군사력 확충의 '근대화'의 성공은 세계의 강대국으로 성장하는 계기를 마련하였다. 이와 더불어, "서구유럽=문명=근대화"의 도식에 대비하여 "아시아, 아프리카 등 미지의 세계=야만=비근대"로 설정하여 세계의 문명화를 위한 침략과 식민지건설의 합리적 정당성을 부여하였다. 월러스턴(Immanuel Wallerstern)은 서구유럽에 계몽주의가 팽창하던 시기에 프랑스의 미라보(Mirabeau)와 영국의 퍼거슨(Adam Ferguson) 등에 의해 '문명(Civilization)'의 의미가 빠르게 전파되었다고 한다.[1]'문명'은 "새로운 시민계층이 형성되면서 도시민적인 세련된 생활 방식"[2]으로 정착되고 파급되었다. 유럽의 '근대화'는 미국 대륙뿐만 아니라 세계 곳곳에서 서구적 '문명'세계 개척을 정당한 명분으로 삼고 식민지건설과 노예시장을 확산하였다. 이를 통해 축적된 경제적 부는 산업혁명의 기반이 되었으며, 군비(軍備)를 강화시킬 수 있었다.

물론, 이와 같은 서구중심의 고대·중세·근대에 대한 역사구분을 아시아의 역사에 적용하기는 어려운 일이지만, 유럽의 근대화를 통한 군사력, 경제력, 정치력의 강화는 동아시아 삼국인 한국, 중국, 일본에 큰 영향을 끼쳤다.

아시아 국가 가운데 서구식 근대화를 가장 빠른 시기에 수용하고 발전시킨 나라는 일본이었다. 정도의 차이는 있지만, 중국과 한국의 경우도 예외는 아니다. 서구적 근대화와 '문명관'은 아시아 특히 일본에 가장 큰 영향을 끼쳤으며, 근대화를 추구하는 주변국가에 급격하게 확산되었다. 아시아뿐만 아니라 세계 곳곳에서 유럽중심의 세계관과 문명관이 파급되어 교육의 시스템뿐만 아니라 예술 문화 등 다양한 분야에서 유럽과 미국 따라 하기를 근대화와 문명화의 척도로 여겼다.

일본은 제도적으로는 도쿠가와 시대를 지탱하던 막번(幕藩)체제가 해체되는 과정에서 미국은 1854년 8월 일본에 강제적으로 「미일화친조약」을 맺게 하고 1858년 7월에는

---

[1] Immanuel Wallerstein, *Geopolitics and Geoculture: Essays on the Changing World System* (Cambridge Univ. Press, 1994), p. 216; 전홍석, 『문명 담론을 말하다』(푸른역사, 2012), p. 56 참조

[2]전홍석, 『문명 담론을 말하다』(푸른역사, 2012), p. 47.

「미일수호통상조약」을 맺어 경제적 불평등 조약이 이루어졌다. 이러한 과정에서 일본은 무사들을 중심으로 신진세력들이 메이지 천황을 옹립하면서 외래문물을 신속하게 수입하고 정부를 수립하는 과정에서 서구의 강력한 제국주의 체제를 수용하였다. 일본의 근대(近代)를 논할 때면 대개 그 기준이 되는 시점은 메이지(明治)유신(1868년)이다.

일본의 집권층과 지식인들은 메이지 유신이후 시행한 일본의 근대화를 '일본=서양=문명'대 '중국·한국=야만'으로 설정하는 등 유럽의 강대국을 모방하였으며, 국왕을 중심으로 대동아(大東亞)를 건설하기 위한 제국주의의 길을 걸었다. 근대 일본을 대표하는 철학자인 니시다 기타로(西田幾多郎, 1870-1945)는 '교토학파'의 기초를 마련하였다. 교토학파의'세계사의 철학' 혹은 '세계사적 입장'은[3] 동아시아에서 권익을 확보하면서 '세계질서'의 재편을 요구한 제국주의 일본의 정책에 대한 철학적 기저를 제공하였다. 후쿠자와유키치(福澤諭吉)의 탈아론(脫亞論)과 같은 맥락에서, 도쿠토미소호(德富蘇峰, 1863-1957)는 1894년 일어난 청일(淸日)전쟁을 '문명과 야만의 전쟁'으로 규정하고 "청나라는 문명의 적, 인도(人道)의 적이므로 이를 토벌하는 것은 의전(義戰)이다"[4]라고 주장하였다. 일본 제국주의는 일본을 문명사회로, 조선과 청국을 '야만'의 문명으로 규정하고 일본에 군사적 힘에 의한 침략의 정당성 및 식민통치의 합리화를 보여주고자 한 것이다. 당시 일본의 '동아협동체론'[5]은 일본이 중국·아시아에서 감행한 제국주의 전쟁에 대한 명분을 만들어낸 이론적 산물이었다. 일본의 탈아론(脫亞論)를 통한 대동아(大東亞) 건설과 대동아공영권(大東亞共榮圈)은 '서구식 근대화'의 침략주의를 그대로 수용한 셈이다.

서구 유럽이 세계 각국의 정치, 경제, 교육, 문화, 예술 분야 등 다양한 영역에서의 현 체제 형성에 가장 큰 영향을 끼쳐온 것은 주지(周知)의 사실이다. 그러나, 서구식 근대화와 군사력 강화를 통한 약육강식의 세계전쟁을 어떻게 평가할 것인가? 20세기에 일어난 비극적인 1차 세계대전과 2차 세계대전의 경우도, 모두가 자국의 생존과 이익을 극대화시키기 위한 서구중심의 근대화에서 비롯한 것이다. 현재 21세기 세계 곳곳에서

---

[3]고야스노부쿠니, 『동아 대동아 동아시아-근대 일본의 오리엔탈리즘』(이승연 역, 역사비평사, 2005), pp. 34-35.

[4]「國民日報」 1894.9.9.; 방광석, 「도쿠토미소호의 동아시아 인식」, p. 147에서 재인용. (방광석, 「도쿠토미소호의 동아시아 인식」, 진성곤 외, 『근대 동아시아 담론의 역설과 굴절』, 소명출판, 2011, pp. 135-164,)

[5]고야스노부쿠니는오자키호쓰미(尾崎秀實, 1901~1944, 사회주의자·저널리스트)는 "현 상황에서 '신질서'를 실현하기 위한 수단으로 등장한 '동아협동체'는 바로 중일전쟁의 진행과정이 낳은 역사적 산물이다"라고 한 내용을 토대로 일본의 '동아협동체'에 대한 자신의 비판적 견해를 밝히고 있다. (고야스노부쿠니 , 『동아 대동아 동아시아-근대 일본의 오리엔탈리즘』, pp. 81-89.)

일어나고 있는 대부분의 갈등과 내전은 그 지역의 자체적인 문제이기도 하지만, 대체적으로 2차 세계대전이후 미국과 유럽, 그리고 러시아를 중심으로 자국의 이익을 위한 세계지도의 잘못된 재편에서 온 경우가 태반이다.

이와 같은 기조는 현대 미국사회의 새뮤얼헌팅턴(Samuel P. Huntington)의 주장에서도 그대로 반영되고 있다. 그는 『문명의 충돌(The Clash of Civilizations and Remaking of World Order)』(1996) 탈냉전 시대이후 다극 다문명 세계에 접어들면서 이슬람의 급격한 인구 증가와 아시아의 고속 경제 성장으로 인한 문명 갈등은 세계 정치에서 그 어떤 대립보다 중심적 비중을 차지할 것으로 예견하고 있다.(헌팅턴, 1997, p. 321.) 헌팅턴은 쇠락하는 서구 문명을 수호하기 위해 미국과 유럽이 중점을 두어야 할 사항을 다음과 같이 제안하고 있다.

> 정치적, 경제적, 군사적 결속을 한층 강화하고 정책 공조를 도모하여 다른 문명의 국가들이 유럽과 미국의 반목을 이용하지 못하게 막는다.
> ...라틴아메리카의 '서구화'를 후원하고 라틴아메리카와 서구의 긴밀한 결속을 최대한 도모한다.
> 이슬람 국가들과 중화 국가들이 재래식, 비재래식 전력의 강화에 나서는 것을 견제한다.
> ... 다른 문명에 대한 서구의 기술적, 군사적 우위를 유지한다.[6]

한편으로는 이슬람 국가, 중화 국가, 일본에 대해서는 견제를 강화하고, 다른 한편으로 라틴아메리카에 대해서는 '서구화'를 추진해야 한다는 주장이다. 이와 같은 그의 주장은 미국의 강경한 정책수행을 전제한 것이며, 현재에도 미국의 정책기조에 그대로 적용되고 있다.

이와 같은 국한된 지역주의와 폐쇄적 민족주의는 민족 집단의 주체성과 소속된 국가의 안전을 확보할 수 있어도 세계 시민의 보편적 가치를 제공하지는 못한다. 인류 역사는 자민족 또는 자국의 이익을 확대하기 위한 타민족 또는 타국에 대한 침략과 수탈은 당연한 수단이 되어 왔음을 보여준다. 인간 중심의 세계관은 모든 자연과 생명을 인간을 위한 도구로 여겨 왔으며, 자연파괴와 생명경시 풍조는 오히려 인류를 위협에 빠트리는 결과를 초래하고 있다.

근・현대 세계정세의 급격한 변화 속에서 한국에서는 새로운 민족종교운동이 전개되

---

[6] Samuel P. Huntington, 『문명의 충돌(The Clash of Civilizations and Remaking of World Order)(1996)』, 이희재 옮김 (김영사, 1997), p. 428.

었다. 특히, 후천개벽사상과 5만년 대운에 대한 이상적 세계관을 펼친 수운(水雲) 최제우(崔濟愚, 1824~1864)의 동학(東學, 천도교)을 비롯하여, 증산(甑山) 강일순(姜一淳, 1871~1909)의 증산교(甑山敎), 소태산(少太山) 박중빈(朴重彬, 1891~1943)의 원불교(圓佛敎) 등이 발생하여 민초들 사이에 큰 영향을 끼쳤다. 한국 민중 가운데 일어난 종교 지도자들의 종교 개혁 또는 사회 혁신 운동은 토착적인 전통을 비판하면서도 주체적으로 근대화를 이루고자 하였다. 이를 '토착적 근대화' 또는 '자생적 근대화'라 부르기로 한다. 이 가운데, 1916년 소태산박중빈의 종교관과 '강자·약자진화상요법(强者弱者進化上療法)'은 인류역사의 약육강식(弱肉强食)에 의한 침략주의와 식민주의에 대한 반성과 강자와 약자의 조화적 발전과 상생(相生)의 문명사회를 가능하게 하는 사상이다.

Ⅲ. 소태산의 강약진화 문명사회

소태산은「최초법어(最初法語)」중 「강자약자진화상요법(强者弱者進化上要法)」에서 개인 및 사회, 국가 간의 강약의 관계를 대립적 또는 진화적 관계로 설정하고 있다. 강자 또는 강대국이 약자 또는 약소국을 침략하여 식민지화하고 경제적 침탈과 억압을 자행하는 행위를 비판하였으며, 강자와 약자의 대립적 관계가 아니라 자리이타의 조화로운 상생의 관계를 설정하고 해결방안을 제시하였다.

소태산은"...... 약자를 업수이만 여겨 차차 을동리 사람들이 갑동리로 와서 여러 가지 수단으로 둘러도 먹고 전곡재산(錢穀財産)도 빼앗으며 토지전답(土地田畓)도 저희가 받아먹고도 유위부족(猶爲不足)하야 무식자(無識者)니 미개자(未開者)니 야만인(野蠻人)이니 하고 가진 학대(虐待)를 하야......"[7]라고 비유하였다. 약자인 갑동리(甲洞理)와 강자인 을동리(乙洞理)에 대한 비유는 당시 일본을 포함한 강대국의 약소국 침탈과 식민지 정책의 부당함, 그리고 식민지 상태의 한국을 비롯한 약소국이 어떻게 강자가 될 것인가에 대해 설파한 것이다. 이는 당시의 시대적 상황을 적실하게 묘사한 것이며, 개인 또는 단체에 국한하기보다는 제국주의 열강의 약소국에 대한 부당한 침략과 식민수탈에 대한 강도 높은 비판이다.

또한, 소태산은 약자인 갑동리에게는"무조건 대항하지 말고 매라도 맞고 어리석고 못난 체하여 강자를 안심시키고 근검과 저축, 교육기관 설치, 단결, 공익심 등으로 부지런히 힘을 기르라."[8]고 하였다. 그는 일제의 침략과 압박하는 상황을 파악하는 것의 중요

---

[7]「약자로 강자되는 법문」, 『불법연구회 월말통신』 제 1호(1928); 원불교 정화사, 『원불교 교고총간』 1권 (이리: 원광사, 1968), p. 12; 『원불교교전』, 「강자·약자진화상요법」, pp. 85-86.

[8] 『원불교교전』, 「강자·약자진화상요법」, pp. 85-86.

성과 약자가 강자되는 길을 밝히면서 강자와 약자가 적대적 관계가 아니라 자리이타(自利利他)의 상보적 관계를 가짐으로써 인류의 평화문명을 이루고자 하였다. 강자와 약자가 다 함께 발전할 수 있고 평화로운 세계로 나아갈 수 있는 길을 제시하고 있다.[9]

소태산은 한국과 일본과의 관계를 적대적 관계가 아닌 강자와 약자의 조화적 관계로 설정하고 있다. 그는 중국의 진시황(秦始皇), 독일의 카이저(Kaiser Wilhelm) 등을 강자가 약자가 된 대표적인 인물로 보았다. 이것은 강대국들에 대한 직접적인 언급은 아니지만, 유럽의 국가들과 일본이 강자로서 약자의 식량과 재산을 빼앗고 학대하는 역사적 과오를 범하고 있음을 비판하고 올바른 길로 나아갈 것을 제시한 것이다.

소태산은 「강자・약자진화상요법」 에서 "강자는 약자에게 강을 베풀 때에 자리이타법을 써서 약자를 강자로 진화시키는 것이 영원한 강자가 되는 길이요, 약자는 강자를 선도자로 삼고 어떠한 천신만고가 있다 하여도 약자의 자리에서 강자의 자리에 이르기까지 진보하여 가는 것이 다시없는 강자가 되는 길"이라고 밝혔다. 그는 현실적 여건에 따라 강자와 약자의 차별이 생겨나게 된다고 보고, 이러한 차별의 현상 속에서 강자는 강자의 도리를 다하면서 약자를 강자가 되도록 도와줄 때 영원한 강자가 되고, 약자는 약자의 도리를 다하면서 강자를 배워 천신만고의 어려움을 극복하여 노력할 때에 약자가 변해 강자가 된다고 하였다.[10] 강자는 약자를 친자녀와 같이, 약자는 강자를 부모처럼 생각하여 서로 마음을 화합할 때 비로소 세상의 평화가 온다고 여겼다.

소태산은 일제치하의 한국의 식민지 상황을 일본이라는 강자가 약자인 한국을 함부로 수탈하는 '수탈론'적 관점을 보이고 있으며, 당시 일본뿐만 아니라 유럽국가의 아시아, 아프리카, 아메리카 등에서의 부당한 식민지적 지배구조를 비판적으로 보았다. 이를 위해 강자가 부당한 강(强)을 사용하여 약자가 된 사례, 약자가 힘도 없이 강자에게 무턱대고 덤벼 실패한 사례, 약자가 힘을 길러 강자가 된 사례, 강자가 영원한 강자가 되는 길 등을 밝혔다.[11] 이는 서구 유럽국가와 일본이 어떻게 강대국으로 성장할 수 있었는지에 대한 배움의 과정과 왜 한민족이 약자로서 식민지 생활을 할 수밖에 없었는지에 대한 깊은 성찰을 동시에 요구한 것이다.

소태산은 서구 유럽의 자본주의와 산업기술의 과학적인 발전을 '물질개벽'이라 보고 '정신개벽'의 주체적 각성을 통한 조화의 문명세계로의 전환이 이루어져야 함을 강조하였다. 정신문명의 발전 없는 자본주의와 산업혁명을 통한 물질문명의 위태로움에 대해

---

9 『원불교교전』, 인도품 26장, p. 197.

10 『원불교교전』, 「강자・약자진화상요법」, pp. 85-86.

11 박광수, 『한국신종교의 사상과 종교문화』(집문당, 2012), pp. 213-214.

다양하게 언급하였다. 원불교가 지향하는 낙원 세계, '참 문명세계'는 물질(物質)문명과 정신(精神)문명이 조화된 세계이다. 소태산은 「개교의 동기」에서 "파란 고해의 일체 생령을광대무량한 낙원(樂園)으로 인도하려 함이 그 동기"[12]라고 밝히고 있다.

소태산은 정신문명만 되고 물질문명이 없는 세상은 정신은 완전하나 육신에 병(病)이 든 불구자 같고 물질문명만 되고 정신문명이 없는 세상은 육신은 완전하나 정신에 병이 든 불구자 같다고 하여 정신문명과 물질문명이 고루 발전된 세상이라야 결함없는평화안락한 세계가 될 것이라고 예견하였다.

칼든 어린아이가 자신 또는 상대방을 의도한 바 없이 피해를 줄 수 있는 경우처럼, 정신 문명이 촉진되지 않은 물질위주의 사회에서 일어날 수 있는 피해를 가정한 것이다. 현재와 같이 의식주 등 육신생활에 편리를 주는 물질 위주의 과학문명에만 치우치고 도학문명과 정신문명을 등한시할 때 언제든 폐해가 일어날 수 있는 위험한 상황이라 보았다. 정신문명만 되고 물질문명이 없는 세상은 정신은 완전하나 육신에 病이 든 불구자 같고 물질문명만 되고 정신문명이 없는 세상은 육신은 완전하나 정신에 병이 든 불구자 같다고 하여 정신문명과 물질문명이 고루 발전된 세상이라야 결함없는평화안락한 세계가 될 것이라고 예견하였다.

소태산은 당시 강대국들의 약소국 침략과 식민지화에 대한 비판과 함께 한민족뿐만 아니라 어떠한 약자 또는 약소국도 피지배를 받지 않기 위해서는 정신, 육신, 물질 부분에서 자립할 수 있는 능력을 갖추는 것이 중요하다고 보았다. 그는 강자와 약자와의 관계에 있어서, 약자는 경제적 자립, 교육의 필요성, 단결력과 공공심을 통해 전체적인 힘을 기를 때에 강자가 될 수 있음을 역설하고 이를 실천하는 데 역점을 두었다. 이는 서구 유럽국가와 일본이 어떻게 강대국으로 성장할 수 있었는지에 대한 배움의 과정과 왜 한민족이 약자로서 식민지 생활을 할 수밖에 없었는지에 대한 깊은 성찰을 동시에 요구한다. 영육쌍전(靈肉雙全), 도학과 과학의 겸전, 정신문명과 물질문명의 조화로운 발전이라는 대명제하에 한민족의 경제적 자립, 인재양성, 단결력 등을 길러야 함을 강조하고 내적으로 실력을 갖추도록 교육하고 실천한 중요한 사례인 셈이다.

교육적인 측면에서, 소태산은 교육기관을 설립하고 인재양성에 모든 정성을쏟았다. 인재양성은미래한국사회를이끌어갈지도자를양성한다는점에서매우중요하다. 1907년에대한제국은국민의의무교육을계획하고당시정부에서도의무교육을법제화의단계까지발전시키고있었다.[13] 그러나 그것이 일제의 통감부에 의하여 차단되고 그 이후 민중의 교육 수준 향상을 위

[12] 『원불교 교전』, 「개교의 동기」, p.21.

[13] 신용하, 「박은식의 교육 구국사상에 대하여」, 『한국학보』 제1집, p. 73.

한 길은 일제의식민통치로봉쇄되고 말았다. 일제의식민교육은식민지인 한국에 대한 경제적 수탈의 필요 한도 내에서 실시되었고 또 민족적 동화, 즉 한국인의 식민화를 위하여 필요한 규모와 내용을 가지고 추진, 강행되었다.

인권의 평등을 이루기 위한 '타자녀교육(他子女敎育)'의 필요성을 강조하였으며, 교육의 기관을 확장하고 자타의 국한을 벗어나, 모든 후진을 두루 교육함으로써 세상의 문명을 촉진시키고 일체 동포가 다 같이 낙원의 생활을 할 것을 '타자녀 교육의 강령'으로 삼았다. 그는 이러한 교육이념을 실현하기 위해 다음과 같은 '과거 교육의 결함 조목'을 개혁하고자 하였다.

> 1. 정부나 사회에서 교육에 대한 적극적 성의와 권장이 없었음이요,
> 2. 교육의 제도가 여자와 하천한 사람은 교육받을 생의도 못하게 되었음이요,
> 3. 개인에 있어서도 교육을 받은 사람으로서 그 혜택을 널리 나타내는 사람이 적었음이요,
> 4. 언론과 통신기관이 불편한 데 따라 교육에 대한 의견 교환이 적었음이요,
> 5. 교육의 정신이 자타의 국한을 벗어나지 못한 데 따라, 유산자(有産者)가 혹 자손이 없을 때에는 없는 자손만 구하다가 이루지 못하면 가르치지 못하였고, 무산자 혹 자손교육에 성의는 있으나 물질적 능력이 없어서 가르치지 못하였음이니라.[14]

소태산은 이러한 교육의 결함을 없애기 위해, '타자녀교육의 조목'을 설정하여, 첫째는 자녀가 있거나 없거나 타 자녀라도 내 자녀와 같이 교육할 것, 둘째는 국가나 사회에서 교육기관을 널리 설치하여 적극적으로 교육을 실시할 것, 셋째는 교단(敎團)에서나 사회.국가.세계에서 타 자녀 교육의 조목을 실행하는 사람에게는 각각 그 공적을 따라 표창하고 대우도 하여 줄 것을 주창하였다.[15] 이는, 정부와 사회 차원에서의 교육의 중요성에 대한 전반적 관심과, 교육의 평등성을 주장하여 남녀 구분과 신분차별 없이 자신의 자녀만을 가르치는 풍토를 개혁하고자 한 것이다.

Ⅳ. 결론

인류 역사에 있어서 강자와 약자의 관계는 늘 지배와 종속의 관계를 떠날 수 없었다. 근현대 한국의 민족종교는 개벽사상을 중심으로 이에 대한 혁파와 새로운 상생의 문명사회로의 전환을 이루고자 하였다. 특히, 소태산은 강자와 약자는 대립적 관계가 아닌

---

[14] 『원불교교전』, 「타자녀교육」, pp. 42-44.

[15] 『원불교교전』, 「최초법어」, pp. 84-86.

서로 의지하여 존재할 수밖에 없는 관계이기에 상호 조화와 발전을 이루어야 함을 보여주었다. 주체적 자아의 각성을 통해 '참나'를 발현하고 인격을 완성하는 길을 모색하는 것을 기본으로 삼고, 사회적으로 불합리한 사상과 불평등한 차별제도 등 부당한 모든 요소를 일시에 혁신하여 새로운 사회를 이루고자 하였다. 강자 또는 강대국의 약자 또는 약소국에 대한 침략과 식민수탈에 대한 비판에 그치지 않고 정당한 투쟁을 통해 강자와 동등한 위치에서 평등성을 확보하고 상생의 인류 보편적 윤리를 실현하고자 하였다.

개벽사상에서 제시하는 이상적 세계는 개인적인 문제를 넘어 사회 구조적 차별의 문제를 평등한 인권을 토대로 해결하는 과제를 제시한다. 사회 계급차별, 지역차별, 남녀차별, 빈부의 차별, 종족의 차별 등 사회 구조적인 문제를 개혁하여 평등한 사회, 서로가 존중받는 시대가 될 때, 억눌린 원한들을 제거할 수 있다고 보았다. 이러한 사회적 평등성이 이루어졌을 때, 비로소 해원이 가능한 것이다. 개별적 자아의 존엄성, 사회신분차별제도의 혁파와 평등사회 실현, 자유과 인권의식의 발전은 정신문화적 한류의 세계화를 가능하게 한다. 한국을 포함한 아시아의 정신적 유산은 세계화 과정에서 일어나는 문명충돌과 인간소외현상을 극복할 수 있는 보편적 사상과 심층적인 실천윤리의 공공성을 가능하게 한다.

소태산은 원불교(圓佛敎)를 창교하면서 한국의 전통문화와 사상을 토대로 새롭게 민중의 정신을 개혁하고 새로운 세계를 개척하고자 하였다. 그러나, 당시 조선총독부(朝鮮總督府)는 불교, 기독교 및 일본의 신도(神道)는 공인종교로 인정한 가운데, 일본의 신도를 중심으로 신앙을 강요하였으며, 민족종교운동을 '유사(類似) 종교' 내지 '사이비(似而非) 종교'로 규정하고 이에 대한 감시와 극심한 탄압을 감행하였다.[16] 이러한 상황에서 원불교의 토착적 근대화는 매우 제한적일 수밖에 없었다.

그럼에도 불구하고, 소태산의 사상과 실천은 과거의 어둡고 불평등한 선천시대를 청산하고 새 문명시대를 맞이하기 위한 것이다. 선천시대가 강자와 통치자 중심이라고 하면, 후천시대는 약자와 억눌린 자들도 강자와 같이 함께 대우받는 시대이다. 그는 한국사회의 큰 병폐였던 남녀의 성차별, 적자(嫡子)와 서자(庶子)의 차별, 양반과 천민의 계급차별을 당연히 없애야 할 장애물이라 보았다. 이러한 불합리한 차별제도 등 사회 구

[16] 조선총독부는 1915년 8월 조선총독부令 제82호 (1915년 (다이쇼 4년) 8월 16일 공포)의 「신사사원규칙(神社寺院規則)」와 제83호 (1915년 (다이쇼 4년) 8월 16일 공포)의 「포교규칙(布敎規則)」을 공포하여 종교통제안을 만들었다. 유교, 불교, 기독교 그리고 일본의 神道는 공인종교로 인정하였으며, 총독부 학무국에종무과를 설치하여 이들 공인된 종교단체를 직접 통제할 수 있도록 하였다.

조적 문제점들을 지적할 뿐만 아니라 이러한 문제들을 해결하기 위한 교육기관을 설치하여 성별, 신분, 직업 등의 차별 없이 제자들을 가르친 점 등은 소태산의 강한 실천력을 보여주었다.

소태산이 추구한 이상적 미래사회는 물질문명과 정신문명이 조화된 세계이다. 강자와 약자의 관계를 당시의 침략적 제국주의가 만연한 시대적 상황을 겪으면서 인류사회가 안고 있는 병적 현상을 치유하고 조화의 정신문명을 실현하고자 한 세계 보편적 가치를 지닌 소중한 가르침을 제시하고 있다. 소태산은 강자와 약자에 대한 사회진화적 사상을 적용하여 인류역사가 조화롭게 진화할 수 있는 문명사회를 모색하고 실현하고자 하였다. 인류사회가 경쟁적 구도를 통해 발전할 수 있다는 사실을 전제로 하면서도, 서구중심의 적자생존의 원리에 의해 인류가 발전할 수 있는 것이 아님을 분명하게 하고 있다. 이러한 아시아의 정신적 유산은 세계화 과정에서 일어나는 문명충돌과 인간소외 현상을 극복할 수 있는 보편적 사상과 심층적인 실천윤리의 공공성을 제시하고 있다.

<참고문헌>

강길원, 「일제하의 경제자립운동의 연구」, 제4회 원불교사상 연구원 학술회의발표, 이리; 원불교사상연구원, 1982.
김홍철, 『원불교사상논고』, 원광대학교출판국, 1980.
박광수, 『한국신종교의 사상과 종교문화』, 집문당, 2012.
박중빈, 『조선불교혁신론』, 이리: 불법연구회, 1935.
방광석, 「도쿠토미소호의 동아시아 인식」, 전성곤 외, 『근대 동아시아 담론의 역설과 굴절』, 소명출판, 2011.
불법연구회(佛法硏究會), 『불법연구회 월말통신』 제 1호(1928)
신승하, 『중국근대사』, 대명출판사, 1990.
원불교 정화사, 『원불교 교고총간』 1권, 이리: 원광사, 1968.
_____, 『원불교전서』, 익산: 원불교출판사, 1999(초판 1977).
이종현, 『근대조선역사』, 사회과학원연구소, 1984(서울: 일송정, 1988).
전홍석, 『문명 담론을 말하다』, 푸른역사, 2012.
태윤기, 『아편전쟁과 제국주의 침략』, 진명문화사, 1986.

고야스노부쿠니, 『동아 대동아 동아시아-근대 일본의 오리엔탈리즘』, 이승연 역, 역사비평사, 2005.
小島晉治·丸山松幸 공저, 『중국근현대사』, 박원호 역, 지식산업사, 1993.
申國柱(신국주), 『近代朝鮮外交史硏究(근대조선외교사연구)』, 東京: 有信堂, 1966.
Immanuel Wallerstein, *Geopolitics and Geoculture: Essays on the Changing World System*, Cambridge Univ. Press, 1994.

동학농민혁명의 리더, 전봉준의 평화사상

박맹수
(원광대)

목차

1. 서론

1894년 3월 21일(음력)에 일어난 동학농민혁명 최고지도자 전봉준(全琫準)은 1855년에 지금의 전라북도 고창군 고창읍 당촌 마을에 세거하던 천안전씨(天安全氏) 집안에서 태어났다. 어렸을 때 이름은 철로(鐵爐)요, 자는 명숙(明淑)이며, 동학농민혁명 당시에는 '녹두장군'이라는 애칭으로 불렸다. 전북 김제군 금산면 원평리 일대에 전승되어 오는 이야기에 의하면, 어린 시절의 전봉준은 원평(院坪) 부근의 서당(書堂)에 다녔으며,[1] 20대 전후에는 태인현 동곡으로 이거하였다고 한다. 전봉준의 최후 진술을 담고 있는 『전봉준공초(全琫準供草)』[2]에 거주지가 전라도 태인현(泰仁縣) 산외면(山外面) 동곡(東谷)으로 기재되어 있는 사실로 보아 전봉준이 태인 동곡에 거주한 것은 사실이라 할 것이다. 동곡은 원평에서 지근거리에 있으며 농민군 지도자 김개남(金開南)이 태어난 마을이기도 하다. 또한, 공초에 따르면 전봉준은 1880년대 후반 즉 그의 나이 30대 무렵에는 태인 산외면 동곡을 떠나 고부군 이평면 조소리(鳥□里)로 이주했다고 한다.

그렇다면 19세기 후반, 고창 당촌 마을에서 태어나 청소년기에 김제 원평, 태인 동곡을 거쳐 동학농민혁명 수년 전에 고부 조소리에 자리를 잡은 전봉준이 거처를 옮겨가며 살아가는 동안 체험하고 목격했던 당대 현실은 과연 어떤 것이었을까? 그것은 바로 밖으로는 '서세동점'과 안으로는 '삼정문란'으로 대표되는 탐관오리들의 가렴주구에 시달리고 있는 민초들의 신산(辛酸)한 삶 바로 그 자체였던 것으로 짐작된다. 이는 동학 창시자 수운 최제우가 일찍이 "우리나라에는 나쁜 병이 가득해 백성들이 사시사철 단 하루도 편안할 날이 없다"[3] 라고 지적한 현실과 조금도 다름없는 현실이었다. 이처럼 '백성들이 사시사철 단 하루도 편안한 날이 없다'고 표현되는 위기의 시대에 태어나 각지를 전전하며 전봉준이 목격한 현실은 당대 민초들의 생명, 생업, 생활이 전면적으로 위협받는 위기상황, 이른바 반평화적 상황 그 자체였다고 할 수 있다.

주지하듯이, 이러한 시대 상황을 타파하여 민중의 생명과 생업, 생활이 보장되는 세상을

---

1 전봉준이 어린 시절에 서당에 다녔던 김제군 금산면 원평리 일대는 1893년의 교조신원운동 단계에서 있었던 원평집회와 1894년의 동학농민혁명 전개 과정에서 군량 조달 등의 책임을 맡았던 김덕명(金德明) 대접주의 출신지이자, 제 2차 동학농민혁명 당시 일본군과 맞서 싸운 '구미란 전투'가 있었던 곳이기도 하다. 원평에 가면 지금도 전봉준이 다녔던 서당 터를 확인할 수 있다.

2 서울대 규장각에 원본이 소장되어 있으며, 국사편찬위원회와 한국학중앙연구원 장서각에는 규장각본을 저본으로 한 마이크로필름이 보관되어 있다.

3 최제우 지음, 박맹수 옮김, 『동경대전』 (서울: 지식을 만드는 지식, 2009), p.43.

열고자 하는 아래로부터의 열망을 집대성하여 등장한 새로운 사상이 바로 1860년 수운 최제우가 창도한 동학이다. 동학은 창도 초기인 1860년대에는 주로 경상도를 중심으로, 이어 1870년대에는 강원도 영서(嶺西)의 산악지대를 중심으로 포교되었으며, 1880년대 후반에는 전라도 일대(전주, 삼례, 익산, 고산, 부안, 태인, 고부, 정읍, 무장)에도 널리 전파되고 있었다. 전봉준은 1880년대 후반에 동학이 전라도에 급격하게 전파될 무렵, 태인 동곡에서 고부 조소리로 이사를 오면서 동학에 입도했던 것으로 보인다. 그렇다면 전봉준은 왜 당시 조선왕조 지배층이 이단사술(異端邪術)로 배척, 탄압하는 동학에 빠져들게 되었을까? 그 이유의 일단을 알 수 있는 내용이『전봉준공초』에 고스란히 남아 있다. 관련 내용을 인용한다.[4]

> 문: 소위 동학이라는 것은 어떤 주의이며 어떤 도학인가?
> (所謂東學　何主義 何道學乎)
> 답: 마음을 지켜 충효로 본을 삼고, 보국안민하고자 하는 것이다.
> (守心 以忠孝爲本　欲輔國安民也)
> 문: 너도 역시 동학을 대단히 좋아하는 자인가?
> (汝亦 酷好東學者耶)
> 답: 동학은 수심경천의 도이기 때문에 대단히 좋아한다.
> (東學 是守心敬天之道　故酷好也)

위의 내용에 따르면, 전봉준은 동학의 가르침을 보국안민(輔國安民)과 수심경천(守心敬天)의 도학으로 파악하고 있다. 이에 대해 필자 나름의 해석을 하자면 '수심경천(개인의 영성)'과 '보국안민(사회 혁명)'을 동시에 추구하는 동학이라는 도학이야말로 전봉준에게는 서세동점에 시달리는 조선이라는 나라와, 탐관오리들의 가렴주구 및 빈발하는 자연재해와 전염병 등에 시달리던 조선의 민초들을 건질 새로운 도학이었기에 그는 동학을 '혹호'(酷好; 대단히 좋아함)할 수밖에 없었고, 그리하여 동학에 입도하지 않을 수 없었던 것으로 보인다.

한편, 이르면 1888-1889년경, 늦어도 1890-1891년경에는 동학에 입도한 전봉준이 동학 교단의 유력한 지도자로 부상하게 되는 것은 1892년 7월경부터 준비되어 전개되기 시작한 동학의 교조신원운동(敎祖伸寃運動) 단계부터이다. 구체적으로는 1892년 음력 11월초부터 전개된 전라도 삼례집회 단계부터 전봉준은 두드러진 활약을 보이기 시작하였다.[5] 교조신원운동은 동학 교단이 중심이 되어 '교조의 신원(동학 공인 요구), 지방관의 가렴주구 금지, 척왜양' 등 세 가지 요구를 내걸고 전개되었는데, 전봉준은 그 중에서도 특히 서양 열강과 일본의 경제적 침탈에 반대하는 척왜양 운동, 곧 외세의 침탈에 맞서 국권을 수호하기 위한반외세 운동을 적극 주도했던 것으로 알려지고 있다.[6]

삼례집회 단계부터 지도력을 발휘한 전봉준은 1893년 2월의 서울 광화문 복합상소, 같은 해 3월 10일부터 이루어지기 시작한 충청도 보은집회 등에 호응하기 위하여 그가 어린 시절에 서당에 다녔던 원평을 중심으로 도인(道人: 동학 신자)들을 결집하였다. 그러나 이 같은 교조신원운동은 조선왕조 지배층의 강경 탄압책과 열강의 간섭으로 좌절되고 말았다. 교조신원운동 좌절 이후, 전봉준은 고부 조소리에 칩거하면서 고부군수 조병갑의 악정(□政)에 반대하는 진정서를 여러 차례[7] 제출했지만 번번이 추방당하였고, 진정서를 제출한 대표자들과 함께 탄압을 받았다. 이에 전봉준은 '사발통문 모의'[8]를 해서라도 고부군수 조병갑의

---

4 국사편찬위원회, 『동학란기록』하 (서울: 탐구당, 1971), p.534.

5 崔炳鉉, 『南原郡 東學史』(필사본, 1924), pp.3-8.

6 최병현, 위의 책, pp.3-8.

7 『전봉준공초』에 따르면, 1893년 11월에는 고부군수에게, 같은 해 12월에는 전라감영의 전라감사에게 진정서를 제출했지만 투옥당한 후 퇴출당했다고 한다.(국사편찬위원회, 앞의 책, p.526.)

8 1893년 11월, 전봉준 등 고부 일대 동학 지도자 20여 명이 비밀리에 모여 고부군수 조병갑의 악정을 징치하기 위해 사발통문에 서명하고 봉기를 모의한 것을 말한다.

폭정으로 상징되는 지방관들의 악정을 개혁하고자 했지만 이 역시 실패로 돌아갔다.

그러나 1894년 음력 1월 10일, 익산 군수로 전임 발령이 났던 조병갑이 다시 고부군수로 눌러 앉게 된 바로 그 날, 전봉준은 고부농민들과 함께 무력을 통한 악정 개혁의 길로 나아가는 첫발을 내디뎠다. 고부농민봉기를 주도한 것이다. 하지만 고부농민봉기 역시 2개월여에 걸친 장기간의 항쟁에도 불구하고 끝내 실패로 귀결되었다. 이에 전봉준은 자신과 운명을 함께 하고자 남은 5-60명의 동학 도인들과 함께 고부에서 무장(茂長)으로 피신하였다. 무장에는 수천 명의 연비(聯臂 ; 동학 신자)를 거느리고 있던 대접주 손화중을 설득, 1894년 음력 3월 21일에 마침내 동학농민혁명의 봉화를 힘차게 올렸다.

학력과 사회적 경력이 보잘 것 없는 전봉준은 과연 어떻게 해서, 어떤 심경으로 동학농민혁명의 불길을 당겼던 것일까? 그리고 혁명 실패 뒤에는 어떤 심경으로 죽음을 맞이했으며, 후세에 무엇을 남기고자 했던 것일까?

이 논문에서는 동학농민혁명기 전봉준의 활동을 담고 있는 대표적인 1차 사료를 중심으로 전봉준이 추구하고자 했던 지향은 무엇이며, 그 지향이 평화사상의 측면에서 어떤 의미를 지니고 있는가를 해명해 보고자 한다. 구체적으로, 우선 먼저 제 1차 동학농민혁명 당시(1894년 음력 3월) 전봉준이 작성하여 전국 각지에 포고한 것으로 알려진「무장포고문(茂長布告文)」에 주목하여 그 내용 분석을 통해 전봉준이 말하고자 하는 평화의 의미를 드러내 보고자 한다. 다음으로는, 모여든 동학농민군을 전면적으로 개편하고, 전봉준이 동학농민군 최고지도자로 추대되는 '백산대회'(白山大會; 1894년 음력 3월 25일경)를 전후하여 선포된 것으로 추측되는 농민군의「사대명의(四大名義) 및 12개조기율(十二個□規律)」의 내용을 검토하여 그 속에서 드러나는 평화의 의미를 찾아보고자 한다. 세 번째는 제 1차 동학농민혁명 기간 내내 전봉준이 지휘하는 동학농민군 측이 중앙정부에게 제출했던 각종 폐정개혁 요구를 집약한「폐정개혁안(弊政改革案) 27개조」에서 읽을 수 있는 평화의 정신이 어떤 것인지를 밝혀 보고자 한다, 그리고 마지막으로는 체포되어 재판과정에서 이루어진 심문내용을 담고 있는「전봉준공초」에 드러나고 있는 평화 관련 내용을 제조명해보고자 한다.

2. 「무장포고문」과 보국안민

「무장포고문」은 1894년 3월에 전라도 무장현(茂長縣)에서 전봉준이 이끄는 동학농민군이 조선왕조 전체의 폐정(弊政) 개혁을 위하여 전면 봉기를 단행하기 직전에 전국 각지에 포고(布告)하여 재야의 유교지식인을 비롯하여 뜻있는 지방 수령 및 하급관리, 그리고 일반 민중들의 광범위한 호응을 촉구한 명문 중의 명문이다.

일본 교토대 가와이문고(河合文庫)에서 발견된 제 1차 동학농민혁명 관련 1차 사료『수록(隨□)』에 따르면, 전봉준이 이끄는 동학농민군은 1894년 3월 21일에 무장현 동음치면 당산마을(현재 고창군 공음면 구암리 구시내 마을)에서 전면 봉기를 단행하여 북상을 개시하고 있기 때문에, 이 포고문은 적어도 봉기 직전인 3월 20일경 아니면 그 이전에 포고되었던 것으로 짐작된다.

「무장포고문」은 전봉준이 직접 쓴 것으로 널리 알려져 있으나 일설에는 당시 농민군 지도부 내에서 전봉준의 참모 역할을 했던 인물이 썼다는 주장도 있다. 그러나 작성자가 누구였든 포고문 속에는 전봉준을 비롯한 농민군 지도부의 당면한 시국인식(時局認識), 무장봉기(武裝蜂起)를 단행하지 않을 수 없는 필연적 이유, 민중의 삶을 파탄으로 몰아넣고 있는 조선왕조 지배체제의 모순을 개혁하고자 하는 강력한 개혁의지, 그리고 이 같은 취지에 공감하는 향촌사회 지지층의 광범위한 연대와 협조를 촉구하는 내용이 감동적인 문체로 서술되어 있다. 종래, 학계에서는「무장포고문」을 농민군이 고부에서 전면 봉기를 단행한 뒤에 정읍과 부안, 흥덕을 거쳐 무장현을 점령했던 1894년 4월 12일경에 포고한 것으로 잘못 이해하여 왔다. 예를 들면, 후래 동학 연구자들에게 일정한 영향을 끼친 김의환의『전봉준

전기』[9], 재일(在日) 사학자 강재언의『한국근대사연구』[10] 등에 실린 내용이 그것이다. 이 같은 오류는 익산지역 동학농민군 지도자로 활동했던 오지영(吳知泳)의 『동학사』에서도 발견된다. 그는 자신의 체험을 바탕으로 쓴『동학사』에서「무장포고문」이 포고된 시점을 갑오년 3월이 아닌 1월에 포고된 것으로 잘못 서술하고 있다.[11]

「무장포고문」의 포고시기를 3월이 아닌 1월 또는 4월로 오해한 이유는 첫째 1차 사료에 대한 엄밀한 검토 없이 농민군의 전면 봉기 장소를 무장(茂長)이 아닌 고부(古阜)로 오해한 데서 비롯되었으며, 둘째 1894년 1월 10일의 고부민란(古阜民亂) 즉 고부농민봉기를 3월 21일의 무장기포(茂長起包) 즉 제 1차 동학농민혁명과 별개의 사안으로 이해하지 못하고 1월의 고부민란을 3월의 무장기포와 같은 것으로 잘못 이해한 데서 비롯된 것이다.

「무장포고문」이 실려 있는 1차 사료로는 오지영의『동학사』를 비롯하여, 매천 황현의『오하기문』, 경상도 예천 유생 박주대의『나암수록』, 관변 기록인『동비토록』, 1893년 보은취회 단계부터 1894년 무장기포에 이르기까지 충청도 보은 관아에서 농민군의 동정을 탐지하여 수록한 관변기록『취어』, 일본 교토대에서 발견된 전라도 무주관아에서 수집하여 남긴 관변기록『수록』), 동학농민혁명 당시 서울 명동성당에 주재하며 농민군 관련 문서를 광범위하게 수집했던 뮈텔 주교의「뮈텔문서」,[12] 제 1차 동학농민혁명 당시 전라도 줄포에 거주하고 있던 일본인 파계생(巴溪生)이 쓴「전라도고부민요일기」등이 있다. 이들 사료 가운데 오지영의『동학사』에는 국한문(國漢文)으로,「전라도고부민요일기」에는 일본어로 실려 있으며, 나머지 사료에는 모두 한문(漢文)으로 실려 있다. 관변기록인『취어』에는 405자,『수록』에는 400자의 한자로 되어 있으나 내용은 거의 동일하다.『오하기문』과『동비토록』,『취어』등에 실린「무장포고문」을 서로 대조하여 전문을 소개하면 다음과 같다.

<무장 포고문>

이 세상에서 사람을 가장 존귀하게 여기는 까닭은 인륜이란 것이 있기 때문이다. 임금과 신하, 아버지와 자식 사이의 윤리는 인륜 가운데서도 가장 큰 것이다. 임금은 어질고 신하는 정직하며, 아버지는 자애롭고 자식은 효도를 다한 후에라야 비로소 한 가정과 한 나라가 이루어지며, 한없는 복을 누릴 수 있는 법이다. 지금 우리 임금님께서는 어질며 효성스럽고 자애로우며, 귀신과 같은 총명함과 성인과 같은 예지를 갖추셨으니, 현명하고 정직한 신하들이 보좌하여 돕기만 한다면 요(堯) 임금과 순(舜) 임금 때의 교화(敎化)와, 한(漢) 나라 문제(文帝)와 경제(景帝) 때의 다스림에 도달하는 것은 마치 손가락으로 헤아리는 것처럼 시일이 그다지 오래 걸리지 않을 것이다. 그러나, 지금 이 나라의 신하라는 자들은 나라의 은혜에 보답할 생각은 하지 않고 한갓 봉록(俸祿)과 벼슬 자리만 탐내면서 임금님의 총명을 가린 채 아첨만을 일삼고 있으며, 충성스러운 마음으로 나라의 잘못을 충고하는 선비들의 말을 요사스러운 말이라 하고, 곧고 바른 사람들을 가리켜 도적의 무리라 하고 있다. 또한, 안으로는 잘못되어가는 나라를 바로잡을 인재가 없고 밖으로는 백성들을 수탈하는 관리들만 많으니, 사람들의 마음은 날로 거칠고 사납게 변해만 가고 있다. 백성들은 집에 들어가도 기쁘게 종사할 생업이 없고 집을 나오면 제 한 몸 보호할 방책이 없건마는 가혹한 정치는 날로 심해져 원망의 소리가 끊이지 않고 있으며, 임금과 신하 사이의 의리와 아버지와 자식 사이의 윤리, 윗 사람과 아랫사람 사이의 분별은 마침내 다 무너지고 남은 것이라곤 하나도 없는 실정이다.

일찍이 관자(管子)께서 말씀하시기를 "사유(四維), 즉 예의염치(禮義廉恥)가 떨치지

---

9 김의환, 『전봉준 전기』 (서울: 정음사, 1981). pp.97-100.

10 강재언, 『한국근대사연구』 (한울, 1982), pp.168-169.

11 오지영,『동학사』(서울: 영창서관, 1940), pp.108-109.

12 뮈텔문서는 현재 서울 명동 천주교회관 내 한국교회사연구소에 소장되어 있다.

못하는 나라는 결국 망한다"고 하였는데 지금의 형세는 그 옛날보다도 더 심하기 그지 없으니, 예를 들면 지금 이 나라는 위로 공경대부(公卿大夫)로부터 아래로 방백수령(方伯守令)들에 이르기까지 모두가 나라의 위태로움은 생각하지 않고 그저 자기 몸 살찌우고 제 집 윤택하게 할 계책에만 몰두하고 있으며, 벼슬길에 나아가는 문을 마치 재화가 생기는 길처럼 생각하고 과거시험 보는 장소를 마치 돈을 주고 물건을 바꾸는 장터로 여기고 있으며, 나라 안의 허다한 재화(財貨)와 물건들은 나라의 창고로 들어가지 않고 도리어 개인의 창고만 채우고 있다. 또한 나라의 빚은 쌓여만 가는데 아무도 갚을 생각은 하지 않고, 그저 교만하고 사치하며 방탕한 짓을 하는 것이 도무지 거리낌이 없어 팔도(八道)는 모두 어육(魚肉)이 되고 만백성은 모두 도탄에 빠졌는데도 지방 수령들의 가혹한 탐학(貪虐)은 더욱 더하니 어찌 백성들이 곤궁해지지 않을 수 있겠는가.
백성들은 나라의 근본인 바, 근본이 깎이면 나라 역시 쇠잔해 지는 법이다. 그러니 **잘못 되어가는 나라를 바로잡고 백성들을 편안하게 만들** 방책을 생각하지 않고 시골에 집이나 지어 그저 오직 저 혼자만 온전할 방책만 도모하고 한갓 벼슬자리나 도둑질하고자 한다면 그것을 어찌 올바른 도리라 하겠는가. 우리 동학농민군들은 비록 시골에 사는 이름 없는 백성들이지만 이 땅에서 나는 것을 먹고 이 땅에서 나는 것을 입고 사는 까닭에 나라의 위태로움을 차마 앉아서 볼 수 없어서 팔도가 마음을 함께 하고 억조(億兆)창생들과 서로 상의하여 오늘의 이 의로운 깃발을 들어 **잘못되어가는 나라를 바로잡고 백성들을 편안하게 만들** 것을 죽음으로써 맹세하노니, 오늘의 이 광경은 비록 크게 놀랄 만한 일이겠으나 절대로 두려워하거나 동요하지 말고 각자 자기 생업에 편안히 종사하여 다 함께 태평성대를 축원하고 다 함께 임금님의 덕화를 입을 수 있다면 천만다행이겠노라.(고딕은 필자)

<茂長 布告文>

人之於世最貴者　以其有人倫也　君臣父子 人倫之大者 君仁臣直 父慈子孝然後 乃成家國 能逮無疆之福　今我聖上 仁孝慈愛 神明聖睿 賢良正直之臣　翼贊佐明　則堯舜之化 文景之治 可指日而希矣
今之爲臣 不思報國 徒窃祿位 掩蔽聰明 阿意苟容 忠諫之士 謂之妖言 正直之人 謂之匪徒 內無輔國之才 外多虐民之官 人民之心 日益渝變 入無樂生之業 出無保軀之策 虐政日肆 惡聲相續 君臣之義 父子之倫 上下之分 遂壞而無遺矣
管子曰 四維不張 國乃滅亡 方今之勢 有甚於古者矣 自公卿以下 至方伯守令 不念國家之危殆 徒窃肥己潤家之計 銓選之門 視作生貨之路 應試之場 擧作交易之市 許多貨賂 不納王庫 反充私藏 國有積累之債 不念圖報 驕侈淫佚 無所畏忌 八路魚肉 萬民塗炭 守宰之貪虐良有以也 奈之何民不窮且困也
民爲國本 本削則國殘 不念**輔國安民**之策 外設鄕第 惟謀獨全之方 徒窃祿位 豈其理哉 吾徒雖草野遺民 食君土服君衣 不可坐視國家之危 而八路同心 億兆詢議 今擧義旗 **以輔國安民** 爲死生之誓 今日之光景 雖屬驚駭 切勿恐動 各安民業 共祝昇平日月 咸休聖化 千萬幸甚 (고딕은 필자)

위 포고문에서 가장 주목할 만한 내용은 바로 보국안민(輔國安民) 네 글자이다. 『조선왕조실록』을 찾아보면, 보국안민이란 용어가 제일 많이 사용되는 시대는 세종조이다. 이른바 유교적 민본주의가 가장 이상적으로 실현된 시대로 알려져 있는 세종조에 보국안민이란 용어의 용례가 가장 많이 확인되고 있다는 사실은 여러 모로 시사하는 바가 있다. 그런데, 세종조에 널리 사용되었던 보국안민은 조선후기로 내려오면서 점차 그 용례가 줄어들다가 동학 창시자 수운 최제우의 「포덕문(布德文)」(1861년)에 와서야 전격적으로 다시 부활한다. 수운은 1861년 6월경에 쓴 「포덕문」이란 글 말미에서 '백성들이 사시사철 단 하루도 편안

할 날이 없는' 시대에 보국안민의 계책(輔國安民之計)으로써 동학을 창시한다고 선언했다.[13]

이렇듯, 세종조에 널리 사용되고, 다시 동학 창시자 수운에 의해 부활한 보국안민은 동학농민혁명 최고지도자 전봉준의 「무장포고문」에서 거듭거듭 강조되어 나타나고 있다.

그렇다면 전봉준이 보국안민을 새삼스럽게 강조한 이유는 어디에 있을까? 결론부터 말한다면, 전봉준에 있어 평화는 보국안민 네 글자를 빼놓고서는 말할 수 없다고 본다. 보국안민이란 "잘못되어 가는 나라를 도와 도탄에 빠진 백성들을 편안히 한다"는 뜻으로, 나라가 제 역할을 하지 못해 민초들의 생명, 생업, 생활 전반이 위태롭게 되었을 때 나라가 나라답게 제대로 역할을 할 수 있도록 백성들이 스스로 나서서 나라의 잘못을 바로잡아 백성들의 생명, 생업, 생활을 안전하게 보장하도록 만든다는 뜻이다. 따라서, 「무장포고문」의 보국안민은 필자 나름으로 해석하자면 민초들의 생명과 생업, 생활 전반이 안전하게 보장되는 이른바 '사회적 평화' 실현을 지향하고 있다고 할 수 있다.

3. 「4대명의 및 12개조 기율」에 나타난 불살생(不殺生)

종래 동학농민혁명 연구자들 대부분이 간과해온 중요한 문제 가운데 하나로 동학농민혁명 당시 농민군의 행동강령으로 알려진 사대명의(四大名義) 및 12개조 기율의 내용과 그것이 농민혁명 전개과정에서 어떤 역할을 수행하였는지에 대해 무관심했다는 것을 들 수 있다.

필자는 지난 30여년에 걸친 동학농민혁명 관련사료 조사 및 현지조사 내용에 근거하여 1894년 동학농민혁명 당시 조선의 인구는 대략 1,052만 명 정도이며,[14] 그중 적게는 4분의 1, 많게는 3분의 1의 인구가 참여한 것으로 추정하고 있다. 어떻게 오늘날과 같은 정보통신, 교통 등의 인프라가 부재했던 시대에 어떻게 그 많은 민초들이 혁명 대열에 참여할 수 있었을까? 그 이유는 다양하지만, 대표적인 이유 중 하나가 바로 농민군의 행동강령인 4대명의와 12개조기율에 나타난 농민군의 규율 엄정한 도덕성이 민초들의 광범위한 지지를 끌어냈다는 데 있었다.

예를 들면, 1894년 당시 전라도 구례에 거주하면서 동학농민혁명을 직접 목격했던 매천 황현(1855-1910)은 농민군에 대해 시종일관 비판적인 입장에서 『오하기문』[15]이란 역사서를 서술했다. 그런데 매천은 『오하기문』에서 제1차 동학농민혁명 당시 농민군은 민폐를 전혀 끼치지 않은 반면에, 서울에서 파견된 홍계훈의 경군(京軍)은 막대한 민폐를 끼쳤다고 서술하고 있으며, 또한 제1차 동학농민혁명 당시 도쿄에서 간행되고 있던 『도쿄아사히신문(東京朝日新聞)』, 『지지신보(時事新報)』 등 일본에서 간행되고 있던 신문들은 조선주재 일본인 특파원이 보내온 기사를 연재하면서 조선 내지에서 각종 상업 활동에 종사하는 일본 상인 가운데 농민군에게 피해를 입은 상인은 단 1명도 없을 정도로 농민군은 규율은 엄정했다고 보도한 바 있다. 뿐만 아니라, 동학농민혁명 당시 일본 중의원(衆議院) 의원이었던 다나카 쇼조(田中正造, 1841-1913)는 1896년에 쓴 「조선잡기(朝鮮雜記)」[16]라는 글에서 동학농민군의 규율에 대해 '문명적'이라고까지 극찬한 바 있다.

그러므로 이 장에서는 매천과 일본신문 및 다나카 쇼조가 주목했던 농민군 측의 4대명의와 12개조기율을 상세히 검토함과 동시에, 그 안에 담긴 평화 지향적 요소에 대해 살펴보기로 한다. 1894년 음력 3월 21일에 전라도 무장(茂長)에서 전면 봉기한 동학농민군은 3월 2

---

13 최제우 지음, 박맹수 옮김. 앞의 책, p.47.

14 동학농민혁명 당시, 조선의 인구에 대한 정확한 통계는 남아 있지 않다. 다만, 1894년 당시 일본에서 간행되고 있던 『코쿠민신문 』 조선특파원이었던 기쿠치 겐조의 「동학당 」 관련기사 속에 1,052만이라는 기록이 나오고 있다.

15 『오하기문』은 2016년에 김종익 선생에 의해 『오동나무 아래에서 역사를 기록하다』는 제명으로 다시 번역되어 역사비평사에서 나왔다

16 「조선잡기」는 2004년에 일본 도쿄 이와나미서점에서 나온 『다나카쇼조 문집』 제 1권 136쪽에서 140쪽까지에 실려 있다.

5일을 전후하여 오늘날의 전북 부안 백산성(白山城)에 결진(結陣)하여 진영을 확대 개편하고, 4대명의라는 행동강령과 함께 12개조 기율을 발표했다. 그 내용은 다음과 같다. [17]

동도대장(東道大將; 동학농민군 대장)이 각 부대장에게 명령을 내려 약속하기를, (1) 매번 적을 상대할 때 우리 동학농민군은 칼에 피를 묻히지 아니하고 이기는 것을 가장 으뜸의 공으로 삼을 것이며, (2) 비록 어쩔 수 없이 싸우더라도 사람의 목숨만은 해치지 않는 것을 귀하게 여겨야 할 것이다. (3) 또한 매번 행진하며 지나갈 때에는 다른 사람의 물건을 해치지 말 것이며, (4) 부모에게 효도하고 형제간에 우애하며 나라에 충성하고 사람들 사이에서 신망이 두터운 사람이 사는 동네 십리 안에는 절대로 주둔해서는 아니 될 것이다 (東道大將 下令於各部隊長 約束曰 每於對敵之時 兵不血刃而勝者爲首功 雖不得已戰 切勿傷命爲貴 每於行陣所過之時 切物害人之物 孝悌忠信人所居村十里內 勿爲屯住)

< 12개조 기율>

항복하는 자는 사랑으로 대한다	곤궁한 자는 구제한다
탐관은 쫓아낸다	따르는 자는 공경하며 복종한다
굶주린 자는 먹여준다	간교하고 교활한 자는 못된 짓을 그치게 한다
도망가는 자는 쫓지 않는다	가난한 자는 진휼(賑恤)한다
충성스럽지 못한 자는 제거한다	거스르는 자는 타일러 깨우친다
아픈 자에게는 약을 준다	불효하는 자는 벌을 준다

이상의 조항은 우리의 근본이니, 만약 이 조항을 어기는 자는 지옥에 가둘 것이다.

주지하듯이, 동학농민혁명 전개과정에서 농민군 측이 가장 빛나는 승리를 거두는 시기는 1894년 3월 21일에 시작된 제 1차 동학농민혁명으로부터 동학농민군이 전주성을 무혈점령하는 4월 27일까지이다. 이 기간 동안 동학농민군은 전라도 무장(茂長)에서 전면봉기를 단행하여 고부(古阜), 정읍(井邑), 부안(扶安), 흥덕(興德), 고창(高敞), 영광(靈光), 함평(咸平), 무안(務安), 장성(長城) 등 전라도 서남해 연안의 여러 고을을 파죽지세로 점령하였다. 또한, 황토재 전투(4월 7일)와 황룡촌 전투(4월 23일)에서 각각 지방 군대인 전라감영군과 중앙 군대인 경군(京軍)마저 연달아 격파하여 승리하였으며, 4월 27일에는 마침내 전라도의 수부(首府) 전주성마저 무혈점령하기에 이른다.

제 1차 동학농민혁명 과정에서 농민군 측이 빛나는 승리를 거두는 배경으로는 여러 가지를 들 수 있겠으나 가장 중요한 배경의 하나는 앞에서 이미 설명했듯이 동학농민군 지도부가 내건 보국안민이라는 혁명의 기치(旗幟)가 일반 백성들의 광범위한 지지를 받았다는 데에 있다고 할 것이다. 보국안민이란 앞에서도 설명했듯이 나라를 도와 백성들의 생명, 생업, 생활을 안전하게 보장하는 것이었다. 만약, 보국안민을 내걸고 봉기한 농민군이 백성들에게 민폐를 끼치는 행위를 할 경우 그것은 곧 '백성의 군대'를 자임하고 일어난 농민군에게는 치명적인 해를 끼치는 것이었다. 그리하여 3월 25일경 전북 부안의 백산성에 집결하여 농민군 진영을 개편하는 '백산대회'를 전후하여 전봉준 등 농민군 지도부는 보국안민의 구체적인 실천강령에 해당하는 4대명의와 12개조 기율을 제정, 선포했다. 백산에서 선포한 4대명의와 12개조기율은 바로 포고문에서 내내 강조했던 보국안민의 정신을 행동강령으로 구체화한 것이었다. 그리고 그 행동강령의 핵심은 불필요한 살생을 금하는 데 집중되었다.

---

[17] 원문은 일본 외무성 산하 외교사료관에 소장되어 있는 『조선국 동학당 동정에 관한 제국공사관 보고일건(朝鮮國 東學黨 動靜에 關한 帝國公使館 報告一件)』에 실려 있다. 이 논문 말미에 원본을 영인하여 게재한다.

농민군 지도부는 4대명의와 12개조 기율에서 볼 수 있는 엄정한 기율 실천을 통해 일반 백성들의 생명과 생활, 생업을 보호하는 '백성의 군대'로서 손색없는 역할을 수행할 수 있었다. "칼에 피를 묻히지 아니하고 이기는 것을 가장 으뜸의 공으로 삼을 것이며, 비록 어쩔 수 없이 싸우더라도 사람의 목숨만은 해치지 않는 것을 귀하게 여기는" 불살생의 정신을 최고 덕목으로 삼아 행동하는 농민군에 대해 제 1차 동학농민혁명 당시 각 고을 수령을 비롯하여 뜻있는 지식인과 부자들은 다투어 농민군 측에게 식량을 제공하였고, 잠자리를 제공하였다. 또한 각 군현의 하급 관리들은 자진하여 성문을 개방하여 농민군을 맞이했다. 그 덕분에 농민군은 40일이 넘도록 계속된 제 1차 동학농민혁명을 승리로 장식할 수 있었던 것이다. 이런 농민군의 기율 엄정함에 대해 매천은 동학농민군 측의 형벌은 사람 목숨 빼앗는 것을 가장 꺼려할 만큼 인도적인이었다고 감탄한 바 있다.

요컨대, 동학농민군은 4대명의와 12개조 기율 실천을 통해 백성들에게 폐를 끼치는 행위를 삼갔으며, 백성들의 생명, 생업, 생활에 해를 끼치는 탐관오리를 제거하되 어디까지나 불살생을 추구하는 것을 최고의 가치로 삼았다. 바로 여기에 전봉준을 비롯한 동학농민군 지도부가 사람을 죽이지 않고 보국안민을 실현하고자 했던 '불살생의 평화' 실현이라는 지향이 있었다.

4. 「폐정개혁안 27개조」와 정도일신(政道一新)

동학농민혁명의 전사(前史)로 알려져 있는 1892년-1893년의 교조신원운동 과정에서 동학 지도부는 '척왜양(斥倭洋), 지방관들의 가렴주구(苛斂誅求) 금지, 동학 교조의 신원(伸寃)" 등 세 가지 슬로건을 내세우고 충청도 공주(1893년 10월), 전라도 삼례(1892년 11월), 서울 광화문(1893년 2월), 충청도 보은 및 전라도 금구 원평(1893년 3월) 등지에 적게는 수천 명 많게는 수만 명이 모인 합법적인 집회를 열었다.[18]

그런데, 교조신원운동의 꽃은 1893년 3월 10일부터 4월 초까지 충청도 보은(報恩)에서 열린 보은집회였다. 보은집회 당시 지도부는 집회 목적을 '척왜양창의(斥倭洋倡義)'라고 선언함으로써 동학 교조 수운이 제시한 바 있는 보국안민의 구체적 방도를 왜(일본)와 양(서양)의 침탈로부터 국권과 민생을 보호하는 데서 찾고자 하였다. 보은집회에서 전면적으로 내건 '척왜양' 슬로건은 당시 민중들로부터 광범위한 지지를 받았음은 물론이려니와, 민중들의 정치의식을 배양하고 민족의식을 고취하는 데도 기여하였다. 그런데 최근의 연구에 의하면, 집회 지도부는 '척왜양'만이 아니라 지방관의 가렴주구에 대한 구체적 개혁까지 요구한 것으로 밝혀짐으로써 보은집회가 단지 반외세의 측면만이 아니라 반봉건의 측면까지도 포함하고 있었다는 사실이 밝혀졌다.

한편, 1893년 11월에 전봉준 등 고부의 동학 지도자들은 "고부성을 격파하고 군수 조병갑을 효수하며, 군기창과 화약고를 점령한 다음, 전주영을 함락하고 경사(京師; 서울)로 직향하려는" 계획을 세우고 그 실행을 모의한 이른바 '사발통문 모의'를 한 적이 있었다. 이 모의는 한 마디로 조병갑의 악정 때문에 빚어진 것이었고, 그 악정에 대한 두 차례의 합법적 청원을 모두 탄압한 데서 비롯되었다. '사발통문 모의'는 고부군수 조병갑의 갑작스런 전임(轉任)으로 인해 그 실행이 일시 중지되었다가, 1894년 1월 10일경 조병갑이 다시 고부군수에 잉임(仍任; 계속해서 임무를 수행한다는 뜻)된 것을 계기로 고부민란, 즉 고부농민봉기로 발전되었다는 것은 주지의 사실이다. 이렇듯, 교조신원운동과 사발통문 모의, 고부농민

---

18 1892년 10월 공주에서 시작되어 이듬해 4월 보은집회를 끝으로 끝난 교조신원운동이 합법적이었던 것은 그 집회가 바로 『경국대전』 「형전(刑典)」에 규정하고 있는 '신소(伸訴)' 제도에 근거하고 있었기 때문이다.

봉기 등은 모두 지방관들의 가렴주구에 때문에 자신들의 생명과 생업, 생활을 위협받은 백성들이 자발적으로 나서서 폐정(廢政)의 개혁을 요구하였다. 이 같은 농민군 측 움직임은 이른바 폐정개혁을 통한 보국안민의 실현, 즉 자신들의 생명, 생업, 생활의 안전 실현을 위한 아래로부터의 움직임이라 평가할 수 있다. 그러나 이 같은 지속적인 움직임에도 불구하고 끝내 폐정은 개혁되지 않았다.

2년여에 걸친 합법적 운동에 이어 사발통문 모의와 고부농민봉기라는 비합법적 운동을 통한 폐정개혁 요구가 모두 실패로 돌아간 결과, 마침내 1894년 3월에는 제 1차 동학농민혁명이라는 전대미문의 무장봉기 형태의 혁명운동이 일어나기에 이른다.

주지하듯이, 제 1차 동학농민혁명은 1894년 3월 21일부터 전주화약(全州和約)이 체결되어 동학농민군이 전주성으로부터 자진 철수하는 음력 5월 8일경까지 전개되었는 바, 이 시기에 동학농민군 지도부는 각종 포고문(布告文) 및 격문(檄文), 원정(原情) 등의 형태로 조선왕조의 폐정을 근본적으로 개혁하고자 하는 자신들의 요구를 지방수령 및 조선왕조 지배층에게 기회 있을 때마다 제출하였으며, 그 같은 요구는 마침내 전주화약 당시 초토사 홍계훈에게 전봉준이 제출한 '폐정개혁안 27개조'로 집약되었다.

'폐정개혁안 27개조'를 통해 농민군 지도부가 가장 역점을 두고 개혁하고자 했던 내용은 부패한 집권자(執權者)의 교체 바로 그것이었다. 즉 온갖 부정부패를 일삼으며 안민(安民)이라는 유가적 통치의 이상(理想)을 저버린 민씨(閔氏) 정권을 타도하고, 민심의 강력한 지지를 받고 있던 대원군(大院君)을 추대할 것을 희망하였다. 뿐만 아니라, 농민군 지도부는 민씨 정권에 빌붙어 아첨을 하며, 안민과는 정반대로 학민(虐民) 행위를 일삼는 중앙조정의 부패한 관리를 비롯하여 가렴주구를 일삼는 지방의 탐관오리 숙청을 통한 '정도(政道)의 일신', 즉 정치혁명을 시도하였다.[19]

동학농민혁명 당시 농민군 지도부가 지향했던 정치혁명의 궁극적 목표는 제 2차 동학농민혁명이 일본군의 개입 및 불법적인 탄압으로 인해 좌절된 직후 체포된 전봉준의 최후 진술에서 명료하게 확인되고 있다. 농민군 최고지도자 전봉준은 1894년 12월 초에 전라도 순창에서 체포된 직후 나주를 거쳐 서울로 압송되었다. 그리고 1895년 3월 말까지 전후 5차례에 걸친 심문을 받았다. 심문 과정에서 전봉준이 남긴 진술 내용은 앞에서 말한『전봉준공초』로 남아 있으나, 정치혁명에 관한 내용은 당시 일본영사의 취조 내용을 자세히 보도한『도쿄아사히신문(東京朝日新聞)』1895년 3월-5월분 기사 속에서 확인할 수 있다.[20]

『도쿄아사히신문』1895년 3월 5일자 5면의「동학당 대거괴와 그 구공(口供)」에 의하면, 전봉준은 "나의 종국의 목적은 첫째 민족(閔族 ; 민씨 정권)을 타도하고 간신들을 물리쳐서 폐정을 개혁하는 데 있다"고 말한 다음, 이어서 민심을 잘 아는 몇 사람의 명망가를 선출하여 임금을 보좌함으로써, 안민의 정치를 이룩하고자 했다고 진술하고 있다. 이 진술에 의하면, 전봉준은 끝까지 왕조(王朝) 자체를 부정하지는 않았던 것으로 확인된다. 다만 임금이 민심을 잘 파악하고 수렴하여 안민의 정치를 할 수 있는 '정도(政道)의 일신(一新)'[21], 요컨대 입헌군주제(立憲君主制)에 가까운 구상을 지니고 있었던 것으로 확인된다.

여기서 주목되는 것은 비록 농민군 최고지도자 전봉준이 구상했던 정치혁명이 조선왕조를 부정하지 않는 입헌군주제에 가까운 것이었다고는 해도, 제 1차 동학농민혁명 당시 이미 '집권자의 교체'를 목표로 한 정치개혁을 시도하고, 다시 제 2차 동학농민혁명 단계에서는 안민의 이상을 실현하기 위한 구체적 방도로서 민심을 대변하는 명망가를 선출하여 임금을 보좌하게 하려 했다는 점에서 전봉준이 추구하고자 했던 또 다른 평화는 '정도의 일신'을

---

19 박맹수, "1894년 동학농민혁명은 왜 혁명인가", 『생명의 눈을 보는 동학』(모시는 사람들, 2014), pp.233-236.

20 『도교아사히신문』 1895년 3월 5일자 「동학당 대거괴와 그 구공」, 3월 6일자 「동학당 대거괴 심문 속문」 및 같은 날짜의 「동학수령과 합의정치」, 5월 7일자「동학당 거괴의 재판」, 5월 8일자 「동학당 거괴 선고 여문」등 참조.

21 『도쿄아사히신문』 1895년 3월 5일자, 「동학수령과 합의정치」 참조.

통한 정치혁명, 즉 '정치적 평화' 실현으로 드러나고 있었다고 할 수 있을 것이다.

5. 「전봉준공초」와 만국공법(萬國公法)

전봉준은 1892년 11월, 전라도 삼례에서 약 2개월에 걸쳐 전개되었던 교조신원운동[22] 단계부터 동학 교단 내의 유력한 지도자의 1인으로 부상하고 있다. 그런데, 전봉준이 교조신원운동 지도자로 부상한 삼례집회의 특징 가운데 하나는 이른바 척왜양이라는 반외세적 요구가 집회의 주된 요구로 등장하였고, 그 운동의 주도자 가운데 1인이 바로 전봉준이라는 사실이다. 교조신원운동 과정에서 표출된 척왜양에 대한 지금까지의 이해는 '일본과 서양 세력을 배척하는 배외주의'(排外主義) 또는 폐쇄적인 민족주의적 요구로 보는 경향이 지배적이었다. 그러나 이 글에서 필자는 교조신원운동 단계, 특히 1892년 11월의 삼례집회 단계부터 1894년 동학농민혁명 기간 내내 일관되게 동학농민군들이 주장했던 척왜양이라는 슬로건이 단순한 배외주의적 요구이거나 폐쇄적인 민족주의적 요구가 아닌, 당시의 만국공법(萬國公法) 즉 근대 국제법을 준수하는 가운데 주창되어진 '합법적' 요구였다는 점을 전봉준의 최후진술을 통해 해명하고자 한다.

전봉준이 주도한 동학농민혁명은 제 1차(1894년 3월, 무장기포)와 제 2차(동년 9월, 삼례기포)로 대별되며, 1차 혁명은 주로 조선왕조 지배체제의 모순을 무력을 통해 제거하고자 했던 반봉건적 성격의 봉기이며, 2차 혁명은 일본군의 불법적인 경복궁 점령(음력 6월 21일)으로 초래된 조선의 '국난'을 타파하기 위해 일본군 구축을 명분으로 봉기한 항일 봉기로 이해하는 것이 일반적이다. 하지만 실제로는 제 1차, 2차 혁명 모두 반봉건과 반외세라는 두 측면을 포함하고 있다. 어찌됐든 이른바 '항일봉기'로 널리 알려져 있는 2차 혁명과 관련하여 전봉준의 명확한 진술이 남아 있다. 아래 인용한다.[23]

> 문: 다시 기포(제 2차 봉기-인용자 주)한 것은 무엇 때문이냐?
> (更起包 何故)
> 답: 그 후 들으니, 귀국(貴□-일본; 인용자)이 개화(開化-내정개혁; 인용자)를 한 답시고 처음부터 민간에게 일언반구 알림도 없고, 또 격서(激書-선전포고; 인용자)도 없이 군대를 거느리고 도성(都城-서울; 인용자)으로 쳐들어와 야반(6월 21일 새벽; 인용자) 에 왕궁(王宮-경복궁; 인용자)을 격파하여 주상(主上-고종 임금을 말함; 인용자)을 경동케 하였다는 말을 들었기 때문에 나와 같은 시골 선비와 일반 백성들은 충군애국(忠君愛□)의 마음으로 분개를 이기지 못하여 의병(義兵)을 규합하여 일본군과 싸우되, 일차적으로 이러한 사실을 청문(□聞)하고자 하였다.
> (其後聞則 貴□□以開化 自初無一言半□□布民間 且無激書率兵入都城 夜半□破王宮 驚動主上云 故草野士民等 忠君愛□之心不勝慷慨 糾合義旅 □日人接□ 欲一次請問此事□)

위 내용에 따르면, 전봉준은 일본이 조선왕조와 조선의 백성들에게 일언반구 알린 일도 없이 제 멋대로 남의 나라의 내정개혁을 하겠다고 하고, 그것을 거부한 조선왕조 정부에 대해 격서(檄書) 즉 선전포고도 없이 불법으로 군대를 동원하여 왕궁을 점령하고 임금을 포로로 삼은 사실에 대해 '충군애국'의 마음을 이기지 못해 '의병(義兵)'을 규합하여 일본군과 싸우되, 왜 불법을 저지르는가를 '청문'하고자 했다고 분명하게 밝히고 있다. 이 내용은 당시

---

22 이것을 일러 삼례집회(参礼集会)라 부른다. 삼례집회는 1892년 음력 11월초에 시작되어 약 1개월 뒤에 공식 해산했으나, 일부 해산하지 않은 동학지도자 및 신자들에 의해 이듬해 1월까지 산발적인 집회가 계속 이어지고 있었다는 사실이 최근의 연구에서 밝혀진 바 있다.

23 국사편찬위원회, 앞의 책, p.529.

의 국제법에 비추어볼 때 저촉되는 내용이 전혀 없다. 전봉준이 당시의 국제법, 즉 만국공법(萬國公法)을 알고 있었다거나 또는 읽었다는 증거는 알려져 있지 않다. 하지만 위의 진술은 그 어디를 읽어보아도 당시의 국제법에 어긋나는 조항이 전혀 없다. 불법을 자행한 일본과 관련된 전봉준의 진술은 또 있다.[24]

> 문: 재차 기포(제2차 동학농민혁명; 인용자)는 일본군이 왕궁을 침범했기 때문에 다시 봉기했다고 하였는데, 다시 봉기한 후 어떻게 행동하고자 하였는가?
> (再次起包　因日兵犯闕之故再□云　再□之後　於日兵欲行何□措耶)
> 답: 왕궁을 침범한 이유를 따지고자 하였다.
> (欲詰問犯闕□由)
> 문: 그렇다면 일본군은 물론이고, 경성에 주둔하고 있는 다른 외국인도 모두 몰아내려고 하였는가?
> (然則　日兵□各□人留住京城者　欲□□逐耶)
> 답: 그렇지 않다. 다른 나라의 외국인은 다만 통상만을 할 뿐인데, 일본인만은 유독 군대를 거느리고 경성에 주둔하는 까닭에 우리 국토를 침략하고자 하는 것이 아닌가 의심이 들었다.
> (不然　各□人但通商而已　日人則率兵留陣京城　故疑訝侵掠我□境土也)

위 진술에서 전봉준은 2차 혁명을 일으킨 뒤 후에 무엇을 하고자 하였는가 하는 질문에 대해, 불법으로 왕궁을 침범한 일본군의 행위를 따지고자 하였다고 답하고 있다. 그러나 일본 이외에 서울에 거주하는 다른 외국인에 대해서는 별도의 행동을 취하고자 하지 않았다고 대답하고 있다. 전봉준은 특히 일본만이 오직 군대를 서울에 주둔시키는 까닭은 조선의 국토를 '침략'하려는 의도가 있기 때문이라고 믿고 일본군을 '구축(□逐)'하기 위해 2차 봉기를 단행했음을 명확히 밝히고 있는 것이다.

이미 널리 알려져 있듯이, 동학농민혁명 당시 메이지(明治) 일본정부는 외무성이건 육군성이건, 이토 히로부미(伊藤博文, 1841-1909) 총리대신을 필두로 한 여당이건 자유당(自由党)을 필두로 하는 야당이건, 후쿠자와 유키치(福澤諭吉, 1835-1901)로 대표되는 지식인이건 일반 민중이건 간에 이구동성으로 일본군의 조선 출병과 조선왕궁점령, 즉 일본군의 조선침략 행위를 지지한 바 있다. 예컨대, 전봉준이 재판과정에서 그 불법성을 지적하고 있는 1894년 6월 21일(양력 7월 23일) 미명(未明)에 일본군이 조선왕궁을 침범한 사실에 대해, 그것이 당시의 국제법을 위반한 행위였다고 그 부당성을 지적한 메이지 일본인은 단 한 명도 없다.[25] 바로 그런 상황 속에서 전봉준은 만국공법으로 대표되는 근대 국제법은 물론이고 조선의 국내법까지 어기면서까지 침략행위를 일삼는 제국주의일본에 대해 사형선고를 받는 순간까지 어느 한 구석도 당시의 국제법에 어긋남이 없는 진술을 통해 동학농민혁명의 정당성을 당당하게 주장하였다.

요컨대, 전봉준은 제2차 동학농민혁명을 일으킨 자신의 행위를 만국공법, 곧 근대 국제법에 조금도 어긋남이 없는 행위였음을 강력하게 주장했던 것이다. 바로 이 점에서 볼 때 전봉준은 국제법에 근거한 조선의 평화 수호를 위하여 행동했고, 죽을 때까지 그러한 신념을 일관했다고 결론지을 수 있을 것이다.

6. 결론

---

24 국사편찬위원회, 위의 책, p.538.

25 1894년 동학농민혁명 당시 일본은 음력 6월 21일에 일본군이 경복궁을 불법 점령한 행위가 국제법 위반이라는 사실을 이미 알고 있었다. 그래서 사건 당초부터 은폐에 급급하였다. 경복궁 불법 점령 사실의 진실은 100년이 지난 1994년에 나카츠카 아키라 교수의 사료 발굴을 통해 밝혀졌다. (中塚明、『歴史の偽造をただす』、東京: 高文研、1997.)

전봉준은 동학을 '혹호', 즉 목숨을 걸 정도로 대단히 좋아했다. 동학은 수심경천과 보국안민, 곧 개인의 영성함양과 사회혁명의 이념을 두루 갖춘 '도학'이었기에 전봉준은 동학을 '혹호'했다. 수심경천과 보국안민을 평화와 관련하여 해석한다면 개인의 내면적 평화 실현과 함께 사회적 평화 구현을 동시에 추구하는 것이라 말할 수 있다. 영성과 혁명의 통일이 바로 동학이라는 도학이 추구하는 이상이었다. 그렇기 때문에 전봉준은 동학을 목숨을 걸 정도로 좋아했다고 해석할 수 있다.

전봉준의 평화사상은 동학의 사상과 동학의 접포 조직에 기반한 동학농민혁명 전개과정에서 극적으로 표출되었다. 그 첫째는 1894년 음력 3월 20일경에 포고한 「무장포고문」을 통해 보국안민의 이념으로 드러났다. 포고문에서 강조되고 있는 보국안민의 이념은 일찍이 동학 교조 수운이 「포덕문」에서 제시한 '보국안민지계'로써 동학의 지향을 충실히 계승한 것이기도 했다. 보국안민이란 '잘못되어가는 나라를 바로잡아 백성들을 편안하게 함', 곧 서세동점과 삼정문란이라는 이중의 위기 속에서 생명과 생업, 생활을 위협받고 있던 민중들을 구제하는 것을 의미했다. '보국안민'을 통한 민초들의 생명과 생업, 생활 보장이야말로 평화 실현에 있어 가장 중요한 요소가 아니고 그 무엇이겠는가.

다음으로 전봉준의 평화사상이 가장 감동적으로 드러나고 있는 것은 바로 1894년 음력 3월 25일경 '백산대회'를 전후하여 발표한 「사대명의와 12개조 기율」 이다. 이것은 동학농민군의 행동강령이라고 할 수 있는데, 이 행동강령에서 가장 강조되고 있는 내용이 바로 '우리 동학농민군은 칼에 피를 묻히지 아니하고 이기는 것을 으뜸의 공으로 삼으며, 어쩔 수 없이 싸우더라도 사람의 목숨만은 해치지 않는 것을 귀하게 여기는' 불살생(不殺生)에 있었다. 바로 이 같은 불살생의 정신 덕분에 동학농민군은 제 1차 동학농민혁명 당시 광범위한 지지를 받으며 빛나는 승리를 거둘 수 이었고 ,그 같은 동학농민군의 규율 실천은 이웃 일본에게까지 널리 알려져 '문명적'이라고까지 극찬을 받을 수 있었다.

셋째로 전봉준의 평화사상은 교조신원운동 단계(1892-1893)에서 고부농민봉기 단계(1894년 1월)를 거쳐 제 1차 동학농민혁명 단계(1894년 3월-5월)에 이르기까지 일관되게 주장했던 폐정개혁 요구를 통해서 확인되었다. 전봉준을 필두로 한 농민군 측의 폐정개혁 요구는 1894년 음력 5월 7일경 초토사 홍계훈에게 제출한 이른바 「폐정개혁안 27개조」를 통해 '정도의 일신' 곧 부패한 민씨정권 교체를 통한 민생의 보장이라는 형태로 집약되고 있는바, 이것은 곧 정치혁명을 통한 나라 전체의 평화 실현을 지향하고 있었다고 말할 수 있다.

마지막으로 전봉준은 최후진술을 통해 자신이 1894년 음력 9월에 제 2차 동학농민혁명(삼례기포)를 주도한 이유로써 당시의 국제법인 만국공법을 어기고 심지어 조선의 국내법까지 어기면서 침략행위를 일삼는 일본군을 '구축'하기 위해 봉기했다고 진술했다. 전봉준은 자신의 행위가 국제법적으로 합법(달리 표현하자면 평화적)이었음을 당당하게 주장하였던 것이다. 이는 전봉준이 만국공법적 국제질서를 깨뜨리는 일본의 침략에 맞서 만국공법적 국제질서의 회복, 곧 만국공법적 국제질서가 준수됨으로써 찾아올 국제평화의 회복을 지향하고 있었다.

국문요지

이 논문은 동학농민혁명 최조디도자 전봉준(1855-1895)이 농민혁명 과정에서 주장했거나 행동했던 내용에 나타난 평화사상을 고찰하는 것이 목적이며, 크게 네 가지 영역으로 나누어 고찰하였다.

첫째, 1894년 3월 20일에 포고된 「무장포고문」의 보국안민 네 글자 안에 전봉준이 실현하고자 하는 평화사상이 들어 있다. 보국안민은 바로 부패한 조선왕조 지배체제 아래에서 신음하는 백성들의 생명, 생업, 생활의 안전을 도모하고자 하는 평화사상의 발로 그 자체였다.

둘째, 전봉준은 동학농민군의 행동강령으로 4대명의와 12개조 기율을 제정, 선포하였는데, 그것은 어디까지나 사람의 목숨을 해체지 않으려는 불살생을 목표로 하고 있었다. 바로 여

기에 생명을 소중히 여기는 전봉준의 평화사상이 잘 드러나고 있다.

셋째, 전봉준은 동학농민혁명 이전의 교조신원운동 단계부터 일관되게 폐정 개혁을 통한 '정도의 일신' 즉 정치 혁명을 주장하였다. '정도의 실신' 은 바로 정치적 평화 실현을 위한 전봉준의 일관된 주장이었다.

끝으로, 전봉준은 만국공법을 지키지 않는 일본의 행위에 대해 만국공법을 준수할 것을 요구하기 위해 제 2차 동학농민혁명을 일으켰다고 주장했다. 이는 전봉준이 만국공법에 근거한 국제평화의 실현을 추구한 인물이었음을 증명한다.

주제어

전봉준, 보국안민, 불살생, 정치혁명, 만국공법

개벽과 근대

- 동학의 '살림사상'을 중심으로 -

조성환 (원광대학교 원불교사상연구원 책임연구원)

1. 시작하며

이 글에서 말하는 '개벽'이란 19세기말에서 20세기초에 걸쳐서 한반도에서 탄생한 자생종교들이 표방한 공통 슬로건으로, 그 의미는 "새로운 세상을 연다"는 뜻이다. 즉, 구질서에서 신질서로의 전환, 기존의 문명에서 새로운 문명으로의 이동을 선언한 개념이 개벽이다.

원래 '개벽'이라는 말은 중국사상에서 "천지가 처음으로 열린다"고 하는 우주론적인 의미로 사용되었는데, 20세기 전후의 한국사상에서는 그것을 문명론적인 맥락으로 전환시켜, 사상사의 영역으로 처음으로 끌어들였다. 즉 "천지가 저절로 열린다"는 자동사가 아니라 "인간이 새로운 문명을 연다"고 하는 타동사로 사용한 것이다.

이러한 의미의 '개벽'을 처음 주창한 이는 19세기 후반에 '동학'을 창시한 수운 최제우였다. 그는 "다시 개벽"이라는 말로 선천시대의 구질서가 끝나고 후천시대의 새질서가 시작되었음을 선언하고, 그 새질서의 내용을 한국의 전통적인 '하늘' 개념을 중심으로 한 '천도(天道)'라는 사상체계로 담아냈다. 그리고 최제우를 이어 동학을 이끈 해월 최시형은 <동학=천도>가 지향하는 생명중심문명을 "도덕문명"이라는 말로 표현하였다.

한편 동학에 이어 등장한 민중종교들, 가령 동학을 계승한 천도교, 삼일철학에 바탕을 둔 대종교, 해원상생을 지향하는 증산교, 일원주의를 표방하는 원불교 등도 '개벽사상'을 공유하고 있었다. 천도교에서는 "사회 개벽"을 비롯한 "삼대개벽"을, 증산교에서는 "후천개벽"을, 원불교에서는 "정신개벽"을 각각 주창하였고, 대종교 역시 개벽과 유사한 ''개천(開天)"과 "중광(重光)"을 설파하였다.

이러한 개벽사상이 탄생하게 된 주된 요인으로는 당시 한국 민중이 처했던 절박한 상황을 들 수 있다. 19세기말의 한반도 정세는 한마디로 내우외환, 즉 "삼정의 문란"으로 표현되는 국내 정치의 혼란과 "서세동점"으로 상징되는 외세의 압력으로 사면초가의 상황에 직면해 있었다. 특히 오랫동안 세계의 중심으로 인식되던 중국의 몰락은 당시 조선인들에게는 세계관의 붕괴에 다름 없었고, 민중들은 설상가상으로 탐관오리의 횡포까지 겹쳐 생존 그 자체가 위협받는 상황이었다.

이러한 절대절명의 위기상황에서 당시 한국의 지식인들이 택한 선택지는 크게 두 가지 중의 하나였다. 하나는 전통적인 유교문명을 고수하면서 침략적인 서구문명을 배척하자는 척사사상이고, 다른 하나는 봉건적인 유교문명을 버리고 서양의 선진문명을 수용하자는 개화사상이다. 역사학계에서는 전자를 (위정)척사파, 후자를 개화파라고 부른다. 물론 양자의 혼합형 내지는 절충형에 해당하는 '동도서기'를 주창한 지식인 그룹도 있었지만, 큰 틀에서는 (온건)개화파로 분류되고 있다. 그래서 역사학자들이 구한말에 한국의 근대성을 논할 때에는 언제나 '개화파'가 중심이 되기 마련이었다.

그러나 동도 아니고 서도 아닌, 다시 말하면 중국도 아니고 서구도 아닌 제3의 길을 택한 이들이 있었는데, 그들이 바로 개벽을 주창한 개벽파이다. 개벽파는 전통사상에 바탕을 두면서도 서구와는 다른 새로운 문명을 모색하였는데, 그런 의미에서는 기타지마 기신이 말하는 '토착적 근대화' 운동의 전형적인 사례라고 할 수 있다.[1] 이들이 주창한 "다시 개벽"의 '다시'나 "후천 개벽"의 '후천'이라는 말에는 전통과는 다른 새로운 질서, 즉 '근대성'이라는 함축이 담겨있다.

대표적으로 1916년에 탄생한 불법연구회(이후의 '원불교')는 동서문명을 아우른다는 기치 아래, 정신문명과 물질문명의 병진, 도학과 과학의 병행, 그리고 간척사업과 조합운동에 의한 경제적 자립, 남녀 동수로 구성된 최고의결기구 설립, 모든 종교적 진리의 회통 등을 주창하였는데, 이것은 전통적인 유불도 삼교나 서양 근대의 계몽주의와는 다른 형태의 근대화를 추구한 종교운동이라고 할 수 있다.

또한 원불교에 앞서 천도교에서도 동학이 제창한 '개벽'(전통사상의 현대화)의 틀을 유지하면서 개화(서양문명의 수용)를 추진하는 방향으로 노선을 전환하였는데, 그럼 점에서는 원불교와 지향하는 방향이 일치한다고 할 수 있다. 이들 개벽파의 운동은 서구 근대의 도전에 직면해서 전통사상을 바탕으로 독자적인 근대성을 모색했다는 점에서 개화파와는 다른 근대를 모색했다고 평가할 수 있다.[2]

이 글에서는 개벽파의 효시라고 할 수 있는 동학이 추구한 독자적인 근대성의 모습을 '생명'을 키워드로 고찰하고자 한다.

2. 생명중심 인간관의 등장

동학은 전통적인 유교적 인간관과는 전적으로 다른 새로운 인간관을 제시하는 데에서 출발한다. 유학적 인간관이 "인간은 누구나 자연으로부터 <도덕적 본성>을 여부받았다"는 전제에서 출발한다면, 동학적 인간관은 "인간은 누구나 자연으로부터 <우주적 생명>을 부여받았다"는 전제에서 출발한다. 이것을 동학은 "시천주(侍天主)"라는 명제로 나타내는데, '시(侍)'는 '모신다'는 말이고 '천주(天主)'는 '하늘님'을 가리키므로, "시천주"는 "하늘님을 모시고 있다"는 뜻이 된다. 여기에서 하늘님은 우주적 생명력으로서의 "원기(元氣)" 또는 "혼원지일기(混元之一氣)"를 인격화한 것으로, 인간은 누구나 우주적 생명력에 의해 탄생하고, 그런 점에서는 모두가 평등하다는 것이다. 이러한 인간관을 동학에서는 천인(天人) 또는 천민(天民)이라고 하였다. '천인'이나 '천민'은 한글로 풀어쓰면 '하늘사람'이나 '하늘백성'에 해당한다.

천인이 제시한 평등적 인간관은 도덕질서를 바탕으로 한 유학적 인간관과 충돌을 일으켰는데, 유학에서 주창하는 '도덕질서'에는 '신분질서'도 포함되어 있기 때문이다. 특히 조선사회에서의 반상의 구별, 즉 유교적 소양을 지닌 지배계급과 그렇지 않은 피지배계급 사이의 구별은 엄격했고, 이 구별 위에 지배층의 부도덕과 온갖 모순이 더해진 것이 19세기 조선사회의 모습이었다.

또한 '천인'은 한 사람 한 사람이 존재론적으로 서로 연결되어 있다고 보는 점에서 서양의 실체적인 '개인'과도 다른 인간관이다. 우주는 거대한 하나의 전일적(全一的) 생명체이고, 그 전일적 생명체의 생명력을 부여받아 탄생한 것이 개별적 생명체이다.[3] 이런 의미에서 동학에서는 천지(=우주)를 '부모'라고 표현하고 있다("천지부모"). 따라서 인간을 비롯한 동물에게는 두 개의 부모가 있는 셈이다. 하나는 천지라는 자연부모이고, 다른 하나는 생물학적인 인간부모이다. 자연부모를 모시는 것이 시천주이고, 인간부모를 모시는 것이 효이다. '효'는 유교윤리이지만, 동학은 효에 앞

서 시천주를 설파하고 있다는 점이 유교와의 차이이다.

동학의 윤리가 타자를 하늘님으로 섬기고 공경하는 '사(事)'나 '경(敬)'을 핵심으로 하는 것은 이러한 인간관 때문이다(事人如天, 敬人·敬物). 자기 안의 생명을 잘 모시듯이(侍), 타인을, 나아가서는 동물이나 무생물까지도 생명을 지닌 존귀한 존재로 대하라는 것이다. 이런 맥락에서 동학의 제2대 리더 최시형은, 베틀 짜는 아낙네가 하늘님이고, 산에서 지저귀는 새소리도 하늘님의 소리라고 하였다.[4] 아울러 어린아이를 때리는 것은 하늘님을 때리는 것이기 때문에 어린 아이를 학대해서는 안 되고,[5] 대지를 밟을 때에도 대지가 아파하지 않도록 조심스러워 해야 한다고 하였다.[6] 이러한 생각들은 모두 만물에서 생명의 기운을 느끼고, 그것들을 하나의 생명체로 인식할 때에 가능한 것들이다.

최시형은 이러한 시천주의 자기수양과 경인의 대인(對人)윤리를 통틀어서 '활(活)', 즉 '살린다'는 개념으로 표현하였다(道德謂之活人機).[7] 이 때의 '살린다'는, 단지 "목숨을 살린다"는 좁은 의미가 아니라, 각자가 지니고 있는 생명력 그 자체를 살린다고 하는 보다 포괄적인 개념이다. 현대 한국어에서 "기를 살린다"고 할 때의 '살린다'가 이와 유사한 용례이다.

또한 국가경영이나 가정경영의 경우에도 '나라살림'이나 '집안살림'과 같이 '살림' 개념을 써서 표현하는데, 이 때의 '살림'은 '경영'을 의미한다. 경영을 살림이라고 하는 것은, 경영의 가장 주된 임무를 개개인의 생명과 생업과 생활을 보호하고 활성화시키는 것이라고 보았기 때문이다. 현대 한국에서 일어난 '한살림운동'의 '살림'은 이러한 의미로 사용되고 있다. 생산자와 소비자의 직거래를 통해서 생산자(농부)의 생업을 살리고, 소비자(시민)의 생명을 보호하며, 결과적으로 이들의 생활을 안정시키자는 것이 바로 한살림의 취지이기 때문이다.

이렇게 보면 동학사상은 한국어에 담겨 있는 '살림'사상을 '하늘'이라는 토착 개념에 담아서 동아시아적인 '학'의 틀에 담아낸 근대적 살림사상이라고 할 수 있다.

3. 살림공동체의 추구

동학의 '살림' 개념과 유사한 개념으로 '호생(好生)'을 들 수 있다.[8] 그러나 동아시아 고전에 나오는 '호생(好生)'은 주로 군주가 백성에게 덕을 베푸는 시혜의 맥락에서 사용되는, 그런 점에서는 유교적인 '인(仁)'의 실천의 한 측면을 나타내는 개념이다. 반면에 동학의 '살림'은 수평적인 상생(相生)의 덕목이라고 할 수 있다. 즉 상하, 귀천, 유무를 불문하고 "서로를 살리는" 호생(互生)사상인 것이다. 그런 점에서 동학의 살림사상은 전통적인 호생사상을 수평적인 차원으로 확장시켰다고 할 수 있다.

이러한 관계는 비유하자면 『장자』에 나오는 포정이야기로 설명할 수 있다. 포정은 백정임에도 불구하고 군주에게 양생의 도를 깨우쳐 주는 인물로 등장하는데(『莊子』「養生主」), 이와 같은 설정은 유교에서는 상상도 할 수 없는 이야기이다. 왜냐하면 유교에서 백성은, 그 중에서도 특히 백정과 같은 천민은, 어디까지나 군주의 통치와 유학자의 계몽을 받아야 하는 '교화의 대상'으로 여겨지기 때문이다. 반면에 장자는 '덕'이란 신분이나 지식을 불문하고 누구나 터득될 수 있으며, 신분이 낮고 지식이 적어도 '덕'은 오히려 뛰어날 수 있다고 보았다. 왜냐하면 장자에게 있어 '덕'이란 '양생(養生)', 즉 '살림'의 기술을 터득하는 덕목이기 때문이다.

마찬가지로 동학에서도, 마치 포정이 문혜군에게 '도'를 가르쳤듯이, 백정 출신이 동학조직과

농민군의 리더가 되기도 하였다. 이에 대해 동학 내부에서도 반발이 있었는데, 이 때 최시형은 다음과 같이 설득시켰다.

김낙삼이 물었다: "전라도는 포덕이 많이 될 수 있는 정세입니다. 남계천은 본래 이 고장의 양반이 아니었는데, 입도한 후에는 남계천에게 편의장이라는 중책을 맡겨 동학교도를 통솔하게 하시니 동학교도들 중에 낙심하는 자가 많습니다. 원컨대 남계천의 편의장 임명을 철회해 주시기 바랍니다.

최시형이 답하였다: "소위 반상의 구별은 사람이 정한 바이고, 도의 직책은 하늘님이 시키신 바이다. 사람이 어찌 하늘이 정한 직임을 거둘 수 있겠는가! 오직 하늘만이 반상을 구별하지 않고(唯天無別班常) 그 기운을 부여하시고 그 복을 내리시니, 우리 도는 새로운 운수(新運)에 맞추어 새로운 사람(新人)이 새롭게 반상을 정하게(新定) 하였다. 앞으로 우리 도 안에서는 일절 반상을 구별하지 말라.

우리 나라에는 두 가지 큰 폐습이 있으니, 하나는 적서의 차별이고 다른 하나는 반상의 구별이다. 적서의 차별은 집안을 망치는 근본이고 반상의 구별은 나라를 망치는 근본이다. 이것이 우리 나라의 고질병이다. 우리 도는 리더 아래에 반드시 더 큰 리더가 있으니 그대들은 [몸가짐을] 삼가라. 서로 공경(相互以敬)하는 것을 위주로 하고 서열을 두지 마라. 이 세상 사람들은 모두 하늘님이 낳았으니, 하늘백성(天民)이 [서로를] 공경하게 한 연후에야 태평[한 세상]이라고 할 수 있다."[9]

여기에서 최시형이 말하는 "새로운 운수"와 "새로운 사람"과 "새롭게 정하다"의 '새로움'이야말로 동학이 지향한 근대성, 즉 '개벽'을 말하고 있다. 그리고 '무별(無別)'과 '호경(互敬)'은 그 새로움의 핵심에 만인평등사상과 상호존중사상이 자리잡고 있음을 말해준다. 아울러 그 근거를 '하늘(님)'에 두고 있는 점은 동학이 추구한 근대성이 전통성에 뿌리를 두고 있음을 시사한다. 그리고 그 '하늘'이 내용적으로는 '생명'으로 해석되고 있다는 점에서, "하늘은 반상을 구별하지 않는다"(唯天無別班常)는 말은 사상적으로는 "생명은 신분을 구별하지 않는다"고 바꿔 말할 수 있다.

최시형은 이러한 사상을 바탕으로, 인간은 신분에 상관없이 누구나 하늘이 부여해준 '덕'을 발휘할 수 있어야 하고, 따라서 백정 출신인 남계천에게 중책을 맡기는 것은 문제가 되지 않는다고 말하고 있다. 아니 오히려 하늘님이 부여한 덕을 발휘하는 일이라고 하고 있다(賦其氣寵其福). 현대적으로 말하면 누구나 신분에 상관없이 타고난 재능(德)을 펼칠(布) 수 있는 기회를 주어야 한다는 것이다.

"적서무별(嫡庶無別)"이나 "반상무별(班常無別)"이 한 사람 한 사람의 '덕'을 살리는데 초점이 맞춰져 있다고 한다면, "유무상자(有無相資)"[10]나 "상애상자(相愛相資)"는 경제적으로 어려움에 처한 이를 살리는 경제적 살림의 측면을 말한다.

혹시 빈궁한 벗이 있으면 편의에 따라 긴급히 도와준다.[11]

같은 소리는 서로 반응하고 같은 기운은 서로 구해주는 것은 고금의 보편적인 정의로, 우리 도에

이르러서는 그 이치가 더욱 두드러진다. 어려운 자는 서로 구해주고 빈궁한 자는 서로 긍휼히 여기는 것 또한 선현의 향약에 있는 덕목인데, 우리 도에 이르러서는 그 도리가 더욱 중요하다. 무릇 도를 함께 하는 우리는 약속을 한결같이 지켜서, 서로 사랑하고 서로 보탬이 되어(相愛相資) 혹시라도 규율을 어기는 일이 없도록 해야 한다.[12]

앞서서 대의에 참가하여 가산을 탕진한 사람은 애처롭고 가련한데, 집에서 관망하면서 배불리 먹고 따뜻하게 지낸다면 어찌 마음이 편하겠습니까! 있는 자와 없는 자가 서로 도와서(有無相資), 떠돌아다니지 않도록 원근에서 합심하여 이론(異論)이 없게 하십시오.[13]

주지하다시피 "동기상응"은 "유사한 기끼리는 서로 감응한다"는 뜻으로, 고대 중국의 『회남자』 등에서 자연현상을 설명할 때 사용되는 개념이다. 여기에서는 이 논리가 동학공동체의 윤리적 근거로 사용하고 있다. 즉 도를 같이 하는 "동도지인(同道之人)"끼리는 서로 도와야 한다는 것이다. 아울러 이러한 공동체윤리가 조선시대의 향촌사회의 자치규약인 향약에 근거하고 있다고 하고 있는데, 양자의 차이는 향약이 유교의 '예'라는 차등적 질서 위에 성립하는 상호부조의 윤리라고 한다면, 동학은 '하늘'이라는 평등적 질서 위에 성립하는 상호부조의 윤리라는 점에 있다. 그럼 점에서 동학의 유무상자도 '향약'이라는 유교적 '전통'을 천인(天人)이라는 새로운 인간관 위에서 '근대화'한 사례에 해당한다고 할 수 있다. 이 외에도 동학농민군이 일본군과 맞서 싸울 때 "살생하지 않는 것"을 첫 번째 규율로 삼은 것 또한 동학이 추구한 살림공동체의 모습을 잘 보여주고 있다.

4. 동서문명과의 충돌

최시형은 동학이 추구한 이러한 살림공동체를 활인(活人)을 지향하는 "도덕문명"이라고 표현하였는데, 이 새로운 문명은 당시의 두 개의 대표적인 동서문명과 충돌하였다. 하나는 전통적인 중국의 유교 문명이고, 다른 하나는 새로운 서구의 근대 문명이다. 전통적인 유교 문명을 대변하는 이들은 조선의 정부와 유학자들이었고, 새로운 서구 문명을 표방하는 이들은 일본의 군부와 지식인들이었다. 이들은 모두 자신들이 '문명'이고 동학은 '야만'이라고 규정하면서 동학농민군에 대한 탄압과 살육을 자행하였다. 동학이 "척양왜"를 표방할 수밖에 없었던 이유는 바로 여기에 있다. 그들이 지향하는 세계가 동학이 지향하는 생명중심문명에 반하는 것이었기 때문이다.

최시형은 당시의 서양이 추구하는 문명의 모습을 동학의 그것과 대비시켜 다음과 같이 말하고 있다.

서양의 무기는 세상사람 중에 대적할만한 자가 없다. 무기는 사람을 죽이는 도구(殺人器)이지만 도덕은 사람을 살리는 기틀(活人機)이다.[14]

천지의 도에 밝고 음양의 이치에 통달하여 세상 사람들로 하여금 각자 자기의 업을 얻게 하면 이것이 어찌 도덕문명(道德文明)의 세계가 아니겠는가![15]

여기에서 서양은 反생명적인 무기를 만들어 살생을 일삼는 공포의 대상으로 인식되고 있다. 이에 대해 최시형은 동학이 추구하는 세계는 천지와 음양의 도리를 바탕으로 한 '도덕문명'이라고

하고 있는데, 이로부터 그가 생각하는 문명의 기준이 생명을 파괴하는 '산업'이 아니라, 생명의 질서에 따르는 '도덕'에 있음을 알 수 있다. 이 때의 '도덕'은 유교의 예적(禮的) 질서를 바탕으로 한 서열화된 도덕이 아니라[16], 우주적 생명에 입각한 평등적인 도덕을 말하는데, 이러한 평등적인 도덕을 바탕으로 한 사람 한 사람이, 신분과 출신에 상관없이 각자에 맞는 '생업'을 얻는(各得其業) 세계야말로 참다운 문명의 모습이라는 것이다.

동학의 이러한 문명의식은 한편으로는 이후의 개벽파의 문명론의 선구를 이루면서, 다른 한편으로는 다른 문명의식, 가령 후쿠자와 유키치로 대변되는 개화파의 문명론이나 최익현으로 대변되는 척사파의 문명론과 충돌되었다. 동학농민혁명 때 유학자들이 '민보군'을 조직하여 동학농민군을 진압하거나, 일본군대가 동학농민군을 상대로 제노사이드 작전을 벌인 것은 모두 이러한 맥락에서 설명될 수 있다.[17] 반면에 전봉준과 동시대의 일본인인 다나카 쇼조는 동학을 '문명적'이라고 평가하였는데[18], 이것은 그가 지향한 문명의 모습이 동학이 지향한 그것과 유사했기 때문이리라.

20세기에 들어서면 동학이 '천도교'로 개칭되는데(1905년), 천도교의 기본적인 입장은 도덕과 개화를 동시에 추구하는 것이었다. 이 때의 도덕이 동학적인 도덕이라는 점에서는 토착적 근대화 운동의 연장이라고 볼 수 있지만, 동학과의 차이는 서양을 배척이나 타도의 대상으로만 생각하지 않고 그들의 문물을 적극적으로 수용하려는 태도로 돌아섰다는 점이다. 손병희가 '천도교'라고 개칭하거나 이돈화가 『신인철학』을 쓴 것 자체가 동학을 서구적인 종교나 철학의 틀에 담고자 했음을 말해주고 있다. 그러나 그만큼 동학이 원래 지니고 있던 "삶의 틀을 바꾸는 생활운동"(표영삼)으로서의 동력은 약화되고 말았다. 즉 개화가 강화된 만큼 개벽은 약화된 것이다.[19] 오늘날 한국사회에서 천도교가 거의 영향력을 행사하지 못하는 이유는 바로 여기에 있을 것이다.

반면에 이후의 원불교는 이 부분을 '정신개벽'과 '마음수양'이라는 측면에서 보완하고자 하였다. 물질개벽을 인정하되 정신개벽으로 그것의 부작용을 극복하자는 것이다. 특히 마음공부는 좌선이나 명상과 같은 전통적인 수행법에, 일기(수양노트)나 강연(주제발표) 또는 회화(자유발표)와 같은 인문학적인 방식을 가미한, 말 그대로 시민사회에 걸맞은 수양법이라고 할 수 있다. 아마도 이 점이야말로 원불교가 한국사회에 자리잡을 수 있었던 결정적인 요인일 것이다.

5. 장일순의 한살림사상

한편 동학의 생명사상을 종교가 아닌 경제활동의 형태로 현대 한국사회에 정착시킨 운동이 바로 한살림이다.[20] 한살림은 1980년대에 무위당 장일순이 강원도에서 시작한 생명운동으로, 도농직거래 운동과 지역살림 운동을 중심으로 하는 비영리 생활협동조합이다. 2015년 8월 현재, 한살림의 소비자 조합원은 50만 세대이고 생산자 회원은 2천여 세대이며, 주요 생활협동조합의 매출은 연 1조원을 바라보고 있다고 한다.[21]

한살림을 창시한 장일순(1928~1994)은 최시형(1827~1898)보다 정확히 1세기 후의 인물로, 최시형의 생명사상을 시민사회에 뿌리내리고자 한,[22] 현대한국의 생명운동의 시조라고 할 수 있다. 시인 김지하는 그를 정신적 스승으로 모셨고[23], 『녹색평론』 발행인인 김종철은 오늘날(1992년) 동학과 최시형의 참다운 모습을 접할 수 있는 것은 장일순 덕분이라고 평가하고 있다.[24] 이런 연유로 그는 "생명사상의 큰 스승"[25]으로 불리고 있다.

한살림의 창립동기는 서구근대의 산업문명이 지니고 있는 反생명성에 대한 위기의식으로,[26] 원불

교식으로 말하면 물질개벽에 따른 생명개벽의 필요성이라고 할 수 있다. 그런 점에서는 19세기말에 동학이 서구문명으로부터 느꼈던 위기의식과 유사하다고 할 수 있다. 이하에서는 장일순의 생명사상을 간략히 고찰하는 것으로 이 글을 마치고자 한다.

먼저 장일순은 현대사회는 돈을 벌기 위해 사람을 죽이는 무기를 생산하는 反생명적 사회로, 그런 의미에서는 전혀 문명적이지 않다고 비판한다.[27] 이러한 생명중심 문명관은 일찍이 최시형이 서구 근대를 비판하면서 제시한 관점으로, 장일순이 한살림을 창립하게 된 동기이기도 하다. 이런 의미에서는 한살림은 동학의 생명사상을 현대사회에 실천하기 위한 제도적 장치라고도 할 수 있다. 즉 동학의 현대화인 셈이다.

장일순의 사상은 동학의 생명사상에서 출발한다. 그 중에서도 특히 최시형의 사상을 삶의 신조로 삼으면서 생활 속에서 실천하여, "또 한 분의 해월"[28]이라고 불릴 정도였다. 그런 점에서 장일순은 최시형 사후에 최시형의 생명사상을 가장 잘 체득하고 실천한 사상가라고 할 수 있다. 그가 특히 좋아한 최시형의 사상은 '밥사상'(萬事知, 食一碗), '이천식천(以天食天)' 그리고 '향아설위(向我設位)'였다. 예를 들면 다음과 같다.

밥 한 그릇

해월 선생이 일찍이 말씀하셨어요.

　　밥 한 그릇을 알게 되면 세상만사를 다 알게 된다고.

밥 한 그릇이 만들어지려면

　　거기에 온 우주가 참여해야 한다고.

　　우주 만물 가운데 어느 것 하나가 빠져도

　　밥 한 그릇이 만들어질 수 없어요.

　　밥 한 그릇이 곧 우주라는 얘기지요.

　　하늘과 땅과 사람이

　　서로 힘을 합하지 않으면 생겨날 수 없으니

　　밥 알 하나, 티끌 하나에도

　　대우주의 생명이 깃들어 있는 거지요.

이 시에서 인용하고 있는 "밥 한 그릇을 알게 되면 세상만사를 다 알게 된다"는 최시형의 말은 『해월신사법설』의 「천지부모」에 나오는 말이다("萬事知, 食一碗."). 장일순은 이 한 마디로부터 최시형의 사상의 핵심을 모두 끌어내고 있다. 모든 존재는 천지인(天地人)의 공공(公共)의 산물이고, 그런 점에서 밥 한 알, 티끌 하나에도 우주 전체가 담겨 있으며, 그렇기 때문에 하찮게 보이는 미물일지라도 소중히 여겨야 한다(敬物)는 것이다.

장일순은 여기에서 한 걸음 더 나아가서 동서양의 대표적인 고전인 『노자』와 『성경』을 최시형의 밥사상으로 해석한다.

(예수가 「마태복음」 26장 26-28절에서 말한) 빵과 포도주가 그때 그 지역에 사는 사람들의 일상 양식입니다. 예수께서 세상의 밥으로 오신 것을 말해주십니다. 하느님으로서의 밥, 생명으로서의 밥을 선포하십니다. 우리나라 동학의 해월 최시형 선생은 "밥 한 그릇을 알면 만사를 알게 되나니라"(萬事知, 食一碗) 했고, "한울이 한울을 먹는다"(以天食天)라는 말씀도 있었습니다. 노자의 『도덕경』 20장에는 "我獨異於人, 貴食母"(나만 다른 사람들과는 달리 길러주는 어미를 귀히 여긴다)라는 말씀이 있습니다. 여기에서 '食'은 '기른다'는 뜻으로 '사'라고 읽으며 '母'자는 모든 것이 태어나고 죽어서 돌아가는 근원인 道를 말합니다. 나 홀로 세상 사람들이 좋아하는 허례허식과 부귀를 따르지 않고 도심을 기르는 것을 존귀하게 여긴다는 뜻입니다. 바로 예수께서 우리를 위해서 주시는 몸으로서의 밥, 피로서의 포도주는 우리 안에 있는 하느님을 모시기 위해서 주신다는 것입니다.[29]

여기에서 장일순이 예수와 노자를 통일적으로 해석하는, 즉 '회통'하는 키워드는 동학의 '생명사상'이다. 구체적으로는 예수가 말한 빵, 노자가 말한 食母(=道)를 해월의 밥사상으로 해석하고 있다. 이것은 장일순이 동학의 생명사상으로 동서고전을 재해석하고 있음을 말해준다.[30] 아울러 그리스도교에서 말하는 '성령' 또는 '령(靈)'을 '생명'으로 해석하고,[31] 증산교를 창시한 강일순(姜一淳, 1871-1909)의 원시반본(原始反本)은 잃어버린 '령'의 회복을 의미한다고 설명하고 있다.[32] 이러한 해석들은 장일순이 현대문명을 바라보는 키워드가 '생명'이고, 이 '생명'으로부터 근대문명을 극복할 수 있는 대안을 찾고 있음을 시사한다.

장일순은 동학의 생명사상에서 한 걸음 더 나아가서 우분투적인 존재론과 타자윤리를 설파한다.

나는 미처 몰랐네 그대가 나였다는 것을

달이 나이고 해가 나이거늘 분명 그대는 나일세[33]

상대가 '나'라는 것을 알아야 한다.

그래야 악순환이 끊어진다.

상대를 죽이고 가려 하면 악순환만 초래할 뿐이다.[34]

우주가 하나의 전일적인 생명체인 이상, 타자 안에도 자기가 들어 있을 수 밖에 없고, 이렇게 "상대가 '나'"라는 사실을 자각했을 때 비로소 증오와 폭력의 악순환이 끊어진다는 것이다. 이것은 우주론적인 '생명사상'에서 윤리적인 '살림사상'을 이끌어낸 것으로, 동학과의 차이가 있다면 나와 상대가 다르지 않다는 자타불이(自他不二)의 존재론과 그것을 바탕으로 한 타자윤리를 강조하고 있다는 점이다.

그런 점에서 아프리카의 우분투 사상과 상통하는 면이 있다. 기타지마 기신에 의하면, 아프리카의 우분투 사상은 "타자 안에 자기가 있다"고 하는 존재론과 이것을 바탕으로 한 타자윤리로, 남아프리카가 흑인과 백인의 화해를 이끌어내며 인종차별정책을 철폐할 수 있었던 데에는 우분투

사상이 크게 작용했다고 한다.[35] 마찬가지로 장일순도 동학의 생명사상에 입각해서, 상대와 나를 구분하지 않는 타자윤리를 바탕으로 한 시민운동을 실천할 것을 주장하고 있다.

이렇게 보면 동학이 추구한 생명과 평화, 즉 살림사상이 장일순에게서 발전적인 형태로 재현되고 있으며, 그가 지향한 문명의 모습이 - 아프리카의 경우에서도 확인할 수 있듯이 - 현대문명이 나아가야 할 하나의 방향을 제시해주고 있다고 할 수 있다.

---

1 기타지마 기신, 「토착적 근대란 무엇인가」, 『개벽신문』 58호, 2016년 9월.

2 '개벽파'와 '토착적 근대'에 대해서는 조성환, 「토착적 근대화와 개벽사상」, 『개벽신문』 68호, 2017년 10월 참조.

3 여기에서의 '전일적 생명체'와 '개별적 생명체'는 김태창이 동학사상을 설명하는 용어로 하면 '우주생명'과 '개체생명'에 해당한다.

4 "萬物莫非侍天主."(『해월신사법설』「대인접물」)

5 "輕勿打兒. 打兒卽打天矣"(『해월신사법설』「대인접물」)

6 『해월신사법설』「성경신」.

7 西洋之武器, 世人無比対敵者. 武器謂之殺人器, 道德謂之活人機. (『해월신사법설』「吾道之運」 211쪽)

8 '호생好生'(생명을 좋아한다)이라는 표현은 멀리는 서경에서 이미 나오고 있고, 한국의 경우에는 신라시대의 최치원이나 조선왕조실록 등에 나온다. "好生之德, 洽于民心"([사형에 처한 죄인을 용서해주는 군주의] 호생의 덕에 민심이 흡족하다. 『서경』「우서·대우모」); "地靈旣好生爲本"(동방의 지령은 이미 호생을 근본으로 삼고 있다. 최치원, 「지증대사비문」, 『역주 최치원전집(1)』, 257-8쪽. 최영성 논문 참조); "朕體天地好生之心, 特加寬宥."(짐이 천지의 호생의 마음을 체득하여 특별히 용서를 하였다. 세종실록 6년 1월 17일 1번째 기사)

9 金洛三曰: "全羅道有多發, 布德之情, 南啓天本是非土班, 入道後, 以南啓天便義長之重職, 統率道衆. 道衆落心者多矣. 願撤回南啓天便義長之帖紙爲望耳." 神師曰: "所謂班常之別, 人之所定也; 道之職任,天主之所使也. 人豈可以能天定之任撤回乎! 唯天無別班常而賦其氣寵其福也. 吾道輪於新運而使新人 更定新制班常也. 自此以後, 吾道之內一切勿別班常. 我國之內, 有兩大弊風. 一則嫡庶之別, 次則班常之別. 嫡庶之別亡家之本, 班常之別亡國之本. 此是吾國內痼疾也. 吾道頭目之下, 必有百勝之大頭目. 諸君愼之, 相互以敬爲主, 勿爲層節. 此世之人, 皆是天主生之, 以使天民敬之以後, 可謂太平也."(『해월신사법설』「포덕」)

10 동학의 "유무상자"에 대해서는 박맹수, 「동학계 신종교의 사회운동사」, 박광수외, 『한국 신종교의 사회운동사적 조명』, 집문당, 2017, 87-88쪽 참조.

11 或有貧窮之友, 隨宜救急事. (「己丑 新定節目」. 박맹수 편, 『동학사료집성I』, 선진출판기획, 2010, 135쪽)

12 同聲相應, 同氣相求, 有古今通義, 而至於吾道, 其理尤著. 患難相求, 貧窮相恤, 亦有先賢之鄕約, 而至於吾道, 其誼尤重. 凡我同道之人, 遵一約束, 相愛相資, 無或違規事. (「通文」. 위의 책, 149쪽)

13 先赴大義, 傾蕩家産者, 係是矜憐. 在家觀望, 飽食溫處, 豈可安心! 有無相資, 不使流離, 遠近合心, 無致異論. (1892년 11월 19일자 「敬通」. 위의 책, 157쪽)

14 西洋之武器, 世人無比対敵者. 武器謂之殺人器, 道德謂之活人機. (『해월신사법설』「吾道之運」, 211쪽)

15 明天地之道, 達陰陽之理, 使億兆蒼生, 各得其業, 則豈非道德文明之世界乎! (『해월신사법설』「聖人之德化」, 169쪽)

16 오구라 키조는 주자학을 이념으로 한 조선 사회는 주자학적인 '리'에 의해 만인을 '서열화'하는 구조를 지

니고 있다고 분석하였다. 小倉紀蔵, 『韓国は一個の哲学である』, 講談社, 2011.

[17] 이노우에 가쓰오, 「일본군 최초의 제노사이드 작전」, 『동학농민전쟁과 일본 - 또 하나의 청일전쟁』, 모시는사람들, 2014.

[18] 由井正臣·小松裕編, 『田中正造文集(一)』, 「朝鮮雜記」, 岩波書店, 2004, 137쪽.

[19] 조성환, 「'생명'의 관점에서 본 동학사상사」, "IV. 근대화되는 천도", 『역사연구』 28, 2015, 81-3쪽.

[20] "<한살림>은 가치관에 있어서는 한민족의 오랜 전통과 맥을 이어오고 있는 동학의 생명사상에서 그 사회적·윤리적·생태적 기초를 발견하고 있다." 「한살림 선언」, "3. 전일적(全一的) 생명의 창조적 진화"

[21] 이상길, 「박재일과 한살림」, 『한국농어민신문』, 2015.08.21.

[22] "무위당에게서는 '생활 속의 사상'인 거죠. 그것이 생명 아니오?...그것이 한살림으로 나타났고, 신협과 생협으로 나타난 것입니다. 바로 '생활'이지요."(김지하) 김지하·최종덕 대담, 「도덕과 정치 - 김지하 시인에게서 듣는 무위당 장일순의 사상」, 무위당을 기리는 모임 엮음, 『너를 보고 나는 부끄러웠네』, 녹색평론사, 2014, 193쪽.

[23] 김종철, 「한살림운동과 공생의 논리」, 『나락 한 알 속의 우주』(개정증보판), 녹색평론사, 2017, 244쪽. 이 글은 원래 『녹색평론』 7호, 1992년 11-12월에 실렸다.

[24] 위와 같음.

[25] 김지하·최종덕 대담, 「도덕과 정치 - 김지하 시인에게서 듣는 무위당 장일순의 사상」, 무위당을 기리는 모임 엮음, 『너를 보고 나는 부끄러웠네』, 녹색평론사, 2014, 184쪽.

[26] "오늘의 산업문명은 환경, 즉 생태계로부터 단절되어 고립된 기계와 흡사한 세계이다." 「한살림 선언」, "5. 한살림"

[27] "미국도 그렇고 소련도 그렇고, 영군, 독일, 불란서 같은 소위 선진국이라는 나라들, 심지어는 우리까지도 사람 죽이는 무기를 생산하고 있어요. 그게 지금 이익이 제일 많아요. 전부 무기장사라고. 그러면서도 우리가 문화인이라고 문명인이라고 거들먹거리고 있으니 완전히 난센스죠…그것은 반생명적이고 반자연적이고 반인간적인 거예요." 장일순, 『나락 한 알 속의 우주』(개정증보판), 녹색평론사, 2017, 69쪽.

[28] 이문재, 「동학사상은 생명사상」, 『시사저널』, 1994.10.20.

[29] 장일순, 「생태학적 관점에서 본 예수 탄생」, 『나락 한 알 속의 우주 - 무위당 장일순의 이야기 모음』, 녹색평론사, 2017(개정증보판), 22-3쪽.

[30] 조성환, 「'생명'의 관점에서 본 동학사상사」, "IV. 시민사회에서의 천도", 『역사연구』 28, 2015, 86쪽.

[31] 장일순, 「세상 일체가 하나의 관계」, 무위당을 기리는 모임 엮음, 『너를 보고 나는 부끄러웠네』, 녹색평론사, 2014, 98쪽.

[32] 장일순, 「화합의 논리, 협동하는 삶」, 『나락 한 알 속의 우주』(개정증보판), 녹색평론사, 2017, 40쪽.

[33] 김익록 엮음, 『(무위당 장일순 잠언집) 나는 미처 몰랐네 그대가 나였다는 것을』, 시골생활, 2012, 첫 페이지.

[34] 위의 책, 213쪽.

[35] 아프리카의 우분투사상과 비폭력운동에 대해서는 기타지마 기신, 「토착적 근대란 무엇인가」, 『개벽신문』 58호, 2016년 9월 참조.

從歐洲中心主義到相互依存之道

馮品佳

在討論歐洲中心主義時，首要問題就是：在今日全球化造成種種顛覆性的變化之際，批判這個有數百年歷史的概念是否會有過時的疑慮呢？事實上，自從歐洲文藝復興時期開始，歐洲中心主義就開始逐漸左右世界經濟、政治、乃至於文化與宗教的走向，即使時至今日世界上許多地區仍然受其宰制，不但外在生存模式受到影響，也內化了伴隨著歐洲中心主義而生的殖民主義、種族主義、以及各種不平等的意識形態，乃至於深陷其中而毫不自知。例如在亞洲地區，從明治維新促成日本的西方，成為東亞強國開始，其後無論是滿清末年的變法維新、或是其他國家的改革，基本上都是以歐洲科技文明為本，也因此逐漸內化了歐洲中心主義的思維以及價值觀。在加入現代化的進程中一味認同歐洲文化的優越，貶抑自己的傳統文化，造成極其偏頗的發展模式。所以即使全球化號稱讓地球變成平的，世界各地的發展仍然並不平等，而歐洲中心主義也依然存在，繼續製造各種紛爭。在這篇短文中，我首先簡單定義及介紹何謂歐洲中心主義，其次再以藏傳佛教噶舉派領袖尊聖的第十七世如來大寶法王噶瑪巴(His Holiness the 17thGyalwa Karmapa)所倡導的相互依存(interdependence)之道作為對治歐洲中心主義的方法，強調以宗教的力量導正偏頗的世俗觀念，以期改變世界因為高漲的自我意識以及歧視異己的分別心而走向分崩離析的命運。

根據帕克瑞(Arun Kumar Pokhrel)的定義，「歐洲中心主義指的是一種特殊的文化現象，從歐洲或西方觀點看待非西方社會的歷史文化。歐洲(主要是西歐)、或是西方，自認為其文化價值優於非西方社會，因而成為具有普世性的意符(signifier)」。歐洲中心主義這樣自許的普世性有個最基本的矛盾點，也就是這一套說法明明是從特定的區域性觀點出發，卻自認為可以放諸四海皆準，而且不論各個社會在社會、文化或歷史層面有多大的差異，只會一味「鼓吹模仿本於『西方價值觀』－ 包括個人主義、人權，平等、民主、自由市場、世俗主義和社會正義－ 所發展出來的西方模式來解決各種問題」。實際上，歐洲中心主義並不是可以解決迫切社會問題的一套社會理論，而是系統化地扭曲現實，致使大部分的西

方社會理論與意識形態都受到汙染，而且影響範圍卻極其龐大，從對於一般事物常識性的看法到主流媒體、乃至於各個領域傑出的西方學者都可能受到歐洲中心主義的左右(321)。

帕克瑞的定義其實深受研究歐洲中心主義最重要的學者阿敏(Samir Amin)影響。阿敏是出生於埃及的政治經濟學者，一向反對西方自以爲是的世界歷史觀，從阿拉伯伊斯蘭世界的歷史角色反駁從希臘羅馬的古典世界、基督教基本主義、歐洲資本主義系統線性發展的史觀。在其專著《歐洲中心主義》第二版的前言中，阿敏回顧現代性(modernity)的歷史，他指出現代性源自歐洲文藝復興時期，基本的理念是人類自己創造了歷史。這樣的觀點與之前認爲是神或超自然力量創造人類歷史的想法完全不同。自此之後，理性及解放共同成爲現代性的重點，開啓了民主政治之路，而所謂的民主政治隱含著世俗主義，要求政教分離，因而改變了世界政治的運作。實際上，現代性是資本主義的產物，也跟著資本主義在世界各地蔓延擴張而持續發展。資本主義的基本教義使得全球因爲資本主義的擴張而產生不平等與不對等的發展等等問題；在邊緣的國家永遠無法趕上像是美國、歐洲以及日本這幾個處於中心的社會。這樣的不平等的扭曲現象，使得現代性在邊緣國家呈現不完整的發展。而資本主義的文化則是經由內化這種不對等的現況得以成形及發展。同時，現代性也必然造成宗教的重新詮釋，以便配合人類自己創造歷史的基本原則。歐洲中心論的文化主義(Eurocentric culturalism)認爲宗教變革，特別是基督教的新教改革是造成社會變異，因而走向現代性的主要力量。阿敏則認爲這樣的論點其實顛倒了因果關係，宗教重新詮釋(reinterpretation)應該是社會變異的結果。現今因爲全球化資本主義讓人類文明陷入危機，致使現代性產生危機。對於阿敏而言，其實現代性尚未完成，必須發掘新的普世價値才能度過當前的危機。他也認爲在全球美國化的影響之下，當代資本主義意識形態的極端形式成爲一種「自由主義病毒」(liberal virus)，導致社會組織只剩下私有企業的自由(liberty)以及財產(property)兩種原則(7-8)。

阿敏在論述歐洲中心主義文化是如何建構出來的章節中，更進一步指出歐洲中心主義如何製造出獨特的「永恆之西方」(an eternal West)，對應的是虛構之「他者(東方)」(the Other [the Orient])，並且據此衍生出一套從歐洲中心視角所建構的西方歷史。因此歐洲中心主義文化的建構的過程，就像相對應的「東方主義式的」

(Orientalist)文化建構一樣，有四大元素：第一是將古希臘從東方的發展脈絡中抽離，硬生生地將希臘文化變成歐洲文化的源流；其次以種族主義做爲歐洲文化一統的基礎；其三是將從東方掠奪過來的基督教變成維護歐洲文化統一主要的支撐力量；最後仍是從宗教的觀點，以種族主義的觀點發展出所謂的近東以及東方、乃至於東方主義等等概念。這四個元素在不同時代以不同方式排列組合，有時候甚至會因爲需要而排斥其中某些元素，例如歐洲中產階級曾經不信任基督教，特意誇大希臘神話的重要(165-66)。

在細部分析這四種元素時，阿敏採用文化史學家的研究，指出希臘的語言文化其實都深受埃及與迦太基文化影響，歐洲文藝復興時代的藝術家與思想家率先將希臘文化視爲歐洲文化之源頭，以便與中古時代做一區隔。十九世紀的拜倫(Byron)及雨果(Hugo)等人再次提出同樣的看法，一直沿用至今(167-69)。十九世紀的生物與社會達爾文主義、語言學、乃至於宗教都成爲歐洲中心主義者倡導種族主義的工具，甚至發展出以地域爲基準的地理種族主義（169-71）。二次大戰之後，基督教成爲解救歐洲國族主義與種族主義危機的利器。實際上歐洲的基督教是個遭到歐洲白人挪用的版本。特別是爲了讓源自東方的基督教可以順理成章做爲歐洲認同的基礎，基督教的聖靈家族一夕之間全部變成金髮的白人，遭到歐洲人挪用之後的基督教變得非常有彈性，讓歐洲可以迅速進入資本主義的時代(172-74)。資本主義的歐洲以自己爲中心，以二元對立的方式將其他地區畫爲邊緣地帶，各種東方主義式的論述因之而生(175)。阿敏也指出，主流意識形態中歐洲中心主義的面相已經發展成爲西方社會學的一個典範(paradigm)，大家內化了這套思想，習以爲常到渾然不知自己身陷其中，這種內化運作使得想要挑戰這個典範也格外困難，因爲這會直接影響到對於自己的階級地位感到相當滿意的一群人(comfortable classes)，只有與其脫鉤(delinking)才有抗拒的可能，而且西方也必須加入這種脫鉤的運作(186-87)。

做爲第三世界的政治經濟學者，阿敏對於現代性、歐洲中心主義、自由主義等等的批判都有一定力道。例如他分析歐洲中心主義是如何將源自東方的希臘文化與基督教挪用成爲西方文明的基礎。他也指出自由、平等、財產是啓蒙理性的三種表達方式，以三位一體的方式自然互補。時至今天，「市場」即「民主」的論點依然是中產階級意識形態的基石(15)，透徹分析了資本主義的發展及運作。

但是我並不認同阿敏逕自將佛教視爲類似儒學以及希臘文化(Hellenism)的類世俗形上學(quasi-secular metaphysics)的說法(145)，而且也不認爲當前佛教在印度及，中國兩地佛教已經式微，在西藏及東南亞已經成爲類宗教(quasi-religion)，面臨各種世俗形上主義的困境(146-47)。阿敏採用理性的方式詮釋宗教，從文化、經濟、政治等面向探討他所謂的宗教形上學。實際上佛教在藏地仍然是藏人生活不可或缺的一部分，幾乎從出生到往生都受到佛法之中。對於從小接受孔子儒家學說的華人而言，儒學自然不是宗教，但是佛教跟儒學不同，是真正的一種宗教信仰，強調回歸自身良善的佛心的重要，既強調入世的慈悲，也強調出世的智慧，可以在日常生活實修中踐行，也希望經由實修得到根本智慧，對於出世法與世間法都同樣重視，絕對不只是一種世俗的形式主義學說。

更進一步說，我認爲佛法的一些精義可以對治阿敏提出全球資本主義對人類文明所帶來的危機，第十七世如來大寶法王噶瑪巴所倡導的相互依存之道就提供了一個解決的方法。身爲藏傳佛法噶舉派法王，噶瑪巴經常試圖使用一般人都可以了解的語言闡揚佛法，雖然文字淺白，但是仍然能有效達到淑世的作用。他在《崇高之心：由內而外改變世界》(*The Heart Is Noble: Changing the World from the Inside Out*)一書中指出，基於「相互依存」與「空性」兩個觀念，佛教認爲生命具有無限可能(38-39)。噶瑪巴提到任何人事物都需要依賴其他人事物才能存在，這種過程不斷重複，我們生命的相互依存性因此與越來越多人連結在一起(40)。「到最後，」噶瑪巴強調，「沒有任何人、事、物和我們沒有關係。佛陀創造了『相互依存』一詞來描述這種深刻連結的狀態。相互依存是實相的本質，它是人類生命、所有事物和所有狀態的本質。我們都相互關聯，我們都是影響彼此的因緣條件」(41)。因爲萬物生存的情態都是緊密相連、相互依存，人類就必須對於自己的行爲負責，因爲我們的選擇與行動，最直接影響我們的行爲所造成的結果(41)。噶瑪巴也解釋了相互依存的定義：「『相互依存』的意思是說，我們持續與我們周遭的世界互動。這樣的互動是雙向運作的，它是一種相互的交流。我們接受，但同時也在給予。就如同我們存在於這個地球是因爲許多因素的促成一樣，我們現在的存在也反過來影響了他者− 其他人、其他社群團體，以及地球本身」(42)。基於相互依存之道，噶瑪巴一直倡導環保，因爲人類與地球的良性互動才能永續生存。噶瑪巴指出，「我們可以看到，全球的消費文化已經對我們的地球

造成多大的破壞，這樣的文化是出自一種逐漸侵蝕人心的情緒力量－貪婪之力」(150)。要對抗資本主義所造成的「貪婪之力」，就需要發揮我們的慈悲和智慧力量關注生態，尊敬自然；「當我們把自己和環境的關係建立在慈悲和智慧的基礎上，這樣的關係就能夠變成真正的永續。身爲人類，我們有能力創造出這樣的關係」(171)。力行生態環保只是奉行相互依存之道其中的一部分，最重要的是認知到人我之間互相連結的關係，消弭自己與他者對立的分別心，而這種觀念恰好與歐洲中心主義二元對立的基礎與立場相反，因此也可以根本解決唯我獨尊、歧視他者的意識形態。而且噶瑪巴特別指出應該從內而外、以慈悲及愛的願力改變世界，恰好也可以矯正我們過度內化歐洲中心主義的偏頗。

噶瑪巴在 2017 年出版的《相互連結：在全球化的社會中擁抱生命》(*Interconnected: Embracing Life in Our Global Society*)更進一步闡釋相互依存之道及其重要性，也更能破除歐洲中心主義的迷思。在論述平等性與多樣化(equality and diversity)的一章中，他提及多樣化的價值，並且提出對於宗教多元化的看法。噶瑪巴警告我們全球化與消費主義鼓勵每個人渴望在物質上能夠同等富裕，讓我們追求虛幻的外在物質平等，但是其實這只是假平等，實際上真正平等的基礎來自於內在(79)。噶瑪巴指出，相互依存之道教導我們自然環境中生物多樣性(biodiversity)的重要性；同樣的，相互依存之道也讓我們領悟到人類世界中多樣性非常重要。依循著相互依存之道，我們會體認到差異帶來的益處，也會發現差異之美。雖然人類都生來良善而且想要追求快樂，但是因爲外在環境的差別因而有不同的興趣、習慣與傾向。人類因爲個別、經驗以及人我互動而有所不同，人類社會也會因爲不同的歷史與脈絡而產生文化差異。就像植物的差異讓森林系統強健，人類的差異也使得我們的社會強大且健全(84)。

噶瑪巴特別指出，在種種人類的差異中，我們最難接受的似乎是宗教，因此也更難以接受宗教差異性的重要價值。但是宗教的多元化是必然現象，因爲外在的歷史文化情境使然，不同宗教的組織、教條和信仰方式也各有不同。對於人類社會而言，宗教多元化也有其好處。因爲每個人的個性與需求不同，對於大眾最有利益的就是能有各種不同的精神靈性道路可以選擇。從佛教的觀點而言，強調只有某一宗教是最好的宗教、並且詆譭其他宗教的論點完全站不住腳，也毫無助益。因爲這樣的說法沒有考慮個人的個性與需求。噶瑪巴指出，誇稱自己的信仰

是「最好的」宗教沒有任何意義，「重點在於這個宗教是否適合這個人，並且可以幫助此人從中得到利益」(*Interconnected*85)。所以他認爲不需要堅持大家都走上單一的宗教或靈性道路。噶瑪巴引用西藏人樹根及樹枝做爲相同(sameness)與相異(difference)的比喻：眾生根源相同，個人與社會的多元發展則有如樹枝(78)。噶瑪巴在討論宗教多元化時則強調，所有的宗教的根本，都是要教導我們如何經由我們自己的內心與智慧找到離苦得樂的方法，過著有意義人生(84)。由此引申，樹木的比喻也相當適合用於宗教的多元歧異性：所有的宗教有著共同的根源，而不同宗教特殊的形式與表達方法則有如一棵大樹的枝幹，各自發展，各有風華，因此我們應當尊重不同宗教的多元性及差異化。

其實噶瑪巴在《崇高之心》裡就以阿富汗的巴米揚大佛遭到伊斯蘭基本教義派破壞爲例，說明破除宗教之間隔離的高牆非常重要。他說：「如果心靈的信仰被用來建築人與人之間的高牆，這就徹底誤解了心靈修持的目的。心靈修持的意思應該是－ 更接近你自己。當你更加接近自己時，你也就更加接近他人。宗教以及與心靈層面相關之事，應該是要消弭偏見和標籤，而不是去強化它們；應該要打破人與人之間的藩籬，而不是去建構它」(242)。噶瑪巴對於多樣化的重視，特別是對於多元宗教的尊重，與歐洲中心主義不惜挪用、甚至竄改其他宗教與文化系譜的操作模式完全相反，也足以校正這種以自我中心的世界觀。

阿敏也批判過全球美國化所造成極端資本主義意識形態，在其論述中，歐洲中心主義的範圍早已不侷限於歐洲，當代歐洲中心主義的代表其實是世界第一強權的美國。美國雖然與歐洲以大西洋遙遙相隔，然而立國兩百餘年以來，主流社會一直服膺歐洲中心主義，有時推動的力道更勝於歐洲。近來在川普政權推波助瀾之下，極右派的白人至上主義(white supremacy)聲勢日益浩大，並且不斷在歐美等地擴張，即是最具體的例證。

而相互依存之道正可以從矯正歐美國家過度強調的個人主義。由於《相互連結》集結了噶瑪巴爲美國大學生所開設的暑期課程內容，所以在〈做個相互依存的個人〉(“Being An Interdependent Individual”)一章中，特別重新闡釋美國引以爲立國之道的獨立精神。噶瑪巴指出，我們一直以爲每個人都是與他人分開、自給自足、獨立的個體，而且從來不會質疑這個想法。有些人認爲這種推崇獨立自主的精神是現代西方的產物，其實不然。兩千多年前佛陀之所以會教導我們相互依

存的道理，就是要指出自以爲人類是獨立自主個體這個想法正是造成我們生命混淆的原因，也是最嚴重社會問題的根源，對社會及個人幸福造成會極其有害。因爲這個想法會讓我們低估或是忽視人我之間的連結(59-60)。噶瑪巴也提到，就個人層面而言，探索如何做個相互依存的個體會幫助我們不再脫離現實。我們越是從現實面了解我們是誰，我們是如何相互連結，越能夠使得我們的生命更圓滿，也更有意義。換言之，「相互依存的個體」這個概念並不矛盾，反而更能有利引導我們享有更加美好的生命，噶瑪巴也以他自己爲例，說明如何做個相互依存的個體(60)。他指出相互依存不會削弱個體性，而是幫助我們成爲獨特個人。接受相互依存之道會爲個體性帶來不同的意義，同理也可以在自立自強(self-reliance)這個深入美國人心的概念上得到印證。從相互依存的角度思考自立自強，可以爲健全的自立自強之道奠定穩固的基礎(64)。

噶瑪巴開示佛法告訴我們人人都應當自我守護。照顧好自己才能照顧別人。踏出照顧別人的這一步非常重要，否則就會只過度關注自己。通常我們很容易過度珍惜及照顧自己，變成只專注自我，也會讓我們誤以爲自己是獨立自主的個體，因而造成生命中很大的困擾。專注自我讓我們看不到生命中廣大的關係網絡，認知的層面只專注在什麼是「我」和「我的」之上，狹窄到只剩下與自己直接有關事務的連結(*Interconnected*67-68)。噶瑪巴也以監牢的比喻提醒我們不要作繭自縛。自我中心主義就像是個牢獄，把我們跟其他人事物隔絕開。只關注自我讓我們變成關起來的犯人，自我中心主義和自我專注就是我們的獄卒，讓我們自絕於世界。相信自己天生就是與人隔絕，這種自認爲是獨立自足個體的想法，會讓自我中心主義建立起的牢牆越發堅固。因爲這是我們自己造成的孤立狀況，也只有自己可以釋放自己(68)。同時，噶瑪巴也特別提醒我們需要時時調整人生軌道，因爲生命的歷程提供我們無數更加了解相互依存之道的機會，也讓我們越來越朝向相互依存之道前進。日常生活的經驗充滿這些機會。我們可以利用這些機會強化我們的謙遜、自信、或是任何我們想要強化的內在特質，這樣可以讓相互依存從理念轉化成我們可以親身感受而且非常珍惜之物。當我們能真正身體力行相互依存之道時，人際的連結就不再是理念，而是一種的生活方式(74)。也只有當我們真正了解並且實踐相互依存之道，才有可能成爲一個既具有個體性，又能生存在相互依存的網絡之中，成爲一個與人及自然緊密相連的個體。

噶瑪巴在《相互連結》一書中提供了許多培養相互依存之道的方法。其中一個方法是我們要記得別人的善行，因爲時時記得別人的良善，是培養自己深入了解相互依存覺知的實修方法。相互依存之道雖然是佛法的教誨，但是不需要是佛教徒也能學會。具體的做法是刻意去想別人的善行，然後在腦海中反覆思索，強化正確的覺知，直到我們心中充滿對別人的感恩之心爲止(52)。時時憶念別人對自己所做出的貢獻，正好可以糾正歐洲中心主義僅以一己爲尊、又自許爲世界共主與救主的錯誤心態。本文提議以第十七世大寶法王噶瑪巴根據佛法精義所提倡的相互依存之道，解決數百年來歐洲中心主義所造成的紛擾、暴力以及對於自然環境的破壞。事實上每一個宗教都旨在教導我們如何彼此尊重，破除分化人我的分別心，任何宗教的目的都是要共同創造善美的世界，讓眾生皆可安居其中。雖然我們身處資本主義當道的末法時代，觸目皆是光怪陸離的偏頗行爲，處處都是濫用自然資源所造成的生態危機。但是如果我們能夠由自身做起，身體力行相互依存之道，終究可以產生撥亂反正的力量，重新找回眾生平等共存的希望。

參考文獻：

鄔金欽列多傑，第十七世法王噶瑪巴。《崇高之心：由內而外改變世界》[*The Heart Is Noble: Changing the World from the Inside Out*]。施心慧譯。台北：眾生出版社，2013。

Amin, Samir. *Eurocentrism: Modernity, Religion, and Democracy: A Critique of Eurocentrism and Culturalism*. 2nd ed. Trans. Russel Moore and James Membrez. Cape Town, South Africa: Pambazuka Press, 2011.

Ogyen Trinley Dorje, Karmapa XVII. *Interconnected: Embracing Life in Our Global Society*. Ed. Karen Derris and Damchö Dianna Finnegan. Trans. Damchö Dianna Finnegan. Somerville, MA: Wisdom Publications, 2017.

Pokhrel, Arun Kumar. "Eurocentrism." *Encyclopedia of Global Justice*. Ed. Deen K. Chatterjee. Dordrecht, Netherlands: Springer, 2011. 321-25.

冷戰的記憶：
論歐大旭的《隱形世界的地圖》

李有成

一

歐大旭（Tash Aw）在二〇〇五年出版第一部小說《和諧絲莊》(*The Harmony Silk Factory*)，立刻深受國際文壇注目。《和諧絲莊》不僅入圍當年曼布克獎（Man Booker Prize）初選名單，隨後還榮獲英國聲譽崇隆的惠特布列首部小說獎（Whitbread First Novel Award），以及二〇〇六年大英國協（Commonwealth）作家獎的第一本書獎。歐大旭與台灣有若干因緣。他其實出生於臺北，襁褓時隨其馬來西亞籍華人的雙親回到吉隆坡，在馬來西亞完成中學學業，之後赴劍橋大學習法，考上律師執照後，在倫敦一家法律事務所服務。他一心嚮往創作，工作餘暇埋頭寫作，後來竟毅然放棄待遇豐厚的律師生涯，進入東英格利亞大學（University of East Anglia）著名的創作課程就讀。此創作課程成立於一九七〇年，向被視爲作家的搖籃，《和諧絲莊》即是在東英格利亞大學讀書期間完成的。

歐大旭不只一次對英國作家再現的馬來亞歷史現實深表不滿。他舉毛姆（W. Somerset Maugham）爲例，認爲毛姆筆下的馬來亞只是一九三〇與四〇年代英國殖民社會非常局部的現象，充滿了文化偏見與異國情調，他覺得有必要向毛姆挑戰，將當時的馬來亞自這種成見中解放出來。歐大旭曾經在訪談中表示：「我的意圖在摧毀受毛姆影響的一九三〇和四〇年代的馬來西亞歷史小說。你知道，就是那種觀念，以爲文學中只有兩種版本的馬來西亞，一邊是白人圍坐在一起暢飲粉紅色的琴酒（gin），另一邊則是一堆各色人種忙碌著各種古怪的事」（引自Morrison 2005）。換句話說，他顯然刻意要把《和諧絲莊》寫成一部去東方化的小說。《和諧絲莊》在某些層面上確實是一本後殖民小說，對英國殖民的經濟剝削和日本帝國的血腥統治不假辭色，對被殖民者心態上的扭曲也頗多著墨。

在《和諧絲莊》出版四年之後，二〇〇九年，歐大旭推出第二部小說《隱形世界的地圖》（*Map of the Invisible World*），主要背景則是獨立後的印尼和馬來西

亞，時間在一九六四年前後，馬來西亞剛成立不久。儘管第二本小說的地理背景以印尼爲主，特別是其首都雅加達，不過因爲小說的情節涉及馬來西亞的成立，我們也不妨將之視爲《和諧絲莊》的續集。爲了點出小說的時代背景，敘事者還在小說中列舉了不少當時世界各地所發生的重要事件：「歐洲更多抗議監禁曼德拉（Mandela）的聲浪。蘇卡諾（Sukarno）譴責『東京灣決議案』（Gulf of Tonkin Resolution）。阿貝貝・畢奇拉（Abebe Bikila）誓言要爲非洲奪取金牌。布里茲涅夫（Brezhnev）將提供印尼更多援助。馬來西亞的毒品使用已經達到氾濫的程度：英國不予協助。共產黨徒於外島遭到逮捕」（Aw 2009: 30）。

《和諧絲莊》中所隱含的去東方化和反殖民的意涵，在《隱形世界的地圖》中表達得更爲直接了當。小說主角之一的丁（Din, 原名馬魯丁・賽義迪〔Maluddin Saidi〕）一言道盡這些意涵。他對任教於雅加達某大學的美國人類學家瑪格麗特・貝茲（Margaret Bates）— 丁擔任她的助理— 指出：「我的想法是，我們需要一部由印尼人書寫的本國歷史，挖掘的是西方人無法輕易取得的非典型史料。例如民間故事、本土神話，或者書寫在棕櫚葉上的古老手稿— 」。他接著說：

> 「……當你想到歷史研究的標準方法，想到所有的歷史文本時，你腦海中浮現的其實是西方人的史料。好像東南亞的歷史是從發現由歐洲通往亞洲的航道才開始的，一切都以這個時間點作爲開端。可是實際上，在那之前，就不知道發生過多少事情了。滿者伯夷（Majapahit）和馬打蘭(Mataram)已經建國；伊斯蘭教、印度教、佛教……我想要重述這些島嶼的歷史，因爲我有個理論，我認爲這些島嶼的歷史是外國人無法理解的……。」（Aw 23）

丁相信「歷史必須由一個非西方人的聲音來講述」。在另一個場合，他還重覆類似的看法：「我們**知道**怎樣最好。最好的，就是住在一個不受西方控制、遠離他們意圖不軌的世界。最好的，就是擁有一個讓亞洲國家和非洲國家能夠控制自身命運的未來。三百年來，都是別人在幫我們寫歷史，可是現在我們必須加以改寫」（Aw 115）。這種情形就像歐大旭所相信的那樣：英國作家所創作的馬來西亞歷史小說必須被摧毀。

丁話中提到的島嶼正好呼應歐大旭原著書名中的「隱形世界」(the invisible

world)。小說臨結束時，幾位主角來到爪哇（Java）東部的碼頭渡口，等待船隻要到其中的一座外島。敘事者這麼描述這些外島：「到了巴里（Bali）之後，可以再從那裏通往那些鮮少有人造訪的外島。來到這些通往無名島嶼的渡口，有時你會覺得自己彷彿置身在世界的邊緣，在所有熟悉事物的盡頭。小船航向一無所有的地平線，彷彿航向虛空。那些域外之境……會永遠像隱形一樣」（Aw 338）。

小說情節始於卡爾・德威利根（Karl de Willigen）在裘度島（Nusa Perdo）上被一群年輕印尼士兵所捕。卡爾是位歸化印尼的荷蘭畫家，對殖民主義向無好感，甚至因此放棄其荷蘭國民的身分，一心終老印尼。他的被捕其實出於當時印尼總統蘇卡諾的排外政策，蘇卡諾的目的在將荷蘭人驅逐出境。卡爾有一位印尼籍的十六歲養子亞當（Adam），他躲在草叢中目睹卡爾被捕的經過。亞當隨後自裘度出發，歷經艱辛來到雅加達尋找卡爾。時間大致在一九六四年前後，馬來西亞剛剛成立。從獨立後即以所謂指導民主（guided democracy）統治印尼的蘇卡諾反對馬來西亞的成立，甚至不惜以武裝**對抗**（印尼／馬來語：*Konfrontasi*）這個由馬來亞、沙巴、砂勞越及新加坡組成的新國家（新加坡於一九六五年被迫退出馬來西亞）。這場武裝對抗顯然對蘇卡諾的政權至關重要。小說中的澳洲記者米克・馬祖奇斯（Mick Matsoukis）在雅加達街頭經歷學生反馬來西亞示威後就這樣指出：「*Konfrontasi* 這件事已經成了一種執念，某種生活裏絕對的必需品。我認爲這個用字的選擇已經表明了：他想**對抗**整個世界，特別是馬來西亞。他真的痛恨馬來西亞這個用詞所代表的一切—　我認爲他其實對隔壁的小國好像沒費什麼力氣就成功獨立，而且還日漸富裕很不以爲然，而同時間，他的國家卻是一團糟」（Aw 95）。更重要的是，對抗馬來西亞的政治運動顯然已經失控，印尼也因此爲當時冷戰的地緣政治（geopolitics）所吞噬。米克接著說：「反馬來西亞這件事情正在把他一步步推向共產主義，這一點更是犯了美國政府的大忌。剛開始他只是跟蘇聯政府眉來眼去，沒想到印尼共產黨很快地變成了他在車後座魚水偷歡的對象，現在更是威脅他要明媒正娶，我不敢確定那是他想要的」（Aw 96）。

亞當抵達雅加達時，印尼正處於內戰邊緣。雅加達也陷入政治混亂的泥淖中，每一個政治勢力無不想方設法獵取政治利益。亞當憑藉著幾張照片和筆記，竟然在雅加達找到了卡爾的舊日情人瑪格麗特。在了解卡爾的遭遇之後，瑪格麗

特答應亞當會設法救出他的養父，並且向任職於美國大使館一　應該是中央情報局的幹員一　的比爾•許奈德（Bill Sneider）求救。亞當透過瑪格麗特認識了丁。丁同樣答應要爲亞當尋訪他失落多年的哥哥約翰（Johan）。約翰與他的養父母現居吉隆坡，過著富裕奢華的生活，不過心中始終因當年背棄同在孤兒院的弟弟而深感愧疚。

亞當在無意間捲入丁所策劃的一樁陰謀事件，要在爪哇飯店的某個集會中以炸彈暗殺蘇卡諾。只是這個密謀最後功敗垂成，丁被捕，亞當則在一位印尼富家少女祖拜妲（Zubaidah）的協助之下逃離現場。祖拜妲跟丁一樣，都是政治狂熱份子，但是她並不認同丁的激進主義。祖拜妲在聽了亞當的故事之後，決定請求她的父親代爲打聽卡爾的下落。她的父親是蘇卡諾的長期金主，在政治上不乏人脈與管道。小說結束時，卡爾、瑪格麗特及亞當正在爪哇東部的一個渡口，等待船隻要到巴里島以東的眾多小島之一一　也就是丁所說的「失落的世界，那裏的一切事物都保持最真實的原始樣貌，在外國人的凝視之外一　像是個隱形的世界，幾乎像是個隱形的世界」（Aw 22）。小說的最後一段則回到約翰身上。我們看到約翰駕著車子，在雨夜中飆駛過吉隆坡寂靜的街頭，「霓虹燈光用五顏六色沾染了夜」。約翰顯然仍然爲過去的記憶所苦，他對當年背棄亞當歉疚不已。「他希望昨夜只是一個夢，上個月根本不曾存在」（Aw 342）。

二

歐大旭的第一部小說《和諧絲莊》是以一九三○與四○年代的馬來亞爲主要背景，時值英國殖民與日本佔領時期，小說情節很容易讓我們想起馬來亞共產黨對抗英國殖民者與日本帝國主義者的歷史。在《和諧絲莊》中，我們不僅看到英國殖民主義與日本帝國主義如何左右了小說中幾乎所有人物的命運，也影響了整個馬來亞往後的歷史發展進程。歐大旭以法農式的（Fanonian）冷靜筆法，剖析在殖民與帝國淫威下若干人物備受扭曲的心靈。《隱形世界的地圖》也具有同樣濃烈的後殖民主義色彩。

除了前面提到的印尼青年丁的說法之外，我們還可以舉卡爾爲例，說明歐大旭如何一再透過小說人物提醒我們反殖民的重要性。卡爾是位已經入籍印尼的離

散荷蘭人，一向強烈支持反殖民運動。他身體力行，甚至在家裏嚴禁使用自己的母語。在他看來，這是一種宰制性的語言，他認爲「亞當不應該在成長的過程中吸收殖民國的文化」(Aw 11)。卡爾還告訴亞當裴度島附近每一艘船遇難的故事：「其中一艘是運鴉片到中國去的，另一艘是從英國海軍退役下來的；最大的那艘則載著來自歐波爾多（Oporto）和馬德拉（Madeira）的上百瓶的珍貴佳釀，到現在都還能喝呢。亞當透過這種方式學習裴度的歷史；學習鴉片戰爭、天主教及宗教的毀滅力量，以及歐洲如何以不義的方式征服亞洲」(Aw 34)。顯然，這些歷史事例都與西方帝國主義的物資掠奪與文化入侵有關，其中的歷史教訓昭然若揭。

在小說中所提到的許多歷史事例中，最令人動容的可能是第二十六章開頭長段所敘述的有關爪哇著名畫家拉登・薩利赫（Raden Saleh）的故事。這一長段以批判的角度分析薩利赫的名畫《蒂博尼哥羅王子受俘記》(*The Capture of Prince Diponegoro*)，當時這幅畫還掛在阿姆斯特丹的王宮裡：

> 乍看之下，這幅史上最富盛名的印尼繪畫之一很容易被誤認爲一件頗爲傳統的、屬於十九世紀歐洲的藝術作品。它描繪一大群人聚集在一列柱廊的臺階周圍；遠處有座火山，讓人感覺到那是熱帶的景觀。大部分的人物都身著爪哇服飾；有些蹲坐在地上，徬徨無依，有些以手抱頭，應該是在哭泣吧，觀者會這麼覺得。但大多數人都注視著被荷蘭軍官團團包圍的一位傲氣勃發的人物。這個人是蒂博尼哥羅王子（Prince Diponegoro），一八三〇年代領導反抗荷蘭人運動的爪哇貴族。畫作中那自信從容的筆觸和顯而易見的西方風格，很容易讓它被視爲另一個歐洲歷史年鑑中的場景：異國土地的征服，某西方強權幾名精明幹練、腰桿筆直的軍官輕易地令當地人歸降。可是再看一眼。這些西方人好像有什麼不尋常的地方。他們的頭部對身體來說是不是太大了？幾乎可以確定，是這樣沒錯。既然你已經注意到這一點，你不覺得他們看起來呆頭呆腦、侷促不安嗎？這並不是畫工不純熟的緣故，因爲爪哇人就畫得比例勻稱，充滿了人性、優雅與驕傲。他們不像那些大頭的荷蘭人一樣惹眼，而是成爲景觀的一部分。他們並非身著襤褸衣衫，而是穿戴蠟染布

做的紗龍和頭巾。他們也許輸了這一仗，但是保持了人性的卻是他們，

而不是荷蘭人。(Aw 277)

敘事者義正辭嚴，以清楚的後殖民語言將這幅名畫脈絡化，藉此召喚歷史記憶，並賦予薩利赫的名作新的反帝反殖民的批判意義，讓這幅名畫的藝術生命重新連結上小說所敘當時印尼的歷史現實。

三

也許是出於長期以來的反殖民心態，或者基於對西方的懷疑與缺乏信任，小說中的印尼人大多排斥成立馬來西亞的構想與現實。丁就痛詆馬來西亞是個政治傀儡，一個英國的殖民餘孽，「一個純粹虛構的作品，由那些舊帝國主義國家憑空創造出來，目的是爲了要在印尼、在全世界所有新興獨立的國家製造動亂不安。把馬來西亞創造出來，英國、美國跟他們的同夥才能繼續在此地區佔一席之地」（Aw 149）。於是學生走上街頭，抗議這個新興鄰國的成立。蘇卡諾更是氣急敗壞，不惜發動武裝抗爭，以爲這樣可以一舉摧毀馬來西亞。《隱形世界的地圖》中有一節特別提到，蘇卡諾在印尼獨立紀念日的廣播中向民眾宣布：「**在剛剛的幾個小時當中，英勇的印尼士兵已經開始對英帝引以爲傲的馬來西亞發動攻擊。……他們以爲美國的力量會拯救他們，但並不會。企圖控制自由世界的英國人和美國人將會在東南亞一敗塗地。他們的下場會跟越南的法國人一樣**」（Aw 154，強調部分爲原文所有）。一九六四年前後經歷這段歷史事件的人應該記憶猶新。就歷史事實而言，蘇卡諾的指控當然不乏爭議；不過值得注意的是，蘇卡諾所使用的顯然是冷戰的修辭，他尤其譴責美國冷戰政策下的帝國冒進主義。

《隱形世界的地圖》的部分重要情節很明顯地是在處理冷戰時期美國在東南亞所扮演的角色。冷戰讓美國趁機直接介入亞洲的地緣政治，全面地影響亞洲的政治、軍事、經濟及文化。一九六〇年代中葉印、馬對抗期間，美國已經深陷越戰的泥淖之中，在甘乃迪（John F. Kennedy）之後繼任總統的詹森（Lyndon B. Johnson）甚至因越戰師老無功、國內外反戰風起雲湧而被迫放棄競選連任。就美國的圍堵政策而言，印尼的地理位置在戰略上至關緊要。攤開東亞的地圖來看，我們不難發現，在一九六〇年代的冷戰高峰時期，從日本，經南韓，到臺灣

與菲律賓，都有美國的駐軍與基地，形成了一條圍堵的防衛鏈，保衛太平洋中的美國國土與面臨太平洋的美國西岸。如果能將印尼納入，美國環太平洋的防衛鏈將會更形完整與堅固。最近幾年有所謂美國重返亞洲之說（其實美國何曾離開亞洲？），《隱形世界的地圖》無疑提供了一個批判的視角，召喚我們省思美國介入亞洲事務的歷史記憶。

就冷戰的圍堵邏輯而言，似乎任何事情都言之成理。當瑪格麗特向比爾・許奈德求助，請他協助尋找卡爾的下落時，比爾則要求她有所回報。他對瑪格麗特說：「我需要名字。共產黨徒的名字。那所大學是激進主義的溫床。我只需要知道帶頭的是誰，他們在圖謀什麼。」比爾的辦公室甚至聘僱了許多剛自研究所畢業的美國青年，他們的任務主要在分析未來幾個月印尼的政治情勢。美國同時還與荷蘭協商，希望荷蘭能夠將《蒂博尼哥羅王子受俘記》歸還印尼。比爾對瑪格麗特透露要荷蘭將這幅名作歸還印尼的目的：「我在想那將可以作為一份和平的獻禮。算是給總統一點好處，讓他對……對大部分事務能通融一點。想法很簡單：我們安排將這幅無價的、具有高度象徵性國族意涵的藝術作品歸還給印尼，相對地，他承認我們是他的好朋友，而非敵人」（Aw 278）。比爾的用意當然是希望蘇卡諾背棄蘇聯，與美國重歸於好。可是與荷蘭的協商毫無進展，依美國的冷戰文化邏輯，他們想到薩利赫的另一幅巨作《獅虎攻擊騎師圖》（*Lions and Tigers Attacking a Horseman*）。這幅畫為私人的收藏品，他們相信蘇卡諾會因此心動。比爾表示，蘇卡諾的「公開言論實在太過於反美，已經無法收回了。但在私底下我們還是可以設法確保他認為我們還是，嗯，還是對他有好處的。我們不在乎他在公開演說中必須怎麼說，只要他覺得我們還是能幫他忙就好了」（Aw 280）。這些話說得屈伸自如，是真正的統戰，比爾甚至要求瑪格麗特親訪蘇卡諾，向蘇卡諾提出贈畫的建議，因為若干年前瑪格麗特曾經見過蘇卡諾，後者對她留下深刻的印象。

比爾其實也是向印尼當局透露有人陰謀暗殺蘇卡諾的人。「比爾認為如果他能阻止這件事情發生，並找出犯罪密謀的證據，他就能將證據交給總統，藉此表明美國的善意」（Aw 320）。比爾所謂的美國的善意其實充滿冷戰政治的算計，類似的事件指證歷歷，歐大旭似乎有意再一次提醒我們，美國在冷戰時期是如何介

入東南亞國家的內政的。在比爾所提供的事證中，流產的暗殺計畫最後導致丁的被捕。

四

讀《隱形世界的地圖》最讓人不解的是，小說中的馬來西亞完全是個緘默的他者，對印尼的挑釁與所謂的 *Konfrontasi* 幾乎未置一詞，毫無反應。真正的歷史事實當然不是這樣的。在小說中我們卻不斷看到印尼人——從總統到學生——對馬來西亞指指點點，甚至武裝攻擊。小說的情節多次提到馬來西亞的首都吉隆坡，通常吉隆坡總被描述爲霓虹燈光閃爍的「寂靜的城市」。吉隆坡的寂靜多少象徵着馬來西亞是如何以隱忍面對蘇卡諾的敵意。印、馬對抗當然也使亞當尋找父兄的故事更形複雜，而這一場對抗，至少在歐大旭的小說中，顯然是冷戰時期極爲重要的插曲。這麼說來，《隱形世界的地圖》所敘述的恐怕不僅是個愛、恨與背叛的故事而已，歐大旭的野心其實是在記錄現代東南亞歷史中相當艱澀的一段插曲。

歷史與記憶自始就是歐大旭的重要關懷。《和諧絲莊》整本小說明顯地都是在處理歷史與記憶的問題，其情節雖然環繞主角林強尼（Jonny Lim）的一生發展，並以一九三〇與四〇年代的馬來亞近打河流域（Kinta Valley）爲主要敘事背景，但是整個敘事還涉及馬來亞共產黨反帝反殖民鬥爭晦暗且長期遭到壓制的歷史，其時間軸甚至延伸到馬來亞（馬來西亞）脫離大英帝國，取得獨立之後。前文曾經提到，就這個意義而言，《隱形世界的地圖》可以被視爲《和諧絲莊》的延續，歐大旭顯然有意繼續經營他的版本的國族寓言（national allegory）——不同於官方版本的國族寓言。他意在繪製一張隱形的地圖，重新召喚與建構一段爲國家意識形態所刻意遮蔽與壓抑的歷史記憶。

《隱形世界的地圖》的時間場景固然是冷戰，我們或許可以將這本小說納入冷戰文學的大家庭中。冷戰文學有其產生的時空背景，因此在定義上必須呼應這樣的時空背景。以美國爲例，在冷戰期間，美國雖然以其難以計數的海外軍事基地、艦隊及規模不一的聯合軍事演習防堵共產勢力的蔓延與擴張，不過美國也注意到思想與文化戰場的重要性，所以會透過不同的部門或機制在世界各地再生產

美國價值與支撐此價值的資本主義意識形態。文學是極其重要的再生產部門。安德魯・哈門德（Andrew Hammond）在爲《冷戰文學：書寫全球衝突》（*Cold War Literature: Writing for Global Conflict*）一書所寫的導論中表示，我們「有需要就冷戰文學內部的主題與風格趨勢進行比較分析。冷戰文學可以寬鬆地被界定爲一種焦聚於歷史的國際潮流，跟此一時期的政治、軍事、外交、語言及意識形態結構具有多重的互動。假如說某種特定的冷戰文學存在的話，那麼這種文學確切存在於這些國際潮流之中」（Hammond 2006: 4-5）。哈門德的話說得有些佶屈聱牙，他的意思是，冷戰文學基本上是國際潮流下的歷史產物，必須扣合冷戰時期的政治、軍事、外交、語言及意識形態結構。張愛玲的《秧歌》與《赤地之戀》，以及臺灣一九五〇與六〇年代的反共文學或可算是這個定義下的冷戰文學。

歐大旭的《隱形世界的地圖》在敘事時間上扣連反殖民與冷戰這兩個地緣政治事件，爲冷戰塗抹上殖民主義的色彩。從殖民到冷戰，《隱形世界的地圖》的敘事情節重新勾起我們對西方強權宰制亞洲人民與文化的歷史記憶。歐大旭有意重建的正是世人所日漸遺忘，更是新的世代全然陌生的冷戰歲月，就像小說中丁就記憶問題對亞當所說的那樣：

「我們每個人或多或少都蒙受其害。到處都有人半意識地抹消記憶，整個國家一起，抹消文化一　抹消一切。我們亞洲人非常善於此道。如果有一場旱災害死了成千上萬的人，或是發生了地震，或是政府對示威者開槍一　你等著看吧，我們會乾乾脆脆地把它忘掉，然後繼續生活。這件事情會埋藏在我們的心靈深處，但我們不會把它挖出來。」（Aw 207）

誠然，世人善忘，從這個視角來看，《隱形世界的地圖》無疑是一本有關記憶的小說。

書目

Aw, Tash. 2009. *Map of the Invisible World*. London: Fourth Estate.

Hammond, Andrew. 2006. "From Rhetoric to Rollback: Introductory Thoughts on Cold Literature." Andrew Hammond, ed. *Cold War Literature: Writing the Global Conflict*. London and New York: Routledge. 1-14.

Morrison, Donald. 2005. "Farewell, Pink Gin." *Time Asia Magazine*, 25 April 2005. Website:http://www.time.com/time/asia/magazine/article/0,13673,501050502-1053691,00.html. Retrieved: 4 December 2011.